Bernd Juraschko

Praxishandbuch Recht für Bibliotheken und Informationseinrichtungen

Bernd Juraschko

Praxishandbuch Recht für Bibliotheken und Informationseinrichtungen

2., völlig überarbeitete Auflage

DE GRUYTER
SAUR

ISBN 978-3-11-063567-6
e-ISBN (PDF) 978-3-11-064038-0
e-ISBN (EPUB) 978-3-11-063608-6

Library of Congress Control Number: 2019955259

Bibliografische Information der Deutschen Nationalbibliothek
Die Deutsche Nationalbibliothek verzeichnet diese Publikation in der Deutschen Nationalbibliografie; detaillierte bibliografische Daten sind im Internet über http://dnb.dnb.de abrufbar.

Satz: Michael Peschke, Berlin
Druck und Bindung: CPI books GmbH, Leck

www.degruyter.com

Meiner Mutter und dem Gedenken an meinen Vater

Vorwort

Juristische Fragestellungen gehören zum Alltag in Bibliotheken und anderen Informationseinrichtungen. Trotz der Vielgestaltigkeit juristischer Thematiken im Alltag ist es nicht unbedingt erforderlich, eine komplette juristische Ausbildung zu absolvieren, um Informationseinrichtungen rechtlich sicher zu leiten. Das vorliegende Buch ist eine selektive Auswahl von häufig wiederkehrenden Bereichen. Hier darf sowohl der Arbeitgeber bzw. Dienstherr als auch der Kunde erwarten, dass sich die Informationswissenschaftler sicher im Rahmen des geltenden Rechts bewegen. Das Buch dient ebenfalls dazu, die Schnittstellen zwischen informationswissenschaftlichem Fachwissen und der juristischen Bearbeitung aufzuzeigen, wie diese durch Übersetzung der Fachsprache und eine entsprechende Arbeitsteilung zwischen Juristen und Nichtjuristen zum Wohle der Informationseinrichtung bearbeitet werden können. Die Juristerei wird häufig und durchaus zutreffend mit der Medizin verglichen. So lassen sich Parallelen zwischen der Rettungskette in der Ersten Hilfe und der hier vorgeschlagenen Arbeitsteilung zwischen Informationswissenschaftlern und Juristen ziehen. Bei kleineren Angelegenheiten kann erwartet werden, dass die vom Laien getroffenen Maßnahmen, richtig angewendet, ausreichen. Handelt es sich hingegen um größere Fälle, ist eine gute Zusammenarbeit zwischen Ersthelfer bzw. Bibliothekar und Fachleuten erforderlich. Ferner ist das vorliegende Werk nach anwaltlichen Handlungsprinzipien ausgerichtet. Dies bedeutet u. a. eine praxisgerechte Orientierung an der Rechtsprechung. Neben den allgemeinen Bezügen wird auf einrichtungsspezifische Besonderheiten eingegangen. Dies liegt zum einen an der unterschiedlichen Rechtsform, zum anderen aber auch an der Ausrichtung der Informationseinrichtung. Der Fokus liegt auf der deutschen Rechtslage. Darüber hinaus wird stellenweise zur rechtlichen Situation in der Schweiz und in Österreich Stellung genommen. Ich danke Herrn Dr. Arne Upmeier und Herrn Dr. Klaus Gantert für Empfehlungen, Hinweise und Kritik.

München, im März 2013 — Bernd Juraschko

https://doi.org/10.1515/9783110640380-201

Vorwort zur 2. Auflage

Seit dem Erscheinen der ersten Auflage vor sechs Jahren haben sich zahlreiche rechtliche Änderungen ergeben. Dazu zählen u.a. die Datenschutzgrundverordnung und das Urheberrechts-Wissensgesellschafts-Gesetz, welche in der vorliegenden Auflage berücksichtigt wurden. An einigen Stellen wurden die Kapitel neu geordnet und ergänzt. So wurden beispielsweise Ausführungen zur Provenienzforschung aufgenommen. Neben der deutschen Rechtslage wird die rechtliche Situation in der Schweiz und in Österreich rechtsvergleichend im Überblick betrachtet. Ferner wurden die Abbildungen aktuallisiert und erweitert.

Lörrach / München, im September 2019 Bernd Juraschko

Inhalt

Anhang

Regelmäßig verwendete Abkürzungen im Recht

Abs.	Absatz
ABGB	Allgemeines Bürgerliches Gesetzbuch (Österreich)
AGB	Allgemeine Geschäftsbedingungen
AfP	Archiv für Presserecht
Art.	Artikel
AVG	Allgemeines Verwaltungsverfahrensgesetz (Österreich)
AZG	Arbeitszeitgesetz (Österreich)
BAG	Bundesarbeitsgericht
BauG	Baugesetzbuch (Deutschland)
BDSG	Bundesdatenschutzgesetz
BFH	Bundesfinanzhof
BGB	Bürgerliches Gesetzbuch (Deutschland)
BGH	Bundesgerichtshof
BGleiG	Bundesgleichstellungsgesetz
BöB	Bundesgesetz über das öffentliche Beschaffungswesen
BV	Bundesverfassung (Schweiz)
B-VG	Bundes-Verfassungsgesetz (Österreich)
BVerfG	Bundesverfassungsgericht
BVergG	Bundesvergabegesetz (Österreich)
BVerwG	Bundesverwaltungsgericht
DSG	Datenschutzgesetz (Österreich)
DSGVO	Datenschutzgrundverordnung
EuGH	Europäischer Gerichtshof
G	Gesetz
GRuR	Gewerblicher Rechtsschutz und Urheberrecht
HGB	Handelsgesetzbuch
hL	Herrschende Lehre
hM	Herrschende Meinung
IFRS	International Financial Reporting Standards
L	Land, kann vor der Abkürzung eines Landesgesetzes stehen
LB	Standardisierte Leistungsbeschreibungen (Österreich)
LDSG	Landesdatenschutzgesetz
LG	Landgericht (Deutschland); Landesgericht (Österreich)
mM	Mindermeinung
NJW	Neue juristische Wochenschrift
OLG	Oberlandesgericht
OR	Obligationenrecht (Schweiz)
pVV	positive Vertragsverletzung Rspr. Rechtsprechung
RVO	Rechtsverordnung
S.	Satz
StGB	Strafgesetzbuch
StVollzG	Strafvollzugsgesetz
sVwVG	Verwaltungsverfahrensgesetz (Schweiz)
TDDSG	Teledienstdatengesetz
TMG	Telemediengesetz
TzBFG	Teilzeitbefristungsgesetz
UrhG	Urheberrechtsgesetz

https://doi.org/10.1515/9783110640380-001

US-GAAP United States Generally Accepted Accounting Principles
UAbs. Unterabsatz
UVgO Verfahrensordnung für die Vergabe öffentlicher Liefer- und Dienstleistungsaufträge unterhalb der EU-Schwellenwerte (Unterschwellenvergabeordnung)
VA Verwaltungsakt
VBl. Verwaltungsblätter
VGH Verwaltungsgerichtshof
VwGO Verwaltungsgerichtsordnung
VwVfG Verwaltungsverfahrensgesetz
VO Verordnung
ZGB Zivilgesetzbuch (Schweiz)
ZPO Zivilprozessordnung

0 Einleitung

0.1 Bibliotheks- und Informationsrecht

Das Bibliotheks- und Informationsrecht ist kein eigenständiges und einheitliches Rechtsgebiet. Vielmehr ist es ein Querschnittsgebiet und damit ein Sammelbegriff. Sinn dieser Einteilung ist es, die bibliotheksrelevanten Regelungen aus den drei großen Unterteilungen des Rechts, dem Zivilrecht, dem Öffentlichen Recht und dem Strafrecht, zusammenzufassen, Zusammenhänge aufzuzeigen und sie damit zweckorientiert und übersichtlicher zu gestalten. Zweckorientiert heißt, dass die Anwendung in Informationseinrichtungen und damit auch deren Themengebiete im Vordergrund stehen und nicht ein Rechtszweig an sich.

Informations- und Bibliotheksrecht ist ein Thema für viele in Informationseinrichtungen Beschäftigte. Dazu gehören Bibliothekare, die in juristischen Bibliotheken arbeiten, Bibliothekare ohne juristische Ausbildung, die aber mit rechtlichen Aufgabestellungen konfrontiert werden, Dokumentare in Informationszentren von Unternehmen und nicht zuletzt auch Führungskräfte in der Verwaltung, die die Rahmenbedingungen für die Informationseinrichtungen setzen. Neben den Finanzen sind rechtliche Regelungen eine der wesentlichen Stellschrauben, um die Entwicklung einer Bibliothek zu beeinflussen.

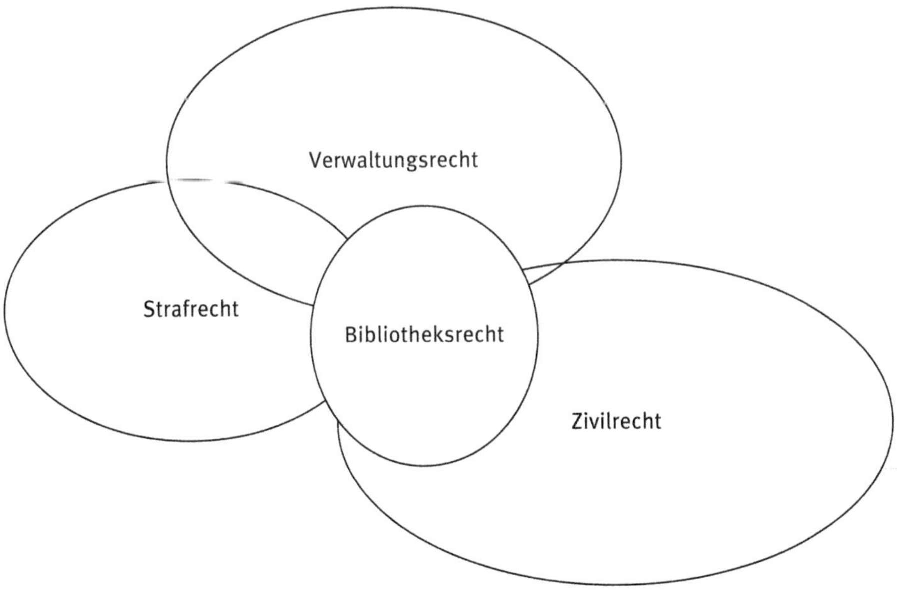

Abb. 1: Bibliotheksrecht.

https://doi.org/10.1515/9783110640380-002

0.2 Ziele des Handbuches

Um als Werkzeug für die Praxis dienen zu können, werden mit dem Handbuch folgende Ziele verfolgt:

- Selbstständiges Lösen einfacher juristischer Aufgaben;
- Aktives Vorsorgemanagement durch Vermeiden von juristisch heiklen Situationen;
- Früherkennung von auftretenden juristischen Problemen; auch bzw. gerade dann wenn kein Jurist vor Ort ist;
- Grundverständnis der Thematik bei umfassenden bibliotheksjuristischen Diskussionen;
- Zusammenwirken von nichtjuristischen Bibliothekaren mit Juristen bei Problemlösungen;
- Grundverständnis der Kundenwünsche bei der Literaturberatung, Recherche bzw. Kursen zur Informationskompetenz für Juristen.

Als Praxishandbuch beschäftigt sich der vorliegende Band mit häufig vorkommenden Fällen im Alltag einer Informationseinrichtung. Der Anspruch auf Vollständigkeit wird nicht erhoben. Vielmehr sind zentrale Regelungsgebiete, die häufig tangiert werden, bewusst ausgewählt worden. Juristische Bereiche, die entweder keine oder wenig praktische Relevanz für das Informationswesen besitzen, wurden entsprechend ausgespart. Hierzu gehören auch Themen, die sonst regelmäßig in Grundlagenbüchern besprochen werden, wie beispielsweise der Abschluss von Rechtsgeschäften von übermäßig betrunkenen Personen gem. § 105 Abs. 2 BGB, der Annahmeverzug des Schuldners, die Anfechtung wegen arglistiger Täuschung bzw. widerrechtlicher Drohung gem. § 123 BGB etc. Für das Informationswesen eher seltene Fälle, wie die außerordentliche Kündigung, werden nur kurz erwähnt. Bei Rechtsgebieten, die auch von Juristen eine Spezialisierung verlangen, wird die Thematik in groben Zügen beschrieben und im Bedarfsfall ein juristischer Beistand als Kooperationspartner für die Informationseinrichtung empfohlen. Ebenfalls bewusst ausgespart wurde die Thematik der Gesetzesinitiativen zur Bibliotheksgesetzgebung. Ziel des vorliegenden Buches ist es, das notwendige Vorverständnis für die Diskussionen über die Bibliotheksgesetzgebung aus Sicht der Praxis zu bilden bzw. zu vertiefen.[1] Die Mechanismen der erfolgreichen Lobbyarbeit und Gesetzesinitiativen setzen vertiefte Kenntnisse voraus. Eine nachhaltige Rechtspolitik begründet sich auf der umfassenden Kenntnis des jeweiligen Sachverhalts und der rechtlichen Materie. Diese inhaltliche Tiefe kann durch ein für die Anwendung geschriebenes Handbuch per Definition nicht geleistet werden.

---

1 Ausführlich zur Thematik der Bibliotheksgesetzgebung in Deutschland: Eric Steinhauer www.kapselschriften.de, zuletzt aufgerufen am 01.09.2019. Österreich: Bundesmuseen-Gesetz von 2002, §§ 13ff. (Österr. Nationalbibliothek). Schweiz: Bundesgesetz über die Schweizerische Nationalbibliothek (Nationalbibliotheksgesetz, NBibG) vom 18. Dezember 1992.

Wegen des Praxisbezugs orientiert sich das vorliegende Werk an der Rechtsprechung, soweit eine solche etabliert ist. Dies entspricht der anwaltlichen Vorsicht. Denn letzten Endes sind es die Gerichte, die über den Sachverhalt entscheiden. Die Berücksichtigung der einschlägigen Rechtsprechung im Vorfeld hilft unnötige Arbeit, Kosten, Ärger und gegebenenfalls Gerichtsverfahren zu vermeiden. Eine gute Übersicht über aktuelle Urteile zum Bibliotheks- und Informationswesen mit Kommentierungen bieten die Webseite von Eric Steinhauer[2], der Blog von Oliver Hinte[3] sowie das Portal Bibliotheksurteile der Hochschule für Angewandte Wissenschaften Hamburg[4].

Neben dem selbstständigen Lösen einfacher juristischer Sachverhalte ist eine Auseinandersetzung mit dem Bibliotheksrecht auch für die Zusammenarbeit mit Juristen sinnvoll. Regelmäßig haben der Justiziar der Hochschule oder der extern beauftragte Jurist nur ein rudimentäres Verständnis vom Ablauf innerhalb der Informationseinrichtung bzw. deren Interessenlage. Daher sind Grundkenntnisse des Bibliotheksrechts sinnvoll, um den Transfer bzw. die Übersetzungsleistung für das Anliegen der Informationseinrichtung zu erbringen. Die Zielvorstellungen der Bibliothek und die dafür erforderlichen Mittel sind schlüssig und griffig zu formulieren.[5] Dem angewandten Bibliotheksrecht kommt daher eine Kommunikationsfunktion zu. Gilt es eine rechtliche Fragestellung zu lösen, so beginnt dies mit der Zusammenstellung der notwendigen Daten, der Sachverhaltsermittlung. Hier liegt einer der besonders wichtigen Gelenkpunkte zwischen dem Bibliothekswesen und der Rechtsanwendung. Denn ohne oder mit fehlerhafter Sachverhaltsermittlung wird ein anderer Fall als der wirklich bestehende gelöst. Um aber den richtigen Sachverhalt zusammenstellen zu können bzw. die vom Juristen gestellten Fragen richtig beantworten zu können, sind entsprechende Rechtskenntnisse hilfreich. Zu den relativ einfachen Erfordernissen bei der Sachverhaltsermittlung gehört die Zusammenstellung eines chronologischen Handlungsablaufs mit den beteiligten Personen. Mehr Geschick erfordert es, festzulegen, welche Positionen bibliotheksbetriebswesentlich und welche bei allem Affektionsinteresse verhandelbar sind. Je passgenauer die Abstimmung zwischen Juristen und Bibliothekar erfolgt, desto wirkungsvoller kommen die Interessen der Bibliothek zur Geltung.

0.3 Sachverhaltszusammenstellung

Die eben angesprochene Zusammenstellung des Sachverhalts erfolgt regelmäßig durch eine Feststellung des chronologischen Geschehensablaufs. Wichtig dabei ist, welche Personen aktiv oder passiv gehandelt haben. Häufig ist das Darstellen in

2 www.kapselschriften.de, zuletzt aufgerufen am 01.09.2019.
3 Hinte, Oliver: https://oliverhinte.wordpress.com/, zuletzt aufgerufen am 01.09.2019.
4 http://www.bibliotheksurteile.de/, zuletzt aufgerufen am 01.09.2019.
5 Bea; Scheurer; Hesselmann: Projektmanagement, S. 114.

Skizzen hilfreich. Der Vorteil der Skizze liegt auf der Hand: Sie ist schnell angefertigt. Verwässernde Formulierungen sind schwieriger möglich bzw. fallen leichter auf, denn diese äußern sich in der Sachverhaltsskizze als Darstellungsschwierigkeiten. Sachverhaltsskizzen gehören daher zu den Standardarbeitsmitteln bei der Erarbeitung von juristischen Lösungen. Zur besseren Übersichtlichkeit kann es erforderlich werden, die Skizze zudem in Teilskizzen aufzuspalten.

Solange die Sachverhaltsermittlung erfolgt, sollen juristische Bewertungen – nicht aber das juristische Verständnis – von den Fakten getrennt bleiben. Ansonsten wird die Skizze unübersichtlich. Gegebenenfalls ist die Skizze später zu erweitern. Eine hundertprozentige Trennung zwischen der Sachverhaltsermittlung und der Rechtsanwendung wird jedoch nicht gelingen, denn bereits bei der Zusammenstellung des Sachverhalts ist es wichtig, mögliche juristische Problemkreise im Auge zu haben. In der Literatur wird dies mit einem Hin- und Herwandern des Blickes zwischen Sachverhalt und Rechtsnormen beschrieben.[6] Dies bedeutet jedoch nicht eine Vermischung von Tatsachen und Rechtsansichten, sondern vielmehr das Herbeibringen jener Fakten, die für die spätere Diskussion als Argumente entscheidend sind. So spielt beispielsweise die Rechtsform des Trägers der Bibliothek eine entscheidende Rolle, wenn es um den Erlass einer Benutzungsordnung geht. Wird hingegen eine Ausweitung der Brandschutzmaßnahmen auf Grund der Landesbauordnung diskutiert, so ist die Rechtsform des Trägers unerheblich. Entscheidend sind hier vielmehr Punkte wie die Anzahl der Nutzer, räumliche Gegebenheiten, Bausubstanz etc. Bestehen Zweifel, ob ein Punkt später relevant ist, ist dieser mit in den Sachverhalt aufzunehmen. Bei der folgenden rechtlichen Prüfung wird Wesentliches von Unwesentlichem getrennt. Wichtige fehlende Angaben können hingegen zu einer anderen und damit fehlerhaften Lösung führen. Um sich in einigen Fällen Klarheit zu verschaffen, ist es sowohl als Merkhilfe als auch für eine Weitergabe des Falles an einen Juristen wichtig, klare Aussagen zu treffen. Ebenso sind Vorstellungen der Parteien, z.B. des Sachbearbeiters in der eigenen Bibliothek, mit aufzunehmen: „Ich bin davon ausgegangen, dass Frau F. meine Nachricht vom 18.07.2012 erhalten hat." Hierbei handelt es sich um keine Meinung, sondern um die Mitteilung einer inneren Tatsache. Um diese von den äußeren Tatsachen getrennt zu halten, ist sie entsprechend zu kennzeichnen. Ob diese Vorstellung (innere Tatsache) beachtlich ist, wird erst die spätere Prüfung ergeben. Bei komplexeren Sachverhalten haben sich Zeitleisten als hilfreiches Instrument erwiesen, um die Geschehnisse nachvollziehen zu können.

Da es sich bei der Sachverhaltsskizze um Tatsachen und nicht um juristische Wertungen handelt, kann diese von Jedermann angefertigt werden. Im Hinblick auf die weitere Bearbeitung ist es jedoch hilfreich, wenn ein juristisches Grundverständnis vorhanden ist. Hierzu ist nicht das Auswendigkennen bestimmter Rechtsnormen, sondern vielmehr das Bewusstsein erforderlich, dass es sich hierbei um einen wichtigen Aspekt handelt, der in der Skizze wiederzugeben ist.

---

6 Medicus; Petersen: Grundwissen zum Bürgerlichen Recht, § 1 Rn 8.

Beispiel: Für die Stadtbibliothek S wurde eine Buchsicherungsanlage unter Eigentumsvorbehalt geliefert. Noch vor der Bezahlung des Kaufpreises stellt sich heraus, dass es sich um ein Modell aus zweiter Hand handelt. Da es als neu verkauft worden war, verweigert die Bibliotheksleiterin die Bezahlung. Hier ist zunächst nicht erforderlich, die juristische Bewertung des Kreditsicherungsgeschäftes zu kennen. Notwendig sind aber genaue Aufzeichnungen, was wann von wem in welcher Art und Weise gesagt wurde, und die Aufführung der Belege für dieVereinbarungen.

Aus Gründen der Arbeitseffizienz haben sich einige Mittel in Sachverhaltsskizzen bewährt:

- Abkürzungen für die handelnden Personen mit einzelnen Großbuchstaben;
- Pfeile, von dem, der etwas gesagt oder getan hat;
- Pfeile an den Adressaten einer Nachricht oder eines Gegenstandes;
- Wörtliche Formulierungen in Anführungszeichen;
- Verwendung von Farben und unterschiedlicher Linienstruktur (durchgehend, gestrichelt, Strichpunkt, ...), um bei umfangreicheren Skizzen den Überblick über die zusammengehörigen Aktionsgruppen zu bewahren.
- Ist die zeitliche Reihenfolge wichtig, so kann diese ebenfalls notiert und zur Übersichtlichkeit des Ablaufs mit fortlaufenden Ziffern bezeichnet werden. Bereits hier lassen sich häufig schon Einteilungen im Geschehensablauf die sogenannten Handlungsabschnitte, finden. Im Zweifelsfall ist es für die spätere Bearbeitung leichter, mehr als zu wenig Handlungsabschnitte zu finden.

Ein weiterer bei der juristischen Arbeit häufig verwendeter Kunstgriff, um auch bei komplexen Gemengelagen zu zuverlässigen Ergebnissen zu kommen, ist das Aufspalten der Gesamthandlung in Zweipersonenverhältnisse. Diese werden dann eingehender untersucht und anschließend wieder in den Gesamtzusammenhang gestellt. Diese gestufte Vorgehensweise dient der Übersichtlichkeit und erleichtert damit die Lösung des Falles.

Beispiel: Die eifrige Bibliotheksangestellte E hat, ohne dafür autorisiert zu sein, auf einen Werbeanruf per Telefon den kostenpflichtigen Bezug einer Datenbank zugesagt. Bibliotheksleiterin B erfährt davon, als bei ihr Beschwerden von Nutzern eingehen, dass die Datenbank ständig schlecht erreichbar ist. B ist empört und will die gerade eingegangene Rechnung nicht bezahlen. Kann B die Zahlung verweigern?

Lösungsskizze für eine Gliederung:

1. Abschnitt: Hier wird zunächst festgestellt, dass unmittelbar zwischen B und dem Datenbankverlag keine Handlung zustande gekommen ist. Auch wenn dieser Abschnitt sehr kurz ist, sollte er zur Übersichtlichkeit dennoch in die Einteilung aufgenommen werden. Gelegentlich können auch aus vermeintlich kurzen Begebenheiten umfassende juristische Untersuchungenfolgen.

2. Abschnitt: In einem zweiten Schritt werden dann die Handlung der E und die Handlung des Vertreters des Datenbankbetreibers untersucht.

Damit ist die Ebene der Sachverhaltsermittlung erschöpft. Es folgt die Ebene der rechtlichen Bewertung der einzelnen Handlungen.

Die Frage, welche Folgen das Verhalten der E für die Bibliothek hat und ob B doch zur Zahlung verpflichtet ist, gehört in den Bereich der juristischen Bewertung.

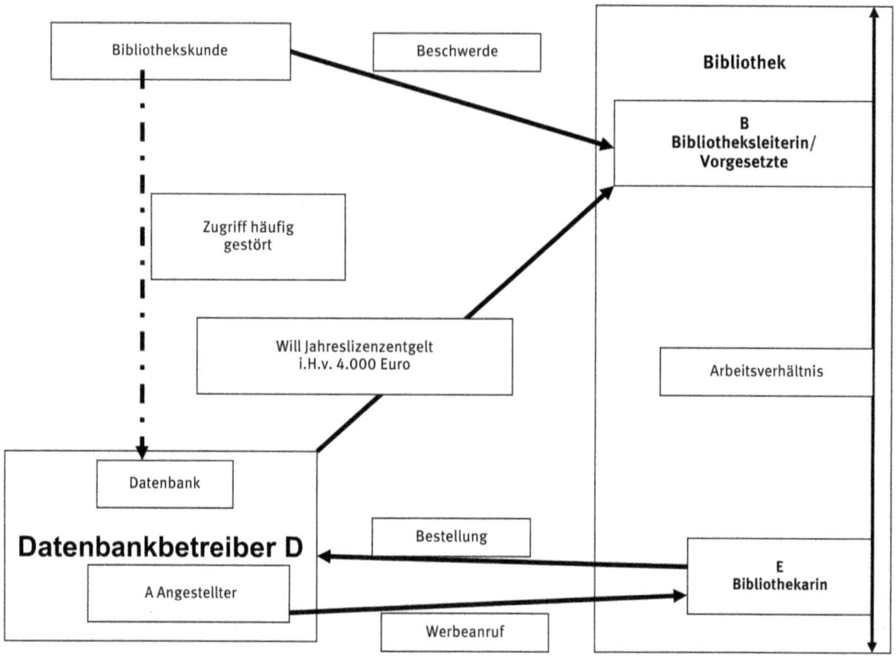

Abb. 2: Sachverhaltsskizze.

Die Kunst bei der Aufarbeitung des Sachverhaltes besteht darin, relevante Stellen möglichst genau zu schildern und dagegen Nebensächlichkeiten außer Acht zu lassen. Im oben genannten Beispiel ist es bedeutsam, ob und wenn ja zu welchen Bedingungen ein Lizenzvertrag zwischen dem Datenbankanbieter und der Bibliothek zu Stande gekommen ist. Daher bedürfen die abgegebenen Willenserklärungen zwischen der Bibliothek und dem Datenbankbetreiber sowie den Vertretungsverhältnissen einer genaueren Prüfung. Die Frage nach dem ständig gestörten Datenbankzugang, also einer Leistungsstörung, ist hingegen nachrangig, auch wenn dies einer der Gründe war, weshalb der Fall publik wurde. Völlig nebensächlich ist es für die folgende juristische Prüfung, ob sich E vor der Bestellung bei einer Bibliothekskollegin einer anderen Einrichtung nach dem Renommee der Datenbank erkundigt hat. Im Zweifel sind aber eher Informationen in die Sachverhaltsdarstellung mit aufzunehmen als wegzulassen.

Die folgende Liste nennt Punkte, die häufig relevant sein können, aber nicht notwendig zu sein brauchen:

- Funktionsbezeichnung der Personen;
- Beziehung/Interaktion zwischen den Personen;
- Wertbenennung der betroffenen Güter, soweit möglich;
- Hinweis auf bestehende Gebräuche oder Gewohnheiten, die für einen Außenstehenden nicht verständlich sind;
- Hinweis auf besondere Regelungswerke oder vertragliche Vereinbarungen, z.B. Creative Commons, Verwaltungsvorschriften;
- Gesprächs- oder Telefonprotokolle;
- Anfertigen von Skizzen, Fotos, Screenshots;
- Benennung der eigenen Auffassung, aber auch genaue Kennzeichnung;
- Kurzes Statement zur Interessenlage der Bibliothek – worauf kommt es der Bibliothek in diesem Rechtsstreit/ dieser Konstellation an;
- Erreichbarkeit für Rückfragen.

Sachverhaltsskizzen sind als juristisches Managementwerkzeug nicht nur für die Konfliktbewältigung bereits geschehener Ereignisse, sondern auch für Planungen hilfreich. Sie eignen sich, um komplexe Sachverhalte übersichtlich zusammenzustellen, bei den folgenden Schritten Prioritäten setzen und die Bedeutung der nächsten Handlungen auf das Gesamtgefüge besser einschätzen zu können. Alternative Vorgehensweisen können rasch ausgearbeitet und hinsichtlich der zu erwartenden Folgen verglichen werden. Eine gute Sachverhaltsermittlung kann zudem Rechtsstreitigkeiten verhindern. Denn häufig beharren Parteien nur deshalb auf ihrem Standpunkt, weil ihnen die vollständige Kenntnis fehlt. Sachverhaltsberichte sind vertraulich. Da sie nahezu ausschließlich mit menschlichem Verhalten zu tun haben, fallen sie als personenbezogene Daten unter das Datenschutzrecht. Selbst wenn die Namen der handelnden Personen nicht direkt genannt werden, so ist regelmäßig eine nähere Individualisierung nötig.

Nach Fertigstellung der Sachverhaltsskizze werden die einzelnen Aussagen und Handlungen bzw. Reaktionen juristisch bewertet. Beispielsweise geht es hier darum, ob der Werbeanruf von A bei E als Abgabe eines Angebots oder nur als Aufforderung, ein Angebot abzugeben, zu werten ist. Für diese Transferleistung sind juristische Kenntnisse erforderlich. Dabei kann die Skizze oder eine Kopie dieser zur Veranschaulichung der rechtlichen Gesichtspunkte erweitert werden. Dabei kann es vorkommen, dass bei der rechtlichen Bewertung ein zusätzlicher eigener Abschnitt zur Untersuchung des Falles gebildet wird. Die nach rechtlichen Gesichtspunkten gegliederte Art von Skizzen werden in juristischen Klausurbearbeitungen und in der Praxis häufig als Hilfsmittel verwendet. Sie dienen der Verdeutlichung der juristischen Bewertungen. Vor allem lassen sich die rechtlichen Beziehungen zwischen den einzelnen Personen gut verdeutlichen. Der nächste Schritt ist die systematische Fallprüfung. Im Zivilrecht lautet die allgemeine Frage an den Sachverhalt. „Wer will was von wem woraus?“

Für das Verwaltungsrecht kann diese Formel in der Form „Wer will was von wem auf Grund welcher Ermächtigungsgrundlage“ ebenfalls angewendet werden. Die geänderte Formulierung, statt „woraus“ in „auf Grund welcher Ermächtigungsgrundlage“, geht auf den gleichen Sinngehalt.

Die Übung beim Erstellen von Sachverhaltsskizzen schult gleichzeitig das Auge für das Wesentliche bei der Erstellung von Dokumentationen und Protokollen bzw. bereits bei der Vorfrage, ob die eben erfolgte Handlung dokumentiert werden soll. Für die juristische Aufarbeitung empfiehlt es sich, bei wichtigen Handlungen rechtzeitig für eine ausreichende Dokumentation zu sorgen. Ein Beispiel hierfür sind Gesprächsprotokolle, die später von beiden Seiten akzeptiert werden. Ein ordentliches Protokoll enthält alle wesentlichen Punkte der Verhandlung. Hierzu gehören auch Punkte, die zwar erörtert wurden, es aber zu keiner Einigung kam. Protokolle dienen in der Sache vor allem dazu, aktive oder potentielle Konfliktpunkte sachlich offenzulegen und damit zu entschärfen. Verzichtbar, der Sache und dem gegenseitigen Vertrauen hingegen abträglich, sind Mitschriften, die ein Ergebnis zu Gunsten einer Seite unvollständig oder gar fehlerhaft darstellen. Mitschriften dieser Qualitätsstufe sind nicht mehr als reiner, zeitintensiver Formalismus. Je nach Bedeutung des Gesprächs oder des Protokolls kann es vorkommen, dass das Protokoll vor einer beidseitigen Unterzeichnung von der Rechtsabteilung gegengelesen werden soll.

1 Grundlagen

Wie in wissenschaftlichen Arbeiten auch sind in der juristischen Anwendung Aussagen zu begründen. Dies erfolgt durch Argumente mit Nachweisen. Die Qualität dieser Argumente ist einer der entscheidenden Faktoren einer erfolgreichen juristischen Problemlösung. Zu den Standardargumenten gehören die Gesetzeszitate. Rechtsnormen werden regelmäßig nicht ausgeschrieben, sondern unter Angabe des Unterteilungszeichens, z.B. des Artikels oder des Paragrafen, gegebenenfalls mit weiterer Untergliederung (Absatz, Satz, Halbsatz, Nummer etc.) und Gesetzesangabe, zitiert. Beispiele hierfür sind: § 812 Absatz 1 Satz 1 Fall 1 BGB; Art. 5 Abs. 2 GG. Aus Gründen der Eindeutigkeit sollte die Zitierung einer Rechtsnorm in der kleinsten für den jeweiligen Sachverhalt sinnvollen Unterteilung erfolgen. Denn eine ganze Reihe von Rechtsnormen enthalten verschiedene Aussagen, so dass eine genaue Bezeichnung geboten ist, um Missverständnisse zu vermeiden. Je nach Rechtstradition können einige Elemente bei der Zitierung in der Darstellung variieren. Damit verbunden ist die häufige Verwendung von Abkürzungen. Beispielsweise wird Absatz häufig mit „Abs." abgekürzt oder der betreffende Absatz wird in römischen Zahlen geschrieben. Wird ein spezielles Landesgesetz gemeint, z.B. Landesbauordnung Baden-Württemberg, ist auch dieses eindeutig zu kennzeichnen, da bei 16 Landesbauordnungen in Deutschland der einfache Hinweis LBO noch im Hinblick auf die Eindeutigkeit verbesserungsfähig ist. Dies erfolgt meistens in einer abgekürzten Form des Bundeslandes. Die Abkürzung B vor einem Gesetzesnamen bedeutet häufig Bund(esgesetz), L steht regelmäßig für Land(esgesetz). Häufige Gesetzesabkürzungen finden sich auf den ersten Seiten von Gesetzeskommentaren.[1] Eine umfassende Auflistung und Erläuterung bietet das Standardwerk von Kirchner.[2] Eine Zusammenstellung von Abkürzungen befindet sich ebenfalls am Anfang des vorliegenden Werkes. Ein weiteres Hilfsmittel für die Rechtsanwendung sind die in der juristischen Literatur häufig dargestellten und verwendeten Schemata oder Checklisten. Einige der häufig verwendeten Schemata werden auch in diesem Werk vorgestellt. Bei den Schemata handelt es sich um die aufbereitete Darstellung des Workflows bei der rechtlichen Prüfung von Normen. Neben den einzelnen Elementen kommt der Reihenfolge eine besondere Bedeutung zu. Teilweise ergibt sich die Reihenfolge direkt aus dem Gesetzestext, teilweise ist sie logisch geboten und teilweise entspricht sie Zweckmäßigkeitsüberlegungen. Schemata sind als Hilfsmittel bei der Rechtsanwendung zu sehen. Sie können das Lesen des Gesetzestextes nicht ersetzen. Je nach Bedarf werden die Schemata in der Literatur unterschiedlich detailliert dargestellt.

1 Empfehlungen des Wissenschatsrates vom 21.01.2000: https://www.wissenschaftsrat.de/download/archiv/4419-00.pdf, zuletzt aufgerufen am 01.09.2019.
2 Kirchner: Abkürzungsverzeichnis der Rechtssprache.

https://doi.org/10.1515/9783110640380-003

1.1 Verortung und Anwendung von Normen

Rechtliche Normen gestalten den Handlungsrahmen einer Bibliothek. Zum einen positionieren sie die Bibliothek. Hierzu gehören beispielsweise Ausführungen zur Bibliothek in den Hochschulgesetzen,[3] dem Gesetz über die Deutsche Nationalbibliothek[4] und für die öffentlichen Bibliotheken in den Satzungen der Städte und Gemeinden. Einige Bundesländer haben in den letzten Jahren zudem eigene Landesbibliotheksgesetze geschaffen.[5] Zum anderen binden sie die Bibliothek und bestimmen den Handlungsrahmen. Zu diesen zählen u.a. der Schutz der Kundendaten und die Einhaltung des Urheberrechts.

Das Informations- und Bibliotheksrecht ist keine eigenständig kodifizierte Einheit, sondern besteht aus einer Vielzahl von Gesetzen und rechtlichen Regelungen. Bibliotheken können als Bildungseinrichtungen sowohl dem Wissenschafts- als auch dem Kulturbereich als auch beidem angehören. Dies ist beim Aufsuchen von entsprechenden Rechtsnormen zu berücksichtigen, da hier unterschiedliche Rechtsgrundlagen bestehen. Das Informations- und Bibliotheksrecht hat daher einen selektiven, auf den spezifischen Inhalt bezogenen Charakter. Eine erste Einteilung erfolgt in allgemeingültige Regelungen und in einen besonderen Teil. Zu den allgemeingültigen Normen gehört beispielsweise das Urheberrecht. Die Regelungen im besonderen Teil gelten nur für bestimmte Gruppen von Bibliotheken und Informationseinrichtungen. Ein entscheidendes Kriterium dafür ist die rechtliche Stellung des Trägers der Bibliothek. Der Rechtsträger ist entweder öffentlich-rechtlich oder privatrechtlich. Ist der Rechtsträger privatrechtlich organisiert, so gilt dies auch für die Bibliothek. Dagegen kann eine Bibliothek in öffentlich-rechtlicher Trägerschaft sowohl öffentlich-rechtlich als auch privatrechtlich organisiert sein. Vereinfacht gesprochen bedeutet das öffentlich-rechtliche Verhältnis ein Über-Unter-Ordnungsverhältnis. Dahingegen steht das Privatrecht für die Gleichstellung der Partner, unabhängig davon, ob dies dem tätsächlichen Kräfteverhältnis entspricht. Der Unterschied zwischen der öffentlich-rechtlichen und der privatrechtlichen Organisationsform ist für die Ermittlung der einschlägigen Rechtsnormen von Bedeutung. Beispielsweise ist bei einer datenschutzrechtlichen Prüfung einer Serviceleistung einer vollständig öffentlich-rechtlich organisierten Universität zunächst in den Landesdatenschutzgesetzen nach der einschlägigen Norm zu suchen. Dagegen erfolgt die Prüfung des gleichen Anliegens bei einer privaten Hochschule im Bundesdatenschutzgesetz.

Die Privatisierungswellen der letzten Jahrzehnte und die Folgen der Bologna-Reform haben zu einer flexibleren Verwendung von Instrumenten, die früher eindeutig dem öffentlichen Recht bzw. Privatrecht zugeordnet waren, geführt. Auch dieser

---

3 Z.B. § 93 SächsHSG, Gesetz über die Hochschulen im Freistaat Sachsen vom 15.01.2013.

4 DNBG, BGBl., I 2006, S. 1138.

5 Thüringen, ThürGVBl 2008, S. 243; Sachsen-Anhalt, VBl. LSA Nr. 19/2010; Hessen, GVBl. I 2010, S. 295; Rheinland-Pfalz, GVBl. Rlp 2014, S. 245; Schleswig-Holstein, GVOBl. 2016, S. 791.

Wandel ändert nichts an der generellen und damit für das Aufsuchen der Rechtsnormen wichtigen Zweiteilung. Rechtliche Instrumente, die auf eine Mischverwaltung hindeuten, bestehen durch oder auf Grund eines Gesetzes und gelten nur für den ausdrücklich definierten Part. So hat eine private Hochschule nach wie vor eine privatrechtlich organisierte Bibliothek, auch wenn sie durch eine Akkreditierung staatlich anerkannte Abschlüsse vergeben darf.[6] Hier handelt die private Hochschule als sogenannte beliehene Unternehmerin auf Grund eines Gesetzes als faktische Staatsverwaltung.

Die zahlenmäßig größte Gruppe unter den Informationseinrichtungen ist in kommunaler Trägerschaft. Hierzu gehören beispielsweise die Gemeinde- und Stadtbüchereien, die kommunalen Behördenbibliotheken und die Medienzentren bzw. Archive der Städte, Gemeinden und Landkreise. Rechtliche Grundlage bilden die Satzungen der Kommunen, welche sich wiederum auf die kommunale Selbstverwaltung aus Art. 28 GG berufen.

Zu den Trägern von Bibliotheken und Informationseinrichtungen gehören ferner Kirchen und Glaubensgemeinschaften. In der christlich-abendländischen Tradition haben Klosterbibliotheken das Fundament für das heutige Bibliothekswesen gelegt. Auf Grund der Religionsfreiheit, die grundgesetzlichen Schutz genießt, als auch dem Prinzip der Trennung von Kirche und Staat haben sich eine Reihe von Sonderregelungen im Vergleich zu anderen Organisationen herausgebildet. Diese staatlichen Sonderregelungen, die die Rechtsbeziehung der Religionsgemeinschaft zum Staat regeln, werden Staatskirchenrecht genannt. Damit bezieht sich das Staatskirchenrecht auf alle Religions- und Weltanschauungsgemeinschaften im jeweiligen Geltungsbereich. Konsequenz hieraus ist das kirchliche Selbstverwaltungsrecht, welches auf Art. 140 GG i.V.m. Art. 137 WRV beruht. Nähere Ausformungen dieses Grundsatzes finden sich in Sonderregelungen, die in den verschiedenen Gesetzen zum Arbeitsrecht, Baurecht etc. verstreut sind. Auch dort bilden die staatskirchenrechtlichen Regelungen kein geschlossenes System, sondern ergeben sich aus der Gesamtbetrachtung. Dieses System ist seit dem Egenberg-Urteil des EuGH wieder stärker hinsichtlich der Detailkontrolle durch die Gerichte in Bewegung geraten.[7] Jedoch erkennt auch das Unionsrecht in Art. 17 AEUV die besondere Rolle von Kirchen, religiösen Vereinigungen sowie religiösen und weltanschaulichen Gemeinschaften an.

Nachdem die in Betracht kommenden Normen gesammelt wurden, ist der zweite Schritt die Wahl der Reihenfolge, wie die gefundenen Normen anzuwenden sind. Bei der Anwendung von rechtlichen Regelungen sind drei Grundregeln zu beachten:

1. die Normenhierarchie;
2. der Anwendungsvorrang;
3. die Zuständigkeit.

6 Wissenschaftsrat: Leitfaden der institutionellen Akkreditierung, http://www.wissenschaftsrat.de/download/archiv/9886-10.pdf, Leitfaden der institutionellen Akkreditierung nichtstaatlicher Hochschulen, https://www.wissenschaftsrat.de/download/archiv/4395-15.pdf, zuletzt aufgerufen am 01.09.2019.

7 EuGH, Urt. 17.04.2018 – C 414/16 (Egenberger).

Die Normenhierarchie legt fest, welche Normen sich bei Widersprüchen zwischen mehreren Regelungen durchsetzen. An oberster Stelle stehen die Grundrechte. Es folgen die einfachen Gesetze. Denen nachgeordnet sind Rechtsverordnungen. Auf der untersten Stufe finden sich Satzungen und Verordnungen. Dabei kann diese Stufe in sich weiter unterteilt sein. Beispielsweise ist die Grundordnung einer Universität eine Satzung. Sie ist aber gegenüber der hierauf erlassenen Satzung der Universitätsbibliothek vorrangig.

Abb. 3: Normenhierarchie.

Gelegentlich kommt es vor, dass mehrere Normen gleichzeitig zuzutreffen scheinen. Gleichzeitig haben diese Normen aber unterschiedliche Rechtsfolgen. Somit ist eine Auswahl zu treffen, da jeder Sachverhalt aus dem gleichen rechtlichen Grund nur einmal gelöst zu werden braucht. Der gleiche rechtliche Grund ist an das jeweilige Rechtsgebiet gebunden. Wer beispielsweise seiner Pflicht zur Abführung der Umsatzsteuer nachkommt, ist auch weiterhin verpflichtet, den Kaufpreis zu bezahlen. Damit keine Willkür eintritt, gibt es Regeln, wie eine Reihung der Normen für den gleichen rechtlichen Grund vorzunehmen ist. Der Anwendungsvorrang regelt, welche Norm zunächst geprüft wird. Juristische Regeln gelten nur innerhalb ihrer sachlichen und örtlichen Zuständigkeit. Es gilt der Grundsatz, dass das speziellere Gesetz dem allgemeinen vorgeht. D.h. es ist zunächst die speziellere Norm zu prüfen. Da niederrangige Regelungen häufig nur einen relativ kleinen inhaltlichen Wirkungsbereich besitzen, diesen jedoch detaillierter regeln, ist bei der Frage nach passenden Norm zunächst bei den niederrangigen Vorschriften zu suchen. Wird eine Anwendbarkeit der speziellen Norm bejaht, so ist ein Zwischenergebnis erreicht. Ist die ebenfalls einschlägige allgemeinere Norm höherrangig, so ist zusätzlich die Vereinbarkeit der niederrangigen speziellen Vorschrift mit der allgemeineren höherrangigen zu prüfen. Nur wenn die niederrangige Norm mit der höherrangigenvereinbar ist, ist das Fortsetzen mit der Prüfung der Tatbestandsmerkmale möglich. Vereinbar heißt, dass die niederrangige

Norm der höherrangigen nicht widerspricht, sondern von dieser mindestens geduldet wird. Antworten darauf, welche Normen miteinander vereinbar sind, finden sich in den einschlägigen Gesetzeskommentaren. Hinweise zur Anwendbarkeit finden sich regelmäßig am Anfang des Kommentars oder unter den Schlagwörtern Anwendbarkeit, Gesetzeskonkurrenz, Normenkonkurrenz, Konkurrenzen etc.

Darüber hinaus können Rechtsgedanken innerhalb gewisser Grenzen übertragen werden. Diese Transferleistungen sollten nur durch Rechtskundige durchgeführt werden, da hier hohes Fehlerpotential vorhanden ist. Wie beim sonstigen Zitieren auch, sind die Quelle und die Übertragung des Rechtsgedankens korrekt anzugeben. Andernfalls handelt es sich nicht um eine Transferleistung, sondern um eine fehlerhafte Rechtsanwendung. Eigenständige Rechtsfortbildungen durch Übertragung von Rechtsgedanken auf andere Situationen gehören nicht zum juristischen Praxisalltag von Informationseinrichtungen.

Ferner wird zwischen zwingendem und nachgiebigem Recht unterschieden. Zwingendes Recht bedeutet, dass die jeweiligen Rechtsvorschriften nicht vom Betroffenen abgeändert werden können. Die Befolgung ist unbedingt erforderlich. Dagegen gibt das nachgiebige Recht dem Normenanwender die Möglichkeit, für seinen Fall eine andere Lösungsmöglichkeit vorzusehen. Das Abänderungsrecht ist im Hinblick auf einen Missbrauch begrenzt. Welches Recht zwingender und welches Recht dispositiver Natur ist, ist den juristischen Praxiskommentaren zu entnehmen. Die Verkennung zwingenden Rechts als abänderbar ist ein angreifbarer Fehler.

Neben den Grundkenntnissen des materiellen Rechts sind ebenfalls Kenntnisse von Auszügen des Verfahrensrechts für ein aktives Bibliotheksmanagement notwendig. Verkürzt ausgedrückt, nützen materiellrechtliche Kenntnisse dem Verständnis des Handlungsspielraums bei der Beurteilung eines Sachverhalts. Hierzu gehört beispielsweise die Beantwortung der Frage, ob es eine Grundlage für ein entsprechendes Handeln der Bibliothek gibt, welche Rechte und Pflichten dem handelnden Bibliothekar obliegen und was die Folgen eines Handelns oder Nichthandelns sind. Grundkenntnisse des Verfahrensrechts sind notwendig, um sich bei eigenen Handlungen formell nicht angreifbar zu machen. Ferner sind sie bei Verfahren, bei denen außer der Bibliothek noch andere Aktionspartner auf der gleichen Verfahrensseite stehen, notwendig, um im richtigen Moment die Vorstellungen der Bibliothek einfließen zu lassen. Rechtlich relevante Fehler im Verfahrensablauf sind häufige Ursachen für Verzögerungen von Projekten. Beispielsweise können rechtliche Verfahrensfehler den Neubeginn eines Projektes erzwingen.

Das vorliegende Praxishandbuch bezieht sich auf die Arbeit und Vorkommnisse in einzelnen Informationseinrichtungen. Mitangesprochen werden damit auch Themen, die in einem bibliotheksübergreifenden Zusammenhang stehen können. Überörtliche Projekte wie Lobbyismus, Gesetzgebungsverfahren und Harmonisierung von Rechtsvorschriften in Bibliotheken werden ausgespart.

Internationales Recht ist nicht automatisch im Inland wirksam. Vielmehr hat zuvor eine Anerkennung und Umsetzung durch den nationalen Gesetzgeber stattzufinden.

Eine große Ausnahme bilden für die Vertragsstaaten die Verordnungen der Europäischen Union. Diese wirken ohne weiteren Umsetzungsakt direkt in den Mitgliedsstaaten der Europäischen Union. Ein Beispiel hierfür ist die Datenschutzgrundverordnung gem. Art. 288 Abs. 2 AEUV. Trotz des starken Einflusses ist die Rechtsetzung der EU häufig nur mittelbar wahrnehmbar. So sind die Richtlinien der EU[8] von den Mitgliedsstaaten in nationales Recht umzusetzen. Für den Rechtsanwender gilt daher zunächst das nationale Recht. Das Gemeinschaftsrecht betrifft vor allem die Rahmenbedingungen der Bibliotheken und Informationseinrichtungen. Wie der Einfluss z.B. auf das Urheberrecht oder das allgemeine Zivilrecht (Einkauf) zeigt, sind diese keinesfalls nebensächlich. Für den zentralen Bereich der Kultur werden in Art. 151 EGV die Voraussetzungen und die Grenzen genannt, unter denen eine kulturpolitische Tätigkeit der Gemeinschaft nach Art. 3 Abs. 1 lit. q EGV möglich ist. So ist nach dem ausdrücklichen Wortlaut nur die Leistung eines Beitrags „unter Wahrung ihrer nationalen und regionalen Vielfalt" zulässig.[9] Daher sind ergänzende Projekte der EU auf dem kulturellen Informationsmarkt möglich. Vor allem aber ist die nationale Gesetzgebung relevant. Als Nichtmitgliedsstaat der EU sind Rechtsakte der Gemeinschaft für die Schweiz nicht verbindlich. Aus wirtschaftlichen Gründen erfolgt in der Schweiz häufig eine Reaktion, teilweise auch eine freiwillige Angleichung des schweizerischen Rechts an das Gemeinschaftsrecht.

1.2 Juristische Prüfung und Umgang mit juristischen Werkzeugen

Der Zugriff auf die relevanten und aktuellen Gesetzestexte gehört bei juristischen Arbeiten zur elementaren Grundausstattung. Um sich im Umgang mit den Rechtsnormen vertraut zu machen, empfiehlt sich das Nachlesen jeder zitierten Norm. Dadurch erhält man einen guten Überblick über den Normeninhalt. Dies gilt auch für das vorliegende Buch. Gesetze unterliegen einem stetigen Wandel. Nur wenn die richtige Norm im aktuellen Fall beachtet wird, kann ein juristischer Fall zeitgerecht gelöst werden. Unter der URL www.dejure.org befindet sich eine umfassende und laufend aktualisierte Sammlung deutscher und gemeinschaftsrechtlicher Normen. Das Angebot ist kostenfrei. Gleiches gilt für die österreichischen Rechtsvorschriften. Diese befinden sich auf der Seite des Österreichischen Kanzleramts: www.ris.bka.gv.at/[10]. Das schweizerische Pendant befindet sich u.a. auf der Webseite www.gesetze.ch/[11]. Darüber hinaus gibt es weitere gängige Online- und Printangebote.

Zu den zentralen Merkmalen des kontinentalen, vor allem des deutschen Rechts gehört grundsätzlich die systematische, gesetzesorientierte Prüfung. Demnach

8 Richtline 2012/28/EU des Europäischen Parlaments und des Rates vom 25. Oktober 2012 über bestimmte zulässige Formen der Nutzung verwaister Werke (Abl. EU 2012 L 299 S. 5).

9 Schwartz, AfP 1993, S. 409ff.

10 http://www.ris.bka.gv.at/, zuletzt aufgerufen am 01.09.2019.

11 https://www.ch.ch/de/gesetze/, zuletzt aufgerufen am 01.09.2019.

werden zunächst die einschlägigen Normen systematisch auf das Vorliegen der Voraussetzungen untersucht. Dem steht das Modell des fallbasierten (Case-Law) Rechts gegenüber. Dieses ist vor allem in angloamerikanischen Rechtskulturen verbreitet. Hier wird neben der einschlägigen Rechtsnorm sehr stark mit einem Vergleich zu echten oder vermeintlichen ähnlichen Rechtsstreitigkeiten aus der Vergangenheit gearbeitet und versucht, aus dem Vergleich eine Aussage für den aktuellen Fall zu gewinnen. Es handelt sich daher um zwei unterschiedliche Vorgehensweisen bei der Rechtsfindung. Auch wenn das deutsche Recht durchaus Vergleiche und Leitentscheidungen kennt, so kommen diese nur bei der Erörterung einzelner Merkmale und nicht pauschal in Betracht. Die jeweiligen Ansätze zur Rechtsfindung sind fest verankert und zumindest für den einzelnen Anwender nicht austauschbar. Übernommen werden können bei der Rechtsanwendung im deutschen Recht die ebenfalls einschlägigen Argumente aus anderen Fällen. Eine „einfache Übernahme des Ergebnisses aus einem ähnlichen Fall" ohne weitere Prüfung ist eine falsche Vorgehensweise und fördert willkürliche Ergebnisse.

Beispiel: Im Bundesland B wird durch ministerialen Erlass (Verwaltungsvorschrift) des Kultusministeriums eine Aussonderungsquote des Buchbestandes in öffentlichen kommunalen Bibliotheken von 15 Prozent pro Jahr verlangt. Für eine öffentliche kommunale Bibliothek des Bundeslandes A ist dieser Erlass mangels Zuständigkeit nicht verbindlich. Wenn die inhaltlichen Argumente überzeugen, kann die Leitung der jeweiligen kommunalen Bibliothek im Bundesland A die Maßzahl von 15 Prozent Aussonderungsquote pro Jahr freiwillig übernehmen.

Eine juristische Prüfung besteht darin, zunächst die einschlägige Rechtsgrundlage durch systematisches Vorgehen aufzufinden. Hierzu empfiehlt es sich vor allem bei unbekannten Normen, den Weg durch eine Einengung der möglichen Rechtsgebiete zu gehen.

Ist die einschlägige Norm gefunden worden, ist der Zusammenhang, in dem die Norm steht, bei der Prüfung mit zu berücksichtigen. Es folgt die Prüfung der Voraussetzungen sowie eventueller Ausnahmen und Gegenausnahmen. Daher wird bei der Rechtsanwendung auch von Regel-Ausnahme-Prinzipien gesprochen. Im Zivilrecht werden im ersten Schritt Anspruchsgrundlagen, im Verwaltungsrecht Ermächtigungsgrundlagen und im Strafrecht entsprechende Strafnormen ermittelt. Zur Nachvollziehbarkeit der Argumente werden die Anspruchsgrundlagen bzw. Ermächtigungsgrundlagen oder Strafnormen immer ausdrücklich genannt. Es stellt sich die Frage, wie eine Anspruchsgrundlage oder Ermächtigungsgrundlage bzw. Strafnorm erkannt werden kann. Diese Normen haben gemeinsam, dass sie bestimmte Voraussetzungen fordern und eine Rechtsfolge setzen. Die Rechtsfolge ist mit dem gesetzten oder gewünschten Ziel zu vergleichen. Es sind mithin die Rechtsnormen herauszufinden, auf die alle Voraussetzungen zutreffen. Das Vorliegen der Voraussetzungen für die jeweilige Rechtsnorm festzustellen, ist die Aufgabe der oben erwähnten Sachverhaltsarbeit.

Dabei sind die Voraussetzungen abstrakt beschrieben, d.h. für eine Vielzahl von Fällen formuliert. Die Rechtsanwendung besteht darin, die konkreten Vorkommnisse, den sogenannten Lebenssachverhalt mit den abstrakten Voraussetzungen, auf eine Passgenauigkeit hin zu überprüfen (Subsumtion). Rechtsnormen mit dieser Struktur nennt man konditionale Normen.

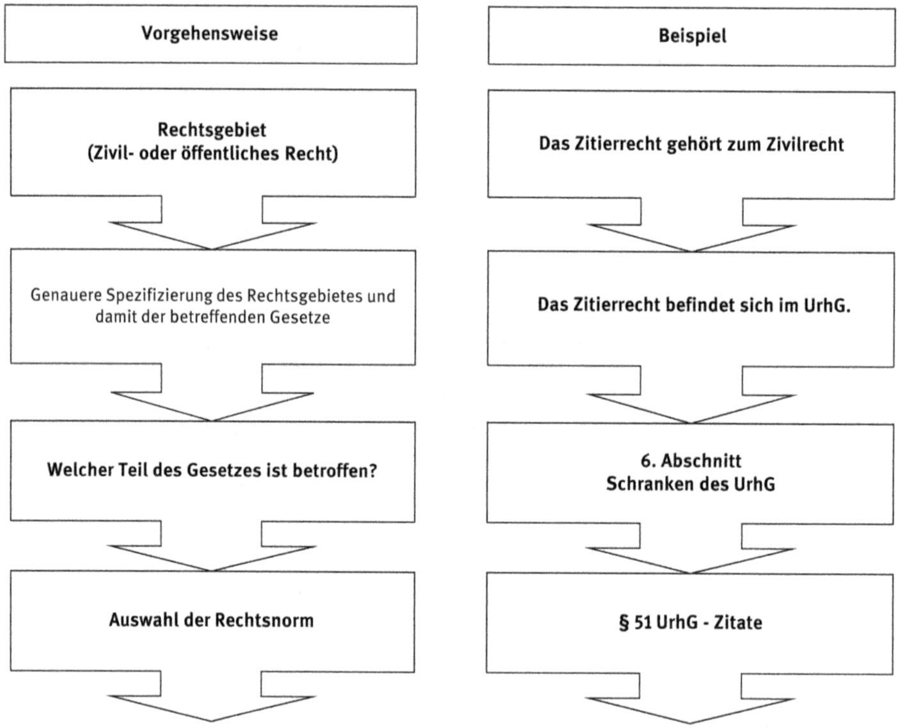

Abb. 4: Vorgehensweise bei der Auswahl einer Rechtsnorm.

Voraussetzung 1 + Voraussetzung 2 + Voraussetzung 3 → Rechtsfolge

Die Voraussetzungen werden in einigen Fällen durch andere Normen nochmals unterteilt. Ein weiterer Normtyp sind Definitionen. D.h. der Gesetzgeber hat durch Rechtssetzung zu erkennen gegeben, wie bestimmte Begriffe zu verwenden sind. Ein Beispiel hierfür ist die Definition des Begriffs „Sachen“ in § 90 BGB. Ob diese Begriffsdefinition auch außerhalb des Bürgerlichen Gesetzes verwendet werden kann, ist für jedes andere Gesetz gesondert festzustellen. Hierzu sollte ein Gesetzeskommentar herangezogen werden. Liegt auch nur eine Voraussetzung nicht vor, so ist die Norm nicht einschlägig und es ist eine andere zu suchen. Sind hingegen alle Voraussetzungen erfüllt, so ist zu prüfen, ob es dennoch gesetzliche Ausnahmen gibt. Erst wenn dies verneint werden kann, tritt die Rechtsfolge ein. Nicht so häufig wie konditionale Normen, wenn dann aber vor allem aber bei planerischen Themen, finden sich sogenannte Finalnormen. Sie definieren Ziele und Mittel zur Zielerreichung. Damit verlangt die Finalnorm keine Subsumtion unter bestimmte Tatbestände, sondern eine durchdachte Ausführung gesetzlich umschriebener Ziele, Leitgedanken und Belange mit Konfliktpotential.[12] „Das Zweck-Mittel-Schema" gibt den Zweck an, lässt dem Adressaten aber einen relativ großen Spielraum bei der Wahl der Mittel.[13] Dem größeren Spielraum der Verwaltung steht eine Verringerung der Rechtssicherheit und Verlässlichkeit bei Handlungen der Verwaltung gegenüber. Eine immanente Schranke besteht durch andere Rechte und Normen. Das deutsche Recht ist traditionell eher konditional als final geprägt. Vor allem durch den Einfluss des Europarechts lässt sich in den letzten Jahren ein Trend zu Finalnormen ausmachen.[14]

Zum Beachten der rechtlichen Regelungen gehört auch das Verfolgen von Rechtsänderungen. Das Nichtbeachten der Aktualität einer Rechtsnorm ist ein vermeidbarer Rechtsanwendungsfehler. Gesetzesänderungen kommen in zwei Formen vor. Zum einen entsteht ein komplett neues Gesetz. Zum anderen werden bestehende Rechtsnormen durch sogenannte Änderungsgesetze abgeändert. Änderungsgesetze sind die häufigere Variante. In „Reinform" sind die Änderungsgesetze (wegen der Schreibweise mit vielen Lücken) häufig schlecht lesbar und nicht ohne Weiteres verständlich. Daher empfiehlt es sich, aus Gründen des besseren Verständnisses, bei der Lektüre von Gesetzesänderungen auf Synopsen, d.h. die Gegenüberstellung von altem und neuem Gesetzestext unter Hervorhebung der Änderungen zuzugreifen. Ein ständiger und zuverlässiger Link zu Synopsen kann hier nicht angeboten werden. Am besten werden diese mit Hilfe von Suchmaschinen ermittelt. Daher wird empfohlen, bei der Verwendung eines Gesetzestextes auf die Aktualität zu achten.

Gesetzestexte sind für eine Vielzahl von Fällen geschrieben worden (abstrakt), per Definition allgemeingültig und somit für die Anwendung im Einzelfall generell interpretationsbedürftig. Eine frühe Interpretationsmöglichkeit findet sich in den in den Drucksachen (Landtag oder Bundestag) enthaltenen Begründungen zum Gesetzestext. Die EU-rechtlichen Entsprechungen zu den Drucksachen heißen Erwägungsgründe. Hier gibt der Gesetzgeber zu erkennen, wie er sich die Anwendung des Gesetzestextes gedacht hat. Dennoch sind diese geäußerten Absichten nicht unbedingt zwingend. Nur der Gesetzestext selbst ist verbindlich. Wie dieser im konkreten Fall letztendlich zu verstehen ist, entscheiden die Gerichte.

Vor allem neuere Gesetze haben einen systematischen Aufbau, der es erleichtert, die gewünschte Norm rasch aufzufinden. Ein typischer moderner Aufbau ist beispielsweise:

I. Allgemeiner Teil

I.1 Zweck des Gesetzes

---

12 Breuer, AÖR 2002, 523 (526).

13 Hill, Einf. in die Gesetzgebungslehre, S. 20.

14 Breuer, Zunehmende Vielgestaltigkeit, NVwZ 1997, 833 (837).

I.2 Anwendungsbereich des Gesetzes
I.3 Legaldefinitionen von verwendeten Grundbegriffen
I.4 Zuständigkeiten
I.5 Rechtsweg – häufige Alternative: am Ende des Gesetzestextes
II. Besonderer Teil
II.1 Regelungen im Einzelnen
II.2 Übergangsvorschriften

Das typische moderne Gesetz lässt sich in einen allgemeinen Teil und in einen besonderen Teil untergliedern. Der allgemeine Teil entsteht dadurch, dass der Gesetzgeber die abtrennbaren Gemeinsamkeiten aus vielen Normen „vor die Klammer gezogen" hat.[15] Dadurch besitzen die Regelungen im allgemeinen Teil einen hohen Abstraktionsgrad. Gleichzeitig werden Wiederholungen im Text der jeweiligen Norm vermieden. Der besondere Teil umfasst dann die Spezialitäten jeder Regelung. Der Nachteil dieser Art von Gesetzen besteht darin, dass es häufig nicht genügt, nur eine Rechtsnorm nachzulesen. Es ist auch erforderlich, die Vorschriften im näheren Umfeld der einschlägigen Norm zu kennen. Zu den ersten modernen Gesetzen dieser Art zählt das (deutsche) Bürgerliche Gesetzbuch (BGB, 1900). Hierdurch unterscheidet es sich vom Schweizer Zivilgesetzbuch (ZGB, 1907) und dem Allgemeinen Bürgerlichen Gesetzbuch Österreichs (ABGB, 1811).[16]

Beim Abfassen von juristisch relevanten Schreiben werden häufig Formularsammlungen zu Rate gezogen. Wie bei der Verwendung von Gesetzestexten ist bei der Verwendung von Formularsammlungen unbedingt auf die notwendige Aktualität zu achten. Mit der Änderung der Rechtslage kann bei den betreffenden Formularen eine Anpassung erforderlich sein. Entsprechende Hinweise sind regelmäßig im Vorwort der Auflage oder in Fußnoten zu finden. Ferner müssen einschlägige Grundsatzurteile ebenfalls berücksichtigt worden sein. Grundsatzurteile, auch Leiturteile genannt, sind Urteile höherer Gerichte wie andere Entscheidungen auch. Durch eine neue oder bisher umstrittene Position äußert sich hier jedoch das Gericht, wie es generell Sachverhalte dieser Art sieht und vermutlich in ähnlich gelagerten Fällen entscheiden wird. Unterinstanzliche Gerichte sind auf Grund ihrer verfassungsrechtlich garantierten Unabhängigkeit nicht verpflichtet, diesen Grundsatzurteilen vorauseilend zu folgen. Im widrigen Fall riskieren sie jedoch die Aufhebung des Urteils, wenn sich die unterlegene Partei gegen das Urteil wehrt und Rechtsmittel einlegt. Daher fühlen sich viele unterinstanzliche Gerichte an das Grundsatzurteil gebunden. Wird aus verschiedenen Vorlagen ein neuer rechtsverbindlicher Text zusammengestellt, so ist zu beachten, dass im Anschluss eine komplette Überprüfung des gesamten Textes erfolgt. Ein juristischer Text bildet für sich genommen eine Einheit. Wird daher ein Stück davon herausgenommen oder ein anderes eingesetzt, kann sich die

15 Rüthers; Stadler: BGB AT, § 1 Rn 9.
16 Rüthers; Stadler: ebd., § 1 Rn 10.

Bedeutung der anderen Teile verändern. Näheres hierzu wird im Kapitel „Einholen von Rechtsrat" beschrieben.

1.3 Rechtssprache

Das Charakteristische an der juristischen Fachsprache ist, dass sie vielfach Wörter aus der Alltagssprache oder aus anderen Fachgebieten entlehnt und ihnen eine besondere Bedeutung gibt. Dabei ist die juristische Bedeutung dieser Vokabeln nur teilweise deckungsgleich. Ein Beispiel hierfür ist der Urheber. Für den Medienbearbeiter bedeutet Urheber nach § 18 RAK-WB die Bezeichnung von „Körperschaften, die allein oder gemeinschaftlich – ein anonymes Werk oder Teile eines solchen Werks erarbeitet oder veranlasst und herausgegeben haben". Unter Urheber versteht ein Jurist hingegen gem. § 7 UrhG den Schöpfer eines Werkes. Dabei kann es sich nur um einen Menschen handeln. Die RDA als Nachfolgeregelung der RAK-WB vermeidet den Begriff Urheber, billigt aber auch Körperschaften geistige Schöpfungen zu.

Wird daher ein juristisch relevanter Text verfasst, so ist dieser Umstand bei der Wortwahl zu berücksichtigen. Hier geht der Leser üblicherweise von der juristischen Bedeutung aus. Bei möglichen Unklarheiten bietet es sich an, die entsprechenden zentralen Begriffe zu definieren. Diesen Weg geht auch der Gesetzgeber. Unklarheiten gehen zu Lasten des Verwenders und sind regelmäßig nur für die Zukunft reparabel. Hinterher zu sagen, etwas nicht so gemeint zu haben, im Juristendeutsch ein Berufen auf einen Erklärungsirrtum gem. § 119 Abs. 1 S. 2 BGB, ist nur in engen Grenzen möglich und im Hinblick auf die Folgen noch seltener attraktiv. Denn gem. § 122 Abs. 1 BGB hat der andere grundsätzlich einen Anspruch auf den Ersatz des Vertrauensschadens. Das bedeutet zwar die Aufhebung der Bindungswirkung der erfolgten Erklärung. Finanziell wird der Adressat der Erklärung aber so gestellt, als ob die Erklärung gegolten hätte. Aufklärung über die juristische Bedeutung von Begriffen bieten Kommentare und Wörterbücher. Zu den bekanntesten Wörterbüchern gehört beispielsweise das Creifelds, C.: Rechtswörterbuch, allgemein bekannt unter „Creifelds". Gesetzeskommentare gehören ebenfalls zur juristentypischen Literatur. Sie sind regelmäßig zu Einzelgesetzen verfasst worden und erläutern die Bedeutung der einzelnen Rechtssätze und vom Gesetzgeber verwendeten Begriffe. Dabei ist es wichtig, dass für die Erörterung des jeweiligen Begriffs auch der entsprechende Gesetzeskommentar verwendet wird. Denn gleiche Begriff in unterschiedlichen Gesetzen unterschiedlich verstanden werden. Eine Auseinandersetzung mit der Rechtsmaterie ist für jeden erforderlich, der in die entsprechenden Sachverhalte involviert ist. Falsche Vermeidungsstrategien wie beispielsweise das fehlerhafte Weglassen einer Rechtsbehelfsbelehrung sind nicht zielführend, sondern vergrößern vielmehr das Thema. Zwischen dem Sachverhalt und der rechtlichen Problematik besteht ein untrennbarer Zusammenhang.[17]

1.4 Einige juristische Grundbegriffe

Neben den spezifischen Bezeichnungen für einzelne Handlungen oder Beschreibungen kennt die Juristerei eine Reihe von Grundbegriffen, die für viele Rechtsgebiete von Bedeutung sind. Eine Auswahl dieser wird hier vorgestellt.

Zu den sehr häufig verwendeten Begriffen unter den Juristen gehört der Terminus der „herrschenden Meinung" (kurz hM). Da mit der Verwendung des einnehmenden Fachausdrucks gelegentlich auch Rechtspolitik betrieben wird, ist der Gebrauch nicht einheitlich. Üblicherweise steht die „herrschende Meinung" als Zusammenfassung für die Ansichten der überwiegenden obergerichtlichen Rechtsprechung und der fachlich als renommiert angesehenen Meinungen in der Wissenschaft. Bilden sich Meinungslager heraus, so können diese einmal nach Rechtsprechung und sogenannter „herrschender Lehre" unterteilt werden. Dabei werden maßgebliche Gerichte mit einer abweichenden Meinung gesondert genannt. Maßgebliche Gerichte sind vor allem letztinstanzliche Gerichte und Gerichte von besonderer Bedeutung wie der Bundesgerichtshof, das Bundesverfassungsgericht, der Europäische Gerichtshof usw. Der Gegenbegriff zur „herrschenden Meinung" ist die sogenannte „Mindermeinung" (kurz mM). Die Mindermeinung hat sich zumindest derzeit noch nicht durchgesetzt, hat als diskursives Element aber wissenschaftliche Bedeutung. Wie die Ausrichtung des jeweiligen Werkes erfolgt ist bzw. wie die Begriffe verwendet werden, ergibt sich regelmäßig erst aus dem Zusammenhang, wie die Begriffe „herrschende Meinung", „Mindermeinung", „herrschende Lehre" und „Rechtsprechung" verwendet werden. Die Ungenauigkeit beruht darauf, dass es in der Juristerei als Wissenschaft, mit den großen Ausnahmen von Rechtsanwendungsfehlern und Fehlern gegen die Logik, regelmäßig kein „richtig" oder „falsch" gibt. Für die Praxis gilt jedoch die Maxime, einen gerichtsfesten Weg zu finden und sich danach auszurichten. Ansonsten war die Mühe in der Sache vergeblich, hinsichtlich der Kosten aber nicht umsonst. Unter diesem Blickwinkel verengt sich das häufig breite Meinungsspektrum erheblich. Trotz aller Ungenauigkeiten bildet der Begriff der „herrschenden Meinung" einen Orientierungspunkt.

Erwägungsgründe bzw. Gesetzesmaterialien sind die einem Rechtstext zugeordneten Erläuterungen und Beschreibungen eines Rechtstextes. Ihre Aufgabe ist es, darzulegen, welche Vorstellungen der Normengeber für den Erlass der betreffenden Regelung hatte. Im Gegensatz zu den Bestandteilen der Norm kann aus den Überle-

17 Näher zum Thema juristischer Sprachgebrauch: BMJV: Handbuch der Rechtsförmlichkeit, 3. Aufl., Teil B 1, http://hdr.bmj.de/page_b.1.index.html, zuletzt aufgerufen am 01.09.2019.

gungen keine Rechtsfolge abgeleitet werden. Ihnen können jedoch bei der Auslegung der Norm erläuternde Funktionen zukommen. Insoweit besteht ein Einfluss auf die Norm.

Das Zivilrecht regelt die Rechtsbeziehungen zwischen Privatrechtsträgern. Im Gegensatz dazu bestimmt das Öffentliche Recht regelt das Verhältnis des Staates als Hoheitsträger zu seinen Bürgern. Dabei ist zu berücksichtigen, dass sich der Staat außer seinem Handeln als Hoheitsträger in bestimmten Fällen auch privatrechtlicher Formen bedienen kann. Die Einteilung ist für die Frage, welche rechtlichen Regelungen und Handlungsformen für die Beteiligten in Betracht kommen, relevant.

Ob eine Handlung rechtlich wirksam ist, hängt von der Rechtsfähigkeit und der Handlungsfähigkeit ab. Die Rechtsfähigkeit besagt, dass der Träger Inhaber von Rechten sein kann. Bei Menschen ist die Rechtsfähigkeit regelmäßig unproblematisch. Für ein wirksames Handeln bedarf es aber noch der Handlungsfähigkeit. Nach ihr bestimmt sich, ob die tatsächlich erfolgte Handlung auf Grund einer rechtlichen Wertung gültig ist oder nicht. Aus Zweckmäßigkeitsgründen hat sich der Gesetzgeber dazu entschlossen, nicht nur einzelnen Menschen die Geschäftsfähigkeit zuzusprechen, sondern auch Gruppen.[18] Je nach Art der Gruppe besitzt diese eine größere oder kleinere Anzahl von eigenen Rechten. Sind sie vollrechtsfähig, so handelt es sich um juristische Personen.[19] Juristische Personen werden durch vollgeschäftsfähige natürliche Personen (Menschen) vertreten. Es gibt sowohl öffentlich-rechtlich als auch privatrechtlich organisierte juristische Personen. Als Beispiel sei die Art und Weise, wie rechtlich verbindliche Entscheidungen an einer öffentlich-rechtlich organisierten Universitätsbibliothek zustande kommen, genannt. Als Körperschaft des öffentlichen Rechts ist eine Universität rechtsfähig. Um aber tatsächlich handeln zu können, benötigt sie Menschen als Vertreter. Diese sind bei der Universität die Universitätsleitung. Die Universitätsleitung überträgt ihrerseits bestimmte Befugnisse an die Leitungsstellen der untergebenen Einheiten. So wird der Bibliotheksdirektion eine Vollmacht für bestimmte Handlungen übertragen. Eine solche kann beispielsweise der Abschluss von Kaufverträgen für die Bibliothek innerhalb des Etats und in einer Höhe von 50.000 Euro pro Fall sein. In der Schweiz ist die Lage überwiegend vergleichbar. So sind in der Schweiz öffentlich-rechtliche Körperschaften immer eine juristische Person und als solche Trägerin von Rechten und Pflichten gem. Art. 52 Abs. 2, 59 Abs. 1 ZGB. Als Trägerin von öffentlichen Informationseinrichtungen kommen in der Schweiz ferner andere Organisationsformen wie öffentlich-rechtliche Stiftungen und Anstalten in Betracht. Das schweizerische öffentliche Recht kennt keinen Numerus clausus von Organisationsformen. Daher sind auch andere Organisationsformen möglich.

---

18 Medicus; Petersen: Grundwissen zum Bürgerlichen Recht, § 2 Rn 25.

19 Medicus; Petersen: ebd., § 2 Rn 25.

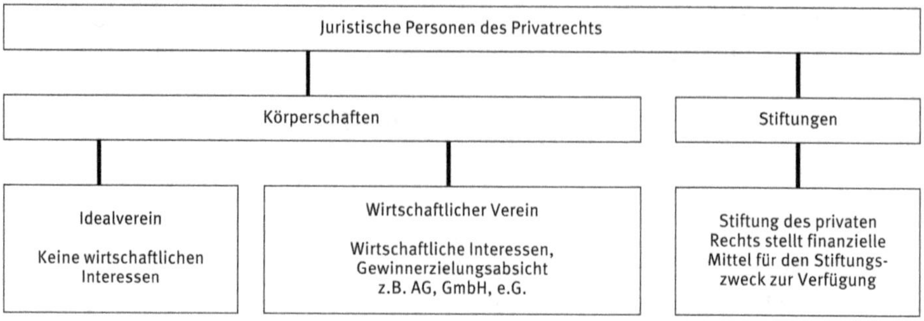

Abb. 5: Juristische Personen des Zivilrechts.

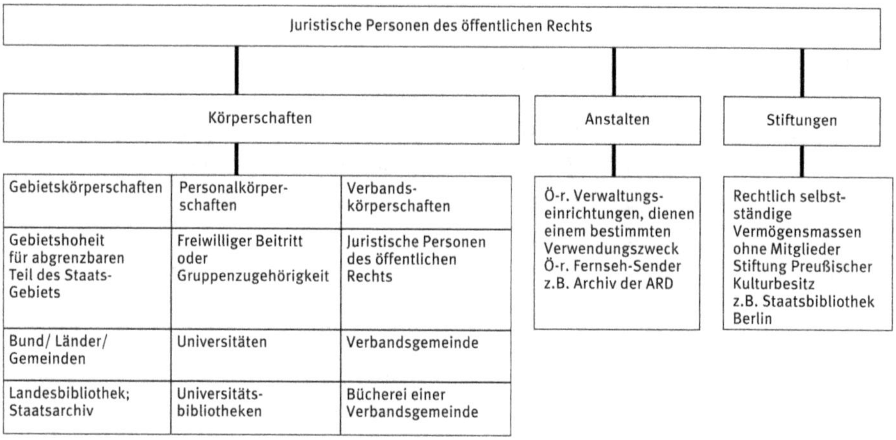

Abb. 6: Juristische Personen des Öffentlichen Rechts.

Bei den Rechten wird zwischen absoluten und relativen Rechten unterschieden. Absolute Rechte sind Rechte, die dem Inhaber gegenüber jeder Person zustehen. Dagegen sind relative Rechte Forderungsrechte, die nur gegenüber bestimmten Personen wirksam sind.

Rechtmäßigkeit bedeutet, dass Behörden, und hierzu gehören auch öffentlich-rechtlich organisierte Bibliotheken, den Gesetzen und dem geltenden Recht entsprechend zu handeln haben und keine Maßnahmen treffen dürfen, die gegen Gesetze verstoßen.[20] Weitere Begrifflichkeiten werden im Kontext erläutert.

20 Maurer: ebd., § 6 Rn 2.

1.5 Gesetzeskonkurrenz

Die juristische Bewertung des Sachverhalts beinhaltet die Prüfung verschiedener tatsächlicher oder naheliegender Rechtsnormen. Da hier mehrere Ansatzmöglichkeiten zur Verfügung stehen können, ist eine systematische Vorgehensweise erforderlich, um zum gewünschten Ziel zu gelangen. Zunächst erfolgt die Sammlung aller in Betracht kommenden Normen. Dabei ist bewusst großzügig zu verfahren, um keine relevante Vorschrift zu übersehen. Das Sortieren folgt in einem weiteren Verfahrensschritt. Bei der anschließenden Ordnung der Normen kann festgestellt werden, welche der einschlägigen Normen nebeneinander zur Geltung kommen können, welche in einer Hierarchie zu einander stehen und welche einander ausschließen (Normen- bzw. Gesetzeskonkurrenz). Hinweise, wie sich mehrere einschlägige Normen zu einander verhalten, finden sich häufig in Gesetzeskommentaren. Regelmäßig stehen diese Hinweise am Ende der Kommentierung einer einzelnen Norm oder in einem zusammenfassenden Kapitel vor den Vorschriften. Die Gesetzeskonkurrenzen gehören in ihrer Gesamtheit zu den fortgeschrittenen juristischen Kenntnissen.

Fall: Die Leiterin L der Stadtbücherei S will die Innenräume der Stadtbücherei sehr farbenfroh und mit kreativen Mustern neu gestalten. Als Vorlage für die Gestaltung hatte sie Fotos von Arbeiten des Innenarchitekten I im benachbarten Gemeindezentrum angefertigt. Da das Haus teilweise denkmalgeschützt ist, erkundigt sich L sowohl bei der unteren Baubehörde der Stadt S als auch beim Landesdenkmalamt. Da nicht die denkmalgeschützte Fassade des Gebäudes betroffen ist, haben weder die untere Baubehörde noch das Landesdenkmalamt Einwände gegen das Vorhaben. Daher lässt L die Malerarbeiten nach genauer Fotovorlage ausführen. Kurze Zeit später verlangt Innenarchitekt I, der Gestalter der Räumlichkeiten im Gemeindezentrum, von der Stadt S Schadenersatz, da sein Werk ohne Zustimmung kopiert worden sei. Ferner meldet sich die Tochter des Architekten der Stadtbücherei und verlangt die sofortige Entfernung der Farbe. Ihr Vater sei ein großer Anhänger von Sichtbeton gewesen. Die bunte Farbgebung zerstöre den kühlen und zurückhaltenden Charakter des Gebäudes und verunglimpfe das Werk des vor 15 Jahren verstorbenen Vaters. L ist von den Vorwürfen und Forderungen sehr überrascht. Schließlich hatte sie bei zwei Behörden um Erlaubnis gefragt und eine Zustimmung erhalten.

Lösungsskizze: Da jeder der Betroffenen grundsätzlich nur über eigene Rechte bzw. Kompetenzen verfügen kann, konnte weder die Baubehörde noch das Landesdenkmalamt über mögliche Ansprüche nach dem Urheberrecht entscheiden. Denn diese stehen nur dem Werkschaffenden oder dessen Rechtsnachfolgern, wie hier dem I bzw. der Tochter des Architekten, zu. Es gibt zwar im öffentlichen Recht Fälle, in denen eine Behörde alleiniger Ansprechpartner für einen Außenstehenden ist, gleichzeitig aber die Stellungnahmen anderer Behörden eingeholt werden. Dennoch können neben der öffentlich-rechtlichen Beurteilung immer noch zivilrechtliche Ansprüche stehen. Bei den urheberrechtlichen Ansprüchen liegt kein öffentlicher Belang vor, der in die Erwägungen der unteren Baubehörde einzustellen gewesen wäre. Wegen der beiden unterschiedlichen Anspruchssteller (Rechtssubjekte) sind die beiden Ansprüche nach dem Urheberrecht getrennt zu beurteilen. Der Anspruch des A auf Schadenersatz ist daher unabhängig vom Anspruch der Tochter des Architekten auf Wiederherstellung der Optik in den Innenräumen zu betrachten. Damit steht nichts der Geltendmachung der beiden urheberrechtlichen Ansprüche entgegen.

---

2 Informationsfreiheit

Grundrechte sind fundamentale Rechte, die dem Einzelnen gegenüber Staaten zustehen und von staatlichen Einrichtungen zu beachten sind. In Deutschland sind diese im Grundgesetz festgeschrieben worden.

Für Bibliotheken und sonstige Informationseinrichtungen ist insbesondere Art. 5 GG von Bedeutung. Der Schutzbereich des Art. 5 Abs. 1 GG umfasst vier Grundrechte: die Meinungsfreiheit, die Informationsfreiheit, die Pressefreiheit und die Rundfunkfreiheit. Nach strittiger, aber wohl herrschender Auffassung ist Meinung das Ergebnis von rationalen Denkvorgängen oder Wertungen ohne Rücksicht auf die Qualität.[1] Die Informationsfreiheit ist das ungehinderte Beschaffen oder Empfangen von Wissen über Tatsachen oder Wertungen unabhängig vom Zweck. Die Pressefreiheit umfasst die Freiheit zur Verbreitung bestimmter Druckerzeugnisse. Dabei sind viele Einzelheiten in den Ausformungen umstritten. Der Rundfunk umfasst sowohl den drahtlosen Rundfunk als auch den leistungsgebundenen Rundfunk, soweit er an die Allgemeinheit gerichtet ist. Das Zensurverbot richtet sich aus historischen Gründen nur gegen die Vorzensur. Die Schranken des Artikel 5 GG finden sich nach Art. 5 Abs. 2 GG in den allgemeinen Gesetzen. Das Bundesverfassungsgericht stellt qualifizierte Anforderungen an diese allgemeinen Gesetze, um eine Umgehung des Schutzbereichs der Rechte zu verhindern. Danach ist ein Gesetz allgemein, wenn es sich nicht gegen eine bestimmte Meinung als solche richtet und wenn gleichzeitig ein höherwertiges Rechtsgut geschütztwird.

Die Informationsfreiheit garantiert die Freiheit, „sich aus allgemein zugänglichen Quellen" gem. Art. 5 Abs. 1 S. 1 HS 2 GG ungehindert zu unterrichten. Die Informationsfreiheit ist ein klassisches Abwehrrecht.[2] Hintergrund für die Aufnahme in die Verfassung waren die Erinnerungen an die Praxis der Informationsunterdrückung und Manipulation durch das NS-Regime.[3] Der Charakter als Abwehrrecht und dessen Notwendigkeit wurden erneut durch die staatliche Meinungsmanipulation im DDR-Regime bestätigt. Dagegen gibt es grundsätzlich keinen verfassungsunmittelbaren Informationsanspruch des Einzelnen, also das Recht etwas zu erfahren.[4] Solche Informationsansprüche sind vielmehr in einfachen Gesetzen und damit gegenüber der Verfassung niederrangigen vorhanden. Für einen verfassungsunmittelbaren Verschaffungsanspruch ist die Informationsfreiheit in ihren Ausformungen zu unterschiedlich und zu komplex. Die Informationsfreiheit dient der freien Persönlichkeitsentfaltung. Als natürliche Voraussetzung der Meinungsfreiheit steht sie als eigenständiges Grundrecht neben der Meinungsfreiheit.[5] Es besteht ein Zugangsrecht, soweit der Zugang zu Informationsquellen, die für die öffentliche Zugänglichkeit geschaffen wurden,

1 Schiwy; Schütz; Dörr: Medienrecht, Stichwort Meinungsfreiheit.

2 Lerche, Jura 1995, 561; Kirchner: Grundriß des Bibliotheks- und Dokumentationsrechts, S.9.

3 BVerfGE 27, 71, 80 (Leipziger Volkszeitung).

4 Petersen: Medienrecht, § 2 Rn 2.

5 BVerfGE 27, 71–80.

https://doi.org/10.1515/9783110640380-004

von staatlichen Einrichtungen verhindert wird.[6] Relevant wird dies bei Informationseinrichtungen in öffentlich-rechtlicher Trägerschaft, bei Fragen von individuellen Ausschlüssen von Benutzung der Einrichtung und bei der Bildung von Zulassungsschranken, z.B. Altersgrenzen. Informationseinrichtungen, bei denen die Frage des Zugangs zu den jeweilgen Informationsmitteln besonders häufig und intensiv erörtert wird, sind Archive und Gefängnisbüchereien.

Ob eine Quelle der Allgemeinheit zugänglich sein soll, darüber kann grundsätzlich der Berechtigte entscheiden.[7] Hier geht es um die grundsätzliche Frage, ob beispielsweise externe Nutzer zu einer Seminarbibliothek zugelassen werden oder nicht. Dies gilt nicht nur für die Frage nach dem Ob, sondern auch für Zulassungsmodalitäten wie z.B. das Fotografierverbot. Diese Ausübung der Berechtigung wird nicht als Schrankenregelung im Sinne von Art. 5 Abs. 2 GG gesehen.[8] Ist eine Quellensammlung jedoch als öffentlich deklariert worden, so darf eine nachträgliche Beschränkung nicht willkürlich erfolgen. Nicht abgeleitet werden kann hieraus jedoch eine Bestandsgarantie, ein Verschaffungsanspruch auf Bildung einer Bibliothek oder Informationseinrichtung oder ein Ausstattungsanspruch.[9] Eine entsprechende Aufbereitung und Präsentation von Informationen in einer Informationseinrichtung dient der Herstellung von Bildungsgleichheit. Damit ist der Unterhalt von öffentlich zugänglichen Informationseinrichtungen ein Ausfluss des Sozialstaatsprinzips, denn öffentlich zugängliche Informationseinrichtungen sind ein Garant für den freien und gleichen Zugang zu Bildungschancen. Dennoch liegt kein, aus dem Grundgesetz herleitbarer Verschaffungsanspruch vor.

Es besteht aktuell kein individueller Anspruch auf eine spezielle Versorgung durch Informatonseinrichtungen. Vielmehr sind Bibliotheken und sonstige Informationseinrichtungen Ausdruck der allgemeinen Daseinsvorsorge.[10] Wie diese notwendige Daseinsvorsorge ausgestaltet wird, ist Angelegenheit des Staates. Dennoch ist der Staat damit nicht völlig aus der Verantwortung entlassen, denn er hat zu garantieren, dass es ein Mindestmaß an frei zugänglichen Informationsquellen gibt.[11] Auf einfachgesetzlicher Ebene haben sich die Gesetzgeber von Bund und Ländern für die gesetzliche Festschreibung von Bibliotheken und sonstigen Informationseinrichtungen z.B. Landesbibliotheken, Hochschulbibliotheken etc. entschieden. In einigen Bundesländern wurden hierzu spezielle Bibliotheksgesetze erlassen. Zum Teil werden in diesen Bibliotheksgesetzen jene Einrichtungen aufgelistet, für die nähere Regelungen getroffen werden. Dies betrifft vor allem die Landesbibliotheken, denen zentrale Aufgaben des Bibliothekswesens übertragen werden. Dazu gehören planerische und koordina-

6 Petersen: Medienrecht, § 2 Rn 2.
7 BVerfGE 103, 44ff.
8 BVerfGE 103, 44, 60; a.M. Gersdorf, AfP 2001, 29, 31.
9 BVerwGE 29, S. 214, 218; BVerwG, DÖV 1979, 102.
10 Petersen: ebd., § 2 Rn 25.
11 Degenhart in BK GG, Art. 5 Rn 280.

tive Funktionen sowie landesweite Forschungs- und Bewahrungsaufgaben.[12] Darüber hinaus fallen vor allem Gemeindebibliotheken unter den flexiblen Rechtsbegriff der kulturellen kommunalen Daseinsvorsorge. Die kommunale Daseinsvorsorge gehört zum Bereich der kommunalen Selbstverwaltung gem. Art. 28 GG. Trotz der Einordnung als sogenannte freiwillige Kommunalaufgabe und dem dadurch bedingten weiten Gestaltungsrahmens sind Städte und Gemeinden nicht ganz frei in ihrer Entscheidung über die Einrichtung und den Unterhalt von kommunalen Informationseinrichtungen. Die regionalen Entwicklungspläne sehen in Deutschland die Bildung von Ober-, Mittel- und Unterzentren vor. Bei der Einteilung der Zentren handelt es sich um eine Maßnahme, um eine die Versorgung der Bevölkerung angemessen mit Infrastruktur und Dienstleistungen überprüfen und sicherstellen zu können. Dabei nimmt die Erwartung an die zu erbringende Mindeststruktur mit dem Rang des Zentrums zu. Ziel ist es, eine relativ gleichmäßige Verteilung der Bevölkerung über das gesamte Gebiet des jeweiligen Bundeslandes zu erreichen. Zu den angesprochenen Infrastrukturmaßnahmen zählt auch das Vorhandensein von Informationseinrichtungen. Grundsätzlich besteht die Freiheit eines jeden Einzelnen sowie einer Behörde darin, Auskünfte zu erteilen oder zu verweigern. Diese Freiheit wird in anerkannten Fällen eingeschränkt und es entstehen Ansprüche auf den Erhalt von Informationen. Beispiele hierfür sind:

- § 9 HGB Akten- und Registereinsichtsrechte;
- § 12 GBO Einsichtnahme in das Grundbuch;
- § 3 UIG (Umweltinformationsgesetz);
- § 1 IFG (Informationsfreiheitsgesetz): Anspruch auf Zugang zu amtlichen Informationen;
- § 3 Abs. 1 StUG (Stasiunterlagengesetz) Auskunft, ob die Unterlagen Informationen über die eigene Person enthalten;
- Auskunftsansprüche nach den Landespressegesetzen;
- § 9a i.V.m. § 55 Abs. 3 RStV Auskunftsanspruch von Rundfunkanbietern;
- Akteneinsichtsrechte, aber regelmäßig nur für bestimmte Berufsgruppen, Ausnahme § 299 ZPO.

Auskunftsansprüche bedeuten jedoch nicht automatisch:

- Geregelte Ausnahmen von der Auskunftspflicht, z.B. Jugendschutzgesetze;
- Kostenfreiheit;
- Zugang zu den Originaldokumenten;
- Mitteilungspflicht über die Beantwortung der Auskunftsansprüche hinaus.

In der Schweiz, wo der Grundsatz von Treu und Glauben seine Verankerung in Art. 5 Abs. 3, 9, 44 Abs. 2 BV gefunden hat, wird die Bindung an Auskünfte durch eine Behörde strenger gesehen. Im Hinblick auf medienbezogene Auskünfte an einer Info-

12 § 6 BiblG SH; § 1 Abs. 3 LBibG Rlp; § 4 HessBiblG; § 4 Abs. 3 BiblG LSA; § 2 Abs. 1 ThürBibG.

theke ist hier wie in Deutschland regelmäßig vom Fehlen einer Bindung auszugehen. Anders ist die Sachlage zu bewerten, wenn es sich um eine als verbindlich verstandene Auftragsrecherche handelt. So darf sich der Empfänger ausdrücklicher Auskünfte auf diese auch dann gegenüber der Behörde berufen, wenn diese unzutreffend sind. Dementsprechend hat sich die verantwortliche Behörde so zu verhalten, als sei die Auskunft korrekt gewesen und folgende Voraussetzungen erfüllt worden sind:

- Die Auskunft erfolgte vorbehaltlos und in Bezug auf eine konkrete Situation und bestimmte Personen.
- Es bestand die Zuständigkeit der auskunftgebenden Behörde oder es wurde ein nachvollziehbarer Rechtsschein durch die Behörde für die Zuständigkeit gesetzt.
- Die Fehlerhaftigkeit der Auskunft war nicht ohne Weiteres erkennbar.
- Wegen der Fehlerhaftigkeit der Auskunft wurden Handlungen vorgenommen, die nicht ohne Nachteil für den Bürger zurückgenommen werden können.
- Seit dem Zeitpunkt der Auskunftserteilung hat die einschlägige Sach- und Rechtslage keine Änderung erfahren.

Soweit Rechte Dritter oder erhebliche staatliche Interessen betroffen sind, kann die der korrekten Rechtslage vergleichbaren Stellung des vertrauenden Bürgers nicht tatsächlich, sondern nur in einem Ausgleich erfolgen. Die einfachste Art für die auskunftgebende Behörde das Risiko zu begrenzen, ist die Konkretisierung der Auskunft, insbesondere des Umfangs. Hierdurch erfolgte die Auskunft nicht vorbehaltlos. Dagegen ist das generelle Vermeiden von Auskünften keine Lösung. Werden erforderliche Auskünfte pflichtwidrig unterlassen, können auch diese verhaltenswirksame Erwartungen auslösen und auf diesem Wege eine ausgleichspflichtige Vertrauensposition bilden.

3 Recht im Benutzungsbereich

Der Benutzungsbereich dient dem Zugang der Nutzer zum kulturellen und wissenschaftlichen Gedächtnis der Informationseinrichtung. Hier findet in physischer oder elektronischer Form die Bestandsvermittlung statt. Um einen Interessenausgleich der verschiedenen Akteure dauerhaft zu gewährleisten, sind Regeln erforderlich. Die Benutzungsordnung bzw. Allgemeine Geschäftsbedingungen regeln das Verhältnis zwischen der Informationseinrichtung und ihren Benutzern. Darüber hinaus ist sie ein Indikator für die Beziehung und den Umgang zwischen der Informationseinrichtung und ihren Benutzern. Denn die Benutzungsordnung liefert Auskunft über die Aktualität der Regelungen, welche Freiheiten ermöglicht werden, wie Interessenausgleiche erfolgen, welchen Stellenwert Benutzer und Bibliotheksmitarbeiter haben, ob eine Staffelung der Rechte bei unterschiedlichen Benutzergruppen vorgesehen ist usw. Besteht keine oder keine gültige Benutzungsordnung, so gelten subsidiär die allgemeinen Rechtsvorschriften. Einen rechtsfreien Raum gibt es nicht.[1] Selbst wenn die dann erforderlichen Rechtskenntnisse vorhanden sind, empfiehlt es sich aus Gründen der Arbeitseffizienz für eine baldige und wirksame Nutzungsordnung einzutreten.

3.1 Die Benutzungsordnung

In der Benutzungsordnung ist das Verhältnis der Informationseinrichtung zu ihren Kunden mit der Normierung der entsprechenden Rechte und Pflichten festgelegt. Sie ist Grundlage für die Ge- und Verbote sowie für die dazwischen liegenden Interpretationsspielräume. Öffentlich-rechtlichen Nutzungsverhältnissen liegt regelmäßig eine Satzung zu Grunde. Andere Rechtsnormen sind eher selten, kommen aber vor. Ein Beispiel hierfür ist die ABOB der Bayerischen Staatlichen Bibliotheken. Diese ist eine Rechtsverordnung. Privatrechtlich organisierte Bibliotheken regeln das Benutzerverhältnis über die Verwendung von allgemeinen Geschäftsbedingungen (AGBs).[2] Trotz des unterschiedlichen Regelungscharakters gibt es einige Punkte, die sowohl bei privatrechtlich wie auch bei öffentlich-rechtlich vereinbarten Regeln erfüllt sein müssen.

Damit sich die Bibliothek im Anwendungsfall auf die Benutzerordnung berufen kann, muss diese wirksam erlassen und gegenüber dem Benutzer wirksam sein. Notwendig ist daher, dass der Benutzer wenigstens einmal die naheliegende Möglichkeit der Kenntnisnahme hatte. Dies gilt mit unterschiedlicher Begründung unabhängig von der Rechtsform. Daher ist die Benutzungsordnung gut sichtbar im Eingangsbe-

1 Kirchner: Grundriss des Bibliotheks- und Dokumentationsrechts, S. 52.

2 Allgemeine Benutzungsordnung der Bayerischen Staatlichen Bibliotheken (ABOB) vom 18. August 1993, https://ub.fau.de/wp-content/uploads/2016/05/abob1.pdf, zuletzt aufgerufen am 01.09.2019.

https://doi.org/10.1515/9783110640380-005

reich auszuhängen, um auch den erstmaligen Bibliothekskunden zu erreichen, der nicht vorhat, sich einen Ausweis ausstellen zu lassen oder sich nicht online informieren möchte. Für die Bindung nicht unbedingt notwendig, für einen Nachweis sinnvoll und daher ausdrücklich empfohlen ist eine schriftliche Einverständniserklärung des Benutzers. Die ebenfalls notwendige Datenschutzerklärung sollte arbeitstechnisch sinnvoll gleichzeitig vorgelegt werden.[3]

Ziel einer guten Benutzungsordnung ist es, effektive rechtliche Regelungen für Konfliktfälle zwischen der Informationseinrichtung und deren Kunden vorausschauend zu finden. Effektive rechtliche Regelungen bedeuten, dass zum einen die juristische Grundlage fehlerfrei gegeben ist und gleichzeitig diese genauso durchgesetzt wird. Letzteres erfordert eine tatsächliche Akzeptanz durch die Mitarbeiterinnen und Mitarbeiter und vor allem durch die Kunden der Informationseinrichtung. Als weitere Stellgröße ist die Servicequalität, deren Hilfsmittel die Benutzungsordnung ist, zu beachten. Ohne eine tatsächliche Akzeptanz wird die Benutzungsordnung im Alltag nicht berücksichtigt. Es besteht dann die Gefahr, dass die Bewertung von bestimmten Situationen sehr personenabhängig und damit willkürlich wird. Zudem werden dann die Bestände und die Interessen der Informationseinrichtung nicht mehr in der gebotenen Art und Weise geschützt. Zur Effektivität gehört es auch, veraltete Regelungen zu streichen. Regelungen auf „Vorrat" zu behalten, sollte nur in engen Ausnahmefällen und bei zeitnaher Rückkehr vorgenommen werden. Auch hier ist ein offenes zeitweiliges Aussetzen die transparentere und regelmäßig besser verständliche Form. Mit einer Benutzungsordnung werden mehrere Zwecke verfolgt.

- Rechtssicherheit und Vertrauensschutz: Sowohl Bibliotheksmitarbeiter als auch Bibliothekskunden erhalten mit der Benutzungsordnung eine fixierte Beziehungsgrundlage. Damit sind willkürliche Handlungen wenigermöglich.
- Befriedungsfunktion: Die Rechte und Pflichten der Akteure sind vor dem Konfliktfall bekannt. Damit entfällt die Begründung des zur Ordnung Gerufenen, er habe davon nichts gewusst. Ein Konsens auf Basis der Bibliotheksordnung ist hierdurch leichter möglich.
- Ordnungsfunktion/Ausgleichsfunktion: Durch die Benutzerordnung werden unterschiedliche Interessen zwischen der Bibliothek und den Kunden sowie zwischen Kunden untereinander in Bezug auf Nutzungsmöglichkeiten der Informationseinrichtung zum Ausgleich gebracht.
- Optimierungsfunktion: Eine Alternative zu einheitlichen Regelungen sind individuelle Vereinbarungen. Wegen der widerstreitenden Interessen, aber auch wegen des Aufwands, ist dies keine praktikable Lösung.

Die Frage, ob eine Benutzungsordnung eher liberal oder eher strikt ausgestaltet sein sollte, kann nicht pauschal beantwortet werden. Dies ist von Faktoren wie Art der Informationseinrichtung, Benutzergruppen, Vorgeschichte im Hinblick auf frühere

3 Kirchner: Grundriss des Bibliotheks- und Dokumentationsrechts, S. 54.

Regelungen, spezielle Vorkommnisse etc. abhängig. Beispielsweise ist die Ordnung für den Lesesaal einer Handschriftenabteilung anders zu gestalten als die Nutzungsordnung für eine Kinder- und Jugendbücherei. Dies gilt nicht nur für den Grad der Liberalität einer Nutzungsordnung, sondern auch für deren Verständlichkeit. Denn Grundlage für die mögliche Akzeptanz einer Regelung ist, dass sie zunächst inhaltlich verstanden wird. Regelungen werden vor allem dann akzeptiert, wenn die Folge eines Handelns bzw. eines Verstoßes gegen die Regelung klar voraussehbar ist. Diese Zielgröße schneidet sich mit der Absicht, durch generalisierende Regelungen den Text gut lesbar, kurz, übersichtlich und dennoch umfassend zu gestalten. Hier ist für jede einzelne Regelung ein Kompromiss zu finden. Auf eine gute Einsicht Akzeptanz der Regelungen als auch bei einem Einschreiten bzw. einer Sanktion kann gehofft werden, wenn gut nachvollziehbare Verbindungen und Erklärungen gegeben werden, die eine Einsicht erleichtern. Gegebenenfalls sind Strukturen zu schaffen, die eine solche Einsicht fördern. Es kommt bei der Benutzungsordnung nicht nur formal auf eine juristisch korrekte Regelung, sondern auch auf den dahinterstehenden Service bzw. die Organisation an.

Beispiel: Reaktion auf einen Protest gegen die Entrichtung einer Mahngebühr

Antwort 1: „Die Mahngebühr ist festgelegt. Sie haben diese mit den Benutzerbedingungen akzeptiert."

Antwort 2: „Mit dem Geld aus den Mahngebühren werden zusätzliche Bücher gekauft. Wer anderen Nutzern Bücher durch eine verspätete Abgabe vorenthält, schafft durch die Zahlung einen Ausgleich. Daher steht diese Regelung in den Benutzerbedingungen."

Voraussetzung für Antwort 2 ist das Bestehen einer entsprechenden Etatregelung. Durch den in Antwort 2 aufgezeigten Ausgleich der Interessen aller Nutzer ist hier mit einem höheren Verständnis für das Säumnisentgelt zu rechnen. Denn statt des kurzen Vorwurfs, wird das tatsächliche Problem auf der Metaebene genannt. Zudem erhöht die Konnexität zwischen Zahlung und Regelverstoß die Akzeptanz des Säumnisentgelts.

Weitere Punkte, die die Akzeptanz einer Nutzungsordnung erhöhen, sind:
- Die einzelnen Regelungen sind für die Zielgruppe verständlich formuliert.[4] Hierzu gehört auch, dass die notwendigerweise verwendeten Fachbegriffe durch Erklärungen aufgelöst werden.
- Die Regelungen sind nachvollziehbar geordnet.
- Beispiele, die als solche auch erkennbar sind, sind in Wort und Bild erläutert. Von einer alleinigen Darstellung der Nutzungsordnung in einer reinen Bildersprache wird trotz der Attraktivität einer solchen Vorgehensweise für bestimmte Nutzergruppen wegen der starken Bindung des Rechts an das geschriebene Wort abgeraten. Gegen eine Verdeutlichung der Benutzungsordnung oder die Darstellung

4 Siehe z.B. Reiners: Stilkunst – ein Lehrbuch deutscher Prosa.

von Beispielen oder Piktogrammen ist hingegen nichts einzuwenden. Beispiele hierfür sind ein über den Mund gelegter Zeigefinger als Symbol für „Bitte Ruhe" oder eine durchgestrichene Flasche als Symbol dafür, dass Getränke hier nicht gestattet sind. Piktogramme können allgemeine Geschäftsbedingungen oder den Inhalt von Benutzungsordnungen darstellen.[5] Auch beim Thema Datenschutz ist wegen Art. 12 Abs. 6f. DSGVO eine Verwendung von standardisierten Bildsymbolen möglich.

Die Regelungen müssen widerspruchsfrei zueinander bestehen und mit dem höherrangigen Recht vereinbar sein. Bei widersprüchlichen Regelungen entsteht durch die Verwirrung gerade das Gegenteil einer Ordnung. Widersprüche können auf verschiedene Art und Weise vermieden werden. Eine Möglichkeit ist eine genaue Abgrenzung der einzelnen Wirkungskreise. Hier ist sprachliches Geschick und die Kenntnis juristischer Termini gefragt. Da die Möglichkeit der Abgrenzung der einzelnen Wirkungskreise nicht immer gegeben ist bzw. sonst ungewollt Regelungslücken entstehen können, kann eine Widerspruchsfreiheit auch durch eine Rangordnung der Regelungen erfolgen.

3.2 Inhalt von Benutzungsordnungen

Der Inhalt der jeweiligen Benutzungsordnung ist abhängig von der Zielsetzung der jeweiligen Informationseinrichtungen. Formal am naheliegensten sind die Vorgaben durch übergeordnete rechtliche Regelungen. Wird beispielsweise in dem einschlägigen Hochschulgesetz der Bibliothek eine Funktion für eine regionale Literaturversorgung der Bevölkerung zugeordnet, so darf die Benutzungsordnung sich nicht auf die Zulassung von Hochschulangehörigen beschränken. Eine solche Zulassungsordnung wäre rechtswidrig. Rechtsmittel, die sich gegen einen Ablehnungsbescheid zur Nutzungszulassung richten würden, hätten Aussicht auf Erfolg. Aus den einzelnen Regelungen ergeben sich Folgewirkungen bzw. weitergehende Fragestellungen. Nimmt beispielsweise eine Bibliothek an der gebenden Fernleihe teil, so ist die Bibliothek öffentlich zugänglich. Als öffentlich zugängliche Bibliothek kann dieser bei Medienbestellungen ein Bibliotheksrabatt eingeräumt werden.[6] Der Status als öffentliche Bibliothek bedeutet in diesem Zusammenhang nicht automatisch auch ein Betretungsrecht für Jedermann. Denn die Zugangsmöglichkeit kann auch auf die Fernleihe und gegebenenfalls auf die virtuell erhältlichen Informationen beschränkt sein. Von einer öffentlichen, rein virtuellen Informationseinrichtung kann nur dann die Rede sein, wenn der weit überwiegende Teil der erhältlichen Informationen für Jedermann erreichbar ist. Mit der Änderung von tatsächlicher Situation und Rechtslage verändern sich auch die Bedingungen, unter denen

5 BGH, Urt. v. 20.12.2018, MDR 2019, 755f. (Museumsfotos).
6 Siehe § 7 Abs. 2 Buchpreisbindungsgesetz.

die eigenen Regeln, z.B. die Benutzerordnung, erlassen wurden. Regeln, die keine Anwendung finden oder in naher Zukunft erwarten lassen, sind aus der Nutzungsordnung zu entfernen. Beispielsweise benötigt eine Bibliothek, die ihren Bestand an Mikrofichen aufgelöst hat, keine Regeln mehr über den Umgang mit denselben. Unnötiger Ballast ist nicht anwenderfreundlich und führt zu Verwirrungen. Das Gebot der Verbesserung des Service durch eine notwendige Normklarheit gilt nicht nur für den Bundes- oder Landesgesetzgeber, sondern auch für die Bibliothek, die eine Nutzungsordnung erlässt. Um Unklarheiten zu vermeiden, ist es daher hilfreich, wichtige Begriffe in der eigenen Nutzungsordnung selbst zu definieren. Wie bei der Bildung von Nutzungsregeln ist auch bei der Herausbildung der Definitionen darauf zu achten, dass diese mit höherrangigem Recht vereinbar sind. Konkretisierungen sind möglich und erwünscht. Unzulässig und unwirksam sind hingegen Formulierungen, die über den rechtlichen Rahmen hinausgehen. Damit ist auch beim Festlegen der Begrifflichkeiten eine vorherige schriftliche Prüfung, statt einer freien Erörterung notwendig.

Soweit es sich bei den Gesetzen mit Regelungsinhalt für eine Informationseinrichtung um Normen handelt, die Rechte und Verpflichtungen gegenüber Dritten auslösen, sind diese über die rechtliche Verankerung geeignet, die Existenz Informationseinrichtungen zu begründen und zu sichern. Regelmäßig erfolgt eine solche Anknüpfung über den Servicebereich und damit über das Benutzungsangebot. Über das Benutzungsangebot werden mittelbar aber auch die übrigen Bereiche wie die Medienabteilung erfasst. Neben dem Hauptfeld der Anknüpfung über die Benutzung erfolgt auch eine Anknüpfung über die Regelungen zur Bestandspflege. Dazu gehören Normen, die vorgegebene, einschlägige Fachliteratur zur Verfügung stellen und Angaben zur Aussonderung treffen.

Die folgende Checkliste gibt den typischen Regelungsinhalt von Benutzungsordnungen wieder:

- Rechtliche Grundlagen und Legitimation der Benutzungsordnung;
- Rechtscharakter des Benutzungsverhältnisses;
- Aufgaben der Informationseinrichtung;
- Benutzerkreis;
- Zulassungsbedingungen;
- Rechte und Pflichten der Benutzer;
- Befugnisse des Bibliothekspersonals;
- Haftung;
- Entgelte/Gebühren;
- Inkrafttreten, ggf. Übergangsregelungen.

Neben zahlreichen Einzelregelungen, die häufig spezifisch für die jeweilige Informationseinrichtung sind, bestehen mit der Einteilung von unterschiedlich berechtigten Benutzern, der Gebührenregelung und dem Umgang mit dem Zahlungsverzug von Kunden sowie der Ausübung des Hausrechts drei klassische Konfliktfelder.

3.3 Einteilungen von Benutzergruppen mit unterschiedlichen Rechten

Erstmals wenn der Antragsteller zu einer öffentlich-rechtlich organisierten Bibliothek zugelassen werden möchte oder ein Angebot auf Abschluss eines Bibliotheknutzungsvertrages für eine privatrechtlich organisierte Bibliothek abgibt, stellt sich die Frage nach dem Umfang der Nutzungsberechtigung. Die Frage kann sich zu einem späteren Zeitpunkt wiederholen. Die Regelungen zum Umfang der Nutzungsberechtigung erfolgen gruppenbezogen und nicht im Hinblick auf einzelne Nutzer. Zwar gibt es immer einen ersten Anwendungsfall. Jedoch genügt es, wenn beabsichtigt wird, künftig gleich gelagerte Fälle im selben Sinne zu entscheiden. Bei einer Neuplanung oder Überarbeitung der Nutzungsordnung sind alle in Frage kommenden Personenkreise zu erfassen. Dies kann sowohl ausdrücklich oder im Zusammenhang geschehen.

Beispiel für die Formulierung einer ausdrücklich genannten gruppenbezogenen Zulassungsbeschränkung: „Zugelassen sind nur Mitarbeiter des Instituts. Nichtbetriebsangehörige haben keinen Zugang zum Unternehmensarchiv."

Vielfach gibt bereits der Normengeber eine Differenzierung vor. Als Rechtsgrundlage ist sie sowohl in positiver als auch in ausschließender Hinsicht einzuhalten.

Beispiel für die Differenzierung nach Benutzergruppen in einer Norm, die höherrangig als die Benutzungsordnung ist: „Die Bibliothek ist Einrichtung der Universität und steht allen Universitätsangehörigen zur Verfügung. Ferner können auch externe Personen auf Antrag zur Nutzung zugelassen werden."

Während das zuletzt aufgeführte Beispiel darüber schweigt, ob alle Universitätsangehörigen die gleichen Nutzungsrechte haben, wird zumindest im Hinblick auf die Zulassung zur Benutzung zwischen Externen und Universitätsangehörigen unterschieden. Daher sind unterschiedliche Zulassungsverfahren für Externe und Universitätsangehörige zwingend in der Benutzungsordnung vorzusehen. Die Ausgestaltung der Nutzungsrechte der Bibliothekskunden liegt hingegen im pflichtgemäßen Ermessen der jeweiligen Universität. Nicht nur aus der unmittelbaren Rechtsgrundlage der Bibliothek, sondern auch aus allgemeinen Gesetzen können sich Hinweise auf notwendige Differenzierungen ergeben. Beispiele hierfür sind das Jugendschutzgesetz, das Strafgesetzbuch u.a. Differenzierungen nach Benutzergruppen haben neben dem Effekt, knappe Ressourcen besser zu steuern, auch den Sinn, widerstreitende rechtliche Grundlagen in einer geeigneten Form zum Ausgleich zu bringen.

Beispiel: Im Staatsarchiv des Freistaats F ist ein Schriftstück über die politische Tätigkeit des P abgelegt. Beim Staatsarchiv melden sich P in Person, ein Journalist J und ein interessierter Bürger B und begehren jeweils Einsicht in das Schriftstück. P verlangt mit Hinweis auf seine Persönlichkeitsrechte, dass nur ihm das Schriftstück zugänglich gemacht wird. Der Journalist und der interessierte Bürger fordern wegen des Grundrechts auf Informationsfreiheit Einsichtnahme in das Schriftstück. Der Archivar des Staatsarchivs, der den brisanten Inhalt des Schriftstücks kennt, würde am liebsten alle Wünsche ablehnen.

Lösungsskizze: Eine pauschale Ablehnung verbietet sich hier. Dem steht auch nicht das Prinzip der Gleichbehandlung entgegen. Hier bringen alle drei interessierten Bürger unterschiedliche Wünsche bzw. Voraussetzungen vor. P verlangt eine exklusive Einsicht. Bei P ist der Wunsch nach der Einsichtnahme von dem Wunsch des Verbietungsrechts für andere zu unterscheiden und jeweils gesondert zu prüfen. Dies gilt auch dann, wenn sich beide Belange aus dem Datenschutzrecht ergeben. B kann sich als interessierter Bürger auf die Informationsfreiheit berufen, da das Staatsarchiv eine öffentliche Quelle ist. Journalist J kann sich hinsichtlich seines Wunsches zusätzlich auf die Pressefreiheit berufen. Archivar A hat daher alle drei Wünsche gesondert zu prüfen. Denn hier differenziert der Gesetzgeber nach dem Anliegen der Bürger. Die Frage nach einer Gleichbehandlung ist für jeden Beteiligten systematisch an richtiger Stelle innerhalb des Verfahrens zu prüfen und nicht pauschal vorwegzunehmen.

Die Einteilung der Benutzergruppen ist objektiv in einer nicht herabsetzenden Art und Weise vorzunehmen. Das Gebot der Objektivität steht im Gegensatz zu Willkürentscheidungen.

Beispiel: Handschriften der Kategorie A dürfen aus Bestandserhaltungsgründen pro Jahr maximal 50 Stunden lang im Leseraum L2 ausgelegt werden und sind ansonsten unter Verschluss zu halten. Ist die maximale Dauer erreicht, so sind entsprechende Anträge abzulehnen und auf das Folgejahr zu verweisen. Hier ist das Stundenmaß ein objektives Kriterium.

Eng mit der Objektivität verbunden ist das notwendige Kriterium der Sachbezogenheit. Sachbezogen sind Auswahlkriterien dann, wenn es fachliche, fachkundliche, entwicklungspsychologische oder juristische Gründe für eine Differenzierung gibt. Beispiel: Nutzung von FSK-Medien nur, wenn das notwendige Mindestalter erreicht wurde. Das Merkmal der Sachbezogenheit verhindert, dass objektive, aber herabsetzende Einteilungen vorgenommen werden. Objektiv, aber herabsetzend wäre die Vorgabe, dass sich Brillenträger nur an Ausleiheschalter A anstellen dürfen, wohingegen Nichtbrillenträger eine freie Wahl erhalten.

Bevor eine Differenzierung von Benutzergruppen vorgenommen wird und es keine gesetzliche Pflicht, sondern ein Wahlrecht gibt, sollte überlegt werden, ob das gleiche Ergebnis mit weniger belastenden Mitteln erreicht werden kann. Die Differenzierung durch eine Einteilung von Menschen in Benutzergruppen mit unterschiedlichen Rechten ist in vielen Fällen notwendig. Dennoch ist zu berücksichtigen, dass sachbezogene Differenzierungen weniger einschneidend wirken, da sie sich nicht gegen eine Person richten.

Beispiel: In der zentralen Bibliothek Z ist auch der Lesesaal, der zur Institutsbibliothek der Soziologen gehört, gleich nach Öffnung der Bibliothek mit arbeitenden Juristen gefüllt. Viele Soziologen, die Stunden später eintreffen, finden daher keinen Platz mehr. Bibliotheksdirektorin D, die selbst Soziologie studiert hat, legt fest, dass „aus Gründen der positiven Diskriminierung Juristen das Arbeiten im Lesesaal der Institutsbibliothek künftig verboten ist". Jurastudentin J, die ihre Arbeit über Jugendschutz und Jugendkriminalität schreibt, ist dringend auf soziologische Literatur angewiesen. Sie hält das Verbot für ermessensfehlerhaft, weil unverhältnismäßig und einseitig sowie unzulässig herabsetzend.

Lösungsskizze: Die formale Richtigkeit der Nutzungsänderung wird unterstellt. Das Ziel, dass im Lesesaal der Institutsbibliothek für Soziologen soziologische und nicht juristische Arbeiten erstellt werden sollen, ist objektiv und sachbezogen. Damit ist das Ziel zulässig. Die Maßnahme müsste auch geeignet sein. Dies ist sie, wenn sie den Zweck herbeiführen kann. Die Regelung bewirkt, dass Jurastudenten nicht mehr in dem Lesesaal arbeiten dürfen und gegebenenfalls des Raumes verwiesen werden können. Da die Geeignetheit ein weiteres Kriterium ist, kommt es nicht darauf an, ob der freigewordene Lesearbeitsplatz noch vor dem Eintreffen eines Soziologiestudenten von einem Wirtschaftswissenschaftler oder Chemiker belegt wird. Die Geeignetheit ist daher gegeben. Die Regelung ist auch erforderlich, da ansonsten das Ziel der Bestandsnutzung soziologischer Literatur verfehlt wird. Ferner müsste die Regelung angemessen (= verhältnismäßig im engeren Sinne) sein. Danach dürfte es kein milderes Mittel zur Zielerreichung geben. Neben dem personengruppenbezogenen Verbot gibt es auch die Möglichkeit, positiv festzulegen, dass in der Institutsbibliothek Soziologie nur die „dort befindlichen soziologischen Medien" genutzt werden können. Dieses Gebot definiert positiv eine klare Zielzuweisung. Selbst wenn eine Personengruppe zahlenmäßig stärker auffällt als eine andere, findet keine Gruppendiskriminierung, sondern zielorientierte Gleichbehandlung statt. Allen soziologisch Interessierten – gleich welcher Studienrichtung – steht die Nutzung der Bestände der Institutsbibliothek Soziologie, zu diesem, aber eben auch nur zu diesem Zweck, offen. Wegen der weniger belastenden Alternative ist die von D gewünschte Regelung nicht angemessen. Neben der vorgeschlagenen bestandsnutzungsabhängigen Regelung besteht ferner die Möglichkeit, die Zulassung nur auf Angehörige des Instituts für Soziologie zu begrenzen. Da diese Regelung keine anderen Personengruppen willkürlich ausschließt, ist auch diese zulässig. Dass dieser weitere Weg zu einer Abkapselung einer einzelnen Institutsbibliothek, verbunden mit vielen Nachteilen, führt, ändert nichts an der juristischen Zulässigkeit. Die bisherige Regelung der Lesesaalbenutzung ist rechtswidrig.

Einem besonderen Augenmerk unterliegen regelungsbedürftige Sachverhalte, die den Umgang mit besonderen Informationsquellen vorsehen. Dabei kann die Besonderheit sowohl in der Schwierigkeit einer Ersatzbeschaffung, der häufigen Beschädigungen als auch im Inhalt des Mediums vorliegen. Aus verschiedenen Schutzgründen sind diese Medien gesondert aufzubewahren. Damit sind auch der besondere Zugang und die Nutzung ausdrücklich zu regeln. Regelmäßig geforderte Nutzungsvoraussetzungen sind Kenntnisse im fachgerechten Umgang mit den Medien und ein nachgewiesenes wissenschaftliches Interesse. Wie hoch die Grenze solcher Kriterien ist, wird von der Bibliothek nach sachgerechten Gründen festgelegt. Objektiv regelbar und damit relativ einfach ist die Definition der Zugangsmöglichkeit zu seltenen Medien. Hierzu gehören beispielsweise wertvolle Handschriften, Inkunabeln, aber auch seltene Ausgaben neuerer Bücher. Schwieriger wird die Frage der Zugangsmöglichkeit, wenn es um den Inhalt des Mediums geht. Objektive Kriterien sind die Altersfreigabe bzw. die Indizierung als jugendgefährdend. Darüber hinaus liegt es im pflichtgemäßen Ermessen der Bibliothek, welche zusätzlichen Medien in den Sonderbestand aufgenommen werden bzw. ob eine besondere Freigabe erfolgt. Zulässig ist es, dass sich eine Bibliothek aus Bestandsschutzgründen entscheidet, künftig Zeitschriften mit Testberichten oder Rezepten nur gegen Hinterlegung des Nutzerausweises herauszugeben, da in der Vergangenheit viele dieser Zeitschriften durch Herausreißen einzelner Seiten beschädigt worden waren.

Eine Nutzergruppe, die regelmäßig nicht oder nur eingeschränkt die Informationseinrichtung selbstständig nutzen kann, sind Minderjährige. Es genügt noch nicht, dass eine Person Trägerin von Rechten ist, um wirksam im Rechtsverkehr handeln zu können, vielmehr bedarf es zusätzlich der Fähigkeit, durch eigenes Handeln rechtliche Wirkungen erzeugen zu können. Gemäß § 104 BGB sind alle Menschen, die das siebte Lebensjahr noch nicht vollendet haben oder dauernd geistesgestört sind, geschäftsunfähig. Diese Menschen können keine rechtlich bindenden Willenserklärungen abgeben, § 105 Abs. 1 BGB. Sie können nur durch einen gesetzlichen Vertreter nach § 131 Abs. 1 BGB handeln. Aus diesem Grund können diese Personen auch rechtlich nicht Benutzer der Bibliothek werden. Das Entleihen und damit verbunden auch eventuelle Mahngebühren laufen nur über das Benutzerkonto der gesetzlichen Vertreter. Menschen, die das siebte Lebensjahr vollendet haben, aber noch nicht volljährig (18 Jahre gem. § 2 BGB) sind, gelten gem. § 106 BGB als beschränkt geschäftsfähig. Willenserklärungen dieser Personen sind zunächst so lange schwebend unwirksam, bis sie durch den gesetzlichen Vertreter genehmigt worden sind. Leicht missverständlich ist die Ausnahme durch § 107 BGB. Diese Norm besagt, dass ein Rechtsgeschäft für einen Minderjährigen dann auch ohne Genehmigung des gesetzlichen Vertreters gültig ist. Eine kostenlose Ausleihe ist zwar für den Betroffenen wirtschaftlich ein Vorteil. Er hat jedoch gleichzeitig eine Rückgabeverpflichtung. Kommt er dieser nicht nach, so entsteht regelmäßig ein Mahnentgelt bis hin zu einem Ersatzanspruch. Wurde von den Erziehungsberechtigten eine Einwilligung erteilt, so gilt diese zusätzlich zu den bekanntgemachten Nutzungsbedingungen der Bibliothek. Besondere Einschränkungen wie beispielsweise eine Ausleihsperre bei bereits fünf Euro ausstehenden Mahngebühren statt wie sonst bei 20 Euro sind rechtzeitig mit der Bibliothek zu vereinbaren. Ansonsten haften die Erziehungsberechtigten im Umfang von § 832 Abs. 1 BGB für die Schäden ihrer Vertretenen.

Zu den Nutzergruppen mit Besonderheiten gehören auch die Gefangenen als mögliche Nutzer einer Gefängnisbücherei. Zweck der Büchereien in Justizvollzugsanstalten ist das Bereitstellen von Literatur zur Unterhaltung und beruflichen Aus- bzw. Fortbildung. Gesetzliche Grundlagen sind § 2 und § 67 Strafvollzugsgesetz (StVollzG) sowie die Strafvollzugsgesetze der Länder. Teilweise wird wie in § 57 S. 2 Justizvollzugsgesetz Baden-Württemberg die Benutzung der Gefängnisbibliothek ausdrücklich empfohlen. Neben der Interessenslage des Häftlings ist das Ziel des Strafvollzugs gem. § 2 StVollzG zu berücksichtigen und zu einem Ausgleich zu bringen. Zu den Zielen des Strafvollzugs gehören sowohl die Resozialiserung als auch der Schutz der Allgemeinheit vor weiteren Straftaten. Daher kann es hier zu individuellen Einschränkungen kommen, ohne dass pauschal von einer diskriminierenden Handlung gesprochen werden kann.

3.4 Gebührenregelung und Mahnwesen

Kostenpflichtige Leistungen und Mahngebühren sind transparent zu gestalten. Sie sind als kostenpflichtig dem Kunden vor dem Angebot der Leistung genau zu benennen. Sie müssen mit dem höherrangigen Recht, beispielsweise mit der Grundordnung der Universität und dem Hochschulgesetz, vereinbar sein. Zur notwendigen Transparenz gehört unter anderem die Angabe der Rechtsgrundlage zum Zwecke der Nachkontrolle durch den Kunden.[7] Regelungen für kostenpflichtige Leistungen und Mahngebühren bestehen wie andere Normen auch aus dem Tatbestand und der Rechtsfolge. Der Gebührentatbestand beschreibt, welche Voraussetzungen erfüllt sein müssen. Die Rechtsfolge besagt, dass eine Gebühr zu bezahlen und in welcher Höhe diese zu erbringen ist. Gelegentlich wird hier auch ein Gebührenrahmen festgelegt. Dann steht es im pflichtgemäßen Ermessen des Bearbeiters, die Gebührenhöhe festzusetzen. Hinsichtlich der Höhe der Gebühren gilt in Deutschland, der Schweiz und in Österreich gleichmaßen das Äquivalenzprinzip. Es besagt, dass die Höhe der Gebühr in einem angemessenen Verhältnis wirtschaftlichen oder sonstigen Nutzungsmöglichkeit steht bzw. dieses nicht übersteigen darf. Zur Kostenkontrolle empfiehlt sich auch eine Regelung, bis wann die Zahlung zu erbringen ist bzw. was geschieht, wenn die Zahlung nicht oder nicht pünktlich erfolgt. Regelmäßig sind für diesen Fall hausinterne Richtlinien oder sonstige Verwaltungsvorschriften erlassen worden. Das Oberverwaltungsgericht Münster hat festgestellt, das Säumnisgebühren auch gegenüber Angehörigen des eigenen Hauses rechtmäßig sind. Namentlich wird nicht die Freiheit der Wissenschaft verletzt, wenn eine Säumnisgebühr gefordert wird.[8] Bei Ersatzleistungen besteht die Pflicht zur Zahlung auf Grund des Nutzungsverhältnisses und gegebenenfalls aus deliktischen Ansprüchen. Dennoch wird empfohlen, die Ersatzpflicht in die Nutzungsordnung mit aufzunehmen. Erfolgt die Zahlung auf die ausstehende Forderung, so geht diese durch Erfüllung unter. Erfolgt keine Zahlung auf die ausstehende Schuld und soll der Betrag beigetrieben werden, so zeigen sich die Unterschiede, ob das Benutzungsverhältnis öffentlich-rechtlich oder privatrechtlich geregelt ist. Rein wirtschaftlich betrachtet, kann in einigen Fällen ein Verzicht bzw. eine Nichtbeitreibung sinnvoll erscheinen. Ob sonstige Gründe dagegensprechen, ist vorher zu klären. Bei einem öffentlich-rechtlichen Nutzungsverhältnis richtet sich das Beitreibungsverfahren nach dem Verwaltungsvollstreckungsgesetz. Auch hier ist wieder auf das einschlägige Landes- bzw. Bundesrecht zu achten. Grundlage einer jeden Zwangsvollstreckung nach öffentlichem Recht ist das Vorliegen eines vollstreckbaren Verwaltungsaktes. Ein Verwaltungsakt ist dann vollstreckbar, wenn keine Rechtsmittel mehr dagegen eingelegt werden können oder die sofortige Vollstreckbarkeit angeordnet wurde. Der für die Vollstreckung von Geldforderungen von Informationseinrichtungen weitaus häufigste Fall ist der Ablauf der Widerspruchsfrist des festsetzenden Verwal-

7 VG Stuttgart, Urteil vom 09.05.1990, Az. 16 K 3873/89.

8 OVG Münster vom 14.09.1979, Az. V A 910/78, Entscheidungssammlung zum Bibliotheksrecht, 274–277.

tungsaktes, d.h. der Aufforderung, die offenstehenden Gebühren bzw. Ersatzleistungen zu begleichen. Das Verwaltungsvollstreckungsverfahren besteht aus drei Stufen: Androhung, Festsetzung und Vollstreckung. Insgesamt ist das gesamte Verfahren stark formalisiert. Daher ist bei aller Freundlichkeit auf klare Formulierung, Form und Fristen zu achten. Insbesondere sind die notwendigen Zustellungen der Nachrichten zu berücksichtigen. Da es verschiedene Arten der Zwangsvollstreckung gibt, empfiehlt es sich, sich vor dem Blick in die gesetzlichen Vorschriften zu vergegenwärtigen, „weswegen in was" vollstreckt wird. Denn der Gesetzgeber hat hierzu unterschiedliche Vorschriften geschaffen. Ein Vorteil des öffentlich-rechtlichen Verwaltungsvollstreckungsverfahrens ist es, dass die Behörde, der die Informationseinrichtung angehört, häufig selbst aktiv werden kann, sofern hier keine abweichende Regelung getroffen ist. Steht ihr selbst die Befugnis zu, kann sie aber auch eine andere Behörde um Vollstreckungshilfe bitten. Liegt eine zivilrechtliche Forderung vor, weil die Rechtsgrundlage dem Privatrecht entstammt, so richten sich auch das Mahnverfahren und gegebenenfalls die Zwangsvollstreckung nach dem Zivilprozessrecht.

Wie die Mahnung bezeichnet wird, ist unerheblich. Notwendig ist dagegen, dass in Bezug auf eine Verpflichtung der Schuldner unmissverständlich und nachdrücklich zur Leistung aufgefordert wird. Höfliche Formulierungen sind unschädlich, solange das Einfordern der Leistung dadurch nicht in Zweifel gezogen werden kann. Regelmäßig gerät der säumige Bibliothekskunde bei überzogenen Ausleihfristen auch ohne vorherige Mahnung in Verzug. Denn eine Mahnung ist entbehrlich, wenn sie durch ein Kalenderdatum (Abgabefrist) bestimmt ist. Lässt der säumige Kunde (Schuldner) die Frist verstreichen, so befindet er sich ab dem Tag in Verzug, der auf den letzten Tag der Zahlungsfrist folgt. Ist das Abgabedatum beispielsweise der 16. April, so befindet sich der Kunde ab dem 17. April in Verzug. Dabei verweisen die verwaltungsrechtlichen Vorschriften regelmäßig auf die Fristen- und Fälligkeitsbestimmungen des BGB. Ein Beispiel hierfür ist § 31 BVwVfG. Auch im Zivilrecht ist das weitere Verfahren sehr formell geregelt. Kommt der Schuldner trotz eines vorliegenden rechtskräftigen richterlichen Urteils nicht seiner Verpflichtung nach, so kann die Zwangsvollstreckung mit Inanspruchnahme von staatlicher Gewalt betrieben werden. Dabei unterscheidet der Gesetzgeber verschiedene Arten der Zwangsvollstreckung. Zu Einzelheiten wird auf die einschlägige Literatur verwiesen. An dieser Stelle soll daher nur noch auf das gerichtliche Mahnverfahren hingewiesen werden. Das gerichtliche Mahnverfahren eignet sich dann für einen Gläubiger, wenn er davon ausgehen kann, dass der Schuldner den Anspruch nicht bestreitet. Das gerichtliche Mahnverfahren ist sehr formell ausgestaltet und bewirkt den schnelleren Erhalt eines Urteils. Dabei ist das gerichtliche Mahnverfahren nur für Geldforderungen zulässig, die zudem nicht durch § 688 Abs. 2 ZPO ausgeschlossen sind. Die Rückgabe eines Buches kann daher auf diesem Wege nicht erreicht werden. Wegen der hohen Kosten und der massiven Außenwirkung sollte die Zwangsvollstreckung nur maßvoll in Betracht gezogen werden. Solche Fälle liegen vor, wenn es sich um größere Geldsummen oder um die Herausgabe sehr seltener Werke handelt. Unter wirtschaftlichen Aspekten ist die tatsächliche Leistungsfähigkeit des Schuldners zu berücksichtigen. Die Zwangsvollstreckung kann nur die Leistungswilligkeit ersetzen, nicht aber die Leistungsfähigkeit. Absehbare fruchtlose Pfändungen treiben nur die Kosten in die Höhe. Diese sind zunächst vom Auftraggeber, also vom Gläubiger, vorzustrecken und sind dann vom Schuldner zu erstatten. Die Präventionswirkung von Zivilverfahren ist ohnehin relativ gering.[9] Es widerspricht dem Wirtschaftlichkeitsgrundsatz, dem bereits verlorenen Geld weiteres hinterherzuwerfen. Sinnvoller ist es hingegen, bei einer mangelnden Leistungsfähigkeit den Anspruch durch eine Hemmung oder Unterbrechung der Verjährungsfrist zu erhalten. Zu seiner Verstärkung kann vom Schuldner auch die Abgabe eines abstrakten oder konkreten Schuldanerkenntnisses verlangt werden. Im Falle einer drohenden Privatinsolvenz bietet sich vor Eröffnung eines solchen Verfahrens ein sogenannter Teilerlassvergleich an. Kommt es zu einem Insolvenzverfahren, können die Forderungen häufig nur zu einem Bruchteil realisiert werden oder es kommt sogar zu einem Totalausfall. Daher kann ein Teilerlassvergleich wirtschaftlich vernünftig sein. Für staatliche Bibliotheken ist zu prüfen bzw. durch Absprache zu klären, ob das betreffende Haushaltsrecht einen Teilerlassvergleich zulässt. Eine pauschale Antwort ist hier nicht möglich. Wichtige Abwägungskriterien sind Rechtsform und der Charakter der Bibliothek. Bei der Beurteilung des Charakters der Bibliothek fließen Kriterien wie Funktion als Archivbibliothek mit Sammelauftrag und ähnliches ein. Um Missverständnisse bei der Rechnungsprüfung zu vermeiden und ein einheitliches Auftreten zu gewährleisten, muss intern rechtzeitig festgelegt werden, wie weit fällige Forderungen beigetrieben werden sollen. Die Möglichkeit, seine Schulden durch Erlass verringern zu können, ist für viele Schuldner ein guter Motivationsgrund, Zahlungsmittel über sonstige Kanäle aufzubringen, die in einem üblichen Vollstreckungsverfahren verborgen oder sonst nicht möglich gewesen wären.

Beispiel für einen Teilerlassvergleich: „Die Hochschule H verzichtet zu Gunsten des (Schuldners) S auf die Hälfte ihrer bis zum 31.10.2018 aufgelaufenen Forderungen nebst Verzugszinsen, wenn S bis zum 31.12.2018 Euro 1.000 bezahlt."

Viele Bibliotheken dämmen die Anzahl der Gebührenfälle durch überzogene Leihfristen dadurch ein, dass sie kurz vor dem Ende der Leihfrist eine Rückgabeerinnerung versenden. Gegner einer solchen Rückgabeerinnerung argumentieren häufig, dass auf diese Art und Weise der Bibliothek Einnahmen verloren gehen. Hier wird jedoch der Mahnaufwand nicht mitgerechnet und auf die Möglichkeit eines Imagegewinns verzichtet. Ausdrücklich abzulehnen sind Überlegungen, die Möglichkeiten des Straf- und Strafprozessrechts zur Wiederbeschaffung von Büchern bzw. zum Eintreiben von ausstehenden Forderungen routinemäßig einsetzen zu wollen. Anzeigenserien dieser Art werden einschließlich der Akteure nach relativ kurzer Zeit von den Strafverfol-

9 Honsell, Heinrich in FS Westermann: Der Strafgedanke im Zivilrecht, 1–22, zuletzt aufgerufen am 01.09.2019.

gungsbehörden nicht mehr ernst genommen und die Verfahren ebenso routinemäßig eingestellt. Kommt es dann zu ernsteren Zwischenfällen in den Räumen einer Informationseinrichtung haben die dann Leidtragenden zunächst einmal gegen eine negative Grundstimmung, die durch Massenanzeigen geschaffen wurde, zu kämpfen, weil Berichte aus einschlägig bekannten Einrichtungen nur noch zurückhaltend ernst genommen werden. Eine solche Entwicklung zeigte sich beispielsweise, als versucht wurde, für Abmahnfälle routinemäßig das Strafprozessrecht zu bemühen, um an Daten zu gelangen bzw. Druck auf die Gegenseite aufzubauen.[10] Kommt es regelmäßig zu einer Häufung der oben beschriebenen Mahnfälle ist alternativ über die Menge der ausleihbaren Medien bzw. eine Umstellung auf E-Medien nachzudenken.

Organisatorisch eng mit den Mahnungen wegen Überschreitens der Leihfrist verwandt ist das Fordern von Schadensersatz, z.B. wegen Verlust eines Buches. Hier sind einige Differenzierungen vorzunehmen. Liegt dem Schadensereignis ein Leihverhältnis zu Grunde, so ist die Rechtslage relativ einfach. Denn auf Grund des Leihverhältnisses hat der Entleiher das Buch in einem unbeschädigten Zustand wieder zurück zu geben. Kann er dies nicht, so wird er schadensersatzpflichtig. Dabei kommt es auf ein Verschulden nicht an. Es ist also unerheblich, ob der Schaden versehentlich oder absichtlich herbeigeführt wurde. Anders sieht es jedoch aus, wenn der Schaden nicht innerhalb des engen Leihverhältnisses, sondern innerhalb des Benutzungsverhältnisses stattgefunden hatte. Auch hier ergibt sich die Pflicht des Benutzers, Medien und Einrichtungsgegenstände pfleglich und sachgerecht zu benutzen. Dies gilt wegen § 823 Abs. 1 BGB für alle Benutzer, einschließlich der Walk-In-User ohne spezielle Vereinbarung. Hier besteht jedoch die Hürde, dass ein Verschulden, also ein Dafürkönnen vom Schädiger als Anspruchsvoraussetzung gefordert wird.

Beispiel: Im Lesesaal der Bibliothek schüttet der Walk-In-User W versehentlich seine Cola über ein Buch. Das Getränk hatte in einem offenen Becher zuvor daneben gestanden. Das Buch hat sichtbare Nässeschäden sowie Farbflecken und ist zudem verklebt. Daraufhin verlangt Bibliothekarin B von W den Ersatz des Buches und verweist auf die am Eingang gut sichtbare Nutzungsordnung. Das beschädigte Buch könne er dann auch behalten. W ist empört und möchte nicht bezahlen. Schließlich habe er das Buch weder absichtlich beschädigt noch habe er irgendetwas unterschrieben.

Lösungsskizze: W ist zum Schadensersatz verpflichtet. Dies ergibt sich sowohl aus der wirksam vereinbarten Nutzungsordnung als auch aus Delikt gem. § 823 Abs. 1 BGB. Für die wirksame Vereinbarung der Nutzungsordnung genügt die Kenntnisnahme durch den gut sichtbaren Aushang. Eine Unterschrift ist nicht erforderlich. Auch das Verschulden ist gegeben. Denn hier genügt schon einfache Fahrlässigkeit. Bei einem offenen Gefäß ist allgemein damit zu rechnen, dass etwas verschüttet wird, auch wenn dies der Inhaber des Bechers gerade nicht will. Für die Fahrlässigkeit genügt schon das durchschnittliche Wissen, das ein Schadenseintritt naheliegt. Der W muss sich die Schädigung daher zurechnen lassen und ist verpflichtet, den Schaden zu ersetzen.

---

10 Krempl: Neuer Streit um Raubkopiererklausel im Urheberrecht, heise-online vom 17.10.2005, http://www.heise.de/newsticker/meldung/Neuer-Streit-um-Raubkopierer-Klausel-im-Urheberrecht-138509.html, zuletzt aufgerufen am 01.09.2019.

Im Zusammenhang mit Ersatzleistungen in einem Nutzungsverhältnis ist zu beachten, dass bei einer zivilrechtlichen Ausgestaltung des Nutzungsverhältnisses das Verschuldenserfordernis nach der Rechtsprechung wegen eines Verstoßes gegen § 307 BGB nicht formularmäßig in den AGBs bereits im Vorfeld abgedungen werden kann. Eine solche Möglichkeit würde eine Einführung von Garantiehaftungen bedeuten und damit dem Grundsatz der verschuldensabhängigen Haftung entgegenstehen. Möglich ist allerdings eine individuell vereinbarte verschuldensunabhängige Haftung.

Beispiel eines fehlerhaften Haftungsausschlusses: In einer Benutzungsordnung steht die Formulierung: „Der Benutzer haftet für jegliche Schäden, wenn diese durch den Missbrauch des Benutzerausweises zu Stande gekommen sind. Eine Exkulpation ist nicht möglich." Zivilrechtlich ist diese Regelung wegen Verstoß gegen § 307 BGB ungültig.

Rechtlich anspruchsvoller werden die Fälle, in denen der Schaden am Medium während einer Fernleihe erfolgt. Denn der Leihverkehr findet hier nur zwischen den teilnehmenden Bibliotheken statt. Grundlegendes Regelwerk ist die Leihverkehrsordnung.[11] Der Schadensersatz ist hier in § 18 Leihverkehrsordnung geregelt. Bei der erfolgten Fernleihe steht der Benutzer in keinem Vertragsverhältnis zur gebenden Bibliothek. Vielmehr gilt das Nutzungsverhältnis zwischen ihm als Nutzer und der nehmenden Bibliothek. Dahingegen ist die nehmende Bibliothek für jegliche Schäden an den Medien während der Entleihzeit und des Transports gegenüber der gebenden Bibliothek verantwortlich. Die Regelung des § 18 Abs. 2 Leihverkehrsordnung ist ein Beispiel für eine vereinbarte Holschuld. Es ist Sache der nehmenden Bibliothek, sich bei entstandenen Schäden an das Transportunternehmen bzw. an den Bibliothekskunden zu wenden.

3.5 Jugendschutz

Soweit die Informationseinrichtung für Kinder und Jugendliche zugänglich ist, ist der altersgerechte Schutz zu gewährleisten. Auf Grund der Altersstruktur der Benutzer findet sich die Problematik des Jugendschutzes vor allem in den öffentlichen Bibliotheken. Durch entsprechende Schulreformen, wie z.B. die Festlegung der Schulzeit in Gymnasien in Deutschland auf acht Jahre, tritt die Thematik des Jugendschutzes auch an Hochschulbibliotheken verstärkt auf. Der Schutz von Jugendlichen beim Kontakt mit Medien ist ausdrücklich auf verfassungsrechtlicher Ebene hervorgehoben. Nach Art. 5 Abs. 2 GG findet die Rundfunkfreiheit aus Art. 5 Abs. 1 GG unter anderem in den Bestimmungen zum Schutze der Jugend ihre Schranken. Ziel des Jugendmedienschutzes ist es, Kinder und Jugendliche vor dem schädlichen Einfluss gewaltverherrlichender oder

---

11 http://www.bibliotheksverband.de/fileadmin/user_upload/DBV/vereinbarungen/ Leihverkehrsordnung.pdf, zuletzt aufgerufen am 01.09.2019.

sonst wie jugendgefährdender Medien zu bewahren. Der Jugendmedienschutz wird in Deutschland von Bund und Ländern geregelt. Darüber hinaus findet parallel dazu auf gemeinschaftsrechtlicher Ebene eine Regulierung statt. Die Auswahl erfolgt über die Bundesprüfstelle für jugendgefährdende Medien. Ihre Rechtsgrundlagen finden sich im Jugendschutzgesetz. Die Bundesprüfstelle für jugendgefährdende Schriften kann Schriften, Bild- und Tonträger sowie Webseiten als jugendgefährdend kennzeichnen. Für Informationseinrichtungen ist besonders § 12 Abs. 3 Nr. 1 JuSchG von Bedeutung. Die Norm enthält ein Verkaufsverbot bzw. ein Verbot, Kindern und Jugendlichen bestimmte Bildträger zugänglich zu machen. Das Verbot richtet sich in Informationseinrichtungen an alle, die in die Zugänglichmachung des Mediums mit Altersbeschränkung involviert sind. Dies gilt für Medienbearbeiter, Mitarbeiter am Medienausgabeschalter sowie die Leitung der Informationseinrichtung. Zuwiderhandlungen können als Straftat i.S.v. § 27 JuSchG oder als Ordnungswidrigkeit gem. § 28 JuSchG geahndet werden. Träger- und Telemedien, die geeignet sind, die psychische Entwicklung von Kindern und Jugendlichen zu gefährden, werden von der Bundesprüfstelle für jugendgefährdende Medien in eine Liste aufgenommen.[12] Das BPjM ist eine Bundesoberbehörde. Entscheidungen über die Indizierung sind kollegiale Gruppenentscheidungen. Zusätzlich zur Bundesprüfstelle unterstützt die Medienwirtschaft im Rahmen einer freiwilligen Selbstkontrolle die Einhaltung des Jugendmedienschutzes.

3.6 Ausschluss vom Benutzungsverhältnis und Hausrecht

Zur Aufrechterhaltung der Ordnung steht Informationseinrichtungen ein Hausrecht zu. Es ist anerkannt, dass dies nicht nur für privatrechtlich organisierte, sondern auch für öffentlich-rechtlich organisierte Informationseinrichtungen gilt. Im Zusammenhang mit öffentlich-rechtlichen Einrichtungen wird gelegentlich von der sogenannten Anstaltsgewalt gesprochen. Hinsichtlich der rechtlichen Begründung als auch bei der Geltendmachung ergeben sich jedoch Unterschiede zwischen den öffentlich-rechtlich organisierten und privatrechtlich organisierten Informationseinrichtungen. Öffentlich-rechtlich basierende Hausverbote sind schwieriger zu begründen, wenn sie vor Gericht Bestand haben sollen. Öffentlich-rechtlich organisierte Einrichtungen sind per Definition an die Öffentlichkeit gebunden. Daher kann diese nur in engen Ausnahmefällen beschränkt werden. Generell gilt jedoch auch für privatrechtlich organisierte Informationseinrichtungen, dass verhaltensbedingte Ausschlüsse vom Benutzungsverhältnis nur ein ultimo ratio sind. Ein Hausverbot sollte daher sehr zurückhaltend ausgesprochen werden. Das Hausrecht hat primär präventiven Charakter.[13] Daher haben Hausverbote vor allem dann im Widerspruchsverfahren oder vor

12 Statistik zur Indizierungen: https://www.bundespruefstelle.de/bpjm/service/statistiken, zuletzt aufgerufen am 01.09.2019.

13 Bay. VGH München, Beschluss vom 23.06.2003, Az.: 7 CE 03.1294, NVwZ-RR 2004, 185–186.

Gericht bestand, wenn dargelegt wird, dass die massive Störung andauerte oder eine Wiederholung drohte und die Ausübung des Hausrechts ein adäquates Mittel war, diese Gefahr zu beseitigen. In Bezug auf ungebührliches Verhalten wird Bibliothekaren im Benutzungsbereich empfohlen, sich eine dicke Haut zuzulegen. Vollständige Ausschlüsse von der Benutzung haben im Widerspruchs- oder weitergehend im Klageverfahren häufig keinen Bestand. Hintergrund ist, dass die Bildungsmöglichkeit als ein hohes Gut anzusehen ist und ein Ausschluss, wenn auch nur teilweise, einen massiven Eingriff in diese Bildungsmöglichkeit darstellt. Dabei ist wegen der Berufsfreiheit aus Art. 12 GG an Bildungseinrichtungen genau und detailliert zu prüfen, inwieweit der Ausschluss wirklich gehen muss. Andernfalls ist die gerichtliche Aufhebung des Hausverbotes zu erwarten.[14] In vielen Fällen sind die Verhängung einer Ausleihsperre, eine Sperre für bestimmte Lesesäle oder sonstige abgestufte Maßnahmen ausreichend, um künftig eine Wiederholungsgefahr zu bannen. Die Argumentation, dass Informationseinrichtungen einen wichtigen Beitrag für die Aus- und Weiterbildung leisten, lässt sich nicht zweiteilen. Über das Widerspruchsverfahren urteilen zudem häufig Personen, die regelmäßig einen rauen Ton in den Verfahren vor Gericht oder im Widerspruchsverfahren gewohnt sind und ihre eigenen Maßstäbe anlegen. Wenngleich dieser Faktor häufig nicht ausdrücklich angesprochen wird, so ist er dennoch häufig bemerkbar. Als Privatperson hat der betroffene Bibliothekar eigene Möglichkeiten, wenn sich deutliche Unhöflichkeiten gegen ihn als Person gerichtet haben. Hierzu gehört beispielsweise bei Beleidigungen eine Strafanzeige. Die Möglichkeiten der Bibliothek und des betroffenen Bibliothekars, auf den entsprechenden Vorfall zu reagieren, sind rechtlich getrennt voneinander zu betrachten. Vom Dienstherrn darf auf Grund seiner Fürsorgepflicht gegenüber dem betroffenen Bibliothekar erwartet werden, dass er ihn zumindest auf die Reaktionsmöglichkeiten hinweist. Eine Abstimmung des Verhaltens bzw. der Reaktion ist im Sinne des Vertrauensverhältnisses am Arbeitsplatz anzuraten. In schwerwiegenden Fällen bzw. bei Dauerkonflikten ist der Personalrat bzw. der Betriebsrat zu informieren. Als Anhaltspunkt kann gelten, dass Nutzungseinschränkungen regelmäßig bei der Begehung von Straftaten und Ordnungswidrigkeiten in Betracht kommen. Empfohlen wird eine möglichst zeitnahe schriftliche Fixierung des Vorfalls mit den eigenen Worten des Betroffenen. Besondere Vorfälle und Störungen sollten mit Erwähnung von Zeugen protokolliert werden. Bei der Aufnahme des Vorfalls ist sowohl Taktgefühl gegenüber dem mutmaßlichen Opfer als auch Objektivität gegenüber dem mutmaßlichen Täter zu wahren. So steht dem mutmaßlichen Täter gem. § 28 VwVfG ein Anhörungsrecht in öffentlich-rechtlichen Einrichtungen zu. Das Anhörungsrecht gewährt dem Betroffenen das Recht, eine Stellungnahme zur Sache abzugeben. Die Anhörung bedeutet kein Mitentscheidungsrecht. Zudem kann die Möglichkeit zur Abgabe einer Stellungnahme befristet

14 Beispiel für ein gerichtlich umstrittenes, schließlich aber erfolgreiches Hausverbot: Bay. VGH München, Beschluss vom 23.06.2003, Az.: 7 CE 03.1294, NVwZ-RR 2004, 185–186.

werden. Auch in privatrechtlich organisierten Einrichtungen sollte aus Gründen der Objektivität eine Anhörung erfolgen.

3.7 Schadensrecht

Auch in Informationseinrichtungen können Personen und Gegenstände geschädigt werden. Kommt es in den Räumen der Informationseinrichtung oder durch Mitarbeiter der Informationseinrichtung zu einem Schadensfall, so liegen folgende Ziele der Informationseinrichtung vor:
- Herstellung des rechtmäßigen Zustands;
- Schadensermittlung;
- Schadensbegrenzung;
- Imagepflege/Krisen PR.

Um diese Ziele zu erreichen, ist zunächst die genaue Feststellung der Rechts- und Beweislage erforderlich. Bei den zu ermittelnden Tatsachen wird im Falle des Schadenseintritts der Schadensumfang ermittelt. Dabei kann es neben dem rein materiellen Schaden weiter zu einem Imageschaden gekommen sein. Um Unfälle von vornherein zu vermeiden, sind Verkehrssicherungspflichten zu erfüllen.

Beispiel: Am Ende jedes Winters kommt es beim Hauptgebäude der Stadtbibliothek immer wieder zu Dachlawinen. Hier besteht die Verkehrssicherungspflicht, das betroffene Areal rechtzeitig und im geeigneten Umfang abzusperren.

In welchem Umfang die Maßnahmen erfolgen müssen, damit die Verkehrssicherungspflichten erfüllt werden, kann nicht pauschal beantwortet werden. Hier ist zum einen die potentielle Schadenshöhe und die Eintrittswahrscheinlichkeit sowie die Verkehrsüblichkeit im Hinblick auf sorgfältig handelnde Sicherungspflichtige zu berücksichtigen. Werden im obigen Beispiel Schneefälle unmittelbar erwartet, so kann die Absperrung auch schon dann erfolgen, wenn noch kein Schnee gefallen ist. Dagegen ist eine Sperrung wegen Schneelawinengefahr im August nicht mehr angebracht, auch wenn die generelle Möglichkeit der Folgen eines unerwartet auftretenden Hagels besteht.

Zu den häufig eher weniger bekannten, wohl aber sehr praxisnahen Regelungen gehört die Geschäftsführung ohne Auftrag (GoA). Sie ist in den §§ 677 ff. BGB in einer detaillierten Form geregelt. Grundsätzlich entspricht es dem Ausfluss der Privatautonomie, dass sich niemand fremde Leistungen aufzwingen lassen muss, die er dann vergüten soll bzw. für die er Ersatz zu leisten hat. Dennoch soll derjenige, der in einer Notsituation handelt und dabei einen Schaden erleidet, nicht völlig schutzlos sein. Diese Balance zu finden, ist Ziel des Regelungswerks der §§ 677 ff. BGB.

Beispiel: Bibliothekskunde B sitzt an einem Sonntag in einer entfernten Ecke des Lesesaals. Es kommt zu einem plötzlichen Wasserrohrbruch. Dabei drohen wertvolle Bestände durch das Wasser beschädigt zu werden. Außer ihm ist niemand in der Nähe. Als B einige der Bücher schnell in Sicherheit bringen will, rutscht er trotz seiner Vorsicht auf dem glatten Boden aus und bricht sich das Bein. B stellt sich die Frage, wer für die Heilungskosten aufkommen muss.
Lösungsskizze: B hat einen Anspruch auf Erstattung der Heilbehandlungskosten aus §§ 677, 680, 683 BGB. B hat für sein Tätigwerden im Interesse der Bibliothek keine vertragliche Regelung. Dennoch wird es als unbillig empfunden, dem Hilfeleistenden selbst die Hilfe zu versagen. Daher hat der Gesetzgeber die Möglichkeit von Schadensersatz und Aufwendungsersatz durch das Rechtsinstitut der Geschäftsführung ohne Auftrag geschaffen.

Neben den vertraglichen, also den freiwilligen Schuldrechtsbeziehungen, können auch unfreiwillige z.B. aus Delikt entstehen. In den §§ 823 ff. BGB ist geregelt, wie die Beziehung zwischen Geschädigten und Schädiger ausgestaltet ist und welche Voraussetzungen gegeben sein müssen, damit ein Schadensersatzanspruch besteht.

Für Informationseinrichtungen besteht daher die Zielgröße, gerade diese Schadensfälle zu verhindern. Um entsprechende Planungen vornehmen zu können, haben sich bestimmte schadensträchtige Konstellationen herauskristallisiert. Diese typischen Schadensfälle zu verhindern, ist Aufgabe der Verkehrssicherungspflichten. Zu den typischen und von der Rechtsprechung anerkannten Quellen von Verkehrssicherungspflichten gehören:
- Verkehrseröffnung;
- Sachbeherrschung;
- Inverkehrbringen gefährlicher Sachen;
- Berufliche Stellung.

Werden Verkehrssicherungspflichten unterlassen, bilden sie einen Anknüpfungspunkt für eine Handlungspflicht. Ferner stellen die Verkehrssicherungspflichten Anhaltspunkte für den Fahrlässigkeitsmaßstab dar. Dagegen führt das Einhalten der Verkehrssicherungspflichten zu einem Schutz vor Ansprüchen. Tritt trotz Einhalten aller notwendigen Regeln ein Schaden ein, so ist dem Betreiber kein Schuldvorwurf zu machen und er haftet nicht für den Schaden. Das verbliebene und sich verwirklichte Restrisiko verbleibt beim Geschädigten als allgemeines Lebensrisiko. Mit der Haftungsfreistellung von Schadensersatzansprüchen und Verneinung der Strafbarkeit schafft der Gesetzgeber einen Anreiz zum vorausschauenden und vorsorglichen Verhalten. Da es nicht möglich ist, jeglichen Schaden bereits im Vorfeld auszuschließen, ist zu fragen, was unter der gegebenen Lage verhältnismäßig ist. Maßstab ist dabei der mögliche Schaden. Der Bundesgerichtshof richtet sich dabei nach den Vorkehrungen, die nach den konkreten Umständen und den Sicherheitserwartungen der Verkehrsanschauung zur Beseitigung der Gefahren erforderlich und wirtschaftlich zumutbar sind.[15] Besonders streng wird es gesehen, wenn Menschen zu Schaden kommen können. Bei den

---

15 BGH, NJW 85, 1076; 78, 1629.

DIN-Normen handelt es sich um private Regelwerke. Sie sind direkt nur verbindlich, wenn durch Rechtsvorschriften darauf Bezug genommen wird.[16] Vielfach werden sie aber auch als Ausdruck der Verkehrsanschauung angesehen, d.h. ihre Einhaltung kann, muss aber nicht den Verkehrssicherungsanforderungen entsprechen. Dennoch sind sie ein Anhaltspunkt in Bezug auf die notwendigen Anforderungen.

Grundsätzlich ist eine Übertragung der Verkehrssicherungspflicht auf einen Dritten möglich. Voraussetzung ist, dass die Pflichten auch tatsächlich übernommen werden. Eine völlige Entlastung tritt aber nicht ein. Vielmehr besteht eine Kontroll- und Überwachungspflicht fort. Ein Beispiel hierfür ist die Übertragung der Schneeräumverpflichtung auf den öffentlichen Wegen vor der Bibliothek an einen externen Hausmeisterservice. Zu den im Deliktsrecht relevanten Normen gehört § 831 Abs. 1 BGB. Es handelt sich um eine selbstständige Anspruchsgrundlage. Geregelt ist die eigene Verantwortlichkeit des (Rechts)Geschäftsherrn in hierarchischen Strukturen.

Aufbauschema § 831 Abs. 1 BGB

1. Weisungsabhängiger Verrichtungsgehilfe
2. Tatbestandsmäßige und rechtswidrige Handlung i.S.d. § 823 Abs. 1 BGB – wichtig: ein Verschulden ist nicht erforderlich!
3. In Ausführung einer Verrichtung

a) Auswahl- und Überwachungsverschulden werden vermutet

b) Widerlegung der Vermutung (Exculpation)
- durch Nachweis der eigenen Sorgfalt
- durch Nachweis der fehlenden Kausalität, z.B. weil der Schaden ohnehin eingetreten wäre oder der Verrichtungsgehilfe ordnungsgemäß gehandelt hat.

In § 832 BGB findet sich die Haftung des Aufsichtspflichtigen. Eine solche kann kraft Gesetzes oder durch Vertrag erfolgen. Zu diesen Fallgruppen gehört beispielsweise die Aufsichtspflicht der Eltern.

In den allermeisten Fällen erfordert ein Schadensersatzanspruch ein Verschulden (Ausnahme z.B. Gefährdungshaftung), d.h. ein persönliches Dafürkönnen des Schadenseintritts. Maßstab hierfür sind die üblichen Standards. Wird von diesen abgewichen, ist zu klären, warum und ob die gewählte Alternative mindestens gleich sicher war. Gem. § 275 BGB umfasst Verschulden sowohl Vorsatz als auch Fahrlässigkeit. Vorsatz bedeutet das Wissen und Wollen des rechtswidrigen Erfolges. Dagegen bedeutet Fahrlässigkeit das Außerachtlassen der im Verkehr erforderlichen Sorgfalt. In einigen Fällen wird die Fahrlässigkeit weiter in Stufen unterteilt. Sind solche Anhaltspunkte nicht vorhanden, so gilt für das Fahrlässigkeitserfordernis jegliche Fahrlässigkeit.

Viele Rechtsgebiete kennen mehrere Möglichkeiten, wie in Schadensfällen die juristische Regulierung erfolgen kann. Neben den allgemeinen Schadensersatzansprüchen,

---

16 OLG Hamm, NZV 95, 484.

die aus § 280 BGB und §§ 823 ff. BGB folgen, können Schadensersatzansprüche teilweise auch auf Spezialgesetze gestützt werden. Ein Beispiel für einen zivilrechtlichen Schadensersatzanspruch auf Grund eines Spezialgesetzes ist § 83 Bundesdatenschutzgesetz (BDSG). Bei den spezialgesetzlichen Schadensersatzansprüchen ist insbesondere auf die Ausgestaltung des Verschuldensmerkmals als Anspruchsvoraussetzung zu achten. Grundsätzlich gilt für Schadensersatzansprüche das Verschuldensprinzip. D.h. ein Schadensersatzanspruch ist nur dann gegeben, wenn der Schädiger vorsätzlich oder fahrlässig i.S.v. § 276 BGB gehandelt hat. Generell genügt einfache Fahrlässigkeit. Abweichungen können dadurch eintreten, dass das Mindestmaß der einfachen Fahrlässigkeit als Anspruchsvoraussetzung auf das Erfordernis der groben Fahrlässigkeit oder auf das Vorsatzerfordernis heraufgesetzt wird. Eine Abweichung in die andere Richtung ist der Verzicht auf das Verschuldensprinzip und die Gestaltung der Norm als Gefährdungshaftung. Ein Beispiel hierfür ist § 83 BDSG bei der automatisierten Verarbeitung. Hier kommt es auf ein Verschulden nicht mehr an, um den Anspruch zu begründen. Ein weiteres Mittel für die Anspruchserleichterung bei Schadensersatzansprüchen ist die Umkehr der Darlegungslast eventuell auch der Beweislast. Darlegungs- und Beweislast sind Begriffe aus dem Privatrecht. Die Darlegungslast legt fest, wer hinreichend genau Tatsachen zu behaupten hat, die schlüssig seine Rechtsposition belegen. Dagegen legt die Beweislast fest, wer für die aufgestellten Behauptungen die Nachweise zu erbringen hat. Generell gilt, dass jeder die ihm günstigen Positionen zu behaupten und zu beweisen hat. Näheres ist in einschlägigen Gesetzeskommentaren beschrieben. Im öffentlichen Recht, hierzu zählt im weitesten Sinne auch das Strafrecht, gilt der Amtsermittlungsgrundsatz. D.h. die Behörde ist verpflichtet, für eine sachgerechte Aufarbeitung des Falles zu sorgen.

3.8 Strafrecht

Die strafrechtlichen Bezüge des Bibliotheksrechts werden im vorliegenden Werk bewusst sehr zurückhaltend betrachtet. Insgesamt sind strafrechtsrelevante Vorgänge in Informationseinrichtungen eher selten. Im Vergleich zum Zivilrecht und zum Verwaltungsrecht ist das Konfliktlösungspotenzial des Strafrechts als eher gering einzustufen. Erfreulicherweise werden in Informationseinrichtungen strafrechtliche Kenntnisse in erster Linie für die Sacherschließung von Literatur benötigt.

Liegen Informationseinrichtungen in sogenannten Brennpunktbereichen, wo strafrechtlich relevante Handlungen regelmäßig eine Rolle spielen, bieten geeignete bauliche und organisatorische Maßnahmen häufig einen besseren Schutz. Denn gerade in den Brennpunktbereichen wirken strafrechtliche Maßnahmen eher reaktiv als präventiv. In aller Regel treten Konflikte im Zusammenhang mit dem Benutzungsbereich und dem Personalbereich auf.

Typische strafrechtsrelevante Vorgänge in Informationseinrichtungen sind:
- Auseinandersetzungen im Benutzungsbereich: Hausfriedensbruch gem. § 123 StGB bzw. Ehrverletzungsdelikte gem. § 185 ff. StGB, Körperverletzung, § 223 StGB;
- Strafrechtsrelevante Verstöße gegen das Urheberrecht, §§ 106 ff. UrhG;
- Qualifizierte Verstöße gegen ausgewählte datenschutzrechtliche Bestimmungen;
- §§ 42, 84 BDSG;
- Diebstahl gem. §§ 242 ff. StGB;
- Betrug, § 263 StGB;
- Sachbeschädigung, § 303 StGB;
- Untreue, § 266 StGB;
- Unterschlagung, § 246 StGB;
- Bestechungsdelikte, §§ 331 StGB ff.

Durch die Begehung von Straftaten können Informationseinrichtungen in vollem Umfang betroffen sein. Daher sind hier einige Beispielshandlungen mit typischen Adressaten aufgeführt.
- Die Einrichtung und das Vermögen der Informationseinrichtung: Beispiel: Bibliotheksbenutzer und Sektenmitglied S zerreisst demonstrativ innerhalb des Lesesaales Bücher, die sich mit der Aufklärung des Sektenwesens beschäftigen.
- Das Personal: Beispiel: Die Lesesaalaufsicht L untersagt der Bibliotheksbenutzerin B das Kaffeetrinken und laute Unterhalten im Lesesaal. B erwidert darauf, dass sie sich keine Vorschriften machen lasse, außerdem sei er ein rückständiger Idiot.
- Gegen Nutzer der Informationseinrichtung: Beispiel: In einem scheinbar unbeobachteten Moment nimmt die Studentin S den Laptop des Kommilitonen K von dessen Arbeitsplatz, um diesen für sich zu behalten.

Gem. § 152 Abs. 2 Strafprozessordnung (StPO) ist die Staatsanwaltschaft gesetzlich verpflichtet, gegen alle verfolgbaren Straftaten einzuschreiten. Voraussetzung hierfür sind entsprechende vorliegende Fakten. Daher ist es in der Praxis sinnvoller, wenn von den betroffenen nichtjuristischen Bibliothekaren die vorhandenen Tatsachen nebst Adressen von Zeugen sorgfältig zusammengestellt werden und die strafrechtlichen juristischen Wertungen den Ermittlungsorganen überlassen bleiben. Zwar hat die Staatsanwaltschaft gem. § 160 StPO einen Ermittlungsauftrag, eine entsprechende Vorbereitung erleichtert aber das Verfahren. Für den Alltag, in dem es auch zu strafrechtlich relevanten Handlungen kommen kann, sind effektive Konfliktschulungen und arbeitsrechtliche Leitlinien vielfach geeigneter als eine theoretische strafrechtliche Vertiefung. Eine Abweichung von dieser Regel wird in den beiden folgenden Fällen empfohlen:
- Die Ermittlungen richten sich gegen das Bibliothekspersonal.
- Es liegt ein sogenanntes Antragsdelikt vor, d.h. die Ermittlungsorgane werden gem. § 158 Abs. 2 StPO nur auf Grund eines besonderen Strafantrags, der vom Verletzten zu stellen ist, tätig.

Hier bedarf es einer weitergehenden Auseinandersetzung mit den Strafgesetzen. In Zusammenarbeit mit einem Juristen ist ausführlich zu prüfen, ob eine strafbare Handlung vorliegt. Ein Strafverfahren ist auch ohne erfolgte Sanktion eine belastende Maßnahme, die nicht voreilig gegen jemanden initiiert werden sollte. Gemeinsam mit dem Juristen wird festgelegt, ob es zu einer Anzeige oder einem Strafantrag kommen soll, welche das Ermittlungsverfahren einleiten. Auch in akuten Fällen, in denen polizeiliche Unterstützung angefordert wird, ist die vorherige juristische Prüfung und Folgenabschätzung schwieriger und gelegentlich obsolet. Die Anzeige kann gem. § 158 Abs. 1 S. 1 StPO gegenüber der Polizei oder der Staatsanwaltschaft vorgebracht werden. Im Ermittlungsverfahren bemüht sich die Staatsanwaltschaft um die Feststellung des Sachverhalts. Hier kann mit ersten Zeugenvernehmungen zu rechnen sein. Das Ermittlungsverfahren endet entweder mit der Einstellung des Verfahrens oder bei bestehendem hinreichenden Tatverdacht mit der Eröffnung des Zwischenverfahrens. Liegt kein öffentliches Interesse an einer Strafverfolgung vor, so stellt die Staatsanwaltschaft das Verfahren ein. Eine Ausnahme hiervon bilden die Privatklagedelikte gem. § 374 Abs. 1 StPO. Statt einer Einstellung erfolgt hier der Verweis auf den Privatklageweg. Dabei tritt der Geschädigte an die Stelle des Staatsanwalts. Dies gilt aber nicht nur in Bezug auf die Anklagefunktion, sondern auch in Bezug auf die Kosten des Verfahrens. Erfolgt ein Freispruch oder kann der Verurteilte die Kosten nicht erstatten, so obliegt dem Privatkläger die Kostenlast. Aus diesem Grund sind Privatklagen in der Praxis relativ selten und nur bei einem hohen Affektionsinteresse zu finden. Im Regelfall wirken die Verneinung des öffentlichen Interesses und die Verweisung auf den Privatklageweg wie eine faktische Einstellung des Verfahrens. Gemäß § 374 Abs. 1 StPO können folgende Delikte auf dem Wege der Privatklage gem. § 374 Abs. 1 StPO verfolgt werden: Hausfriedensbruch, Beleidigung, Verletzung des Briefgeheimnisses, Körperverletzung, Bedrohung, Bestechung oder Bestechlichkeit, Sachbeschädigung, Straftaten gegen den unlauteren Wettbewerb und Urheberrechtsverletzungen. Dem Personal innerhalb der Informationseinrichtungen stehen die Jedermannsrechte in Bezug auf Notwehr, Nothilfe, Notstand und das vorläufige Festnahmerecht im Rahmen des geltenden Rechts zu. Besondere strafrechtliche Befugnisse existieren jedoch nicht. Die im Alltag wohl am häufigsten angewandte Maßnahme ist das Festnahmerecht nach § 127 Abs. 1 StPO. Es ermöglicht dem Bibliothekar, den Ausweis der verdächtigen Person verlangen zu können und den Tatverdächtigen auch gegebenenfalls festhalten zu können. Diese Rechte sind aber an die Voraussetzung des Vorliegens eines Betreffens auf frischer Tat gebunden. Die aktuelle Situation muss daher noch in einem örtlichen und zeitlichen Zusammenhang mit der Tat stehen. Ferner muss ein Fluchtversuch naheliegen oder der Betroffene weigert sich, seine Identität bekanntzugeben. Zudem muss das Verhalten des Festnehmenden verhältnismäßig zur Tatsein.

Mit den Gefängnisbüchereien hat das Bibliothekswesen einen weiteren Kontaktpunkt zum Strafvollstreckungsrecht als Teil des Strafprozessrechts. Zu den Besonderheiten gehört, dass hier Zugangsbeschränkungen und teilweise auch Einfluss auf die Medienauswahl von Seiten des Justizvollzugsdienstes bzw. der Staatsanwaltschaft für die Inhaftierten als mögliche Büchereibenutzer vorgenommen werden können. Dies gilt vor allem dann, wenn sich die Inhaftierten in Untersuchungshaft befinden, d.h. das Gerichtsverfahren in Strafsachen noch vor sich haben. Im Vergleich zur Untersuchungshaft sind die Bedingungen für Personen, die sich in Strafhaft befinden häufig gelockerter.

3.9 Fundsachen in der Bibliothek

Zu den alltäglichen Themen in einer Informationseinrichtung gehören Fundsachen. Die zivilrechtlichen Vorschriften des Fundes sind in den §§ 965–984 BGB geregelt. Hierzu gehört die Verwahrpflicht gem. § 966 BGB. In § 967 BGB wird die Ablieferungspflicht an die zuständige Behörde genannt. Zuständige Behörde ist jede nach Landesrecht sachlich zuständige Verwaltungsbehörde.[17] Hierzu kann auch eine Universität als rechtsfähige Körperschaft gehören. Bestehen keine Sonderregelungen, so ist regelmäßig die Gemeinde die zuständige Verwaltungsbehörde.[18] Wichtig ist, dass verlorene Sachen nicht herrenlos sind. Auch an verlorengegangen Sachen findet wegen § 935 BGB kein Gutglaubenserwerb nach § 932 BGB statt. Wer beispielsweise einen Ring in der Bibliothek findet und fälschlicherweise annimmt, dieser gehöre ihm, erwirbt deswegen noch kein Eigentum. Ein Eigentumserwerb eines anderen kann aber durch eine rechtmäßig durchgeführte öffentlich-rechtliche Versteigerung erfolgen. Für Informationseinrichtungen bedeuten Fundsachen daher nicht nur zusätzliche Arbeit, sondern auch das Nachkommen einer gesetzlichen Verpflichtung. Dabei sollte nicht vergessen werden, dass eine Informationseinrichtung auch einmal davon profitieren kann, wenn sie ein verschollen geglaubtes Werk von einem Finder zurückerhält.

17 Bassenge in Palandt: BGB, Vor § 965 Rn 2.
18 Beispiel: § 5a AGBGB Baden-Württemberg.

4 Allgemeines Verwaltungsrecht

„Eine Bibliothek ist eine Organisationseinheit mit Verwaltungstätigkeit und damit den Organisations- und Handlungsgrundsätzen der Verwaltung unterworfen.“[1] Mit den Organisations- und Handlungsgrundsätzen für öffentlich-rechtlich organisierte Bibliotheken setzt sich das Verwaltungsrecht auseinander. Das Verwaltungsrecht ist ein Teilgebiet des öffentlichen Rechts, dem Recht des Staates und seiner Einrichtungen. Da viele Informationseinrichtungen öffentlich-rechtlich ausgestaltet sind, gehört es zu den zentralen Grundlagen des Bibliotheksrechts. Der Verwaltungsaufbau ist grundsätzlich hierarchisch. Dem obersten Organ, dem Volk oder dem vom Volk gewählten Parlament ist die Verwaltung gegenüber verantwortlich und regelmäßig weisungsgebunden. Wie das bürgerliche Recht, so kennt auch das Verwaltungsrecht einen allgemeinen Teil. Hier sind Regelungen in einem erhöhten Abstraktionsgrad zusammengefasst, die für mehrere Rechtsgebiete im Verwaltungsrecht gleichermaßen gültig sind. Auch hier gilt, dass spezielle Regelungen den allgemeinen Normen in der Anwendung vorgehen. Für das Verwaltungsverfahren finden sich viele einschlägige Normen in den Verwaltungsverfahrensgesetzen (VwVfG) des Bundes und der Länder. Im Folgenden werden einige der für öffentlich-rechtlich organisierte Informationseinrichtungen bedeutenden Regelungen und Regelungszusammenhänge herausgegriffen. Im Zivilrecht steht der Rechtsanspruch einer Partei der Rechtspflicht der anderen Partei gegenüber. Anders hingegen ist die Lage im öffentlichen Recht. Die Verwaltung hat im öffentlichen Interesse tätig zu werden.[2] Die Interessen des Einzelnen können mit diesen öffentlichen Interessen zufällig parallel laufen, gerade diesen entsprechen oder mit diesen im Widerspruch stehen. Rechtlichen Erfolg hat der Einzelne im juristischen Verfahren nur dann, wenn die Rechtsvorschrift zumindest auch seinen Interessen zu dienen bestimmt ist, die sog. Schutznormtheorie.[3] Hier unterscheidet sich die inhaltlich unbeschränkte politische Forderung von der nach der Rechtsordnung im öffentlichen Recht eingeschränkten Fähigkeit, rechtlich im Verfahren gehört zu werden. Für die Annahme eines subjektiven Rechts, das in einem öffentlich-rechtlichen Verfahren relevant ist, sind kumulativ zwei Voraussetzungen zu prüfen:

1. ob die Vorschrift die Verwaltung zu einem bestimmten Verhalten auffordert;
2. ob die Vorschrift – zumindest auch – den Interessen des Einzelnen zu dienen bestimmt ist.

Wie die Interessenrichtung der Vorschrift zu verstehen ist, ist nach herrschender Auffassung der jeweiligen Vorschrift zu entnehmen[4]. Zur Klärung nicht immer einfacher

1 Kirchner; Hildebert: Grundriss des Bibliotheks- und Dokumentationsrechts, S. 26.
2 Maurer: Allg. Verw.R, § 8 Rn 8.
3 Maurer: ebd., § 8 Rn 8.
4 Sog. Schutznormtheorie vgl. Maurer: ebd., § 8 Rn 8f.

https://doi.org/10.1515/9783110640380-006

und eindeutiger Fälle wird hier ein Blick in die einschlägigen Gesetzeskommentare empfohlen.

4.1 Handeln der Verwaltung

Das Handeln der öffentlichen Verwaltung hat vielfältige Formen. Eine zentrale Entscheidung ist, ob sie das reine Innenverhältnis der Verwaltung betrifft oder Bezüge nach außen aufweist. Eine andere wesentliche Unterscheidung ist die Frage, ob es sich um ein rein tatsächliches Verhalten handelt oder ob gleichzeitig eine rechtsverbindliche Anordnung gesetzt wurde. Die Verwaltung kann handeln durch:

- Verwaltungsakte, z.B. die Zulassung als Nutzer an einer öffentlich-rechtlichen Bibliothek;
- Realakte, z.B. die Einladung zu einer Informationsveranstaltung;
- Informationen, z.B. Auskünfte, Empfehlungen, Warnungen;
- Rechtsakte, z.B. der Erlass einer Benutzungsordnung als Satzung;
- Pläne, z.B. der Erlass eines Sanierungsplans;
- Privatrechtsgeschäfte der Verwaltung, z.B. der Kauf von Büchern.

Welches Handlungsmittel zu verwenden ist, ist teilweise vorgegeben. Die Vorgaben können sich direkt aus dem Gesetz, dem Zusammenhang oder der Logik ergeben. Fehlt eine verbindliche Regelung über die Handlungsmittel, besteht eine beschränkte Handlungsfreiheit in der Wahl der Umsetzungsmittel. Je nachdem, welches Handlungsmittel verwendet wurde, gibt es unterschiedliche Rechtsschutzmöglichkeiten bzw. Voraussetzungen für diese.

Beispiel: Die öffentlich-rechtlich organisierte Bibliothek B möchte über die Nutzung von Bibliotheksräumen durch den Verein V zu Sonderzwecken eine verbindliche Regelung treffen. Hier kommen nur Gestaltungsmittel mit einem Regelungsgehalt wie einem privatrechtlichen Vertrag, ein (subordinationsrechtlicher) Verwaltungsvertrag oder ein Verwaltungsakt in Betracht. Nicht möglich ist hingegen ein sogenannter Realakt, da diesem die Rechtsfolge fehlt.

Im Gegensatz zu anderen öffentlich-rechtlichen Verwaltungseinrichtungen gehört das Handeln durch Informieren zu den tragenden Säulen einer Bibliothek oder sonstigen Informationseinrichtungen. Üblicherweise wird im Verwaltungsrecht informelles Handeln als nicht formelles Handeln verstanden. Jedoch gehört auch die reine Wissensweitergabe zum nicht formellen Handeln. Zum nicht formellen Handeln werden ferner formlose Absprachen und Warnungen gezählt.[5] Charakteristisches Merkmal ist der Mangel an rechtlicher Verbindlichkeit. Es entstehen damit weder Erfüllungsansprüche noch regelmäßig Schadensersatzansprüche. Eine Ausnahme bezüglich von Scha-

5 Maurer: ebd., § 15 Rn 14ff.

densersatzansprüchen kann in Fällen einer culpa in contrahendo bestehen.[6] Ist eine darüber hinausgehende Bindung gewollt, bedarf es einer ausdrücklichen Vereinbarung. Eine solche ist beispielsweise bei einem vertraglich geregelten Rechercheauftrag gegeben. Zu den häufigsten Regelungsinstrumenten der Verwaltung gehört der Verwaltungsakt. Der Verwaltungsakt ist in § 35 S. 1 BVwVfG sowie in den entsprechenden Landesgesetzen legaldefiniert. Er besteht aus fünf Merkmalen, die hier näher betrachtet werden. Der Verwaltungsakt ist die hoheitliche Regelung eines Einzelfalls durch eine Behörde mit unmittelbarer Außenwirkung. Dabei hat jedes Merkmal sowohl eine positive Aussage als auch eine Abgrenzungswirkung gegenüber anderen Handlungsinstrumenten. Erste Voraussetzung ist das Vorliegen einer Maßnahme. Eine Maßnahme ist jedes der Behörde zurechenbare Verhalten. Weitere Voraussetzung für den Verwaltungsakt ist die Erfüllung des Merkmals hoheitlich. D.h. die Regelung muss öffentlich-rechtlicher und nicht privatrechtlicher Natur sein. Das Merkmal ist gegeben, wenn die Maßnahme einseitig und im Rahmen eines zumindest behaupteten Ober-Unter-Ordnungsverhältnisses erfolgt. Die Maßnahme muss auf dem Gebiet des öffentlichen Rechts erfolgen. Es hat ein Handeln auf Grund einer öffentlich-rechtlichen Befugnis stattzufinden. Da die öffentliche Verwaltung auch privatrechtlich handeln kann, dient dieses Merkmal zur Abgrenzung. Weiteres Merkmal ist der Regelungscharakter. Der Verwaltungsakt trifft eine Regelung. Eine Regelung ist eine rechtsverbindliche Anordnung, eine Willenserklärung, die auf Setzung einer Rechtsfolge gerichtet ist.[7] Rechtsfolge ist das Begründen, Ändern, Aufheben oder das Feststellen von Rechten.[8] Keinen Regelungscharakter haben hingegen rein tatsächliches Verwaltungshandeln, sog. Realakte oder reine Wissenserklärungen. Hierzu gehören beispielsweise Auskünfte. Fehlt einer rechtserheblichen Willenserklärung der anordnende Charakter, so liegt ebenfalls keine Regelung vor. Beispiele dafür sind Fristsetzungen oder Stundungen von Geldforderungen. Dem Verwaltungsakt liegt eine Einzelfallregelung zu Grunde. Mit diesem Merkmal grenzt sich der Verwaltungsakt von der Rechtsnorm ab. Die Regelung bezieht sich auf einen konkreten Sachverhalt und betrifft eine bestimmte Person. Daher wird hier vom konkret-individuellen Charakter des Verwaltungsaktes gesprochen.[9] Die Zulassung zu einer öffentlich-rechtlich organisierten Bibliothek betrifft eine individuelle Person für konkrete Dienstleistungen. Das Merkmal Behörde hat eine Auffangfunktion. Der Behördenbegriff ist in § 1 Abs. 4 BVwVfG und den entsprechenden Ländergesetzen legaldefiniert. Der Behördenbegriff ist weit zu verstehen.[10] Eine Behörde ist ein Organ mit Handlungsbefugnissen. Dagegen ist eine Dienststelle eine organisatorische Einheit der Verwaltung. Letztes Merkmal des Verwaltungsaktes ist die Außenwirkung. Verwaltungsakte regeln über den verwaltungsinternen Bereich hinaus die Rechte und Pflichten der einzelnen Bürger. Dabei

6 Maurer: ebd., § 15 Rn 20.
7 Maurer: ebd., § 9 Rn 6.
8 Maurer: ebd., § 9 Rn 6.
9 Maurer: ebd., § 9 Rn 16.
10 Maurer: ebd., § 9 Rn 22.

genügt es, wenn die Maßnahme der Verwaltung auch Außenwirkung hat. Beispielsweise handelt es sich um reines Innenrecht, wenn dem beamteten Fachreferenten F aufgegeben wird, nunmehr statt des Fachreferats Musik künftig das Fachreferat Physik zu betreuen. Gegen diese Weisung kann sich F nur innerdienstlich, nicht jedoch über den Verwaltungsrechtsweg zur Wehr setzen. Wird der Landesbeamte F hingegen von der Universitätsbibliothek in M an die Universitätsbibliothek in W versetzt, so liegt ein Verwaltungsakt vor. Denn F ist nicht nur fachlich, sondern auch in seinem persönlichen Wirkungskreis, z.B. durch einen erforderlichen Umzug, betroffen. Der Verwaltungsakt ist das typische Handlungsinstrument der Verwaltung. Liegen die Voraussetzungen vor, so ist es von der Verwaltung mit allen Konsequenzen auch zu benutzen. Kreative Abänderungen oder Teilabänderungen deuten auf entsprechende Rechtsfehler hin und sollten im Interesse des Ansehens der eigenen Einrichtung unterlassen werden.[11]

Beispiel für eine fehlerhafte Wahl der Handlungsmittel: Die toughe und sehr modern eingestellte Bibliotheksdirektorin D an der öffentlich-rechtlich organisierten Universitätsbibliothek C hält nichts von dem ihrer Meinung nach überkommenen Verwaltungsrecht und seinen Instrumenten. Sie nennt daher Ablehnungen der Nutzungszulassungen „Nicht-Zulassungs-Vereinbarung" und unterlässt die notwendige „Rechtsbehelfserklärung", da sie keine „schlafenden Hunde wecken möchte".
Lösungsskizze: Die Erfolgsaussichten auf dem Verwaltungsrechtsweg gegen die Maßnahme der D sind gut. Mit dem Bescheid über die Nichtzulassung hat die D mit einem fehlerhaften Verwaltungsakt gehandelt, auch wenn sie das Instrument anders benannt und fehlerhaft verwendet hat. Wie der Verwaltungsakt benannt wird, ist rechtlich unerheblich. Aus Gründen der Rechtssicherheit sollte eine zutreffende und bekannte Bezeichnung gewählt werden.

Sofern es keine Spezialregelung gibt, können Verwaltungsakte formfrei, d.h. schriftlich, mündlich oder in sonstiger Weise ergehen. Handelt es sich um einen schriftlichen oder schriftlich bestätigten Verwaltungsakt, so ist er schriftlich zu begründen, wenn es das Verständnis erfordert. Ist die Begründung fehlerhaft oder gar unterlassen, ist der Verwaltungsakt rechtswidrig. Zur besseren Orientierung lassen sich die Verwaltungsakte verschiedentlich einteilen:

- Rechtsfeststellende (deklaratorische) und rechtsgestaltende (konstitutive) Verwaltungsakte;
- Gesetzesgebundene Verwaltungsakte und Ermessensentscheidungen;
- Begünstigende und belastende Verwaltungsakte;
- Verwaltungsakte mit und ohne Dauerwirkung.

Hinsichtlich der Rechtswirkung wird zwischen begünstigenden und belastenden Verwaltungsakten unterschieden. Der begünstigende Verwaltungsakt ist in § 48 Abs. 1 S. 2 BVwVfG legaldefiniert. Danach begründet bzw. bestätigt er ein Recht oder einen rechtlich relevanten Vorteil. Die Unterscheidung ist von Bedeutung, wenn es um die

11 Zur Kritik und deren Zurückweisung am Verwaltungsakt näher: Maurer: ebd., § 9 Rn 41.

Rücknahme der Regelung geht. Hier unterscheiden sich die Voraussetzungen für den begünstigenden und den belastenden Verwaltungsakt.

Öffentlich-rechtlich organisierte Informationseinrichtungen gehören der Leistungsverwaltung an. Denn hier bietet die Verwaltung Leistungen an, anstatt in die Handlungen der Bürger einzugreifen. Daher liegt das Schwergewicht auf den begünstigenden Verwaltungsakten. Diese Einschätzung gilt nicht für die Fälle, in denen das Beamtenverhältnis oder das Baurecht betroffen sind. In § 37 Abs. 1 VwVfG ist das Bestimmtheitsgebot für Verwaltungsakte festgeschrieben. Das Bestimmtheitsgebot fordert eine klare, eindeutige und unmissverständliche Regelung. Dazu gehört z.B. die Nennung von Handlungsanweisungen sowie örtlichen und räumlichen Daten.

Weist ein erlassener Verwaltungsakt Fehler auf, so ist er aus formellen und/oder materiellrechtlichen Gründen rechtswidrig und wird damit angreifbar. Aus Gründen der Rechtssicherheit bleibt er grundsätzlich nach § 43 Abs. 2 VwVfG bis zu einer Abänderung gleichwohl gültig. Liegen dagegen besonders schwerwiegende Gründe vor, so kommt eine Nichtigkeitsprüfung des Verwaltungsakts gem. § 44 VwVfG in Betracht. Ein nichtiger Verwaltungsakt entfaltet keine Rechtswirkungen und braucht nicht beachtet zu werden. Trotz der Nichtbeachtlichkeit ist der Behörde, die den nichtigen Verwaltungsakt erlassen hat, zu raten, sich nicht nur mit der Feststellung der Nichtigkeit zu begnügen, sondern den nichtigen Verwaltungsakt durch Rücknahme gem. § 48 VwVfG oder durch Umdeutung gem. § 47 VwVfG eindeutig zu negieren. Eine derartige Fehlerkorrektur spricht nicht nur positiv für das Einsichtsvermögen der Behörde, sondern es schafft auch Rechtssicherheit durch Rechtsklarheit.

Über den Verwaltungsakt hinaus gibt es Handlungen, die sich in den Formulierungen sehr nahe kommen können, sich aber rechtlich wesentlich unterscheiden. Ein Beispiel hierfür ist die unterschiedliche Bedeutung der Begriffe Zusage und Zusicherung. Eine Zusage ist das „verbindliche Versprechen der zuständigen Behörde, eine bestimmte Verwaltungsmaßnahme vorzunehmen oder zu unterlassen." Dabei wird auf den Bindungswillen der Behörde abgestellt.[12] Dagegen ist die Zusicherung gem. der Legaldefinition des § 38 Abs. 1 VwVfG ein Unterfall der Zusage. Sie liegt vor, wenn sich die Zusage auf den Erlass oder Nichterlass eines Verwaltungsaktes bezieht. Die Auskunft unterscheidet sich von der Zusage darin, dass ihr jeglicher behördlicher Wille zur Selbstverpflichtung fehlt. Sie ist eine Weitergabe von Informationen über tatsächliche Umstände oder rechtliche Verhältnisse.[13] Da es sich um keinen Rechtsakt handelt, besteht kein Erfüllungsanspruch. Ist die Auskunft rechtswidrig, ist unter Umständen ein Schadensersatzanspruch möglich.[14]

Damit ein Verwaltungsakt wirksam werden kann, ist er dem Betroffenen zuvor in der vorgeschriebenen Form amtlich bekannt zu geben. Erst hierdurch wird er existent. Die Bekanntgabe richtet sich nach § 41 i.V.m. § 37 BVwVfG bzw. den Landesgesetzen und

---

12 Maurer: ebd., § 9 Rn 59.
13 Maurer: ebd., § 9 Rn 62.
14 Maurer: ebd., § 9 Rn 62.

u.U. weiteren Spezialregelungen. Ein erlassener Verwaltungsakt hat formell und materiell rechtmäßig zu sein. Die formelle Rechtmäßigkeit bezieht sich auf das Zustandekommen. Die materielle Rechtmäßigkeit ist der Maßstab für den Inhalt des Verwaltungsaktes. Dementsprechend wird zweigliedrig geprüft.

Schema: Rechtmäßigkeit eines Verwaltungsaktes:

Formelle Rechtmäßigkeit

- Zuständigkeit: örtlich + sachlich
- Verfahren: Die Ausgestaltung ist grundsätzlich der Behörde selbst überlassen, § 10 BVwVfG. Es sind aber alle Regeln zu wahren, die die Rechtmäßigkeit des Verwaltungsaktes betreffen.
- Form: Für den Erlass des Verwaltungsaktes gilt der Grundsatz der Wahlfreiheit der Form gem. § 37 Abs. 2 S. 1 BVwVfG. Ein mündlicher Verwaltungsakt ist jedoch schriftlich zu bestätigen. Dagegen kann reines Schweigen nicht als Verwaltungsakt aufgefasst werden.[15] Ebenfalls zur richtigen Form eines Verwaltungsaktes gehört grundsätzlich das Vorhandensein einer Begründung, § 39 Abs. 1 BVwVfG. Sie dient der Kontrolle und Selbstkontrolle der Verwaltung.

Materielle Rechtmäßigkeit

- Ermächtigungsgrundlage: Das Handeln der Behörde muss auf einer gültigen gesetzlichen Grundlage beruhen.
- Vereinbarkeit mit dem geltenden Recht. Hierzu gehört vor allem, dass kein Verstoß gegen höherrangiges Recht vorliegt.
- Grundsatz der Bestimmtheit, § 37 Abs. 1 VwVfG: Die Regelung hat klar und eindeutig zu sein.
- Der Verwaltungsakt hat die Grenzen der Rechtslogik und des faktisch Möglichen einzuhalten.
- Ermessensfehlerfreiheit: Wird der Behörde ein Ermessen eingeräumt, so ist dieses rechtsfehlerfrei auszuüben. Insbesondere ist der Grundsatz der Verhältnismäßigkeit zu wahren.

Welche Folgen ein fehlerhafter Verwaltungsakt hat, hängt von der Intensität des Fehlers ab. In Betracht kommen die Anfechtbarkeit, die Unbeachtlichkeit wegen Heilung, die Rücknahme des Verwaltungsaktes, die Berichtigung des Verwaltungsaktes und die Umdeutung. Ausschlaggebend sind die §§ 44 ff. BVwVfG bzw. die entsprechenden landesspezifischen Regelungen. Zu den beiden bedeutsamsten Rechtsbehelfen für das Informationswesen gehören die Anfechtungsklage und der Widerspruch. Dabei ist die Reihenfolge vorgegeben. Damit der Bürger seine Rechte kennt, ist eine gültige Rechtsbehelfsbelehrung erforderlich, wenn in einem öffentlich-rechtlichen Rechtsverhältnis belastende Maßnahmen durchgeführt werden. Innerhalb eines Monats kann der Betroffene gegen den Verwaltungsakt Widerspruch einlegen. An dieser Stelle sei darauf hingewiesen, dass die umgangssprachliche Formulierung „vier Wochen" 28 Tage bedeutet und damit nicht der regelmäßigen Definition eines Monats entspricht. Somit wäre eine Nennung von vier Wochen fehlerhaft. Die Frist verlängert sich auf ein Jahr, wenn die Rechtsbehelfsbelehrung fehlerhaft war oder ganz gefehlt hat. Daher ist der scheinbar smarte Gedanke, durch ein Weglassen der Rechtsbehelfsbelehrung „keine

---

15 Maurer: ebd., § 10 Rn 12a.

schlafenden Hunde zu wecken" und sich somit Unannehmlichkeiten vom Hals zu halten, ein Trugschluss. Zudem gilt eine fehlende Rechtsbehelfsbelehrung als grober Fehler. Gerichtliche Rügen dieser Art schaden dem Ansehen der Einrichtung. Öffentlich-rechtliche Einrichtungen haben sich positiv für den Rechtsstaat, der auch ihre Grundlage bildet, einzusetzen. Das Widerspruchsverfahren erstreckt sich auf die Rechtmäßigkeit und auf die Zweckmäßigkeit des Verwaltungsaktes. Es findet demnach eine vollumfängliche Kontrolle statt. Der übliche Ablauf des Widerspruchsverfahren erfolgt in zwei Schritten: Zunächst überprüft die Behörde, die den Verwaltungsakt erlassen hat, diesen selbst auf Fehler und erhält damit die Möglichkeit, Abhilfe zu leisten. Bestätigt siehingegen ihre alte Entscheidung, so leitet sie den Widerspruch an die nächsthöhere Behörde weiter, § 73 VwGO. Die Widerspruchsbehörde überprüft den Verwaltungsakt noch einmal in vollem Umfang. Ist der Widerspruch unzulässig oder unbegründet, so wird er zurückgewiesen. Ist er hingegen zulässig und begründet, so ist der Widerspruch erfolgreich und der Verwaltungsakt wird aufgehoben oder abgeändert.

4.2 Rechtsmittel undRechtsbehelfe

Ist der Betroffene mit dem Handeln oder Nichthandeln der Verwaltung nicht einverstanden, so stehen ihm unterschiedliche Möglichkeiten zu gegen die betreffenden Maßnahmen vorzugehen. Diese Möglichkeiten werden Rechtsbehelfe genannt. Soweit das Verfahren formalisiert ist, heißt die Untergruppe der Rechtsbehelfe in Deutschland Rechtsmittel. In Österreich werden Rechtsbehelfe und Rechtsmittel synonym verwendet. An dieser Stelle sollen nur einige der für das Bibliothekswesen im Alltag wichtigsten Rechtsbehelfe herausgegriffen werden. Kernpunkt ist damit das Verwaltungsverfahren und nicht der grundsätzlich mögliche vollständige gerichtliche Instanzenzug.

Zu den wichtigsten Rechtsbehelfen im Verwaltungsrecht gehört der Widerspruch. Das Widerspruchsverfahren ist in den §§ 68 ff. VwGO geregelt. Die Kenntnis des Widerspruchsverfahrens dient u.a. der Selbstkontrolle der Verwaltung, hier also der Informationseinrichtung.

Schema: Prüfung eines Widerspruchs

Der Widerspruch hat Aussicht auf Erfolg, wenn er zulässig und begründet ist.

I. Zulässigkeit des Widerspruchs
1. Verwaltungsrechtsweg, § 40 Abs. 1VwGO
2. Statthaftigkeit, § 68 VwGO: Ein Widerspruchsverfahren ist grundsätzlich dann durchzuführen, wenn der Streitgegenstand ein Verwaltungsakt ist. Ausnahmen sind in § 126 Abs. 3 BRRG gesetzlich geregelt. Überprüft werden grundsätzlich die Recht- und Zweckmäßigkeit des Verwaltungsaktes.
3. Widerspruchsbefugnis, § 42 Abs. 2VwGO
4. Form, § 70 VwGO
5. Frist, § 70 VwGO

6. Voraussetzung ist, dass die Rechtsbehelfserklärung korrekt ist; ansonsten gilt gem. § 58 Abs. 2 VwGO die Jahresfrist.
7. Beteiligten- und Verfahrensfähigkeit, §§ 11 ff. VwGO

II. Begründetheit des Widerspruchs

Wenn sich der Widerspruchsführer gegen den Verwaltungsakt wendet: Der Widerspruch ist begründet, wenn der angegriffene Verwaltungsakt rechtswidrig bzw. bei einer Ermessensentscheidung unzweckmäßig ist und der Widerspruchsführer dadurch in seinen Rechten verletzt ist.

Wenn der Widerspruchsführer den Erlass eines Verwaltungsaktes begehrt: Der Widerspruch ist begründet, wenn der Widerspruchsführer einen Anspruch auf den begehrten Verwaltungsakt hat und durch dessen Ablehnung in seinen Rechten verletzt ist.

1. Rechtsgrundlagen des Verwaltungsakts
2. Formelle Rechtmäßigkeit des Verwaltungsakts
3. Materielle Rechtmäßigkeit des Verwaltungsakts

Der Widerspruch ist begründet, wenn das Handeln der Behörde formell oder materiell rechtswidrig ist und der Widerspruchsführer dadurch in seinen subjektiven Rechten verletzt ist. Dabei überprüft die Widerspruchsbehörde das gesamte Verfahren, welches zum Erlass oder der Versagung des Verwaltungsaktes in der vorliegenden Form geführt hat. Liegen die Voraussetzungen vor, so kann die Widerspruchsbehörde auch die Zweckmäßigkeit des angegriffenen Verwaltungsaktes überprüfen. Die Entscheidung der Widerspruchsbehörde ersetzt die Entscheidung der Ausgangsbehörde. Neben den förmlichen Rechtsbehelfen wie dem Widerspruch gibt es auch formlose Rechtsbehelfe. Hierzu gehören die Aufsichtsbeschwerden. Diese lassen sich in die Fachaufsichtsbeschwerde, in die Rechtsaufsichtsbeschwerde und in die Dienstaufsichtsbeschwerde unterteilen. Mit der Fachaufsichtsbeschwerde wendet sich der Beschwerdeführer an die die Fachaufsicht führende Behörde, um gegen inhaltliche Fehlentscheidungen der betreffenden Bibliothek vorzugehen. Die Fachaufsicht überprüft den Sinn und Zweck der Handlung.Beispiel: Die Beschwerde richtet sich gegen die Art und Weise einer Aussonderungsaktion von nicht mehr benötigter Literatur. Die Dienstaufsichtsbeschwerde ist hingegen eine Anregung an die Dienstaufsicht führende Behörde, gegen die Art und Weise des dienstlichen Verhaltens des Bibliothekars zu intervenieren. Beispiel: Ein Bibliotheksbenutzer beschwert sich über die unangemessenen Formulierungen der Bibliotheksleiterin. Die Rechtsaufsicht hingegen überprüft, ob das Handeln der jeweiligen Bibliothek in Einklang mit Recht und Gesetz steht. Beispiel: Die Beschwerde richtet sich gegen die in der Bibliothek auf Transparenten offen geforderten Gewalttätigkeiten bei Demonstrationen. Zu den formlosen Rechtsbehelfen gehört das Recht aus Art. 17 GG sich mit einer Petition an Entscheidungsträger im Staat zu wenden, um diese im gewünschten Sinne zu beeinflussen. Die Petition dient dazu auf Themen aufmerksam zu machen. Ein weiterer formloser Rechtsbehelf ist die Gegenvorstellung. Hier werden formlos Einwände rechtlicher und nicht rechtlicher Art an das entscheidende Organ vorgebracht. Je nach Gestaltung wie Unterschriftenliste, geeigneter Adressat usw., kommt den formlosen Rechtsbehelfen eine unterschiedliche Erfolgsaussicht zu. Wird den in den formlosen Rechtsbehelfen formulierten Erwartungen nicht entsprochen, gibt es keine unmittelbare rechtliche Möglichkeit, die Ziele auf diesem Wege durchzusetzen.

4.3 Verwaltungsvorschriften

Innerhalb einer Bibliothek sind Arbeitsabläufe zu regeln und Entscheidungen zu vereinheitlichen. Ein Mittel hierzu sind Verwaltungsvorschriften. Sie sind ausdrücklich nicht an die Kunden gerichtet, haben also keine beabsichtigte Außenwirkung. Sofern sie überhaupt außerhalb der Behörde in Erscheinung treten, dann faktisch als sogenannter Rechtsreflex. Verwaltungsvorschriften werden in der juristischen Literatur häufig nur ganz am Rande behandelt, für das Innenleben einer Behörde sind Verwaltungsvorschriften eine der am häufigsten verwendeten Regelungen. Unter dem Begriff Verwaltungsvorschriften werden abstrakt-generelle Regelungen verstanden, die im Gegensatz zu Gesetzen jedoch nur die Angehörigen eines Rechtsträgers unmittelbar binden. Gegenüber einer außenstehenden Person können sie nur mittelbar Rechtswirkungen entfalten. In der Praxis werden für Verwaltungsvorschriften auch verschiedene andere Bezeichnungen verwendet, beispielsweise Anordnung, technische Anleitung, Richtlinie[16], Verordnung[17], Verfügung, Ausführungsbestimmungen oder Leitlinien. Es lassen sich drei Arten von Verwaltungsvorschriften unterscheiden: In den allgemeinen Dienstanordnungen ist die Art und Weise geregelt, wie die dienstlichen Aufgaben zu erfüllen sind. Zu den allgemeinen Dienstanweisungen innerhalb einer Informationseinrichtung gehören beispielsweise Vorgaben, welche Aufstellungssystematik und welche Regelwerke verwendet werden. Norminterpretierende Verwaltungsvorschriften erläutern fachspezifisch die allgemein gehaltenen Tatbestandsmerkmale einer Rechtsnorm. Häufig liegen norminterpretierende Verwaltungsvorschriften vor, wenn in der Norm unbestimmte Rechtsbegriffe verwendet worden sind, z. B. Ausführungsbestimmungen zum Archivgesetz. Die dritte Gruppe bilden die ermessenslenkenden Verwaltungsvorschriften. Sie enthalten einen Kriterienkatalog bzw. eine Behandlungsweise von Sachverhalten, die die ausführende Behörde grundsätzlich bei der Ermessensausübung beachten muss. Kontrollmaßstab für die Ausführung ist das Gleichheitsgebot gem. Art. 3 Abs. 1 GG. Ein Beispiel hierfür sind Regelungen, was unter „wissenschaftlichem Interesse" als notwendige Voraussetzung

16 Nicht zu den Verwaltungsvorschriften gehörend, sondern eine andere Regelungsanordnung sind die gemeinschaftsrechtlichen Richtlinien (EU). Es handelt sich um eine Begriffsgleichheit für unterschiedliche Regelungsinstrumente.

17 Nicht zu den Verwaltungsvorschriften gehörend, sondern eine andere Regelungsanordnung sind die gemeinschaftsrechtlichen Verordnungen (EU). Es handelt sich um eine Begriffsgleichheit für unterschiedliche Regelungsinstrumente.

für den Zugang zu kostbaren oder inhaltlich problematischen Schriften zu verstehen ist. Diese sind einheitlich und für den Kunden vorhersehbar zu regeln.

Häufig ist die Befugnis zum Erlass von Verwaltungsvorschriften nicht ausdrücklich geregelt. In diesen Fällen besteht die einhellige Auffassung in der Rechtswissenschaft, dass die Regelungsgebungskompetenz auf der hierarchisch aufgebauten Organisationsstruktur des Verwaltungsträgers beruht. Eine gesetzliche Grundlage ist nicht erforderlich, wenn die Verwaltungsvorschrift für keine Verwaltungsstellen anderer Rechtsträger verbindlich ist. Gegenüber den Angehörigen der Behörde des Verwaltungsträgers besitzen die Verwaltungsvorschriften eine unmittelbare Bindungswirkung. Von dieser Bindungswirkung darf nur wegen eines besonderen sachlichen Grundes abgewichen werden. Verstößt ein Behördenangehöriger gegen die Verwaltungsvorschriften, so wird die nach außen gerichtete Entscheidung nicht rechtswidrig, sofern nicht formell- bzw. materiellrechtliche Fehler vorliegen. Ein Verstoß kann jedoch interne disziplinarische Maßnahmen auslösen. Als Innenrecht haben die Verwaltungsvorschriften grundsätzlich keine unmittelbare Wirkung gegenüber Privatpersonen. Die Verwaltungsvorschrift kann jedoch zu einer regelmäßigen Verwaltungspraxis führen, hierdurch wird eine Selbstbindung erzeugt. Auf diesem Weg kann ein Verstoß gegen die Verwaltungsvorschrift zur Rechtswidrigkeit des Verwaltungsakts führen, da ein Verstoß gegen das Gleichheitsgebot aus Art. 3 Abs. 1 GG vorliegt. Somit erlangt die Verwaltungsvorschrift mittelbare Außenwirkung. Mit den Verwaltungsverordnungen wird in der Schweiz das Verhältnis von übergeordneter und untergeordneter Verwaltungseinheit geregelt. Auch hier handelt es sich um reines Innenrecht. Als solches kann es der vorgesetzten Verwaltungseinheit zur Dienstaufsicht dienen.

4.4 Unbestimmter Rechtsbegriff

Die Tatbestandsmerkmale einer Rechtsnorm sind unterschiedlich präzise gefasst. Dabei reicht die Spannbreite von inhaltlich bestimmt bzw. bestimmbar, z.B. Ort oder Zeit, bis zu indifferenten Formulierungen. Beispiele für interpretationsbedürftige Begriffe sind „die guten Sitten“, „öffentliches Interesse“ oder „Gemeinwohl“. Viele dieser Begriffe haben durch die „Ausstrahlung des Grundgesetzes“ und ständige Rechtsprechung eine Präzisierung erfahren. Anwendungsorientierung bedeutet hier das Ermitteln der Bedeutung durch zu Rate ziehen einschlägiger rechtsprechungsorientierter Kommentarliteratur. Ansonsten bieten Publikationsbeiträge in Foren und als Aufsatz- oder Rednerbeitrag die Möglichkeit, eigene Vorstellungen ohne Risiko für die Finanzmittel und das Ansehen des Unterhaltsträgers zu testen und bei Auswertung des Feedbacks eine Risikoeinschätzung für die vorgestellte Ansicht vorzunehmen. Fehlerhaft hingegen wäre es, den einen unbestimmten Rechtsbegriff durch einen anderen unbestimmten Begriff zu ersetzen. Die Auslegung unbestimmter Rechtsbegriffe unterliegt generell auch der gerichtlichen Überprüfbarkeit. Ebenso ist anerkannt, dass der Behörde bei der Interpretation unbestimmter Rechtsbegriffe ein gewisser Einschätzungsspielraum zusteht. Umstritten ist jedoch die Reichweite des Einschätzungsspielraums. Nach der engen, hier vertretenen Auffassung der Rechtsprechung[18] gilt dies nur für bestimmte Fallgruppen. Diese sind:

1. Prüfungsentscheidungen;
2. Prüfungsähnliche Entscheidungen, insbesondere im Schulbereich;
3. Beamtenrechtliche Beurteilungen;
4. Wertende Entscheidungen durch Sachverständige und pluralistisch zusammengesetzte Ausschüsse;
5. Prognoseentscheidungen und Risikobewertungen;
6. Entscheidungen einzelner Faktoren, die den unbestimmten Rechtsbegriff begründen.

Beispiel: Die Nutzerordnung der Bibliothek sieht die Möglichkeit eines Hausverbots vor, wenn ein Bibliothekskunde innerhalb der Bibliothek gegen die Strafgesetze verstößt, eine Ordnungswidrigkeit begeht oder sonst gegen die guten Sitten handelt. Kunde K läuft ruhig, mit gleichbleibender Geschwindigkeit, aber mit nichtssagenden, starrenden Blick an der Bibliothekarin B vorbei. B fühlt sich durch den nichtssagenden, starrenden Blick beleidigt. Ohne sich um eine weitere Prüfung zu bemühen, belegt Sie den K mit einem Hausverbot, weil er mit seinem Blick gegen die „guten Sitten" verstoßen habe. Wenn K sich gegen die Entscheidung wehrt, ist zu erwarten, dass die Entscheidung im Widerspruchsverfahren oder durch gerichtliche Entscheidung aufgehoben wird. Der Blick mag von der B seltsam empfunden werden. Unbestimmte Rechtsbegriffe sind aber im Lichte der grundgesetzlich geschützten Freiheitsrechte eines jeden aufzufassen und nicht durch die rein persönliche Ansicht über die „guten Sitten" zu ersetzen.

4.5 Ermessen

Einige Rechtsnormen fordern die Rechtsfolge mit unterschiedlicher Konsequenz. Lässt die Rechtsfolge einen Beurteilungsspielraum, so wurde dem Rechtsanwender Ermessen bei der Fallbewertung eingeräumt. Das Ermessen dient der Einzelfallgerechtigkeit. Zu Recht wird darauf verwiesen, dass „Ermessen" keinesfalls Beliebigkeit oder gar Willkür bedeutet.[19] Der Gesetzgeber spricht in § 40 VwVfG davon, wie er sich die Ausübung des Ermessens vorstellt. Ein Ermessen ist nur bei der Betrachtung der Rechtsfolgenseite möglich. Der Normengeber sieht für einen bestimmten Sachverhalt nicht nur eine Lösung als richtig an, sondern bietet den Behörden durch eine Auswahl aus mehreren verschiedenen Lösungen einen definierten Handlungsspielraum an. Dabei werden die Fälle unterschieden, in denen der Gesetzgeber die Vornahme des Handelns selbst freistellt (Handlungsermessen) und andererseits die Wahlmöglich-

---

18 BVerwGE 94, 307, 309; 100, 221, 225; Maurer: ebd., § 7 Rn 35 m.w.N.
19 Maurer: ebd., § 7 Rn 17.

keit unter bestimmten definierten Folgen (Auswahlermessen) ermöglicht.[20] Ist ein Ermessen möglich, so wird durch die Rechtsnorm ausdrücklich darauf hingewiesen. Typische Formulierungen hierfür sind: kann, darf, soll etc. Die unterschiedlichen Formulierungen weisen auf die unterschiedliche Intensität hin.

Tabelle 1: Formulierung und Bedeutung.

Formulierung	Bedeutung
Ist	Kein Ermessensspielraum, sondern Gesetzesbindung.
Soll	Kennzeichnet ein Regel-Ausnahme-Verhältnis; ohne wichtige Begründung ist das „Soll" wie ein „Ist" zu lesen. [21]
Kann/darf	Kennzeichnet regelmäßig einen echten Ermessensspielraum. In einigen Fällen ist das „Kann" nicht als Ermessensregelung, sondern als Kompetenz und Sachzuweisung zu verstehen. Welcher Fall gemeint ist, ist der einschlägigen Kommentarliteratur zu entnehmen.

Bei der Ausübung des Ermessens kann es zu Fehlern kommen. Ermessensfehler haben zur Folge, dass die getroffene Entscheidung rechtsfehlerhaft und damit angreifbar wird. Rechtsprechung und Literatur haben diese Fehler in Gruppen eingeteilt.

Ermessensüberschreitung:

Eine Ermessensüberschreitung liegt vor, wenn die Behörde mehr vom Adressaten verlangt, als in der Rechtsfolge vorgesehen ist.

Beispiel: Nach der Benutzungsordnung darf für eine besondere Beratung ein Stundensatz von 30 bis 50 Euro pro Stunde verlangt werden. Die Höhe ist vom Arbeitsaufwand und den eingesetzten Datenbanken abhängig. Informationsmanager I kann den schwerreichen Kunden K nicht leiden und verlangt vor Aufnahme der Tätigkeit eine Gebühr von 80 Euro pro Stunde. Er will den gesamten Betrag in die Kasse legen.
Lösungsskizze: Informationsmanager I ist berechtigt für seine besondere Beratung zwischen 30 und 50 Euro zu verlangen. Mit der Forderung von 80 Euro hingegen überschreitet er den ihm gegebenen Rahmen.

Ermessensnichtgebrauch = Ermessensunterschreitung:

Ein Ermessensnichtgebrauch liegt vor, wenn sich die Behörde zwingend an eine Rechtsfolge gebunden sieht, obwohl es sich um eine Ermessensvorschrift handelt.

20 Maurer: ebd., § 7 Rn 7.
21 Maurer: ebd., § 7 Rn 11.

Beispiel: In der Hausordnung der Bibliothek ist für den Missbrauch der bereitgestellten Computer ein Ordnungsgeld in Höhe von 5 bis 20 Euro pro Fall vorgesehen. Bibliothekarin B ist persönlich für eine harte Linie und verhängt aus „erzieherischen Zwecken" in jedem Fall ein Ordnungsgeld i.H.v. 20 Euro.
Lösungsskizze: Wird ein Handlungsrahmen gewährt, so ist es fehlerhaft, wenn von Seiten der Behörde so getan wird, als handle es sich um die alleinig mögliche Entscheidung. Auch die B hat eine Differenzierung nach dem Härtegrad des Missbrauchs bei der Festsetzung des Ordnungsgeldes vorzunehmen.

Ermessensfehlgebrauch = Ermessensmissbrauch:

Beim Ermessensfehlgebrauch lässt sich die Behörde von anderen als den vorgesehenen Zwecken leiten. Ursache kann sein, dass der Sachverhalt nicht ausreichend ermittelt wurde oder bestimmte Punkte nicht oder zumindest nicht ausreichend gewichtet wurden.

Beispiel: Bibliothekar B leitet die Handschriftenabteilung einer Bibliothek. Nach pflichtgemäßem Ermessen soll er über die Einsichtnahme einer Handschrift im Lesesaal entscheiden. Der Bibliothekskunde K ist ein anerkannter Fachmann in mittelalterlichen Handschriften. Wegen seiner anderen politischen Einstellung und seiner Mitgliedschaft in einem rivalisierenden Fußballverein verweigert B die Einsichtnahme in eine mittelalterliche Handschrift.
Lösungsskizze: Private Angelegenheiten und dienstliche Aufgaben sind zu trennen. Die andere politische Einstellung und die Mitgliedschaft im gegnerischen Fußballverein sind keine anerkennenswerten Gründe, um die Einsichtnahme zu verweigern. B hat sein Handlungsermessen fehlerhaft angewendet.

Fehlerhaft sind ferner Verstöße gegen die Logik, die Grundrechte und die allgemeinen Verwaltungsgrundsätze. Zu diesen Prinzipien gehören Verstöße gegen den Gleichheitsgrundsatz und gegen den Grundsatz der Verhältnismäßigkeit. Verstöße gegen die Logik liegen vor, wenn Rechenfehler oder widersprüchliche Aussagen bei ein und derselben Regelung vorliegen.

4.6 Kopplungsvorschrift

Kopplungsvorschriften oder Mischtatbestände sind Rechtsnormen, bei denen auf der Tatbestandsseite ein unbestimmter Rechtsbegriff und auf der Rechtsfolgenseite eine Ermessensermächtigung vorliegen.[22]

Beispiel: Auszug aus einer Satzungsordnung: „Behandelt der Kunde die entliehenen Bücher nicht ordentlich, so kann die Bibliothek Schadensersatz geltend machen."
Der unbestimmte Rechtsbegriff „nicht ordentlich" lässt einen relativ großen Interpretationsspielraum. Auf der Rechtsfolgenseite findet sich mit „kann" eine Ermessensermächtigung.

---

22 Maurer: ebd., § 7 Rn 48.

Grundsätzlich werden bei Koppelungsvorschriften die Tatbestandsseite und die Rechtsfolgenseite nach ihren jeweils eigenen Regeln behandelt. Dabei kann es jedoch zu Wechselwirkungen kommen. So können bereits auf der Tatbestandsseite alle Gesichtspunkte zu prüfen sein, die später auf der Rechtsfolgenseite bei der Frage nach dem Ermessen nochmals zu prüfen sind. Die Folge ist eine Ermessensreduzierung auf Null und damit eine gebundene Entscheidung. Häufig sorgen Koppelungsvorschriften sowohl beim Rechtsanwender als auch beim Rechtsunterworfenen für Missverständnisse und fehlerhafte Vorstellungen. Geht es darum, selbst Regelwerke, z.B. eine Bibliotheksordnung oder eine Benutzerordnung, zu verfassen, so sollten Kopplungsvorschriften vermieden werden. Kopplungsvorschriften erleichtern die formale Legitimation des Handelns. Gleichzeitig erwecken sie aber den Eindruck von Willkür. Daher kommt eine gut geführte Einheit ohne dieses zusätzliche Machtpolster aus. Gerade im Dienstleistungsbereich, der sich über den Service und nicht über die gesetzlich als notwendig erachteten Befugnisse definiert, sind solche Möglichkeiten vorsichtig zu bewerten. Im oben genannten Beispiel einer Benutzungsordnung ist „ordentlich" ein unbestimmter Rechtsbegriff, der subjektiv sehr unterschiedlich verstanden werden kann. Gleichzeitig ist nicht klar, ob und wenn ja, wann die Bibliothek Schadensersatz geltend macht. Förderlich für die Rechtsklarheit wäre auf der Tatbestandsseite die Ersetzung des Merkmals „ordentlich" durch „beschädigen". Letzteres ist eine negative Abweichung der jetzigen von der vorherigen Beschaffenheit und damit ein klares Kriterium. Auf der Rechtsfolgenseite sorgt die Kann-Bestimmung für Unklarheit bei Kunden und Bibliothekspersonal. Wenn eine Regelung hierzu effektiv sein soll, ist mindestens der Regelfall „soll" oder die zwingende Bestimmung „ist" angebracht. Werden Regelungswerke im Hinblick auf eine sprachliche Präzisierung überarbeitet, so ist daran zu denken, dass eine präzisere Fassung der Regelung häufig auch eine inhaltliche Veränderung bewirken kann. Gegebenenfalls ist die gefundene Regelung noch zu ergänzen.

4.7 Privatrechtliches Handeln einer öffentlich-rechtlichen Einrichtung

Die Wahl der Rechtsform als öffentlich-rechtliche Einrichtung schließt privatrechtliches Handeln der Behörde keineswegs aus. Vielmehr ist seit langer Zeit anerkannt, dass privatrechtliches Handeln einer Behörde möglich ist. Eine wesentliche Fallgruppe bilden die sogenannten fiskalischen Hilfsgeschäfte. Zur Erfüllung ihrer Aufgaben benötigen Informationseinrichtungen Sachmittel wie Medien, Einrichtungsgegenstände, Büromaterial usw. Hierbei treten im Rechtsverkehr auch öffentlich-rechtlich organisierte Informationseinrichtungen wie Privatunternehmen auf dem Markt auf. Dies gilt auch für Informationseinrichtungen, bei denen der Kauf von Medien zu den zentralen Tätigkeitsbereichen gehört. Die relevanten Vorschriften hierzu entstammen dem Privatrecht. Gerichtliche Klärungen erfolgen vor den Zivilgerichten. Die Bedarfsdeckung ist dennoch eine Verwaltungsaufgabe.[23] Durch die privatrechtlichen Geschäfte wird die eigentliche Verwaltungsaufgabe, hier das Zugänglichmachen von Medien und Informationen, vorbereitet.

Werden Versprechen abgegeben, so ist nach dem Grad der erzeugten Bindungswirkung zu unterscheiden. Im Hinblick auf die Verbindlichkeit von Wissensmitteilungen im weitesten Sinne ist es geboten, sich an jeder Einrichtung zu überlegen, in welcher rechtlichen Form die Wissensmitteilungen erfolgen sollen. Im Zivilrecht erfolgt eine Einteilung zwischen alltäglichen Gefallen und Verträgen bzw. deren Anbahnung. Dabei ist zu berücksichtigen, dass die zunächst klare Unterscheidung im Alltag häufig eine Grauzone ist. Für eine Zwischenstufe, bei der noch keine vertragliche Bindung zuerkannt wird, können dennoch Schadensersatzansprüche für das in Anspruch genommene Vertrauen entstanden sein. Entscheidend ist der Grad des Bindungsinteresses. Ein Anwendungsgebiet, in dem es in Informationseinrichtungen gelegentlich zu Abgrenzungsschwierigkeiten kommen kann, wie verbindlich die Mitteilungen sind, sind die verschiedenen Angebote zur Informationsvermittlung. Werden von der Informationseinrichtung Auftragsrecherchen angeboten, so empfiehlt es sich, diese im Tätigkeitsfeld abzugrenzen. Dies gilt unabhängig davon, ob die Auftragsrecherchen gesondert vergütet werden oder nicht.

Beispiel für eine Auftragsrecherche:

„1. Gegenstand einer Recherche zur Neuheit des vorgestellten Produkts ist der Stand zum 31.03.2019 in den Datenbanken und Informationsmitteln (Aufzählung).

2. Es wird ermittelt, ob ein bereits identisches Produkt vorhanden ist.

3. Es wird ermittelt, ob ähnliche Produkte bestehen. Welche Produkte ähnlich sind, ist nach dem Stand eines durchschnittlichen Fachmanns zu beurteilen…“

Das öffentliche Recht kennt weitere Erklärungsarten mit einer unterschiedlichen Bindungswirkung. So wird im Verwaltungsrecht unter einer Auskunft eine Wissenserklärung verstanden, die regelmäßig keine Bindungswirkung erzeugt. Abzugrenzen ist die Wissenserklärung von der Willenserklärung, die gerade eine Rechtswirkung herbeiführen soll. Umgangssprachlich werden bei der Beschreibung einer gegebenen Auskunft gelegentlich Formulierungen wie Zusage oder Zusicherung als gegebene Bekräftigung der Verlässlichkeit gebraucht. Juristisch haben die Begriffe Zusicherung und Zusage aber eine besondere Bedeutung. Nach der Legaldefinition in § 38 Abs. 1 S. 1 VwVfG ist eine Zusicherung die Zusage auf Erlass oder Nichterlass eines Verwaltungsaktes. Die Zusage hingegen ist die Selbstverpflichtung der Verwaltung bei einem vorhandenen Bindungswillen aufgrund eines einseitigen Hoheitsaktes.

---

23 Maurer: ebd., § 3 Rn 7.

4.8 Allgemeines Verwaltungsrecht Schweiz

Subsidiarität als Staatsprinzip ist ein Kennzeichen föderativer Staaten. Es besagt, dass Aufgaben zunächst einmal auf der untersten, bürgernahen und überschaubaren Verwaltungsebene vor Ort gelöst werden sollen. Nur wenn dies aus Kapazitätsgründen nicht möglich ist, soll die Aufgabe auf die nächste, höhere Ebene verlagert werden. Die Aufgabenverteilung erfolgt zwischen Bund, Kantonen und Gemeinden. Das Subsidiaritätsprinzip gilt in der Schweiz, in Deutschland und in Österreich. In der Schweiz erfährt es jedoch seine stärkste Ausprägung. Daher nehmen die Schweizer Gemeinden als unterste Verwaltungsebene im internationalen Vergleich eine bedeutende Stellung ein. So steht den Gemeinden beispielsweise das Recht zu, für die eigenen Bedürfnisse Steuern zu erheben, sowie das Recht auf selbstständige Aufgaben, die nicht in den Kompetenzbereich von Bund oder Kanton fallen.[24] Für lokale Büchereien hat dies zur Folge, dass Rahmenentscheidungen häufig eine lokale Angelegenheit sind. Wegen der unterschiedlichen lokalen Voraussetzungen sind Konzepte, die übertragen werden sollen, stärker an die lokalen Unterschiede anzupassen. Dagegen ist das Hochschulwesen und damit auch die Hochschulbibliotheken Teil der tertiären Bildungsstufe. Diese besteht aus historisch gewachsenen Strukturen auf der eidgenösischen und auf der kantonalen Ebene. Das System, in dem sowohl der Bund als auch die Kantone Rechtssetzungsbefugnisse auf der gleichen Ebene besitzen, wird kooperativer Föderalismus genannt. Wie das deutsche Verwaltungsrecht kennt auch das schweizerische Verwaltungsrecht die Unterscheidung zwischen Eingriffsverwaltung und Leistungsverwaltung. Zu Letzterem gehört das öffentliche Bibliothekswesen.

Eine Besonderheit des schweizerischen Verwaltungsrechts ist die Verankerung des Grundsatzes von Treu und Glauben in der Bundesverfassung, Art. 5 Abs. 3, Art. 9, Art. 44 Abs. 2 BV. Anders als in Deutschland, wo dieser Rechtsgrundsatz für das Privatrecht gilt, findet er in der Schweiz darüber hinaus auch auf das Verhältnis zwischen dem Staat und Bürger sowie zwischen Bund, Kantonen und Gemeinden Anwendung. Zu den Haupthandlungsinstrumenten der schweizerischen Verwaltung gehört die Verfügung. Sie entspricht dem Verwaltungsakt in Deutschland. Durch die Verfügung werden Gesetze konkretisiert. Sie ist in Art. 5 Abs. 1 sVwVG auf Bundesebene geregelt und verweist auf das Bundesverwaltungsrecht. Auch die Verfügung kann Nebenbestimmungen enthalten. Die Verfügung ist wegen Art. 34 Abs. 1 sVwVG grundsätzlich schriftlich zu erlassen. Es bestehen nur enge Ausnahmetatbestände vom Gebot der Schriftlichkeit. Maßgeblich für die Wahl der Amtssprache ist diejenige Amtssprache, in der der Bürger sein Begehren vorträgt. Die Verfügung beinhaltet eine Rechtsbehelfsbelehrung.

24 Vatter, A.: Das politische System der Schweiz, S. 453.

4.9 Allgemeines Verwaltungsrecht Österreich

Wie in Deutschland besteht das Verwaltungsrecht in Österreich aus drei Teilen: dem Allgemeinen Verwaltungsrecht, dem Verwaltungsverfahrensrecht und dem Besonderen Verwaltungsrecht. Im Allgemeinen Verwaltungsrecht werden vor allem die Organisation der Verwaltung und deren Befugnisse geregelt. Das Verwaltungsverfahrensrecht regelt die Beziehung zwischen Bürger und Verwaltung. Unter dem Begriff Besonderes Verwaltungsrecht sind die einzelnen Sachmaterien wie das Baurecht zusammengefasst. In Österreich sind die Verfahrensregelungen der Verwaltungsbehörden im Allgemeinen Verwaltungsverfahrensgesetz (AVG) konzentriert. Eine für Bibliotheken relevante Ausnahme gilt hinsichtlich der Dienstbehörden im Öffentlichen Dienst. Hier gilt vorrangig das Dienstrechtsverfahrensgesetz. Innerhalb des Dienstverfahrensgesetzes wird auf das Allgemeine Verwaltungsverfahrensgesetz verwiesen.

Auf Grund der langen gemeinsamen Rechtstradition und der jeweiligen Mitgliedschaft in der EU sind das deutsche und das österreichische Verwaltungsrecht ähnlich. Unterschiede bestehen vor allem in den Begrifflichkeiten und Bedeutungsabgrenzungen. Hier treten die nationalen Eigenheiten zu Tage. So ist der Bescheid die Bezeichnung für das Haupthandlungsinstrument der Verwaltung in Österreich. Er entspricht in seiner rechtlichen Bedeutung und hinsichtlich seiner Voraussetzungen dem deutschen Verwaltungsakt. Ebenso wie für den Verwaltungsakt in Deutschland ist für den Bescheid in Österreich eine wirksame und vollständige Rechtsbehelfsbelehrung verpflichtend. Wird hingegen in Österreich von Verwaltungsakten gesprochen, so sind hier die Handlungsinstrumente der Verwaltung als Oberbegriff gemeint. Daher ist bei einem Vergleich von deutschem und österreichischem Verwaltungsrecht darauf zu achten, dass die Bezeichnung der jeweiligen Begrifflichkeiten nachvollziehbar zugeordnet wurde.

5 Erwerbung

Unter der Kurzbezeichnung „Erwerbung“ wird im Bibliothekswesen die Beschaffung von Medien im weiten Sinne verstanden. Ziel der Erwerbung ist der bestimmungsgemäße Bestandsaufbau. Wie dieser erfolgen soll, wird durch den Normengeber direkt oder indirekt bestimmt. Normengeber ist der Gesetzgeber; zusätzlich ist es der öffentlich-rechtliche oder privatrechtliche Unterhaltsträger. Eine direkte Vorgabe durch den Gesetzgeber erfolgt z.B. in Art. 5 Bayerisches Hochschulgesetz. Eine Reihe von Detailfragen findet sich nicht nur in den Gesetzen selbst, sondern auch in deren Ausführungsbestimmungen und Verwaltungsvorschriften. Indirekt wirkt der Normengeber über die Spielräume, die er den Benutzern und der Bibliothek selbst einräumt, auf den Bestandsaufbau ein. Die Erwerbung findet in Bibliotheken in aller Regel privatrechtlich statt. Trotz ihrer zentralen Bedeutung für die Einrichtung zählt sie bei den öffentlich-rechtlich organisierten Bibliotheken zu den fiskalischen Hilfsgeschäften. Dies zeigt, dass der Fachterminus nicht notwendig die Wichtigkeit der Geschäfte widerspiegelt. Innerhalb der zivilrechtlichen Erwerbung ist der Kauf das dominierende Rechtsgeschäft bei der Literaturbeschaffung. Denn es handelt sich hier um ein relativ freies Bestandsmanagement. Öffentlich-rechtliche Erwerbungsarten sind vor allem für Archive und Dokumentationszentren von Bedeutung. Bei Bibliotheken kommt eine öffentlich-rechtliche Literaturbeschaffung dann in Betracht, wenn sie eine Annahmestelle für Pflichtexemplare sind. Damit unterscheidet sich die juristische Einteilung von der sonst im Informationswesen üblichen Untergliederung nach monetären Aspekten. Hier wird häufig zwischen berechneter Erwerbungsart (Kauf) und nicht berechneter Erwerbungsart (Geschenk, Tausch, Pflicht) unterschieden. Für das Sonderthema „Erwerbung von Nachlässen“ wird auf die Empfehlungen der DBV-AG „Handschriften und alte Drucke“ verwiesen.[1]

5.1 Regelmäßig einschlägige Grundprinzipien des Zivilrechts

Die Zivilrechtsordnungen in Deutschland, Österreich und der Schweiz gehen von der Privatautonomie und damit von der Vertragsfreiheit aus. Privatautonomie „ist die Freiheit des Einzelnen, seine privaten Rechtsbeziehungen eigenverantwortlich und frei zu gestalten.“[2] Zu den wichtigsten Ausprägungen der Privatautonomie im Zivilrecht gehört die Vertragsfreiheit. Sie ist in § 311 BGB festgeschrieben. Die Vertragsfreiheit umfasst die Komponenten Abschlussfreiheit sowie Gestaltungs- und Inhaltsfreiheit. Die Abschlussfreiheit gewährt jedem Anbieter die Freiheit, ob überhaupt ein

1 Empfehlungen der DBV-AG „Handschriften und alte Drucke“ zur Erwerbung von Nachlässen: http://www.bibliotheksverband.de/fileadmin/user_upload/Arbeitsgruppen/AG_HAD/Empfehlungen_dbv-AG-HAD_Erwerbung_von_Nachlaessen.pdf, zuletzt aufgerufen am 01.09.2019.
2 Rüthers; Stadtler: BGB AT, § 2 Rn 2.

https://doi.org/10.1515/9783110640380-007

Vertrag abgeschlossen werden soll. Weiterhin erstreckt sich die Abschlussfreiheit auf das Recht, den Vertragspartner auszusuchen, mit dem ein Vertragsabschluss erfolgen soll. Dagegen regelt die Gestaltungs- und Inhaltsfreiheit, was die Parteien versprechen. Die Abschlussfreiheit ist die Grundregel. Ausnahmsweise kann sie gem. § 663 i.V.m. § 826 BGB durch einen Kontrahierungszwang, also die Pflicht eines Vertragspartners zum Vertragsabschluss, durchbrochen werden. Hier muss der Antragsempfänger den Antrag des Antragsstellers zu den sonst üblichen Konditionen annehmen. Solche Fälle treten ein, wenn der Antragsempfänger eine Monopolstellung oder eine Quasi-Monopolstellung innehat. Ebenfalls einem Kontrahierungszwang unterliegt, wer sich öffentlich zu einer Leistung erboten hat oder zu einer Leistung öffentlich bestellt wurde. Eine solche Ausnahmelage ist auch nur dann gegeben, wenn marktbeherrschende Unternehmen nicht mehr anders kontrolliert werden können und es sich um ein wichtiges Gut handelt. Informationen und deren Trägerformen sind in der heutigen Gesellschaft unentbehrlich. Daher ist der Zugang zu Informationen und deren Trägerformen ein solch wichtiges Gut und soweit als Ausnahme geeignet. Um das Regel-Ausnahme-Prinzip jedoch nicht leer laufen zu lassen, ist bei der Analyse, ob es sich um ein wichtiges Gut handelt, zusätzlich die Art der jeweiligen Information zu berücksichtigen. Ferner gilt, dass lediglich ein einseitig zu hoch empfundener Preis noch kein Grund ist, den Missbrauch einer marktbeherrschenden Stellung zu bejahen.

Beispiel: Die naturwissenschaftlich ausgerichtete Verlagsgruppe V bietet eine Datenbank an, die in Qualität und Quantität für Chemiker eine weltweit einmalige Forschungsgrundlage ist. Daneben bietet Verlagsgruppe V noch eine Fachzeitschrift für Kristallchemie an, die aber nach Meinung vieler Chemiker mit anderen Zeitschriften austauschbar ist. Erwerbungsbibliothekarin E bestellt eine Nutzungslizenz für die Datenbank und stellt einen Abonnementantrag für die Fachzeitschrift. Chefredakteur C, der sich immer noch über einen Kongressbeitrag der E ärgert, in dem er und sein Verlagshaus massiv beschimpft wurden, lehnt beide Anträge ab.
Lösungsskizze: Hinsichtlich der Datenbank hat die Einrichtung, der die Bibliothek der E angehört, eine Chance auf Erfolg, wenn sie auf Abschluss eines Lizenzvertrags zu den allgemeinen Konditionen klagt. In Bezug auf das gewollte Zeitschriftenabonnement bleibt es beim Grundsatz der Vertragsfreiheit, da kein Ausnahmefall für einen Kontrahierungszwang ersichtlich ist.

Anzumerken ist, dass das Erzwingen eines Vertragsabschlusses, weil ein Kontrahierungszwang auf Grund einer monopolähnlichen Stellung vorliegt, ein sehr langwieriges, aufwendiges und teures Verfahren ist. Auf den Unterhaltsträger U der Bibliothek der E käme im Falle einer Klage ein erhebliches Prozesskostenrisiko zu. Alternativ bliebe eine Beschwerde wegen Monopolmissbrauchs an das Kartellamt. Auch dieser Weg ist für U nicht völlig risikolos. Kommt die Untersuchung zu dem Ergebnis, dass kein Monopolmissbrauch vorliegt, hat V die Möglichkeit, gegen den Unterhaltsträger U wegen seiner Behauptung vorzugehen. Anspruchsgrundlage für die V wäre dann hier der Eingriff in den eingerichteten und ausgeübten Gewerbebetrieb gem. § 823 Abs. 1 BGB. Risikoreiche Aktionen dieser Art sind in jedem Fall mit dem Unterhaltsträger der Einrichtung abzuklären. Bei den oben genannten kartellrechtlichen Ausführungen zu den Ausnahmen von der Abschlussfreiheit handelt es sich lediglich um ein grobes Anschneiden eines juristischen Spezialthemas, für welches eine Kontaktaufnahme mit dem jeweiligen Berufsverband und den auf Kartellrecht spezialisierten Juristen angeraten wird.

Die Inhaltsfreiheit gibt den Vertragsparteien grundsätzlich das Recht, die Vereinbarung inhaltlich frei auszugestalten. Einschränkend gibt es jedoch eine ganze Reihe von Normen, die Ausnahmen von der Inhaltsfreiheit vorsehen. In der Regel erfolgt dies, um den vermutlich schwächeren Vertragspartner zu schützen. Eine Ausprägung der Einschränkungen sind die Regelungen für die allgemeinen Geschäftsbedingungen. Die Inhaltsfreiheit führt dazu, dass drei Arten von Verträgen entstehen können: typische, gemischte und atypische Verträge. Typische Verträge behandeln Sachverhalte, die im Alltag sehr häufig vorkommen, und sind daher ausdrücklich im Gesetz geregelt. Gemischte Verträge hingegen sind aus mehreren verschiedenen gesetzlichen Regelungstypen zusammengesetzt. Atypische Verträge sind im Gesetz nicht ausdrücklich geregelt. Sie werden auch Verträge eigener Art (sui generis) genannt. Sie folgen aber den allgemeinen Grundprinzipien, wie sie im allgemeinen Teil des bürgerlichen Rechts und im allgemeinen Teil des Schuldrechts für eine offene Anzahl und Art von Verträgen definiert wurden. Ein Beispiel für einen atypischen Vertrag ist der Archivvertrag. Die Rechtslage in Österreich entspricht in weiten Teilen derjenigen in Deutschland. Auch im schweizer Recht kennt man den Typus eines gesetzlich nicht ausdrücklich geregelten Vertrags. Er wird hier Innominatvertrag geannt und beinhaltet alle Verträge, die weder im besonderen Teil des Obligationenrechts (OR Art. 184–551) noch in einem Spezialgesetz geregelt sind.

Im deutschen Recht besteht in den meisten Fällen Formfreiheit. Dies ist die Freiheit, Verträge ohne Einhaltung einer bestimmten Form, z.B. schriftlich, zu schließen.[3] Eine ausdrückliche gesetzliche Regelung gibt es im deutschen Recht nicht.[4] Diese Regel ist von zahlreichen gesetzlichen Geboten durchbrochen. Auch sonst empfiehlt es sich, zu Beweiszwecken Verträge und Abreden schriftlich zu vereinbaren oder zumindest das Ergebnis schriftlich mit Erhalt an beide Seiten zu protokollieren. Dagegen kennen sowohl das schweizerische Obligationenrecht mit Art. 11 OR und in Österreich § 883 österreichisches ABGB sowie zahlreiche andere europäische Rechtsordnungen nur die ausdrückliche Erwähnung, welche Rechtsgeschäfte formfrei geschlossen werden können. Privatrechtliche Rechtsgeschäfte sind nach deutschem Recht grundsätzlich formfrei. Für Sonderfälle sind die gesetzliche Schriftform gem. § 126 BGB, die notarielle Beurkundung nach § 128 BGB und die öffentliche Beglaubigung gem. § 129 BGB vorgeschrieben. Auch ein elektronisches Dokument, das eine elektronische Signatur i.S.v. § 126a BGB besitzt, genügt der gesetzlichen Schriftform, sofern dies nicht ausdrücklich ausgeschlossen ist.[3]

---

3 Näher zu den notwendigen Voraussetzungen einer elektronischen Signatur insbesondere Art. 32 f. VO (EU) Nr. 910/2014 des Europäischen Parlaments und des Rates vom 23.07.2014 über elektronische Identifizierung und Vertrauensdienste für elektronische Transaktionen im Binnenmarkt und zur Aufhebeung der Richtlinie 1999/93/EG.

Viel häufiger kommt es vor, dass zwischen beiden Parteien Formerfordernisse vereinbart werden. Beispielsweise können die Parteien ein Schriftformerfordernis für Änderungen vereinbaren. Bei privat vereinbarten Formerfordernissen steht der Wunsch nach Sicherheit durch Beweisbarkeit im Vordergrund. Die Formerfordernisse nach §§ 126 ff. BGB gehen in ihrer Bedeutung über das Privatrecht hinaus. Das öffentliche Recht nimmt stellenweise auf sie Bezug. Eine weitere häufig verwendete Form ist das Erfordernis der Unterschrift. Hier fordert die Rechtsprechung im besten Wortsinne für eine Beweisfunktion, dass die Unterschrift unter der Schrift steht. Denn der Unterschrift kommt eine Abschlussfunktion zu.

Beispiel: Die Bibliothek C fordert ihre Kunden auf, Ausleihquittungen zu unterschreiben, um so eine Anerkenntnis der ausgeliehenen Bücher zu erhalten. Weil es auf dem Ausdruck geschickt zu platzieren ist, soll die Unterschrift in der obersten Zeile auf dem Papier erfolgen. Hier beweist die Unterschrift oder richtiger, die Zeichnung des Namens überhalb des Textes lediglich, dass der Zeichnende das Papier einmal in der Hand gehabt hatte. Es ist kein Beleg für die Vollständigkeit und Richtigkeit der für die Ausleihe ausgewiesenen Bücher. Begründet wird diese Sichtweise damit, dass der Beleg am Ende d.h. unten „offen" ist und relativ einfach um weitere Positionen ergänzt werden kann.

Wird gegen die Form verstoßen, kommen je nach Wichtigkeit zwei Folgen in Betracht: Die Handlung ist nichtig oder das Geschäft ist durch eine sogenannte Heilung durch Vollzug der Handlung dennoch gültig.

5.2 Zivilrechtliche Fallprüfungen

Bei der Menge der Vorschriften ist es schwierig, den Überblick zu behalten. Daher wurden systematische Vorgehensweisen entwickelt, um die Antworten auf die rechtlichen Fragen zu finden. Im Zivilrecht lautet die allgemeine Leitfrage: Wer will was von wem woraus? Etwas modifiziert gilt diese Frage auch für das öffentliche Recht. Ziel ist es daher, eine Vorschrift zu finden, die von einem subjektiven Recht ausgeht und in der möglichen Rechtsfolge das gewünschte Ziel generell erreichen kann. Eine solche Norm nennt man Anspruch. Die Legaldefinition des Anspruchs findet sich in § 194 BGB. Bei den subjektiven Rechten wird unterschieden, ob der Anspruch nur gegen Einzelne (relatives Recht) oder gegen alle (absolutes Recht) besteht. Ein Beispiel für ein relatives Recht ist das Fordernkönnen eines bestellten Buches. Denn diese Handlung kann nur vom Vertragspartner, nicht aber von Jedermann verlangt werden. Dagegen hat der Urheber eines Manuskripts gegen alle einen Anspruch darauf, dass sein Werk nicht ohne seine Zustimmung veröffentlicht wird. Im Zivilrecht hat sich ferner eine Prüfungsreihe als üblich und bewährt herausgebildet. Sie berücksichtigt, dass Ansprüche mit einem höheren Rang Ansprüche mit niederem Rang beeinflussen können und damit eine effiziente Prüfung ermöglichen.

Anspruchsgrundlagen sind:
1. Vertragliche Ansprüche;
2. Vertragsähnliche Ansprüche, z.B. vorvertragliche Haftung;
3. Geschäftsführung ohne Auftrag (GoA) – eine berechtigte GoA kann einen Rechtfertigungsgrund darstellen, der Ansprüche ausschließt;
4. Dingliche Ansprüche. Hierzu gehören beispielsweise Ansprüche aus dem Eigentümer-Besitzer-Verhältnis §§ 985 ff. BGB;
5. Ansprüche aus ungerechtfertigter Bereicherung;
6. Deliktische Ansprüche, z.B. §§ 823 ff. BGB.

Ferner werden primäre Vertragsansprüche vor sekundären Vertragsansprüchen geprüft. Primäre Vertragsansprüche sind solche, die das unmittelbar vom Vertrag Gewollte zum Gegenstand haben. Dagegen sind sekundäre Vertragsansprüche auf das Beseitigen von Folgen von Vertragsstörungen gerichtet. Sie erfordern einen zumindest anfänglich wirksamen Vertrag.

5.3 Darlegungslast und Beweisbarkeit

Recht zu haben, genügt alleine nicht. Um sein Recht durchsetzen zu können, müssen die eigenen Positionen auf Nachfrage bewiesen werden können. Generell gilt im Zivilrecht, dass jeder die von ihm dargelegte Position zu beweisen hat, wenn es zu entsprechenden Nachfragen vor Gericht kommt. Unter einer Darlegung im juristischen Sinne ist ein substanzielles Ausführen von Tatsachen zu verstehen. Hierzu gehören konkrete Angaben, die nachvollziehbar sind, z.B. Nennung von Zahlen, Orten oder Personen. Abzugrenzen ist eine substantiierte Darlegung von blanken Behauptungen. Solche haben lediglich kommunikationspsychologische, nicht aber juristische Bedeutung. Die Beweiserfordernisse stellen daher die Mindestanforderungen an die Dokumentation des geschäftlichen Verkehrs. Weitere Nachweispflichten kommen durch die Anforderungen der Finanzbehörden (Finanzamt, Rechnungshof) hinzu. Die Beweiserfordernisse können sich auf folgende Punkte beziehen bzw. die Regelung dieser Punkte erlangen:
- Formale Kriterien, z.B. Verwendungspflicht bestimmter Formulare;
- Haltbarkeit der Trägermedien, z.B. keine Verwendung von Thermopapier;
- Aufbewahrungsort, z.B. feuerfester Schrank;
- Organisation der Rahmenbedingungen, z.B. Zugangskontrollen;
- Innere Organisation/Ordnung, z.B. Gewährleistung der Wiederauffindbarkeit durch Aufstellungs- bzw. Ablagesystematik.

Die aus gesetzlichen bzw. aus Beweisbarkeitsgründen aufgestellten Anforderungen sind die gesetzlichen Grundlagen für die Existenz von Archiven und verwandten Informationseinrichtungen. Hierzu gehören beispielsweise die Dokumentationspflichten nach dem Handelsgesetzbuch. Beim Sammeln von Beweisstücken ist streng auf die rechtlichen Einschränkungen z.B. des Datenschutzes zu achten. Das rechtswidrige Sammeln von Beweisstücken kann zu Beweisverwertungsverboten vor Gericht und später zu rechtlichen Schritten gegen den Datensammler führen. Darüber hinaus treffen Vorwürfe einer unrechtmäßigen Datenspeicherung eine Informationseinrichtung in ihrer Kernkompetenz.

Eine Erleichterung der Beweisführung ist der Anscheinsbeweis. Dabei handelt es sich um eine Beweisvermutung. Er ist gegeben, wenn in typischen Lebenssachverhalten durch ständige Erfahrungswerte ein bestimmter Geschehensablauf vermutet werden kann. Grundsätzlich wird ein Vollbeweis verlangt. Wann ein Anscheinsbeweis genügt, ist der einschlägigen Literatur zu entnehmen. Der Anscheinsbeweis kann erschüttert werden, indem der Kontrahent nachweist, dass Umstände vorliegen, die gegen den typischen Geschehensablauf sprechen. Um vor Gericht plausibel machen zu können, dass ein typischer Fall vorliegt oder nicht, sind Kenntnisse aus der Praxis gefragt. Sind Vorgänge im Informationswesen betroffen, so ist hier für das Gericht eine verständliche und nachvollziehbare Beschreibung der Geschäftsprozesse zu erbringen.

5.4 Allgemeines Vertragsrecht

Grundlage für ein Rechtsgeschäft und damit Grundlage für das gesamte Zivilrecht ist die Willenserklärung. Eine Willenserklärung besteht aus einer objektiven und einer subjektiven Komponente. Objektiv muss eine Willensäußerung als tatsächliche Erklärung erfolgen. In subjektiver Hinsicht ist ein Geschäftsbindungswille, bestehend aus dem Handlungswillen und dem Erklärungsbewusstsein, erforderlich. Ziel einer Willenserklärung ist es, eine Rechtsfolge herbeizuführen. Dabei treffen die Darlegungs- und Beweislast denjenigen, der sich darauf beruft, eine bestimmte Willenserklärung abzugeben, die auf die Setzung einer Rechtsfolge gerichtet ist. Ferner hat er die Darlegungs- und Beweislast für den Zugang der Erklärung.

Nach den §§ 145 ff. BGB kommt ein Vertrag durch Antrag und Annahme zustande. Ein Antrag ist die erste Willenserklärung. Sie beinhaltet, einen Vertrag bestimmten Inhalts mit dem Antragsadressaten schließen zu wollen.[4] Die Annahme ist in zeitlicher Reihenfolge die zweite Willenserklärung. Voraussetzung für eine Annahme ist die inhaltliche Übereinstimmung mit der Antragserklärung. Liegt auch nur ein kleines Abweichen von der Antragserklärung vor, so gilt die Änderung als Ablehnung des Antrags, verbunden mit einem neuen Antrag gem. § 150 Abs. 2 BGB.

4 Medicus; Petersen: Grundwissen zum Bürgerlichen Recht, § 5 Rn 53.

Beispiel für ein neues Angebot: Lieferant A bietet einen Verbuchungsarbeitsplatz für 700 Euro an. Bei Einhaltung eines Zahlungsziels von 14 Tagen nach Rechnungsdatum will er zwei Prozent Skonto gewähren. Bibliotheksleiter B erklärt sich mit dem Kaufpreis einverstanden, will aber bei Einhaltung des Zahlungsziels ein Skonto von drei Prozent. Die Abänderung eines Angebots ist die Abgabe eines neuen Angebots.

Willenserklärungen können in verschiedenen Formen abgegeben werden: durch mündliche Äußerung, schlüssiges (konkludentes) Handeln oder eine schriftliche Nachricht. Grundsätzlich sind alle drei Formen der Willensabgabe gültig. Da es bei der Sachverhaltsarbeit nur auf die Tatsachen ankommt, ist relevant, ob Verhaltensweisen vorliegen, die auf ein Angebot schließen lassen und ob bzw. wie darauf reagiert wurde. Daher sind alle Verhaltensweisen, die auf die Abgabe einer Willenserklärung schließen lassen, aufzulisten, um später nicht einen wichtigen Umstand übersehen zu haben. Die freie Willenserklärung ist einer der fundamentalen Grundbausteine des liberalen Zivilrechts. Daher ist ihr bei der Aufarbeitung des Sachverhalts besondere Aufmerksamkeit zu widmen. Als Wirksamkeitsvoraussetzung einer rechtswirksamen Willenserklärung bedarf es der Geschäftsfähigkeit oder einer wirksamen gesetzlichen Stellvertretung. Vor Vollendung des 7. Lebensjahres sind Menschen geschäftsunfähig. Für sie handeln ihre Eltern als gesetzliche Vertreter. Wer hingegen das 7. Lebensjahr, nicht aber das 18. Lebensjahr vollendet hat, ist beschränkt geschäftsfähig. Verschafft ihm sein Handeln einen rechtlichen Vorteil oder ist dieser wenigstens neutral zu werten, so ist das Geschäft insoweit gültig. Hinsichtlich des Vorteils wird nur auf rechtliche Aspekte, nicht aber auf wirtschaftliche abgestellt. Bei rechtlich nicht nur vorteilhaften Geschäften ist die Erklärung des beschränkt Geschäftsfähigen bis zur Genehmigung durch den gesetzlichen Vertreter schwebend unwirksam. Bei der Zulassung als Kunde einer Bibliothek können Gebühren, z.B. wegen der Vormerkung eines Buches, entstehen. Daher ist hier die Einwilligung des gesetzlichen Vertreters bei beschränkt Geschäftsfähigen erforderlich.

Der einfachste Fall des Vertragsschlusses, bei dem beide Parteien ihre Willenserklärungen persönlich abgeben, ist im Informationswesen selten. Ganz überwiegend handeln zumindest auf der Seite der Bibliothek Vertrauenspersonen der Vertragspartei. Die Erklärungswirkungen, die von diesen Vertrauenspersonen abgegeben werden, müssen sich die Parteien als eigene zurechnen. Die Voraussetzung und der Umfang des Handelns für einen anderen sind in den §§ 164 ff. BGB geregelt. Dabei wird zwischen dem Boten und dem Stellvertreter (kurz: Vertreter) unterschieden. Der Bote übermittelt oder empfängt nur Erklärungen für eine andere Person.[5] Er hat von seinem Auftraggeber keine eigene Handlungsvollmacht erhalten und ist daher der reine Überbringer der Nachricht. Dagegen hat der Vertreter eine Handlungsvollmacht. Er hat einen Entscheidungsspielraum und gibt daher eine eigene Erklärung mit Wirkung für den Vertretenen ab. Ein Beispiel für einen Vertreter ist der mit geschäft-

5 Creifelds: Schlagwort: Bote.

lichen Vollmachten ausgestattete Bibliotheksleiter, der eine Zeitschrift abonniert. Die Vertretungen können durch Untervertretungen gestaffelt sein.

Damit die Annahme eines Angebots wirksam ist, sind bestimmte Voraussetzungen einzuhalten. So hat die Annahme gem. §§ 146 ff. BGB rechtzeitig zu erfolgen. Unter Anwesenden bedeutet dies sofort, unter Abwesenden gilt eine erwartungsgerechte Zeitspanne, sofern nichts Anderes vereinbart ist, § 147 Abs. 2 BGB. Aus Gründen der Klarheit empfiehlt es sich, bei Angeboten grundsätzlich eine Bindungsfrist anzugeben. Diese ist gem. § 148 BGB vorrangig zu berücksichtigen. Entscheidend für die Bindung ist nicht das Absenden der Annahmeerklärung, sondern der Zugang.

Beispiel: Verlag A betreibt eine Datenbank. A bietet der Bibliotheksleiterin B eine Lizenz für ein Jahr zum Sonderpreis von 1.000 Euro an. Das Angebot erfolgt durch ein Schreiben unter Fristsetzung bis zum 30.11.2018. Da sich B auf einen Kongress vorbereitet und anschließend in den Urlaub fährt, öffnet sie das Schreiben erst am 17.12.2018 und verfasst ein Schreiben, mit dem sie die Annahme zum Jahrespreis von 1.000 Euro erklärt. A ist jetzt nur noch zu einem Jahrespreis von 2.000 Euro einverstanden. Kann B den Bezug der Datenbank verlangen, wenn sie bereit ist, nur 1.000 Euro zu bezahlen?
Lösungsskizze: Zwischen A und B ist kein Vertrag zu Stande gekommen. Angebot und Annahme stimmen nicht überein. A war nur bis zum 30.11.2018 an das Angebot gebunden. Die verfristete, vermeintliche Annahme durch B ist rechtlich die Abgabe eines neuen Angebots über eine Abonnierung der Datenbank zu einem Jahrespreis von 1.000 Euro gerichtet an A. Es gehört zu den Obliegenheiten der B, z.B. durch Vertretungsregelungen, solche Fristen nicht zu versäumen.

Auch eine per Computer über das Internet eingegebene Erklärung, z.B. durch E-Mail oder Mausklick, ist eine Willenserklärung.[6] Weitere Voraussetzung für das Wirksamwerden eines Vertrages ist, dass das Angebot und die Annahme einander entsprechen.

Beispiel: A bietet der B eine Datenbanklizenz für 1.000 Euro Jahrespreis an. Erfolgt die Zahlung innerhalb von zehn Tagen nach Rechnungsdatum, so erhält die B ein Skonto von zwei Prozent. B will das Angebot annehmen und schickt das Bestellformular sofort unterschrieben zurück. Zuvor hat sie die zwei Prozent in drei Prozent handschriftlich korrigiert.
Lösungsskizze: Zwischen A und B ist kein wirksamer Vertrag zu Stande gekommen, da sich die Willenserklärungen nicht völlig decken. Die Vertretungsmacht kann durch Rechtsgeschäft oder durch Gesetz erfolgen.

Eine rechtsgeschäftliche Erteilung der Vertretungsmacht erfolgt durch eine einseitige Bestimmung des Vertretenen gegenüber dem Vertreter oder einer anderen Person. Gesetzliche Vertretungsmacht kraft Organschaft besitzt beispielsweise der Vorstand einer Stiftung (§ 86 S. 1 i.V.m. § 26 Abs. 1 S. 2 BGB) oder der Rektor einer Hochschule. Ein Rechtsgeschäft kann auch unter einer Bedingung gem. §§ 158 ff. BGB erfolgen. Dabei ist das Rechtsgeschäft von einem künftigen, ungewissen Ereignis abhängig.

6 BGH, NJW 2002, 363 (ricardo.de).

Möglich ist eine aufschiebende Bedingung gem. § 158 Abs. 1 BGB, mit Bedingungseintritt wird das Rechtsgeschäft mit Wirkung für die Zukunft wirksam.

Beispiel für einen Vertrag unter aufschiebender Bedingung: Bibliothekar B möchte eine Datenbank erwerben. Da eine Preiserhöhung droht, hofft er, dass ihm noch rechtzeitig Sondermittel bewilligt werden. Gleichzeitig möchte er über den Jahreswechsel in den Urlaub fahren. Daher vereinbart er mit dem Verlagsvertreter, dass das Geschäft zum alten Preis zu Stande kommt, wenn er im alten Jahr noch die Fördermittel in gewünschter Höhe erhält.

Bei der auflösenden Bedingung verliert das Rechtsgeschäft gem. § 158 Abs. 2 BGB mit dem Bedingungseintritt seine Wirksamkeit. Zu den besonders geregelten Vertragsbedingungen gehört auch die Befristung nach § 163 BGB. Hier wird die Wirksamkeit eines Rechtsgeschäfts von einem zukünftigen, gewissen Ereignis abhängig gemacht. Rechtsgeschäfte können nicht nur geschlossen, sondern auch wieder aufgelöst werden. Werden sich beide Vertragspartner nicht einig, so stellt das Gesetz die Werkzeuge zur Verfügung, um eine Entscheidung herbeizuführen. Neben dem Widerruf, der Rückgängigmachung der Erklärung, kommt hier eine Anfechtung der abgegebenen Willenserklärung in Betracht. Die Anfechtung ist in §§ 119 ff. BGB geregelt. Voraussetzung sind das Vorliegen eines Anfechtungsgrundes, das Einhalten der Anfechtungsfrist und die Abgabe einer Anfechtungserklärung. Das Fristerfordernis führt dazu, dass häufig eine Anfechtung nicht mehr möglich ist. Sind keine Rechte Dritter oder öffentlich-rechtliche Belange betroffen, so steht es den Beteiligten frei, einen Aufhebungsvertrag zu schließen.

Im deutschen Recht gilt das Trennungsprinzip. Dieses besagt, dass das Verpflichtungsgeschäft und das Erfüllungsgeschäft unabhängig voneinander betrachtet werden und fehlerhafte Entwicklungen nur das jeweilige Rechtsgeschäft betreffen. Das Verpflichtungsgeschäft (= schuldrechtliches Rechtsgeschäft) ist ein Rechtsgeschäft, bei dem sich die Vertragsparteien zu den vereinbarten Leistungen verpflichten. Dagegen versteht man unter dem Erfüllungsgeschäft (= sachenrechtliches Rechtsgeschäft) das Rechtsgeschäft, bei dem die Vertragsparteien ihren Leistungsversprechen nachkommen.

Ein Schuldverhältnis ist regelmäßig mit der Erfüllung der Pflichten gem. § 362 BGB beendet und erlischt. Ebenfalls führen sogenannte Erfüllungssurrogate zum Erlöschen des Schuldverhältnisses. Hierzu gehören beispielsweise die Aufrechnung gem. § 387 ff. BGB und der Erlass gem. § 397 BGB. Ein Schuldverhältnis endet ebenfalls, wenn eine Leistungspflicht gem. § 275 BGB ausgeschlossen, weil unmöglich ist. Dabei unterscheidet der Gesetzgeber, welche Gründe das Schuldverhältnis entfallen lassen und welche Gründe nur die Durchsetzungsfähigkeit hindern, den Anspruch an sich aber bestehen lassen.

Beispiel für Erfüllung: Der Bibliothekar bezahlt den Kaufpreis.

Beispiel für einen Erlass als ein Erfüllungssurrogat: Dem Bibliothekskunden werden Mahngebühren erlassen.

Um in einem Schuldverhältnis der leistungsbereiten Partei Sicherheit zu bieten, hat der Gesetzgeber mit §§ 273 f. BGB und § 320 BGB Leistungsverweigerungsrechte geschaffen. Diese stehen dem Schuldner zu, damit er sichergehen kann, dass er vom Gläubiger ebenfalls seine Leistung erhält.

5.5 Schadensersatz

In diesem Buch ist an mehreren Stellen von Schadensersatz die Rede. Die abstrahierte Grundkonstellation findet sich in § 280 Abs. 1 BGB. Um einen Schadensersatz zu begründen, müssen demnach drei Voraussetzungen gegeben sein:

1. Bestehen eines Schuldverhältnisses, unabhängig davon, ob dieses rechtsgeschäftlich oder durch Gesetz entsteht.
2. Es muss eine Pflichtverletzung vorliegen.
3. Schließlich muss der Schuldner diese Pflichtverletzung zu vertreten haben. In Betracht kommt die Haftung für die Zurechnung des eigenen Verschuldens. In Organisationseinheiten ist zudem eine Zurechnung für fremdes Verschulden gem. § 278 BGB möglich. Zu beachten ist die Beweislastumkehr in § 280 Abs. 1 S. 2 BGB.

5.6 Frist

Eine Frist ist ein bestimmter Zeitraum, der durch festgelegte Zeitpunkte oder Ereignisse begrenzt wird. Charakteristisches Merkmal der Frist ist das Eintreten einer Rechtsfolge am Ende des Zeitraums. Im Regelfall werden Fristen nur nach vollen Tagen berechnet. Die Berechnung der Frist erfolgt nach §§ 187 f. BGB. Ist der Anfang der Frist ein bestimmtes Ereignis oder ein bestimmter Zeitpunkt des Tages, richtet sich der Beginn der Frist nach § 187 Abs. 1 BGB. Dabei wird der Ereignistag nicht mitgerechnet. Um was für einen Tag (Werktag oder Feiertag) es sich handelt, ist dabei nicht relevant. Ist hingegen der Beginn des Tages der maßgebliche Zeitpunkt, erfolgt der Fristbeginn zum Beginn des Tages. Ebenfalls ist nicht relevant, um was für eine Art des Tages es sich handelt. Das Fristende bestimmt sich nach § 188 BGB. Dabei gilt gem. § 188 Abs. 1 BGB der Grundsatz, dass eine nach Tagen gerechnete Frist mit dem Ablauf des letzten Tages der Frist (24.00 Uhr) endet. § 188 Abs. 2 HS 1 gilt für Fristen gem. § 187 Abs. 1 BGB. Ferner gilt § 188 Abs. 2 HS 2 für Fristen nach § 187 Abs. 2 BGB. Die Fristenberechnung gilt nicht nur für das Zivilrecht, sondern gem. § 31 BVwVfG bzw. den entsprechenden LVwVfG. Das gleiche Prinzip, das ergänzend zu den Regelungen des BGBs auch im Verwaltungsrecht subsidiär Anwendung findet, ist weit verbreitet. Um sicherzugehen, dass diese Annahme bei der konkreten Norm auch zutrifft, empfiehlt es sich, vorher einen ausführlichen Kommentar z.B. den Palandt[7] zum Bürgerlichen Recht zu Rate zu ziehen. Hinweise dazu finden sich in der Beschreibung der Anwendungsbereiche der jeweiligen Norm. Stellenweise sind die Hinweise auch in den allgemeinen Beschreibungen vor der eigentlichen Norm zu finden.

5.7 Der Kaufvertrag

Die Grundprinzipien, wie ein Vertrag zu Stande kommt, sind unabhängig davon, ob der Vertrag in persönlicher Gegenwart, maschinenschriftlich, fernmündlich oder über das Internet im sog. E-Commerce geschlossen wird. Durch die hohe Abstraktion des Gesetzestextes wird eine universelle Geltung erreicht. Mit dem Abstraktionsprinzip und dem Trennungsprinzip kennt das deutsche Recht internationale Besonderheiten. Entsprechend dem Trennungsprinzip wird zwischen dem Verpflichtungs- und dem Erfüllungsgeschäft unterschieden. Darauf baut das Abstraktionsprinzip auf. Dies besagt, dass Verpflichtungs- und Erfüllungsgeschäft unabhängig voneinander sind. Beide sind gesondert zu prüfen. Bei den problemlos verlaufenden Standardfällen tritt das Trennungsprinzip nicht sichtbar zu Tage. Fallen hingegen Lieferung und Zahlung nicht auf denselben Zeitpunkt oder kommt es zu einer Rückabwicklung, so ist zu beachten, dass der schuldrechtliche Vertrag und der sachenrechtliche Vertrag unterschiedlichen Regeln folgen.

Die in der Praxis am häufigsten verwendete Zugangsart für Literatur ist der Kaufvertrag, geregelt in § 433 BGB. Der Kaufvertrag ist ein gegenseitiger Vertrag zwischen dem Käufer und dem Verkäufer, über einen Vermögensgegenstand gegen Zahlung einer Geldsumme. Notwendige Mindestvoraussetzung für einen Kaufvertrag ist die Einigung von Käufer und Verkäufer über den Kaufgegenstand und den Kaufpreis. Häufig kommen weitere Punkte hinzu. Durch die reine Lieferung unbestellter Bücher kommt kein Kaufvertrag zustande. Dies gilt auch für organisatorische Sonderformen, z.B. eine Standing-Order-Bestellung. Erforderlich ist in jedem Fall eine Annahme des Antrags. Die Annahme kann durch ausdrückliche Erklärung oder durch schlüssiges Handeln erfolgen. Ein Beispiel für schlüssiges Handeln ist das reine Inventarisieren ohne sonstige Verlautbarung. Für einen Unbeteiligten ergibt sich aus dieser Handlung, dass der Bibliothekar das Angebot der gelieferten Bücher angenommen hat, da er diese als der Bibliothek zugehörig kennzeichnet. Es kann ferner gem. § 151 BGB auf den Zugang der Annahmeerklärung verzichtet werden. Nicht verzichtbar ist aber die Annahmeerklärung an sich. Wird auf den Zugang der Erklärung verzichtet, so ergeben sich jedoch Nachweisschwierigkeiten für denjenigen, der sich auf die Annahme einer

---

7 Die Zitierweise in Juristenkreisen erfolgt häufig nach dem Begründer des Werkes, nicht hingegen nach den aktuellen Bearbeitern. Verkürzt wird in Fachkreisen zudem nur von dem prominenten Autor bzw. Begründer gesprochen. Die Frage nach dem „Palandt“ bedeutet in der übersetzten Langform die Frage nach dem Kommentar zum Bürgerlichen Recht, der von Otto Palandt begründet wurde.

Willenserklärung gem. § 151 BGB beruft. Gegenstand eines Kaufes können gem. §§ 433 Abs. 1, 453 BGB Sachen und Rechte sein. Zu den Rechten gehören auch die Immaterialgüterrechte wie die Urheberrechte. Eine bemerkenswerte Unterscheidung wird bei der Bewertung von Software getroffen. So kann Standardsoftware Gegenstand eines Kaufvertrages sein.[8] Standardsoftware sind Computerprogramme, die für eine Vielzahl von Anwendern geschrieben wurden. Dagegen wird eine individuelle Software nach dem Werkvertragsrecht beurteilt.[9] Bei der Herstellung der individuellen Software wird ein Erfolg und nicht nur die Übergabe der Kaufsache geschuldet.

Beim Sachkauf hat der Verkäufer folgende Hauptleistungspflichten:
- Pflicht zur Eigentumsverschaffung;
- Pflicht zur Übergabe;
- Pflicht zur mangelfreien Verschaffung.

Eine Hauptleistungspflicht prägt die Eigenart des Schuldverhältnisses. Sie kennzeichnet den jeweiligen Vertragstyp. Ohne sie gibt es den gewünschten Vertrag nicht. Dagegen dienen Nebenleistungspflichten der Vorbereitung, Durchführung oder Sicherung der Hauptleistungspflicht. Nebenleistungspflichten entstehen durch Vertrag, Gesetz oder werden dem Grundsatz von Treu und Glauben entnommen. Zur Abgrenzung, ob es sich um eine Haupt- oder eine Nebenleistungspflicht handelt, wird die Testfrage gestellt, ob das Geschäft auch ohne die Leistungspflicht noch zu Stande kommen würde. Ist die Pflicht essentiell, so liegt eine Hauptpflicht vor. Entsprechendes gilt für den Rechtskauf. Die zentrale Hauptpflicht des Käufers besteht in der Bezahlung des Kaufpreises gem. § 433 Abs. 2 BGB. Besteht keine besondere Abrede, ist der Kaufpreis mit Abschluss des Vertrages fällig. Dennoch besteht nach dem gesetzlichen Modell keine Vorleistungspflicht des Käufers bei der Kaufpreiszahlung. Ihm steht ein Zurückbehaltungsrecht nach § 320 BGB zu. Dieses bewirkt, dass er erst dann bezahlen muss, wenn er tatsächlich die Ware erhalten hat. Der Kauf auf Probe ist ein Vertrag, der unter der aufschiebenden oder auflösenden Bedingung geschlossen wurde, dass seine Gültigkeit vom Belieben des Käufers abhängig ist, § 454 Abs. 1 S. 1 BGB.

Beispiel: Bibliothekarin B hat auf einer Messe eine neuartige Sitzkombination entdeckt. Sie ist sich nicht sicher, ob diese sich in der Bibliothek bewährt. Daher handelt sie sich im Kaufvertrag eine 14-tägige Probezeit aus.

Lösungsskizze: Im Beispiel wurde der Kauf unter der aufschiebenden Bedingung geschlossen, dass die Käuferin den Kauf bis zum Fristablauf billigt. Ist kein besonderer Grund vereinbart, steht die Billigung in ihrem Belieben. Sie kann daher innerhalb der Frist ohne weitere Angabe von Gründen erklären, dass der Kaufvertrag nicht zu Stande kommen soll und die Sitzkombination zurückgeben.

---

8 BGHZ 110, 130; BGH, DB 2000, 567.

9 BGH, NJW 1987, 1259; OLG Köln, NJW 1988, 2477.

Verträge werden heute nicht nur auf traditionellem Wege, sondern auch mit Einsatz elektronischer Kommunikationsmittel geschlossen. Nach § 312i Abs. 1 BGB liegt ein Kaufvertrag im elektronischen Geschäftsverkehr vor, wenn sich ein Unternehmer zwecks Abschluss eines Vertrages über die Lieferung von Waren eines Telemediendienstes bedient. Der Gesetzgeber hat hier die besondere Vertragsanbahnungs- und Vertragsabschlusssituation gewürdigt. Im elektronischen Geschäftsverkehr kann es zu Eingabefehlern bei den Bestellvorgängen kommen. Um den Kunden hier abzusichern, hat der Gesetzgeber dem Unternehmer besondere Informationspflichten auferlegt. Demnach hat der Unternehmer dem Kunden nach Eingang der Bestellung unverzüglich den Empfang auf elektronischem Wege zu bestätigen. Hier hat der Unternehmer die Möglichkeit, die Empfangsbestätigung gleich mit einer Annahmeerklärung zu verbinden. Ferner hat der Unternehmer technische Mittel zur Verfügung zu stellen, die dem Kunden mögliche Eingabefehler vor Abgabe der Bestellung aufzeigen.

Zu den wichtigen Pflichten, die in jedem Vertrag zu regeln und zu beachten sind, gehört die Frage nach dem Leistungs- bzw. dem Erfolgsort. Die Unterscheidung ist für die Frage von Bedeutung, wen die Nachteile beim Untergang der Sache, z.B. wegen eines Unfalls des Lieferwagens, treffen. Also ob der Verkäufer die Bezahlung der untergegangen Sache verlangen kann, ohne nochmals liefern zu müssen, oder ob er nochmals liefern muss, damit er das Entgelt erhält. Leistungsort ist der Ort, an dem der Schuldner die Leistungshandlung vorzunehmen hat. Ein Beispiel hierfür ist die Bereitstellung eines bestellten Buches. Dagegen ist der Erfüllungsort derjenige Ort, an dem der geschuldete Leistungserfolg eintritt. Der Leistungs- und der Erfolgsort können identisch sein, dies ist aber nicht notwendig. Werden die in Betracht kommenden Möglichkeiten kombiniert, so ergeben sich folgende Konstellationen: Bei der Holschuld sind Leistungs- und Erfolgsort grundsätzlich der Wohnsitz des Schuldners. Das Pendant dazu ist die Bringschuld, bei der der Schuldner die Leistungshandlung am Wohnort des Gläubigers zu erbringen hat. Somit fallen am Wohnsitz des Gläubigers Leistungs- und Erfolgsort zusammen. Bei der Schickschuld hingegen erbringt der Schuldner seine Leistungshandlung am eigenen Wohnort. Dagegen tritt der Leistungserfolg erst am Wohnort des Gläubigers ein. Zu beachten ist, dass es bei der Frage nach dem Leistungs- und dem Erfolgsort nur um die Frage geht, wer das Risiko des Untergangs der gelieferten Sache zu tragen hat. Die Frage, wer die Transportkosten zu tragen hat, ist rechtlich unabhängig vom Tragenmüssen des Untergangsrisikos.

5.8 Gewährleistungsrechte des Käufers

Hat die erhaltene Ware Mängel, so kann der Käufer prüfen, welche Gewährleistungsrechte ihm zustehen. Um möglichst schnell Klarheit zu schaffen, was ein Mangel ist und welche Rechte dem Betroffenen zustehen, ist das Gewährleistungsrecht stark formalisiert. Bei den Gewährleistungsrechten des Käufers unterscheidet das Gesetz die

Fälle, in denen eine Fristsetzung erforderlich ist, von denen, in denen sie entbehrlich ist. Ohne Fristsetzung steht dem Käufer der Anspruch auf Nacherfüllung gem. § 437 Nr. 1 i.V.m. § 439 BGB zu.[10] Der Verkäufer kann wahl- bzw. umstandsweise hierauf mit der Mängelbeseitigung oder einer Nachlieferung reagieren. Dabei ist dem Verkäufer eine realistische Chance auf eine Nachbesserung zu geben. So hat der Käufer dem Verkäufer eine angemessene Frist für die Nachbesserung einzuräumen. Die Kosten für die Nachbesserung hat der Verkäufer zu tragen. Erst wenn der Versuch der Nacherfüllung erfolglos ist, so kann der Käufer zu den Rechten aus § 437 Nr. 2, Nr. 3 BGB übergehen. Ebenfalls ohne Fristsetzung und zusätzlich zum Anspruch auf Nacherfüllung kann der Käufer Schadensersatz neben der Leistung gem. § 280 Abs. 1 BGB fordern. Dieses zusätzliche Recht hat der Käufer, wenn ihm durch die noch nicht korrekt gelieferte Sache ein zusätzlicher Schaden entstanden ist. Damit können Schäden wie Kosten für Überbrückungsmaßnahmen oder ein Gewinnausfall verlangt werden.

Beispiel: Für einen neuen Erweiterungsbau hat Bibliotheksdirektor B der Universitätsbibliothek U eine Selbstverbuchungsanlage mit Montage beim Lieferanten L bestellt. Im Vertrag ist festgehalten, dass die Installation spätestens bis zum 10.04.2019 zu erfolgen hat, da ab dem 16.04.2019 die Bibliothek für den wieder aufgenommenen Vorlesungsbetrieb voll einsatzfähig zur Verfügung stehen muss. Die Anlage wird zwar am 28.03.2019 geliefert, aber erst am 11.05.2019 installiert. Zur Überbrückung hatte B eine zusätzliche studentische Hilfskraft bis zum 11.05.2019 zur Verbuchung beschäftigt. Hier kann B den Ersatz des Arbeitsentgelts für die studentische Hilfskraft von L verlangen.

Liefert der Verkäufer nicht in der vereinbarten Art und Weise und bleibt auch der Versuch der Nacherfüllung erfolglos, so kann der Käufer vom Verkäufer, unter Setzung einer angemessenen Frist zur Nacherfüllung, alternativ weitere Gewährleistungsrechte verlangen.

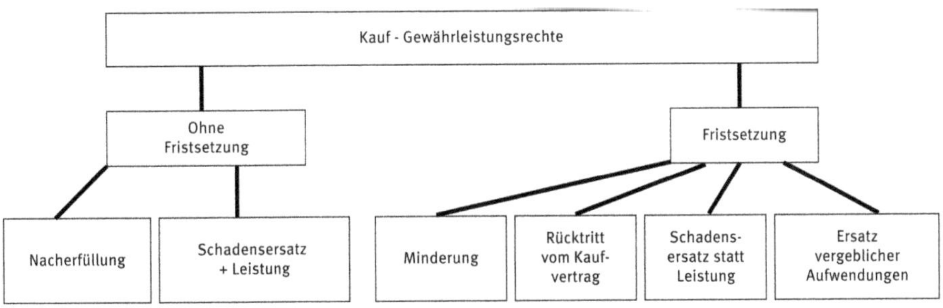

Abb. 7: Gewährleistungsrechte beim Kauf.

So hat der Käufer die Möglichkeit, gem. § 437 Nr. 2 i.V.m. § 441 BGB die Minderung des Kaufpreises zu verlangen. Dabei gilt das Minderungsrecht für alle Mängel, auch

---

10 BGH, Urteil vom 23.02.2005 Az.: VIII ZR 100/04.

solche, die relativ unerheblich sind. Die Höhe der Minderung richtet sich nach Vergleichswerten und Verkehrsüblichkeit. Weiterhin kann der Käufer vom Kaufvertrag zurücktreten, § 437 Nr. 2 i.V.m. §§ 440, 323, 326 Abs. 5 BGB. Voraussetzung ist jedoch ein zweimal erfolgloser Nachbesserungsversuch des Verkäufers, § 440 Abs. 2 BGB, oder dessen endgültige Weigerung, einen Nachbesserungsversuch zu unternehmen. Der Rücktritt vom Kaufvertrag ist jedoch ausgeschlossen, wenn die Pflichtverletzung nach der Verkehrsanschauung unerheblich ist oder der Käufer den Rücktrittsgrund selbst zu verschulden hat, § 323 Abs. 5, Abs. 6 BGB. Ferner kann der Käufer Schadensersatz statt der Leistung verlangen, § 437 Nr. 3 i.V.m. §§ 440, 280, 281, 283, 311a BGB. Hier gibt der Käufer die mangelhafte Sache zurück. Dafür erhält er den Mangelschaden und muss, falls entstanden, den Mangelfolgeschaden ersetzen. Der Mangelschaden ist der Schaden, der an der geschuldeten Leistung in Folge der Mangelhaftigkeit besteht. Dagegen betrifft der Mangelfolgeschaden, die Schäden, die an anderen Rechtsgütern entstanden sind. Enthält beispielsweise ein angeblich säurefreies Klebeband für Reparaturarbeiten an Büchern dennoch Säure, dann betrifft der Mangel den Kauf des Klebebandes. Entstehen durch die Verwendung des mangelhaften Bandes Schäden an Büchern, so können diese über den Mangelfolgeschaden geltend gemacht werden. Schließlich kann der Käufer nach § 437 Nr. 3 i.V.m. § 284 BGB den Ersatz vergeblicher Aufwendungen verlangen. Dies ist dann der Fall, wenn der Käufer im Vertrauen auf den Erhalt der Leistung bereits Aufwendungen gemacht hat und diese auch in einem engem Sachzusammenhang stehen.

Beispiel: In Erwartung der gekauften Buchsicherungsanlage lässt Bibliotheksdirektor D einen kleinen Betonsockel gießen. Außerdem lässt er im Eingangsbereich die Wände streichen, damit alles neu aussieht. Lieferant L hat kein Gerät mehr auf Lager. Außerdem ändert die Geschäftsleitung des L kurzfristig die Produktpalette und steigt aus dem Geschäft mit RFID-Technik aus. Hier kann D nur die Kosten für die Herstellung und die Entfernung des Betonsockels vom Lieferanten verlangen, nicht hingegen die Kosten für den Anstrich der Wände. Denn die Aufwendungen für den Betonsockel lassen sich eindeutig dem Vertrauen in die Erfüllung der Lieferung der RFID-Anlage entnehmen. Dagegen handelt es sich beim Streichen der Wände, um Aufwendungen, die ohnehin angefallen wären. Hier gelingt eine eindeutige Zuordnung der Kosten dem geplanten Ereignis, der Aufstellung der RFID-Anlage, regelmäßig nicht, da die Raumdekoration auch sonst nützlich ist.

Wählt der Käufer den Nacherfüllungsanspruch, stehen ihm zwei Optionen zur Verfügung. Alternativ kann er entweder die Nachlieferung gem. § 439 Abs. 1 BGB oder die Nachbesserung verlangen. Häufigster Fall im Bibliotheksalltag ist die Lieferung eines beschädigten Buches. Hier kann der Bibliothekar bei unfreier Rücksendung die Lieferung eines einwandfreien Buches ohne zusätzliches Entgelt verlangen. An Stelle des Rücktritts hat der Käufer die Möglichkeit der Minderung gem. § 441 BGB i.V.m. § 437 Nr. 2 Fall 2 BGB.

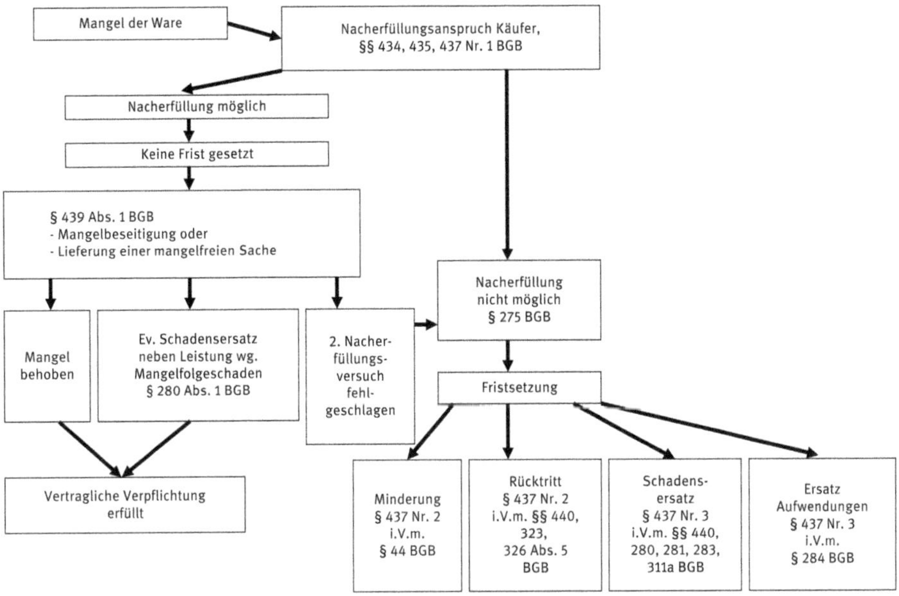

Abb. 8: Gewährleistungsansprüche Sachmangel.

5.9 Verjährung

Um Rechtssicherheit durch Rechtsklarheit zu schaffen, hat der Gesetzgeber entschieden, dass nach einem festgesetzten Zeitablauf den Ansprüchen die Einrede der Verjährung entgegengehalten werden kann. Damit lassen sich die Ansprüche zwar auch weiterhin einfordern. Sie lassen sich aber nicht mehr gerichtlich durchsetzen. Damit sind die Ansprüche wirtschaftlich erheblich weniger wert. Absolute Rechte wie, z.B. das Eigentum, sind keine Ansprüche und können daher auch nicht verjähren. Auch das Urheberrecht als Eigentumsrecht verjährt nicht. Durch eine Wertung des Gesetzgebers erlischt es gem. § 64 UrhG 70 Jahre nach Tod des Urhebers. Die allgemeinen Regelungen für die Verjährung ergeben sich aus §§ 121 ff. BGB. Jedoch gibt es viele Spezialregelungen, die den allgemeinen Normen in der Anwendung vorgehen. Für die Mängelansprüche des Käufers gibt es in § 438 BGB Sonderregelungen.

Tabelle 2: Verjährungsfristen.

1 Jahr	2 Jahre	3 Jahre	5 Jahre	30 Jahre
§ 475 Abs. 2 BGB	§ 438 Abs. 1 Nr. 3 BGB	§438 Abs. 3 BGB	§ 438 Abs. 1 Nr. 2 BGB	§ 438 Abs. 1 Nr. 1 BGB
Offene und versteckte Mängel bei beweglichen gebrauchten Sachen verschwiegene	Offene und versteckte Mängel bei beweglichen und unbeweglichen Sachen	Arglistig		
Mängel	Mängel an Bauwerken + Sachen, die üblicherweise mit Bauwerken verbunden werden und den Mangel am Bauwerk verursacht haben	Mängel an einem dinglichen Herausgaberecht eines Dritten oder einem sonstigen in das Grundbuch eingetragenen Recht		
Beginn nach Ablieferung, §438 Abs. 2 BGB	Beginn nach Ablieferung, § 438 Abs. 2 BGB	Beginn Jahresschluss der Anspruchsentstehung, § 199 Abs. 1 BGB	Beginn mit Übergabe, §438 Abs. 2 BGB	Beginn mit Übergabe des Grundstücks, § 438 Abs. 2 BGB

5.10 Verzug

Bei einem zweiseitigen Vertrag, z.B. einem Kaufvertrag, sind beide Parteien Schuldner von Leistungen und gleichzeitig auch Gläubiger. Der Schuldner ist verpflichtet, die Leistung so zu erbringen, dass sie zum Zeitpunkt der Fälligkeit den erwünschten Erfolg herbeiführt. Der Gläubiger ist verpflichtet, die Leistung termingerecht entgegenzunehmen.

Beispiel für die Gläubiger-Schuldner-Beziehung:

Käufer: schuldet Geld, ist Gläubiger für die Übereignung der Ware.
Verkäufer: schuldet die Übereignung der Ware, ist Gläubiger der Geldforderung.
Fälligkeit ist der Zeitpunkt, ab dem der Gläubiger vom Schuldner die geforderte Leistung verlangen kann. (§§ 271, 286 BGB)

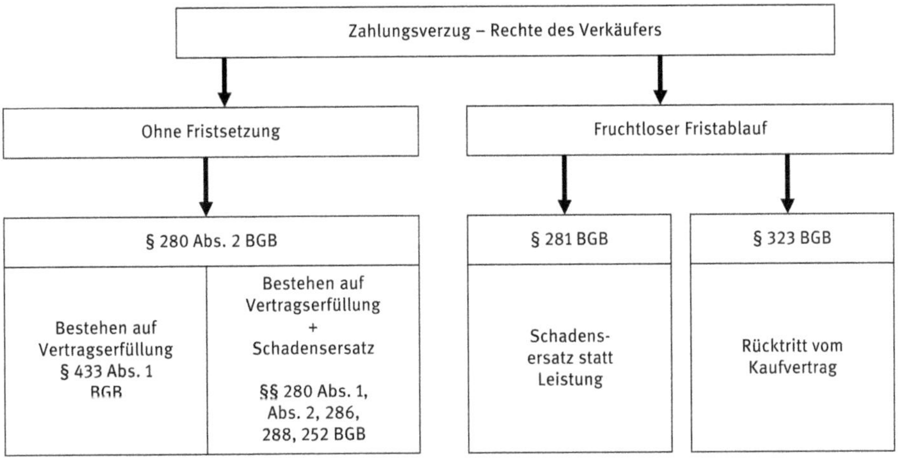

Abb. 9: Zahlungsverzug – Rechte des Verkäufers.

Nicht immer erfolgt die Erbringung der geschuldeten Leistung fristgemäß. In diesen Fällen stellt sich die Frage, was der Gläubiger unternehmen kann, um die von ihm geforderte Leistung zu erhalten. Der Gesetzgeber hat zum Schutz des Gläubigers Rechte, z.B. auf Zahlung eines Zinses, an den Verzug geknüpft. Um von der reinen Verspätung zu einem sanktionierten Verzug im Sinne des Zivilrechts zu kommen, hat der Gesetzgeber den Verzug an bestimmte Voraussetzungen geknüpft. Arbeitstechnisch werden die Fälle unterschieden, bei denen eine Mahnung, also eine Leistungserinnerung erforderlich ist, von denjenigen, bei denen eine Mahnung entbehrlich ist. In letzteren Fällen ist die Dringlichkeit der Leistung so evident, dass keine weitere Handlung erforderlich ist. Es können demnach folgende Fälle der Mahnung gem. § 286 Abs. 1 – Abs. 3 BG unterschieden werden:

1. Fall des § 286 Abs. 1 S. 1 BGB Beispiel: ... ab 3. April ...
   Der Schuldner kommt durch Mahnung in Verzug, nachdem die Fälligkeit eingetreten ist.
2. Fall des § 286 Abs. 2 BGB
   Ohne Mahnung kommt der Schuldner in Verzug, wenn der Zeitpunkt der Fälligkeit der Leistung (d.h. der Zahlung) kalendermäßig bestimmbar ist.
   Beispiel: zahlbar innerhalb von zwei Wochen nach Rechnungsdatum
   ... sich der Leistungszeitpunkt anhand eines der Leistung vorangegangen Ereignisses kalendermäßig bestimmen lässt.
   Beispiel: ... 4 Wochen nach Erhalt der ersten Teillieferung.
3. Fall: Leistungsverweigerung: Ein Verzug liegt auch immer dann vor, wenn der Schuldner seine Leistungsbereitschaft verweigert.

Neben den Standardgründen, die einen Verzug herbeiführen, gibt es gem. § 286 Abs. 3 BGB auch besondere Gründe, die den sofortigen Verzugseintritt rechtfertigen. So kommt der Schuldner spätestens 30 Tage nach Zugang bzw. Fälligkeit der Rechnung in Verzug, wenn der Gläubiger auf eine Mahnung verzichtet hat. Weitere Voraussetzung des Vertretenmüssens des Verzugs ist das Verschulden gem. § 286 Abs. 4 BGB. Verschulden ist Vorsatz oder Fahrlässigkeit. Vorsatz hat derjenige, der wissentlich und willentlich einen Taterfolg herbeiführt. Fahrlässigkeit liegt gem. § 276 Abs. 2 BGB vor, wenn derjenige die aus seinem Handeln resultierende Konsequenz nicht voraussieht oder hofft, dass sie durch sein Handeln nicht eintritt.

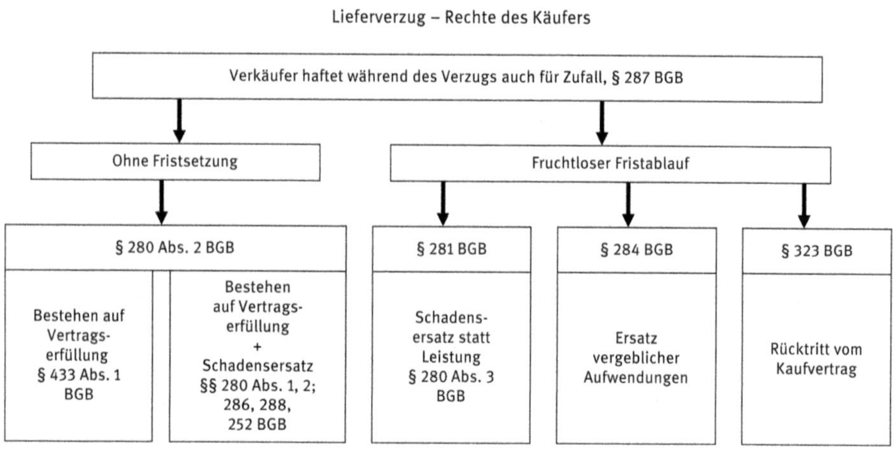

Abb. 10: Lieferverzug.

Die oben dargestellten Folgen und Rechte des Gläubigers beim Lieferverzug sind dessen Möglichkeiten. Von diesen Möglichkeiten kann der Gläubiger Gebrauch machen. Er ist hierzu aber nicht verpflichtet. Für die interne Organisation empfiehlt sich die Ausarbeitung einer Handlungsrichtlinie, welcher Bewertungsspielraum dem jeweiligen Sachbearbeiter zugestanden wird.

Beispiel: Wegen der vom Verlag V bisher gezeigten Kulanz bei Zeitschriftenergänzungen, verzichtet Bibliothekar B seinerseits auf Verzugszinsen, obwohl eine bestimmte Zeitschrift bereits zum vierten Mal in Folge zu spät geliefert wurde.

Häufig gibt es gerade bei Dauerlieferverträgen wie Zeitschriftenabonnements oder Nutzungsrechten an Datenbanken vertragliche Regelungen, wann ein Verzug eintritt und welche vertraglichen Rechte dem Käufer dann zustehen. Ein wichtiges Arbeitsmittel für die Bearbeitung von Verzugsfällen ist eine gute und übersichtliche Dokumentation. Zu den Themen Annahmeverzug als Gläubigerverzug bzw. der Rechte des Verkäufers beim Annahmeverzug des Käufers wird auf ausführliche juristische Literatur zum Schuldrecht verwiesen. Diese Themengebiete sind im Bibliothekswesen in der Praxis weniger relevant.

5.11 Vertragsähnliche Ansprüche

Nicht nur durch den Vertrag selbst, sondern auch im rechtlichen Umfeld eines wenigstens beabsichtigten Vertrags bestehen Sorgfaltspflichten, die bei Verstoß Ansprüche auslösen können. Die positive Vertragsverletzung (pVV) ist in den §§ 241 Abs. 2, 280 BGB geregelt. Die positive Vertragsverletzung greift ein, wenn der Schuldner in einem bestehenden Schuldverhältnis ohne Einhaltung seiner Sorgfaltspflicht entweder seine Nebenpflichten verletzt, sich vertragswidrig verhält oder es unterlässt, notwendige Informationen zu geben.

Beispiel: Bibliothekar B hat bei Verlag V eine Zeitschrift abonniert. Grundlage für die Preisberechnung ist die durchschnittliche Besucherzahl von 3.000 Bibliothekskunden im Monat. B hat sich gegenüber V verpflichtet, die Besuchszahlen regelmäßig mitzuteilen. Nach dem erfolgten Bibliotheksumzug in ein Gebäude im Stadtzentrum wird die Bibliothek von monatlich 5.000 Bibliothekskunden besucht. Trotz der Vereinbarung teilt B diese Änderung nicht mit. Ein Jahr nach dem Umzug erfährt V über einen Zeitungsartikel von der neuen monatlichen Kundenzahl und verlangt eine Nachzahlung.
Lösungsskizze: Der Auskunftsanspruch ist eine Nebenpflicht. Es geht um Regelungen, die zwar nicht das direkte Austauschverhältnis betreffen, jedoch für die Liefervereinbarung wegen der Preisgestaltung von Bedeutung sind. B ist dieser nicht nachgekommen, obwohl er davon wusste und handeln konnte. Somit hat er seine Sorgfaltspflicht schuldhaft verletzt. Damit besteht der Anspruch zu Recht.

Bereits vor oder bei Vertragsschluss kann es zu schädigenden Ereignissen kommen. Nicht immer liegt dann auch eine unerlaubte Handlung vor. Um den Geschädigten dennoch zu schützen, wurde die culpa in contrahendo gem. § 311 Abs. 2, Abs. 3 BGB entwickelt. Ergibt eine Prüfung, dass weder ein vertraglicher noch ein deliktischer Schadensersatzanspruch, z.B. aus § 823 Abs. 1 BGB, einschlägig ist, weil das schädigende Ereignis vor oder bei Vertragsschluss liegt, so sind die Erfolgsaussichten eines Schadensersatzanspruchs einer culpa in contrahendo zu prüfen. Zur Einschätzung, ob es sich noch um ein vertragsnahes Schutzverhältnis handelt oder ob den Betroffenen lediglich das allgemeine Lebensrisiko getroffen hat, sollte ein qualifizierter Jurist um eine Einschätzung im konkreten Falle gebeten werden.

Beispiel: A will Nutzer beim privatrechtlich organisierten Dokumentationszentrum D werden. Auf dem Weg zur Infotheke rutscht A auf einem am Boden liegenden Flyer aus und bricht sich das Bein. A bemängelt die Verkehrssicherungspflicht der Trägergesellschaft des D und verlangt Schadensersatz wegen der entstandenen Arztkosten.
Lösungsskizze: Eine vertragliche Regelung, die einen entsprechenden Schutz des A in den Räumen des D gewährleistet, ist (noch) nicht zu Stande gekommen. A hat jedoch gegen den Betreiber des Dokumentationszentrums einen Schadensersatzanspruch aus culpa in contrahendo. Im D bestand die Verkehrssicherungspflicht, Gefahrenquellen zu beseitigen. Dies war pflichtwidrig nicht geschehen. Daher hat der Betreiber den entstandenen Schaden dem A zu ersetzen.

5.12 Tausch und Schenkung

Der Tausch hat, wie im sonstigen Rechtsverkehr auch, für Bibliotheken keine wesentliche Bedeutung. Regelmäßig fehlt es an einem direkten Austauschverhältnis. Bei den gegenseitigen Unterstützungshandlungen liegt meistens eine jeweilige Schenkung in Erwartung eines ähnlichen Verhaltens des Beschenkten vor.

Schenkung ist eine unentgeltliche Zuwendung. Bei den Angeboten in Geschenk- und Tauschlisten liegt eine sogenannte Handschenkung nach § 516 Abs. 1 BGB vor. Bei dieser geht es nicht um die Begründung einer Verpflichtung, sondern sie setzt eine Einigung zwischen dem Zuwendenden und dem Zuwendungsempfänger über die Unentgeltlichkeit der Zuwendung voraus. Der häufig damit verbundene unfreie Versand ist als zusätzliches Auftragsverhältnis zu qualifizieren.

5.13 Verwendung und Umgang mit AGBs

Bei einer Vielzahl von Geschäften sind regelmäßig viele Vorgänge gleichartig. Dies veranlasst Geschäftspersonen, die Vertragsbedingungen zu standardisieren und vorzuformulieren. Die Allgemeinen Geschäftsbedingungen (AGB) sind daher nichts anderes als ein Rationalisierungsschritt. Im Vertragsrecht herrscht Gestaltungsfreiheit, d.h. sofern nicht sonstige Rechte, insbesondere Rechte Dritter betroffen sind, können die Vertragsparteien auch Sachverhalte regeln, die im Gesetz nicht vorgesehen sind. Für solche Sachverhalte bietet sich eine Regelung durch AGBs an, wenn diese Regeln für mehr als eine Person gelten sollen.

Beispiel: Der innovative Bibliothekar B hat für sein Informationszentrum eine neue Dienstleistung mit einem neuen Finanzierungsmodell entwickelt. Sofern nicht eine Aufnahme in das sonstige Dienstleistungsportfolio erfolgt, empfiehlt sich das Ausarbeiten von Allgemeinen Geschäftsbedingungen.

Die rechtlichen Regelungen bei der Verwendung von Allgemeinen Geschäftsbedingungen finden sich im 2. Abschnitt des 2. Buches des BGBs in den §§ 305 ff. BGB. Dabei werden die Vertragspartner in unterschiedliche Gruppen nach der ihnen zugeschriebenen Geschäftserfahrenheit unterteilt und unterschiedlich geschützt. So ist zu beachten, dass wegen § 310 BGB die Anwendung von § 305 Abs. 2, Abs. 3 und die §§ 308 und 309 BGB ausgeschlossen ist. Nach der Legaldefinition des § 305 Abs. 1 BGB sind AGBs „für eine Vielzahl von Verträgen vorformulierte Vertragsbedingungen, die eine Vertragspartei (Verwender) der anderen Vertragspartei bei Abschluss eines Vertrages stellt." Unter Vielzahl werden mindestens drei beabsichtigte Fälle verstanden.[11] Beabsichtigt heißt, die AGBs gelten auch schon beim ersten Fall. Es müssen nur eben mehr Fälle der Verwendung angestrebt werden. Umfang und Form spielen gem. § 305

11 Medicus; Petersen: ebd., § 5 Rn 50.

Abs. 1 S. 2 BGB keine Rolle. Daher können auch kurze Hinweise wie „Im Lesesaal dürfen keine Notebooks verwendet werden" AGBs sein. Gemäß § 305 Abs. 2 BGB hat der Verwender deutlich auf die AGBs hinzuweisen. Ob dies mündlich, durch einen schriftlichen Hinweis oder z.B. durch einen Aushang erfolgt, ist dem Verwender überlassen. Erfolgt der Hinweis jedoch nicht deutlich genug, so sind die AGBs nicht vereinbart. Hierfür trägt der Verwender die Beweislast. Die vorformulierten Bedingungen in AGBs können eine Vielzahl von Fällen regeln. Zu beachten sind sie allerdings nur, wenn sie wirksam vereinbart worden sind. Individuelle Abreden haben immer Vorrang vor den AGBs, § 305b BGB. Dies gilt auch für sogenannte Schriftformklauseln in AGBs wie „Nebenabreden können nur schriftlich" vereinbart werden. Liegt eine abweichende mündliche Vereinbarung vor, so ist diese trotz des Klauselverbots Vertragsbestandteil, denn die Schriftform wurde nur vertraglich vereinbart, nicht aber vom Gesetzgeber gefordert.

Fall: Bibliothekar B ärgert sich über die Lieferbedingungen des Lieferanten L. Daher nimmt er im AGB-Formular des L einige Änderungen vor, behält eine Kopie und schickt das andere Exemplar an L zurück. L kümmert sich nicht weiter um die zurückgesendeten und abgeänderten AGBs, legt diese in die Ablage und veranlasst die Lieferung. Als B kurz danach drei Prozent Skonto statt zwei Prozent Skonto abzieht und sich auf die von ihm abgeänderte Vereinbarung beruft, liest sich L die abgeänderten AGBs durch und ist empört.
Lösungsskizze: Der Vertrag ist wirksam mit den veränderten AGBs zu Stande gekommen. B hatte dem L ein neues Angebot geschickt. Den Umständen nach zu schließen, war von einer Annahme des neuen Angebots auszugehen, da L die Lieferung nach der Abänderung veranlasst hat. L hat keinen Vertrauensschutz darauf, dass seine AGBs nicht abgeändert werden. Durch die Entgegennahme der abgeänderten AGBs hatte er vielmehr objektiv Kenntnis. Dass er diese Kenntnis nicht richtig verarbeitet hat, ist seine Angelegenheit.

Überraschende Klauseln werden gem. § 305c BGB nicht Vertragsbestandteil, wenn der Vertragspartner nach den äußeren Umständen nicht damit zu rechnen braucht. Aus § 306 BGB ergibt sich, dass die Ungültigkeit einer oder mehrerer AGBs keine Auswirkungen auf den Vertrag an sich haben. Es gelten automatisch die gesetzlichen Vorschriften. Der Beweis, dass es eine mündliche Abrede neben den schriftlichen Vereinbarungen gab, obliegt jedoch dem, der sich darauf beruft. Um den Missbrauch durch die Verwendung von AGBs zu verhindern, hat der Gesetzgeber neben den formalen Schranken inhaltliche Kontrollen in das Gesetz aufgenommen. Je nach Gewicht des unerwünschten Verhaltens, erfolgt eine Aufnahme in den Katalog der Klauselverbote mit bzw. ohne Wertungsmöglichkeit. Um ein Umgehen der Verbote zu verhindern, gibt es zusätzlich eine Generalklausel. Die Generalklausel ist in § 307 BGB normiert. Ferner gibt es in § 308 BGB Klauselverbote mit Wertungsmöglichkeit und in § 309 BGB Klauselverbote ohne Wertungsmöglichkeit. Liegt ein Fall vor, der in wirksamen AGBs nicht vereinbart worden ist, so gilt das dispositive Gesetzesrecht. Ist auch nur ein Punkt nicht oder nicht wirksam geregelt, so unterfällt er dem Gesetzesrecht des BGB. Bei der Rechtsanwendung des Gesetzestextes werden jene Gesetze dem Fall zu Grunde gelegt, die dem neuen Vertragstyp am nächsten kommen.

5.14 Buchpreisbindung

Während bei den ganz überwiegenden Waren eine freie Preisbildung möglich ist, gilt bei Büchern die Buchpreisbindung.[12] Das Gesetz umfasst die Bereiche: Zwang zur Preisbindung, Bibliotheksrabatt, Trennung Bücher – Zeitschriften, digitale Medien, fremdsprachige Titel und Sammelrevers. Sachlich fallen in den Anwendungsbereich des Buchpreisbindungsgesetzes Bücher, Musiknoten, kartographische Produkte, verlagstypische Substitutionsprodukte (z.B. eine CD-ROM, die das Buch inhaltlich abbildet) und Kombinationen. Nach § 2 Abs. 2 Buchpreisbindungsgesetz fallen fremdsprachige Bücher nur dann unter das Buchpreisbindungsgesetz, wenn sie überwiegend für den Absatz in Deutschland bestimmt sind. Zweck des Buchpreisbindungsgesetzes ist gem. § 1 der Schutz des Kulturguts Buch. Durch die Buchpreisbindung soll ein möglichst breites Buchangebot erhalten werden. Als Kulturgut erfüllt das Buch mehr als rein ökonomische Interessen. Die Regelung war in der Vergangenheit wegen der Freiverkehrsregeln des europäischen Binnenmarktes gem. Art. 28 EGV umstritten, ist trotz gelegentlicher Abschaffungsinitiativen nun aber überwiegend anerkannt.[13] Die gemeinschaftsrechtlichen Anforderungen an den freien Warenverkehr werden durch § 4 Buchpreisbindungsgesetz berücksichtigt. Die Einhaltung des Gebots ist sanktionsbewert. Rechtsgeschäfte sind nichtig, wenn sie gegen gesetzliche Verbote gem. § 134 BGB oder gegen die guten Sitten nach § 138 BGB verstoßen. Für Einzelfragen, was nach dem heutigen juristischen Weltbild unter den guten Sitten zu verstehen ist, wird auf die entsprechenden Eintragungen in den Kommentaren zum BGB und zum Grundgesetz verwiesen.[14]

Beispiel: Die Leiterin der Erwerbungsabteilung E vereinbart mit dem Buchhändler B einen speziellen Rabatt von 20 Prozent, wenn sie alle ihre Bücher bei ihm bestellt. Die Vereinbarung ist nach § 134 BGB nichtig, da sie gegen das gesetzliche Verbot der Buchpreisbindung gem. § 3 Buchpreisbindungsgesetz verstößt.

Der Verstoß kann für den Buchhändler noch weitere Folgen haben, wenn er zur Grundlage für Zweifel an der Zuverlässigkeit als Gewerbetreibender gewertet wird. Zweifel dieser Art sind für den Buchhändler existenzbedrohend.
Das Preisbindungsgesetz gilt (zwingend) für:
- Bücher und Musiknoten;
- Kartographische Produkte;

---

12 Gesetz zur Regelung der Preisbindung bei Verlagserzeugnissen vom 2. September 2002, BGBl. I 2002, Rn. 63, S. 3448.

13 EuGH Slg. 2000, S. 8207 (Echirolles); Paschke: Medienrecht, § 9 Rn 557; a.A. Sondergutachten der Monopolkommission gem. § 44 Abs. 1 S. 4 GWB veröffentlicht am 29.05.2018 https://www.monopolkommission.de/de/pressemitteilungen/206-buchpreisbindung.html, zuletzt aufgerufen am 01.09.2019.

14 BGH vom 24.06.2003, Az: KZR 32/02 in ZUM 2003, 773–776 „Preisbindung für Schulbücher".

- Verlagstypische Substitutionsprodukte;
- Kombinationen.

§ 15 GWB (Möglichkeit)
- Zeitungen und Zeitschriften;
- Verlagstypische Substitutionsprodukte;
- Kombinationen.

5.15 Einkaufsgemeinschaften

Die Einkaufsgemeinschaft, auch Konsortium, genannt, ist der freiwillige Zusammenschluss mehrerer Teilnehmer, um ihre wirtschaftlichen Möglichkeiten zu bündeln. Ziel einer Einkaufsgemeinschaft ist es, bessere Konditionen für ihre Teilnehmer zu erreichen. Die besseren Konditionen können der Preis, die Möglichkeit des Bezugs an sich, besondere Gewährleistungsrechte, Service oder sonstige Bedingungen sein. Das Mittel der Einkaufsgemeinschaft ist das Ausnützen der größeren Marktmacht durch ein gemeinsames und koordiniertes Auftreten. Entsprechend sind die teilnehmenden Einrichtungen an die gemeinsam ausgehandelten Konditionen gebunden. Ein Beispiel für eine Einkaufsgemeinschaft ist das Bayern-Konsortium.[15] Die Vertragsabschlüsse von Einkaufsgemeinschaften erfolgen in einer etwas anderen Art und Weise, als im Grundmuster der §§ 145 ff. BGB dargestellt. Beauftragte beider Seiten handeln einen Vertrag aus oder einigen sich auf einen Vertrag, der von dritter Seite bereitgestellt wird. Dieser Schritt ist ein Angebot unter einer aufschiebenden Bedingung. Dem Vertrag stimmen beide Parteien zu.[16] Damit wird die Annahme des Rahmenvertrags erklärt. Die Teilnehmer haben dann die Möglichkeit, für ihre Einrichtung dem ausgehandelten Vertrag beizutreten und an der Vereinbarung teilzunehmen. Sowohl wegen der Planbarkeit als auch aus haushalterischen Gründen dürfen die Teilnehmer ihnengegenüber eine transpartente Darstellung erwarten.

5.16 Eigentumsvorbehalt

Regelmäßig erfolgt die Bezahlung der Ware durch den Käufer erst nach Ablieferung der Ware. Der Verkäufer trägt in diesen Fällen das Risiko, dass zwischen der Übergabe der Ware und der Bezahlung des Kaufpreises ein anderer Gläubiger des Käufers Rechte an der von ihm gelieferten Ware erhält. Um den Verkäufer zu schützen, lässt der Gesetzgeber einen sogenannten Eigentumsvorbehalt gem. § 449 Abs. 1 BGB als Kreditsicherungsmittel für bewegliche Sachen zu. Beim Eigentumsvorbehalt erhält der Käufer den Besitz an der Ware und zusätzlich ein Nutzungsrecht. Eigentümer der Ware

---

15 http://www.bsb-muenchen.de/Bayern-Konsortium, zuletzt aufgerufen am 01.09.2019.

16 Medicus; Petersen: ebd., § 5 Rn 51; näher Leenen AcP 188 (1988) 381ff.

bleibt der Verkäufer. Zahlt der Käufer den Kaufpreis, so geht auf ihn das Eigentum der bereits gelieferten Waren durch Einigung und Besitzmittlungsverhältnis über. Durch die Aufteilung in das schuldrechtliche und in das dingliche Geschäft zeigen sich beim Eigentumsvorbehalt die Vorteile des Trennungsprinzips. Einige zum Verbrauch bestimmte Waren gehen bei der Benutzung in einem Gesamtprodukt auf. Die Vereinbarung eines Eigentumsvorbehalts wäre sinnlos, wenn das Eigentum durch Verarbeitung untergeht. Dieses Problem löst der sogenannte verlängerte Eigentumsvorbehalt. Durch vertragliche Vereinbarung entsteht ein Eigentumsvorbehalt an der neuen Sache, sobald der bisherige Eigentumsvorbehalt mangels Existenz der alten Sache untergegangen ist.

Beispiel: Der beim Sacharchiv S angestellte Buchbinder B bestellt beim Händler H mehrere Kunstledereinbände, da er selbst mehrere Zeitschriftenjahresbände binden möchte. H liefert 30 Kunstledereinbände unter verlängertem Eigentumsvorbehalt. H bindet die Zeitschriften jahrgangsweise ein. H ist durch den verlängerten Eigentumsvorbehalt Miteigentümer der Bände geworden. Zunächst war er alleiniger Eigentümer der Kunstledereinbände gewesen. Mangels Übereignung war H auch nach dem Kauf des B Eigentümer geblieben, da keine Übereignung, sondern vielmehr die Vereinbarung eines Eigentumsvorbehalts vorlag. Durch die Verarbeitung ist ein neues Produkt entstanden. Die Einzelprodukte sind durch Verarbeitung untergegangen. Damit ist auch das Eigentum an den Einzelprodukten erloschen. Wegen des vereinbarten verlängerten Eigentumsvorbehalts ist H Miteigentümer an den 30 eingebundenen Zeitschriftenbänden geworden. Mit der Zahlung des Kaufpreises entsteht ein Rechtsgrund, weshalb H gehalten ist, sein (Mit)eigentumsrechtes zu übertragen. Regelmäßig erfolgt dieser Schritt konkludent.

5.17 Mangelhafte Lieferung

Nach dem Gesetz ist gem. § 434 Abs. 1 BGB die Mangelfreiheit der gelieferten Sache geschuldet. Mit dem gegenteiligen Fall hat sich der Gesetzgeber ausführlich auseinandergesetzt. Mängel lassen sich allgemein in Sachmängel und Rechtsmängel unterscheiden. Sachmängel lassen sich weiter untergliedern:
Sachmangel, § 434 BGB

1. Mangel in der Beschaffenheit, § 434 Abs. 1 BGB
   a. Die (vertraglich) vereinbarte Beschaffenheit fehlt, § 434 Abs. 1 S. 1 BGB. *Beispiel: Studentin S hält der Verkäuferin V der Universitätsbuchhandlung das Buch von Marx, K.: Das Kapital, entgegen und fragt sie, ob dies zur Pflichtlektüre im ersten Semester Finanzökonomie gehöre. V nickt und verkauft der S das Buch, obwohl das Buch nicht Pflichtlektüre im ersten Semester Finanzökonomie ist.*
   b. Die Sache eignet sich nicht für den vertraglich vorgesehenen Verwendungszweck, § 434 Abs. 1 S. 2 Nr. 1 BGB. *Beispiel: Die Kopierer in der Stadtbibliothek S können nur „80 Gramm DIN A 4 Papiere" verarbeiten. Bibliothekarin B ruft*

beim Lieferanten L an und bestellt „Kopierpapier". L hat die Stadtbibliothek bereits seit drei Jahren beliefert. Diesmal liefert er jedoch Papiere „100 Gramm DIN A 4".

c. Die Sache eignet sich nicht für die gewöhnliche Verwendung und ihr fehlt die übliche Beschaffenheit, die vom Käufer erwartet werden kann, § 434 Abs. 1 S. 2 Nr. 2 BGB. *Beispiel: Ein Unternehmensarchivar kauft zur Dokumentenaufbewahrung Klarsichthüllen. Zwei Jahre später stellt sich heraus, dass die Klarsichthüllen Chemikalien enthalten, die die Dokumente angreifen und unleserlich machen.*

d. Die Sache entspricht in ihrer Beschaffenheit nicht den Eigenschaften, die sie nach Äußerung des Herstellers, des Verkäufers u.a. haben müsste, § 434 Abs. 1 S. 3 BGB, § 4 Abs. 1, Abs. 2 ProdHaftG. *Beispiel: Der print-on-demand Verlag V wirbt mit „bester Buchqualität". Als Student S das bestellte Werk erhält, merkt er, dass die Blätter gegen die Papierfaserrichtung bedruckt, geschnitten und schließlich gebunden wurden. Daher brechen die Seiten bereits nach dem ersten Lesen aus dem Buchblock.*

2. Mängel bei der Montage bzw. fehlerhafte Montageanleitung, § 434 Abs. 2 BGB. *Beispiel: Bibliothekarin B arbeitet in einer Kantonsbibliothek. Sie bestellt beim skandinavischen Möbelhaus M in Zürich eine komplette Infotheke. Alle Teile werden geliefert. Jedoch ist die Anleitung für den Zusammenbau nur auf Schwedisch dabei.*
3. Falschlieferung (aliud), § 434 Abs. 3 BGB. *Beispiel: Buchhändler H liefert statt dem Buch Müller, J.: Sachenrecht das Buch Meier, P.: Sachenrecht.*
4. Minderlieferung, § 434 Abs. 3 BGB. *Beispiel: Fachreferent F hat zehn Exemplare des Werkes von Werle, G.: Gefangenenmisshandlung, Doping und sonstiges DDR-Unrecht Band 7 bestellt, erhält aber nur sieben Exemplare.*

Rechtsmangel, § 435 BGB

Mängel sind nicht nur physische Beeinträchtigungen. Abweichungen der Ist-von-der-Soll-Beschaffenheit gibt es auch in Bezug auf die rechtliche Position.

Beispiel: Stadtbibliothekar S hat eine neue Designerinfotheke auf Raten und unter Eigentumsvorbehalt gekauft. Am Jahresende merkt er, dass er bei seiner Finanzplanung einen Fehler gemacht hat und sein Haushalt ein Defizit aufweist. Kurzerhand verkauft er die noch nicht fertig bezahlte Infotheke an den Unternehmer U.

Lösungsskizze: Hier erhält U kein vollwertiges Eigentum, sondern nur ein Anwartschaftsrecht. Ein rechtlicher Mangel liegt vor, da die Ist-Rechtsposition von der Soll-Rechtsposition negativ abweicht.

Mit Hinblick auf die Rechtsfolgen unterscheidet der Gesetzgeber Mängel nach der Erkennbarkeit:

- **Offene Mängel:** Offene Mängel sind bei der Übergabe bereits erkennbar. Dabei wird von einem durchschnittlichen Empfänger ausgegangen, der die Ware mit der üblichen Sorgfalt vor der Entgegennahme untersucht.

- **Versteckte Mängel:** Versteckte Mängel sind trotz sorgfältiger Überprüfung bei der Annahme nicht erkennbar. Sie zeigen sich erst später im Gebrauch.
- **Arglistig verschwiegene Mängel:** Verschweigt der Verkäufer absichtlich oder wissentlich ihm bekannte Mängel, so handelt er arglistig. Dabei geht der Verkäufer davon aus, dass er diese Ware entweder nicht oder nur zu einem geringeren Preis an den Käufer hätte verkaufen können.

Die Darstellung zeigt, wie wichtig eine präzise Beschreibung des Gewollten (Soll-Wert) im Vertrag ist. Nur so lässt sich bei Mängeln und Schwierigkeiten der Fehler und dessen Umfang bestimmen.

5.18 Internationales Privatrecht

Zahlreiche Verträge beinhalten mit Bezüge zum Ausland. In diesem Fall ist zunächst zu prüfen, welches Recht überhaupt Anwendung findet. Diese Fragen werden durch das Internationale Privatrecht geregelt. Vor deutschen Gerichten gilt für Formalien immer die entsprechende deutsche Prozessordnung, z.B. die Zivilprozessordnung (ZPO). Anders hingegen verhält es sich beim materiellen Recht. Im Gegensatz zum Verfahrensrecht ist das materielle Recht die Summe der Regelungen, die die Entstehung, die Veränderung oder den Untergang von Rechten zum Gegenstand haben. Daher kann es vorkommen, dass deutsche Gerichte einen Sachverhalt inhaltlich nach ausländischem Recht, z.B. nach englischem Vertragsrecht, zu beurteilen haben. Hierfür gibt es teilweise zwingende Anknüpfungen; teilweise wird den Vertragsparteien auch eine freie Rechtswahl zugestanden. Die Regelungen hierzu sind im Einführungsgesetz zum Bürgerlichen Gesetzbuch (EGBGB) und weiteren Spezialgesetzen normiert. So gewähren die Einheitsvorschriften des Übereinkommens von Rom (Rom I-VO) in Art. 3 die freie Rechtswahl. Ausnahmen gelten dann, wenn die Anwendung ausländischer Normen verboten ist, weil sie eindeutig mit den wesentlichen Grundzügen des deutschen Rechts nicht vereinbar sind, sogenannte ordre-public-Klausel gem. Art. 6 EGBGB. Besonderes Augenmerk sollte einer Gerichtsstandsklausel geschenkt werden. Unter einem Gerichtsstand versteht man die örtliche Zuständigkeit eines Gerichts. Die örtliche Zuständigkeit wiederum entscheidet, in welchem Gerichtsbezirk eine Klage zu führen ist. Unter gewissen Voraussetzungen ist es auch möglich, einen Gerichtsstand im Ausland zu vereinbaren. Gerichtsprozesse im Ausland sind jedoch nicht nur wegen des fremden Rechtssystems ein Unsicherheitsfaktor, sondern wirken sich häufig auch kostensteigernd aus. An dieser Stelle wird trotz vieler Gemeinsamkeiten und Parallelen zwischen den Rechtsordnungen Deutschlands, Österreichs und der Schweiz darauf hingewiesen, dass es sich jeweils um eigenständige Rechtsordnungen mit ihren Besonderheiten handelt.

5.19 Schema Kaufverträge

Das Schema dient als Check-Liste für Gestaltungsmöglichkeiten und eventuelle Problemfälle bzw. als Erinnerung, welche Besonderheiten auftreten können.

Rechtsquellen
- §§ 433 ff. BGB
- Allgemeine Geschäftsbedingungen i.V.m. §§ 305 ff. BGB
- IPR: Rom I-VO
- UN-Kaufrecht
- Incoterms

Besonderer Kaufgegenstand
- Optionen
- Geistiges Eigentum
- Sammlungen
- Nachlass

Besonderheiten beim Kaufpreis bzw. der Bezahlung
- Kreditkarte (direkt und indirekt)
- Ratenzahlung
- Bezahlung vor Fälligkeit (haushaltspolitische Maßnahmen)
- Tausch
- Einzugsermächtigung
- Absicherung bei Onlinegeschäften

Besonderheiten der Abwicklung
- Kauf auf Probe
- Kauf zur Probe
- Eigentumsvorbehalt (+ verlängerter und erweiterter Eigentumsvorbehalt)
- Versandhandel
- Elektronischer Vertragsschluss/ Internet

Kaufähnliche Geschäfte
- Leasing
- Lizenzverträge
- Lieferverträge
- Distributionsverträge

Gewährleistung
- Gesetzliche Regelung, §§ 459 ff. BGB
- Wandlung, Minderung
- Nachbesserung, Ersatzlieferung
- Schadensersatz wegen Nichterfüllung

- Rücktritt
- Vertragsstrafe

Abgrenzungsprobleme
- Gewährleistung – Anfechtung
- Gewährleistung – Hauptleistungspflicht
- Gewährleistung – Haftung
- Gewährleistung – Garantie
- Rechtsmängel

Modifikation der gesetzlichen Regelung
- Verkürzung/Verlängerung der Gewährleistungszeit
- Verkürzung/Verlängerung der Rügefristen
- Formvorschriften für Rügen
- Inhaltsregelungen für Rügen
- Rechtswahlklauseln
- Vereinbarkeit mit dem Haushaltsrecht

Ersatz der gesetzlichen Regelung
- Gewährleistungsausschluss
- Testphase ev. mit Wartungs- und/oder Pflegevertrag

Produkthaftung
- Produkthaftungsgesetz
- §§ 823 ff. BGB

Technische Dokumentation/Qualitätssicherungsvereinbarungen
- DIN ISO 9000 ff.
- Total-Quality-Management (TQM)
- Gütesiegel "Bibliotheken – Partner der Schulen"[17]

Rückabwicklungsprobleme bei Kaufverträgen
- Werk-, Dienst- und Entwicklungsverträge
- Hauptunterschiede zu Kaufverträgen
- Zeitgebundenheit (dadurch keine Lagerhaltung erforderlich)
- Höherer Organisationsaufwand
- Unterschiede bei der Gewährleistung

Wartungs-, Instandhaltungs- und Pflegeverträge

Wichtig:
- Gründliche Kalkulation der Wirtschaftlichkeit der Verträge
- Genaue Formulierung von Vertragszweck und Vertragsziel

17 https://www.oebib.de/fachinformation/lese-und-literaturfoerderung/bibliothek-und-schule/guetesiegel-fuer-bibliotheken/, zuletzt aufgerufen am 01.09.2019.

– Beachtung bereits gesetzlich gewährter Rechte

Zu beachten bzw. nützliche Hilfsmittel für Anlagen-, Projekt- und Bauverträge:
- Vergabe- und Vertragsordnung für Bauleistungen (VOB)
- Allgemeine Versicherungsbedingungen (AVB) und Besondere Versicherungsbedingungen (BVB)
- Normen des Schweizerischer Ingenieur- und Architekten Vereins (SIA-Normen)
- Deutsches Institut für Normung (DIN)
- ÖNORM
- Rahmenverträge bei Einkaufsgemeinschaften

Zentrale Begriffe:
- Generalunternehmer
- Tochtergesellschaft
- Subunternehmer
- Leiharbeiter

Diese Verträge sind regelmäßig an besondere Finanzierungs- und Sicherungsverträge gekoppelt. Im Hinblick auf die Gewährleistung und Haftung empfiehlt sich vor Vertragsschluss eine genaue Analyse.

5.20 Lizenz

Die Lizenz meint einen Vertrag zwischen Lizenzgeber und Lizenznehmer, der weder als Kaufvertrag noch als Mietvertrag über das geistige Gut, sondern als Vertrag eigener Art (sui generis) gelten soll. Der Vertrag gewährt dem Lizenznehmer ein Nutzungsrecht.[18] Daher wird in einigen Regelwerken, wie z.B. dem deutschen UrhG, nicht von Lizenzen, sondern von Nutzungsrechten gesprochen. Aufgrund der sehr unterschiedlichen Ausgestaltungen sind hier die jeweiligen Vertragsklauseln einzeln zu bestimmen. Die Lizenz ist nach dem allgemeinen juristischen Gebrauch die vom Inhaber eines nichtkörperlichen, geistigen Gutes (Immaterialgut) einem Dritten eingeräumte Befugnis, das Immaterialgut, insbesondere gewerbliche Schutzrechte wie Patente, in Bezug auf einzelne oder alle Nutzungsarten zu nutzen oder zu verwerten.[19] Es ist darauf hinzuweisen, dass im US-amerikanisch orientierten Sprachverständnis und damit auch in Verträgen, die nach US-amerikanischem Recht erstellt wurden, der Begriff Lizenz häufig als etwas verstanden wird, das gerade kein Kauf sein soll.[20] Da nach dem deutschsprachigen Verständnis kaufvertragliche Elemente durchaus enthalten sein können, ist bei Vertragsverhandlungen mit Vertretern angloamerikanischer Anbieter besonders auf

18 Schneider in: Lehmann; Meents: Informationstechnologierecht, Kap. 4 Rn 334.
19 Schneider in: Lehmann; Meents: ebd., Kap. 4 Rn 339 m.w.N.
20 Schneider in: Lehmann; Meents: ebd., Kap. 4 Rn 402.

die Bedeutung des zentralen Begriffs Lizenz zu achten und gegebenenfalls per Definition in die Vereinbarungen mit aufzunehmen. Technische Nutzungsbeschränkungen müssen, um rechtlich wirksam zu sein, vertraglich vereinbart werden oder sich direkt aus dem Gesetz ergeben. Ansonsten gelten sie als Mängel.[21] Der Lizenzgeber kann nach der Zweckübertragungstheorie den Umfang für die verschiedenen erlaubten Nutzungsarten inhaltlich näher bestimmen, § 31 Abs. 1 S. 1 UrhG, § 69c Abs. 1 UrhG. Gesetzliche Lizenzen beschränken die Möglichkeiten des Lizenzgebers, andere von der Nutzung des Werkes auszuschließen. Ein Beispiel hierfür ist das Recht auf eine Privatkopie aus § 53 UrhG.

5.21 Sonstiges Schuldrecht

Von den sonstigen zivilrechtlichen Thematiken sind für Informationseinrichtungen der Werkvertrag und das Deliktsrecht, namentlich die Verkehrssicherungspflichten, von regelmäßiger Bedeutung.

Werkvertrag

Bei einem Werkvertrag erfolgt eine Verpflichtung zur Herstellung eines Werkes gegen die Zahlung eines Entgelts. Der Werkvertrag ist in §§ 631 ff. BGB geregelt. Alltagsbeispiele sind u.a. das Bindenlassen von Büchern bei einem externen Buchbinder, Reparaturarbeiten innerhalb der Bibliothek oder das Schreiben eines Manuskripts. Wesentliches Merkmal des Werkvertrags ist, dass ein Erfolg und nicht nur ein Bemühen geschuldet ist. Häufig bestehen Abgrenzungsschwierigkeiten zwischen Werkvertrag und Dienstvertrag. Der Unterschied zwischen beiden Vertragstypen liegt neben den Anforderungen in den unterschiedlichen Gewährleistungsrechten.

Beispiel: Die vertraglich vereinbarte Installation von Hardware ist als Werkvertrag zu qualifizieren. Dabei wird unter Installation regelmäßig das Herstellen der Anschlüsse und das Versetzen in einen betriebsbereiten Zustand als das zu erbringende Werk verstanden. Hinsichtlich der bauseitigen Voraussetzungen wie der Verkabelung besteht eine Mitwirkungspflicht des Kunden.[22] Dagegen wird die Installation von Software häufig als Dienstvertrag eingeordnet.[23]

21 Schneider in: Lehmann; Meents: ebd., Kap. 4 Rn 351.
22 Schneider in: Lehmann; Meents: ebd., Kap. 4 Rn 237.
23 Schneider in: Lehmann; Meents: ebd., Kap. 4 Rn 242.

Wartungsvertrag

Trotz der Begriffsdefinition der Wartung in DIN 31053 als Teil der Instandhaltung gibt es bei der Bedeutung der beiden Begriffe „Wartung“ und „Instandhaltung“ unterschiedliche Bedeutungsauffassungen. Empfehlenswert ist es daher, sich hier nicht an den Begrifflichkeiten, sondern am Inhalt zu orientieren. Eine gute Lösung bieten die EVB-IT System-AGB, die zwischen einer Wiederherstellung der Betriebsbereitschaft (Störungsbeseitigung) (Ziffer 4.1 EVB-IT System-AGB) und der Aufrechterhaltung der Betriebsbereitschaft (vorbeugende Maßnahme) (Ziffer 4.2 EVB-IT System-AGB) unterscheiden. Rechtstechnisch liegen beim Wartungsvertrag sowohl Dienstleistungs- als auch werkvertragliche Elemente vor. Inhaltlich sollte der Wartungsvertrag in zentralen Punkten über die gesetzlich geregelten Gewährleistungsrechte hinausgehen. Denn diese stehen dem Vertragspartner bereits von Gesetzes wegen zu. Ob und wo dies der Fall ist, sollte von einer juristisch erfahrenen Person geprüft werden.

5.22 Sachenrecht aus Sicht der Erwerbungsabteilung

Das Sachenrecht ist ein weiteres umfassendes Rechtsgebiet des Zivilrechts. Für Informationseinrichtungen sind regelmäßig aber nur die Vorschriften des Rechts der beweglichen Sachen von Bedeutung. Innerhalb des Mobiliarsachenrechts liegt der Schwerpunkt auf dem Eigentumsrecht, dem Besitzrecht und den Veränderungen und Wirkungen, die diese Rechte erzeugen. Der Begriff der Sache ist in § 90 BGB legaldefiniert. Demnach sind Sachen körperliche Gegenstände. Dem Sachenrecht liegen allgemeine Prinzipien zu Grunde, die notwendig einzuhalten sind. Zu diesen Prinzipien gehört das Publizitätserfordernis. Das Publizitätserfordernis des Sachenrechts fordert, dass die sachenrechtliche Zugehörigkeit einer Sache erkennbar sein muss. Im Mobiliarsachenrecht übernimmt vor allem der Besitz diese Funktion des Publizitätsmittels. Eine weitere Grundregel ist das Abstraktionsprinzip. Weitere Prinzipien sind das Absolutheitsprinzip, der Typenzwang sowie das Bestimmtheitsgebot. So besagt das Bestimmtheitsgebot, dass jede Sache individuell hinreichend bestimmt sein muss. Daher kann eine Büchersammlung zwar als Gesamtheit verkauft, nicht aber als Gesamtheit übereignet werden. Eine Übereignung ist sachenrechtlich nur für jedes einzelne Buch möglich. Im Alltag fällt diese rechtliche Konstruktion häufig nicht auf. Sie zeigt jedoch ihre Vorteile, wenn einzelne Übereignungen fehlerhaft waren. Denn dann bleiben die übrigen Übereignungen wirksam.

Das Zivilrecht in Deutschland unterscheidet zwischen Eigentum und Besitz. Dabei bedeutet Eigentum die unbeschränkte Sachherrschaft über eine Sache. Der Eigentümer hat das Recht, im Rahmen der Gesetze gem. § 903 BGB mit der Sache nach seinem Belieben zu verfahren, sofern er dabei nicht die Rechte anderer verletzt. Nach § 854 BGB ist Besitz die tatsächliche Sachherrschaft einer Person über eine Sache. Maßgeblich für die Anerkennung der Sachherrschaft ist die Verkehrsanschauung. Ein typisches Beispiel, dass ein mögliches Auseinanderfallen von Besitz und Eigentum zeigt, ist die Leihe in Bibliotheken. Der Bibliotheksbenutzer ist Besitzer des Bibliotheksbuches, welches bei ihm zu Hause im Regal steht. Dennoch bleibt der Träger der Bibliothek nach wie vor Eigentümer desselben Buches.

In Informationseinrichtungen ist vor allem die Begründung des Eigentums von beweglichen Sachen von Interesse. Der rechtsgeschäftliche Erwerb von beweglichen Sachen, also das gemäß dem Trennungsprinzip das dingliche Geschäft, erfolgt gem. §§ 929 ff. BGB in vier Schritten:

1. Einigung über die Übertragung;
2. Übergabe oder Übergabeersatz;
3. Einigsein im Zeitpunkt der Übergabe;
4. Berechtigung des Übertragenden.

Sind alle vier Voraussetzungen erfüllt, so findet der Eigentumswechsel statt. Erst dann hat die Bibliothek das gedruckte Buch oder die Infotheke im rechtlichen Sinne erworben. Kenntnisse über den Erwerbungsvorgang im rechtlichen Sinne helfen auch, die Bedeutung der Inventarisierung bzw. Markierung zu verstehen. Am Ende des Erwerbungsvorgangs steht die Inventarisierung der Medien. Die Inventarisierung umfasst neben der Aufnahme in einen Katalog auch regelmäßig die Kennzeichnung der Medien, z.B. durch einen Stempel. Die Kennzeichnung als zu der jeweiligen Bibliothek gehörig, dient der juristischen Bestandssicherung. Ohne diese ist ein gutgläubiger Wegerwerb möglich. Das Gesetz stellt in § 1006 BGB die Vermutung auf, dass der Besitzer gleichzeitig Eigentümer der Sache ist. Im Hinblick auf Medien einer Bibliothek, die ein Bibliothekskunde entliehen hat und bei sich zu Hause aufbewahrt, ist dies gerade nicht der Fall. Um dem Schein des vermuteten Eigentums des Bibliothekskunden an dem Medium entgegenzuwirken, werden die Bücher in Bibliotheken regelmäßig mit einem Stempel versehen, aus dem der Eigentumsnachweis der Einrichtung hervorgeht, zu der die Bibliothek gehört. Dabei geht es nicht nur um den Rechtsschein des Besitzes, sondern darum, dass nicht bei einer anderen Person Eigentum entsteht. Dies ist laut der Ausnahmeregelung in § 932 BGB durch einen gutgläubigen Erwerb möglich. Was unter gutem Glauben zu verstehen ist, ist in § 932 Abs. 2 BGB legaldefiniert. Darin heißt es: „Der Erwerber ist nicht in gutem Glauben, wenn ihm bekannt oder in Folge grober Fahrlässigkeit unbekannt ist, dass die Sache dem Veräußerer nicht gehört." Ein gut lesbarer Eintrag in einem Buch an einer markanten Stelle, kennzeichnet das Buch als Eigentum der Bibliothek und niemand anderem zugehörig. Als Gegenausnahme zur Ausnahmeregelung des § 932 BGB wird durch § 935 BGB, der das Problem der abhandengekommenen Sachen regelt, ein Gutglaubenserwerb per Gesetz ausgeschlossen.

Fall: Bibliotheksnutzer N entwendet heimlich ein teures Kunstbuch aus der Stadtbücherei. Anschließend verkauft er es über ein Onlineportal an den ihm zuvor nicht bekannten D. Durch einen Zufall erfährt die Leiterin der Stadtbibliothek davon, dass D das Buch hat, und verlangt es gem. § 985 BGB heraus. D ist empört, weigert sich und erklärt, dass er nicht gewusst habe, dass es sich um ein Buch der Stadtbücherei gehandelt habe. Außerdem habe er schließlich den Kaufpreis gezahlt. Die Leiterin der Stadtbibliothek L solle sich vielmehr an N halten. Er habe mit der ganzen Sache nichts zu tun. L besteht weiterhin auf die Herausgabe des Buches und verweist auf den Eintragungsstempel.

Lösungsskizze: Der Anspruch aus § 985 BGB besteht. Daher hat D das Buch an die L herauszugeben. Eigentum ist ein absolutes Recht, welches gegenüber Jedermann gilt. Der Rechtsgrund für die Eigentumsübertragung, der bestehende Kaufvertrag zwischen N und D ist ein sogenanntes relatives Recht. Es wirkt nur zwischen dem N und dem D ist gezwungen, seinen guten Glauben dort zu suchen, wo er ihn gelassen hat – nämlich beim N. D hat auch nicht gem. §§ 929, 932 BGB gutgläubig Eigentum erworben. Der gutgläubige Eigentumserwerb ist nach § 935 BGB ausgeschlossen, wenn das Buch abhandengekommen ist. Da N das Buch entwendet hat, liegt ein Fall des Abhandenkommens nach § 935 BGB vor. Die rein rechtliche Lösung ist in diesem Fall einfach. Solange das Buch auch eindeutig gekennzeichnet ist, gilt sie auch für die rechtspraktische Umsetzung bzw. der Beweisführung. Ohne den klar erkennbaren Inventarisierungsstempel wird ein entsprechender Nachweis erheblich schwieriger oder scheitert sogar.

Anmerkungen:

1. Dem B stehen alternativ gegen den A zwar auch Zahlungsansprüche wegen der unerlaubten Handlung aus § 812 Abs. 1 S. 1 Fall 2 BGB zu. Bei einer Zahlungsunfähigkeit des A nützen ihm diese jedoch nichts. Außerdem ist ein Wertersatz für ein nicht mehr oder nur schwierig beschaffbares Buch nur ein geringer Trost.
2. Die juristische Lösung des Falles beruht vor allem darauf, dass die Bücher als die der Bibliothek wiedererkannt werden konnten. Liegen keine anderen Anhaltspunkte vor, so gilt gem. § 1006 BGB eine Eigentumsvermutung zu Gunsten des Besitzers. Ohne den Eigentumsstempel sind viele Bücher nicht identifizierbar und eine Nachverfolgung nicht möglich. Zudem ist ein Eigentumsstempel geeignet, den guten Glauben eines Dritten hinsichtlich der Berechtigung des Veräußerers zu zerstören. Aus diesem Grund ist bei einem Ausscheiden des Buches aus dem Bibliotheksbestands auch der Makulierungsstempel wichtig. Denn ansonsten entstehen schnell unerwünschte Missverständnisse.

Auch Informationseinrichtungen, insbesondere Artotheken, ist im Hinblick auf die rechtlichen Konsequenzen zu raten, vor dem Erwerb teurer Literatur und Kunstwerke auf die Berechtigung des Verkäufers zu achten. Eine Möglichkeit der Recherche bietet die Lost Art Internet Database[25]. Soweit sich in den Beständen der Informationseinrichtungen unrechtmäßig erhaltene Stücke insbesondere der NS-Raubkunstsammlungen befinden, gebieten die Ethik und die Bindung der Verwaltung an Recht und Gesetz mit Eigentümern entweder eine Regelung über den Verbleib der Objekte oder deren Rückgabe zu finden.

5.23 Exkurs: Provenienzforschung

Durch die Unterzeichnung der Washingtoner Erklärung verpflichtete sich Deutschland zu einer aktiven Aufarbeitung von NS-Raubgut. Weitere Altfälle warten aus den Hinterlassenschaften der DDR. Ein Teil dieser Stücke aus unrechtmäßigem Erwerb befinden sich nach wie vor in öffentlichen Sammlungen.

Kommt es bei einem Kauf oder bei einer Restitution zu Überprüfungen oder Verhandlungen, geht es rechtlich immer um das Einzelstück, auch wenn häufig von der Bibliothek als Gesamtheit gesprochen bzw. verhandelt wird. Sachgesamtheiten wie der vollständige schriftliche Nachlass eines berühmten Forschers können wissenschaftlich und ökonomisch einen höheren Wert haben als die reine Summe der einzelnen Medien. Aus Rationalisierungsgründen können bei Überprüfungen oder Verhandlungen auch weiterhin von der Summe der Medien oder eine Unterteilung in Gruppen vorgenommen werden. Rechtlich ist jedoch jedes einzelne Medium gesondert zu betrachten. Dies erlaubt bei geltend gemachten Restitutionsansprüchen eine Aufteilung der Medien und damit auch eine Kompromisslösung. Eine solche kann geboten sein, wenn die Beweislage, z.B. wegen des nur zeitweise verwendeten Ex libris, nicht einheitlich ist.

Bei Medien, die sich physisch im Bibliotheksbestand befinden, gilt die Vermutung zu Gunsten des Rechtsträgers der Bibliothek, dass er auch Eigentümer dieser Medien ist. Mit der Regelung § 1006 BGB hat der Gesetzgeber das Ziel, Zuordnungsverhältnisse im Alltag einfach und übersichtlich zu gestalten. Um gerade diese Rechtsscheinswirkung bei der Entleihe eines Buches nicht entstehen zu lassen, werden Medien mit einem Eigentumsstempel versehen. Eine weitere Ausnahme von der Rechtsscheinswirkung gilt gem. § 1006 Abs. 1 BGB für den Alteigentümer, wenn diesem die Sache abhandengekommen war. Zu diesen Anwendungsfällen gehören unrechtmäßige Enteignungen. So gilt für das entsprechende Buch die Bibliothek ausschließlich gegenüber den rechtmäßigen Alteigentümern bzw. dessen Erben nicht als Eigentümerin. Gegenüber allen anderen Personen gilt die Bibliothek wegen des Rechtsscheins auch weiterhin als Eigentümerin des Buches.

Die Provenienzforschung ist eine Teildisziplin der Geschichte und beschäftigt sich mit der Aufklärung von unrechtmäßigen Besitzverschiebungen. Stärker ins Blickfeld geriet sie in Folge der Unterzeichnung der Washingtoner Erklärung[24] durch 44 Staaten. In der Erklärung verpflichteten sich die Unterzeichnerstaaten wie Deutschland und Österreich, Gegenstände, die durch rassistisch motivierte Beschlagnahmungen in der Zeit des Nationalsozialismus den Eigentümern entwendet worden waren, in den Beständen öffentlicher Sammlungen ausfindig zu machen und den rechtmäßigen Eigentümern zurückzugeben oder für einen gerechten Ausgleich zu sorgen. Die Frage der Rückgabe bzw. Zuordnung von Eigentum stellt sich bei der Aufarbeitung von allen flächendeckenden Beschlagnahmehandlungen auf Grund von ideologischen Vorstellungen. Bei der Erörterung, inwieweit die Argumentation um die NS-Raubkunst in anderen Restitutionsfällen, z.B. DDR-Altfälle, angewendet werden kann, geht es nicht um eine Gegenüberstellung von NS-Unrecht und DDR-Unrecht. Maßstab ist nicht der eines der Unrechtssysteme, sondern das Abweichen eines Unrechtssystems von den rechtsstaatlichen Vorstellungen der Bundesrepublik.

24 Washingtoner Erklärung und Limbach Kommission, Deutscher Bundestag 2106, Dok.Nr. WD 10 3000 – 061/16, https://www.bundestag.de/blob/491794/42f7ba4d067efd53c4a62a3d8987c037/wd-10-061-16-pdf-data.pdf.

Die Washingtoner Prinzipien[25] definieren die Einigung der Unterzeichnerstaaten als Grundsätze. Mit Rücksichtnahme auf die unterschiedlichen Rechtssysteme werden diese als nicht bindend bezeichnet. Erfolgt jedoch eine Umsetzung, so kommt ihnen eine Bedeutung als Unterstützung bei der Auslegung von einzelnen nationalen Normen zu. Intension der Washingtoner Prinzipien ist eine progressive auf aktive Herbeiführung der Restitutionsfälle gerichtete Politik. Darunter sind die Schaffung und Gewährleistungen der entsprechenden Infrastruktur und zur Verfügung stehenden Personals zu verstehen. Beim Umfang der aktiven Herbeiführung der Restitutionsfälle gibt es notwendige Spielräume. Denn die Fälle sind unterschiedlich gelagert bzw. es stehen unterschiedliche Nachweismöglichkeiten zur Verfügung. Somit ist neben der aktiven Ermittlung auch ein zentraler Aufruf an Angehörige, sich zu melden, eine gängige und zulässige Methode. Dagegen wäre ein alleiniger Meldeaufruf zu wenig und würde hinter dem Ziel des Washingtoner Abkommens zurückbleiben.[26]

Bei der Ablösung eines Rechtssystems durch ein anderes, kommen zwei grundsätzlich verschiedene Wege in Betracht. Einmal kann ein Übergang durch eine Aufhebung aller bisherigen Regelungen erfolgen. Regelungen, die weiter gelten sollen, sind hierbei ausdrücklich zu bestätigen. Ein anderer Weg ist das Belassen der bisherigen Normen. Dann sind die gewünschten Änderungen jeweils einzeln durchzuführen. Sowohl beim Aufbau der Bundesrepublik in der Nachkriegszeit als auch bei der Wiedervereinigung wurde der erste Weg gewählt. Dies bedeutet, dass alle Eigentumsübertragungen zunächst als rechtmäßig gelten, es sei denn, es wird das Gegenteil bewiesen. Dies hat für die Alteigentümer den Nachteil, dass selbst wenn die Gesetze und Verordnungen mit denen die Enteignung durchgeführt wurden, aufgehoben wurden, sie immer noch die Nachweispflicht trifft, dass sie oder die Erblasser damals auf Grund der aufgehobenen Unrechtsregelung ihren Besitz und ihr Eigentum verloren haben. Im Hinblick auf die historische Tatsache der willkürlichen und systematischen Enteignungen während des NS-Regimes als kennzeichnendes Merkmal sind richtigerweise an die Beweishöhe keine allzu strengen Anforderungen zu stellen. Neben der Enteignung durch staatlichen Willkürakt kann die Entziehung von Besitz und Eigentum durch scheinbar legale Geschäfte von Privaten an den Staat oder an staatsnahe Personen erfolgen. Damit werden inhaltlich folgengleiche Alternativen auch gleich behandelt. Beispielsweise ist der Verkauf bzw. die Übertragung von Gegenständen nicht ungewöhnlich, wenn eine Auswanderung angestrebt wird. Die Veräußerungen stehen jedoch in einem ganz anderen Licht, wenn der Verkaufspreis ungewöhnlich niedrig ist oder der Verkauf nur deshalb erfolgt, um eine staatliche Genehmigung für die Ausreise zu erhalten. Die Annahme, dass eine Notlage ausgenutzt wurde, ist daher zu bejahen, wenn die Grenze des Wuchers gem. § 138 Abs. 2 BGB erreicht wurde. Die

25 http://www.lostart.de/Webs/DE/Datenbank/Grundlagen/WashingtonerPrinzipien.html, zuletzt aufgerufen am 01.09.2019.

26 Juraschko, Bernd: Rechtliche Aspekte der Provenienzforschung, O-Bib, https://www.o-bib.de/article/download/2017H4S211-220/6119, zuletzt aufgerufen am 01.09.2019.

Norm § 138 BGB besteht seit dem Beginn des Bürgerlichen Gesetzbuches.[27] Ferner galt das Bürgerliche Gesetzbuch in der DDR bis zur Ablösung durch das Zivilgesetzbuch im Jahre 1975. Wie bei der NS-Raubkunst gab es bei den Fällen der DDR-Raubkunst eine besondere Dimension des Unrechts. Dazu gehört z.B. die systematische Plünderung von Kulturgut durch die DDR-Firma Kunst und Antiquitäten GmbH (K & A), die der Kommerziellen Koordinierung des DDR-Außenhandelsministeriums (kurz KoKo) unterstand. Das Thema wurde im Gesetz zur Regelung offener Vermögensfragen (VermG), vor allem durch § 1 Abs. 3 VermG, aufgegriffen, bisher jedoch nicht in der notwendigen Tiefe aufgearbeitet. Zur Erfassung der DDR-Raubkunst bietet es sich an, Fallgruppen zu bilden. Die hier genannten sind die ersten Schritte einer Systematisierung und nicht abschließend: Ein rechtlich generell nicht zu beanstandender Grund für den Vermögensentzug und damit für die Enteignung war die Kontrollratsdirektive Nr. 38. Auf Grundlage von KRD 38 konnte Hauptschuldigen und Belasteten des NS-Regimes das Vermögen entzogen und als Volkseigentum der SBZ und DDR zugesprochen werden. Unrechtes Handeln kann jedoch nicht nur durch eine fehlende, falsche oder diskriminierende rechtliche Regelung erfolgen, sondern auch durch die Zweckentfremdung an sich nicht zu beanstanden Grundlage vollzogen werden. Dies erfolgte z.B. durch die spätere Verwendung der Kontrollratsdirektive Nr. 38. Ab 1949 wurde die KRD Nr. 38 missbraucht, um die politische Opposition zu diskreditieren, auszuschalten und sie ihres Vermögens zu berauben. Aufgabe der Aufarbeitung ist die Trennung der Fälle von staatlicher Willkür von inhaltlich nachvollziehbaren Sanktionen. Zur Feststellung eines Missbrauchs der KRD Nr. 38 ist eine Bewertung des Einzelfalls erforderlich. Indizien für eine Zweckentfremdung der KRD Nr. 38 sind beispielsweise:

- Die Pauschalierung von Verfahren mit verfahrensfremden Zielen.
- Die Standardisierung von Justizverfahren statt Ermittlung der individuellen Schuld.
- Es erfolgt eine übermäßige Sanktionierung.
- Es erfolgt eine Ersetzung einer Beweisermittlung durch das Vorbringen von politischen Behauptungen.

Eine eigenständige Gruppe bilden die wegen einer Flucht in den Westen zurückgelassenen Kunstgegenstände. Diese wurden bei Bekanntwerden der Flucht regelmäßig in Staatseigentum überführt. Das bis 1975 auch auf dem Gebiet der DDR geltende Bürgerliche Gesetzbuch (BGB) fordert in § 959 BGB einen erkennbaren Willen, das Eigentum an den betreffenden Gegenständen aufgeben zu wollen. Bei Wertgegenständen ist hier eine klar erkennbare Willensentäußerung, die nicht nur in dem einfachen Verlassen der Örtlichkeit zu sehen ist, zu fordern. Die nach dem damals auf dem Gebiet der damaligen DDR in den Jahren 1975 – 1990 geltende Norm § 32 Abs. 1 ZGB DDR (Erwerb des Eigentums in besonderen Fällen) besagt: „Eine bewegliche Sache,

27 Bürgerliches Gesetzbuch vom 18.08.1896, in Kraft getreten am 01.01.1900.

an der das Eigentum aufgegeben worden ist, kann von jedem zu Eigentum erworben werden. Das Eigentum wird in diesem Fall durch die Inbesitznahme der Sache mit der erkennbaren Absicht begründet, Eigentum daran zu erlangen. Das Aneignungsrecht an Sachen, die von erheblichem gesellschaftlichem Wert oder Interesse sind, steht ausschließlich dem Staat zu." Unter Zugrundelegung allgemeiner rechtsstaatlicher Prinzipien ist diese Norm als solche nicht zu beanstanden, da eine Klärung der Eigentumslage nach einer Aufgabe von allgemeinem und nachvollziehbarem Interesse ist. Entscheidend für einen Eigentumsübergang nach § 32 ZGB DDR ist jedoch, ob überhaupt eine Eigentumsaufgabe vorliegt oder ob eine solche sehr frei interpretiert oder gar unterstellt wurde. Wurde beispielsweise Eigentum bei einer Flucht in den Westen zurückgelassen, so kann nicht ohne weiteres auf eine Eigentumsaufgabe geschlossen werden. Erst recht ist eine solche Ansicht fehlgehend, wenn Bemühungen zur Sicherung der Vermögensgegenstände getroffen worden waren. Hierzu kann auch das einfache Absperren einer Wohnungstüre gehören. Dass aus damaliger Perspektive eine Wiedererlangung der Gegenstände häufig eher für unwahrscheinlich gehalten wurde, lässt den Herrschaftswillen nicht entfallen. Daher konnte auch im zeitlichen und örtlichen Geltungsbereich des ZGB DDR nur dann eine Eigentumsübertragung auf Dritte erfolgen, wenn der Wille zur Eigentumsaufgabe klar und erkennbar zu Tage getreten war. Als ein solches Signal wäre eine an den Medien angebrachte Nachricht „zum Mitnehmen" oder eine ähnliche briefliche Nachricht an einen Nachbarn etc. gewesen. Ein Aneignungsrecht des Staates war auch nach dem damaligen DDR-Recht weder nach §§ 958 ff. BGB noch nach § 32 ZGB DDR in den Fällen der sogenannten Republikflucht regelmäßig nicht gegeben.

Gegenstand des Vermögenstransfers zu Gunsten des Unrechtsregimes war sowohl das materielle als auch immaterielle Eigentum. Ein Beispiel hierfür sind Raubkopien von Medien westlicher Wissenschaftsverlage und deren Eingliederung in Bibliothekssammlungen. Sofern sich solche Exemplare noch in den Beständen der Bibliotheken befinden, besteht ein Anspruch auf Vernichtung der Raubkopien aus § 97 Abs. 1 BGB. Dass ein Vernichtungsanspruch besteht, bedeutet jedoch nicht, dass diese Exemplare bereits von Seite der Bibliothek vorauseilend vernichtet werden müssen. Notwendig ist ein entsprechendes Verlangen des bzw. der Rechteinhaber. Liegt ein solches Verlangen nicht vor oder gibt es sogar eine gegenteilige Vereinbarung, so ist auch eine Verwendung der Raubkopien als Objekte der Zeitgeschichte möglich. Um bei einer solchen Verwendung dennoch eine klare Distanz zu Urheberrechtsverletzungen zu wahren, ist eine Trennung von den Beständen mit den alltäglichen Nutzungsbedingungen erforderlich und die Einordnung als Rara-Bestände mit Zugangsbeschränkungen erforderlich. Ein reines Umdeklarieren und Weiternutzen würde auch die Schadensersatzansprüche fortschreiben. Die Verjährung der Schadensersatzansprüche richtet sich nach § 102 UrhG i.V.m. §§ 194ff. BGB. Maßgeblich ist der Zeitpunkt der Kenntnis des Geschädigten. Wenn hier von Objekten der Zeitgeschichte gesprochen wird, so wird auch die besondere Historie gewürdigt. Verfehlt wäre es, einer beliebigen Raubkopie einen historisch bedeutsamen Kontext zuzuschreiben. Eine Sammlung von Plagiaten ist als solche erkennbar.

Vereinfachtes Prüfungschema für Restutionsansprüche:
1. Gibt es eine einschlägige, spezielle Regelung?
2. Bildung von Fallgruppen / Systematisierung gleicher Vorgänge.
3. Ist der Eigentumstransfer nachvollziehbar?
   a. Wertungsgedanken des Internationalen Privatrechts u.a. Normen im Einführungsgesetz zum Bürgerlichen Gesetzbuch.
   b. Faire Gegenleistung oder Notlage ausgenützt?
   c. Nachvollziehbare Sanktion durch Vermögensentzug für ein schweres Verbrechen.
4. Liegt ein Altfall einer Geschäftsführung ohne Auftrag vor?[28]

Hinsichtlich der Regelung der Aufarbeitung ist die Rechtslage in Deutschland durch die Zuordnung der Provenienzforschung zum Kulturförderalismus geprägt. Dies bedeutet, dass die Regelungen in den Bundesländern spürbar voneinander abweichen und Bundesrecht nur dort zur Anwendung kommt, wo Rückgabeansprüche aus Bundesvermögen betroffen sind. Somit kann es zu Kompetenzüberschneidungen bzw. zu längeren Diskussionen über die verantwortliche Einrichtung führen, wenn sich die Sachverhalte nicht vollständig aufklären lassen. Im Gegensatz zu Deutschland ist in Österreich der Regelungsaufbau für die Provenienzforschung klarer strukturiert und damit gut nachvollziehbar. Auf Bundesebene sind mit dem Kunstrückgabegesetz und weiteren Rückgabegesetzen Regelungen geschaffen worden. In den Bundesländern sind die entsprechenden Beschlüsse gefasst worden. Auf kommunaler Ebene bestehen vor allem in den größeren Städten ebenfalls Regelungen. Herauszuheben sind hier die Regelungen der Stadt Wien. Die Struktur und die Zuständigkeiten sind klar und übersichtlich gegliedert, was neben der anwendungsfreundlichen Handhabung den politischen Willen für die Aufarbeitung besser erkennen lässt.[29]

5.24 Zivilrecht Schweiz

Im Gegensatz zum deutschen Recht ist das dingliche Geschäft in der Schweiz kausal. D.h. eine Eigentumsübertragung ist nur dann wirksam, wenn ein gültiger Rechtsgrund („causa“) vorliegt.[30] Erfolgen die schuldrechtlichen und die dinglichen Geschäfte

28 http://www.lostart.de, zuletzt aufgerufen am 01.09.2019.

29 Anlehnung an Juraschko, Bernd: Rechtliche Aspekte der Provenienzforschung, O-Bib, https://www.o-bib.de/article/download/2017H4S211-220/6119, zuletzt aufgerufen am 01.09.2019.

30 Ausdrücklich so für die Übertragung von Grundeigentum in Art. 974 ZGB und für bewegliches Eigentum anerkannt seit BGE 55 II 306.

nahezu gleichzeitig, so ist in der Praxis kein Unterschied feststellbar. Anders sieht es hingegen aus, wenn beispielsweise eine Buchsicherungsanlage wegen eines Zahlungsziels durch einen Eigentumsvorbehalt gesichert werden soll. Hier ist nach Art. 715 ZGB der Eintrag des Eigentumsvorbehalts in ein Register erforderlich. Das schweizerische ZGB gebraucht die Formulierung Fahrniseigentum für die deutsche Bezeichnung Mobilareigentum.

Die schuldrechtlichen Verpflichtungen sind im 5. Teil des ZGB im Obligationenrecht (OR) geregelt. Ähnlich wie das BGB wird auch hier zwischen dem allgemeinen Vertragsrecht und speziellen kaufrechtlichen Normen unterschieden. Zu beachten ist, dass nach schweizerischem Recht die gesetzlichen Gewährleistungspflichten dispositives Recht sind und daher vertraglich verschärft oder abgemildert werden können.

Das gesetzlich im ZGB niedergelegte Werkvertragsrecht ist dispositiver Natur. Hiervon kann durch individuelle Vereinbarung oder durch allgemeine Geschäftsbedingungen abgewichen werden. Ein solches privatrechtliches Regelwerk sind die SIA-Normen (Schweizerischer Ingenieur- und Architektenverein).

Eine Besonderheit des Zivilrechts gegenüber dem deutschen BGB ist die Aufführung des Verlagsvertrags im Obligationenrecht Art. 380 – 393. Das Obligationenrecht (OR) ist formell der fünfte Teil des ZGB. Jedoch wurde es aus der Systematik ausgegliedert und hat eine eigene Zählung erhalten. Das OR ist das Recht der Schuldverhältnisse und hat im Gegensatz zu der deutschen bzw. österreichischen Bezeichnung „Schuldrecht" seinen römischrechtlichen Namen „Obligationenrecht" behalten. Beim Verlagsvertrag verpflichten sich beide Seiten zu charakteristischen Leistungen. Somit ist die einfache Erfüllung einer Seite durch eine uncharakteristische Leistung, wie eine Geldzahlung, ausgeschlossen. In Deutschland ist das Verlagsgesetz außerhalb des BGBs geregelt.

Auch in der Schweiz ist der Lizenzvertrag nicht gesetzlich geregelt. Wie im deutschen Recht beinhaltet ein Lizenzvertrag das Nutzungsrecht über ein Immaterialgut.

5.25 Zivilrecht Österreich

Auch wenn inzwischen viele Rechtsgebiete nicht mehr im Allgemeinen Bürgerlichen Gesetzbuch geregelt sind, so ist das ABGB nach wie vor die grundlegende Kodifikation des Privatrechts in Österreich. Die wechselseitige Beeinflussung des deutschen BGBs und des österreichischen ABGBs hat dazu geführt, dass viele Regelungen in beiden Gesetzen ähnlich ausgestaltet sind. Dennoch bestehen markante Ausnahmen. Im österreichischen Recht ist das dingliche Geschäft wie in der Schweiz kausal. Daher kann ein Eigentumsvorbehalt auch nur durch einen Registereintrag und nicht durch eine reine vertragliche Vereinbarung erfolgen. Dies ergibt sich aus §§ 380, 424 ABGB. Im österreichischen AGBG findet der Verlagsvertrag mit §§ 1172 f. AGBG wie in der Schweiz Aufnahme im zivilrechtlichen Hauptgesetzeswerk. Als EU-Mitgliedstaat erfolgt auf Grund des Gemeinschaftsrechts wie in Deutschland eine Harmonisierung des Rechts. Hierdurch werden eine Annäherung der Ergebnisgleichheit bzw. Mindeststandards in zentralen Punkten erreicht.

5.26 Öffentlich-rechtlicher Erwerb durch Pflichtablieferung

Unter der Pflichtablieferung von Büchern versteht man die gesetzlich vorgeschriebene unentgeltliche Abgabe von Druckwerken durch den Verleger oder Drucker an eine bestimmte staatliche Bibliothek. Ablieferungspflichtig sind alle periodisch oder nicht periodisch erscheinenden Druckwerke im Sinne des Pressegesetzes. Hierzu zählen Bücher, Zeitschriften, Zeitungen, Schallplatten, Bild- und Tonkassetten, CDs, DVDs, Noten und Landkarten. Dagegen fallen die sogenannten harmlosen Druckwerke wie Formulare und Preislisten nicht unter die ablieferungspflichtigen Druckwerke. Gegenüber der deutschen Nationalbibliothek besteht eine Ablieferungspflicht von Netzpublikationen. Mit unterschiedlicher Intensität sammeln auch die einzelnen Landesbibliotheken Netzpublikationen[31]. Der Pflicht liegt das Ziel zugrunde, künftigen Generationen die literarische Produktion vollständig zu überliefern. Hierzu werden sämtliche Textproduktionen einer bestimmten Region möglichst vollständig an einer bestimmten Stelle gesammelt und öffentlich zugänglich gemacht.

In einem Grundsatzurteil hat das Bundesverfassungsgericht die generelle Unentgeltlichkeit der Abgabe bestätigt.[32] Abweichungen kann es in Einzelfällen bei besonders teuren Exemplaren, die in sehr geringer Auflage verlegt werden, geben. Nach der geltenden Rechtsordnung ist der unberechnete Zugang durch den Erhalt von Pflichtexemplaren eine Ausnahme vom Grundsatz der Unverletzlichkeit des Eigentums nach Art. 14 GG. Bei staatlichen Archiven ist der Zugang ebenfalls öffentlich-rechtlich geregelt. So haben Behörden, Gerichte und sonstige öffentliche Stellen dem jeweils zuständigen Archiv ihre Unterlagen, die nicht mehr benötigt werden, anzubieten. Beispielhaft sei hier das Bayerische Archivgesetz genannt.[33] Die Pflichtablieferung von Medien ist in der Regel für die Bibliothek kostenlos und wird daher häufig auch als unberechneter Zugang bezeichnet. Bei den Pflichtablieferungen wird nach Abgaben an die Bundesrepublik Deutschland und an die jeweiligen Bundesländer unterschieden. Die Ablieferungen für die Bundesrepublik Deutschland erfolgen an die Deutsche Nationalbibliothek als zentrale Archivbibliothek. Rechtsgrundlage sind die §§ 14 ff. Gesetz über die Deutsche Nationalbibliothek (DBNG), nach § 15 DBNG sind Verleger in Deutschland ablieferungspflichtig. Die Ablieferungspflicht betrifft alle Medien. Betroffen sind demnach sowohl körperliche als auch nichtkörperliche Ausgaben. Die

31 Beispiel Baden-Württemberg: https://www.blb-karlsruhe.de/files/user_upload/PDF/1_Die_%20BLB/Amtsdruckschriftenverordnung_Baden_Wuerttemberg_2006.pdf, zuletzt aufgerufen am 01.09.2019.

32 BVerfGE 58,137.

33 BayArchivG vom 22.12. 1989, GVBl S. 710 in der Fassung vom 16.12.1999, GVBl S. 521.

Ablieferung von digitalen Netzpublikationen an die Bundesrepublik Deutschland ist in § 14 Abs. 3 DBNG geregelt. Durch § 16 S. 2 DBNG hat die Deutsche Nationalbibliothek die Befugnis erhalten, Werke, die dem Sammelauftrag unterfallen, auch ohne Nachfrage aus den frei zugänglichen Teilen des Internets zu harvesten. Neben der Ablieferungspflicht an die Bundesrepublik Deutschland bestehen auch Ablieferungspflichten von körperlichen und digitalen Medien an die jeweiligen Bundesländer. Empfänger der Ablieferungen ist regelmäßig die Landesbibliothek des Bundeslandes. Die landesspezifischen Regelungen können neben der Landesbibliothek auch ein Pflichtexemplar zu Gunsten einer weiteren überregionalen Bibliothek vorsehen. Ursprünglich war das Pflichtexemplarrecht ein Instrument staatlicher Zensurbehörden. Heute dient das Pflichtexemplarrecht kulturpolitischen Zielen.[34]

Auch in Österreich gibt es eine Pflichtabgabe von Medien zu Gunsten des Staates. Die Aufgabe der Sammlung und Archivierung aller in Österreich erschienenen bzw. herausgegebenen Publikationen einschließlich der elektronischen Medien ist Aufgabe der Österreichischen Nationalbibliothek, §§ 43f. Mediengesetz bzw. § 3 Abs. 1 Bibliotheksordnung der Österreichischen Nationalbibliothek.

Dagegen besteht in der Schweiz kein Pflichtexemplarrecht. Vielmehr hat die Schweizerische Nationalbibliothek Verträge mit den Verlagen abgeschlossen. Die Situation in der Schweiz gleicht daher stärker dem System der freiwilligen Abgabe durch die Verleger während der Gründerjahre der Deutschen Bücherei in Leipzig als der heutigen Rechtslage in Deutschland. Die Exemplare werden im Verzeichnis Helveticat aufgenommen.

Tabelle 3: Abgabe Pflichtexemplare.

Bundesland abgebender Verleger	**Regelungen**
Baden-Württemberg	1 Exemplar an die Badische Landesbibliothek 1 Exemplar an die Württembergische Landesbibliothek Pflichtexemplargesetz Baden-Württemberg
Bayern	2 Exemplare an die Bayerische Staatsbibliothek Pflichtstückgesetz Bayern
Berlin	1 Exemplar an die Zentral- und Landesbibliothek Berlin Berliner Pflichtexemplargesetz
Brandenburg	1 Exemplar an die Stadt- und Landesbibliothek Potsdam Brandenburgische Pflichtexemplarverordnung
Bremen	1 Exemplar Staats- und Universitätsbibliothek Bremen Pressegesetz Bremen
Hamburg	1 Exemplar an die Staats- und Universitätsbibliothek Hamburg Pflichtexemplargesetz Hamburg

34 BVerfGE 58,137.

Hessen	1 Exemplar an entweder die Universitäts- und Landesbibliothek Darmstadt oder die Universitätsbibliothek Johann-Christian-Senckenberg oder die Hochschul-und Landesbibliothek Fulda oder die Gesamthochschul-Bibliothek Kassel – Landesbibliothek und Murhardsche Bibliothek der Stadt Kassel oder die Hessische Landesbibliothek Verordnung über die Abgabe von Druckwerken, Hessen
Mecklenburg-Vorpommern	1 Exemplar an die Landesbibliothek Mecklenburg-Vorpommern Verordnung über die Abgabe von Druckwerken, Mecklenburg-Vorpommern
Niedersachsen	1 Exemplar an die Gottfried Wilhelm Leibnitz Bibliothek-Niedersächsische Landesbibliothek Niedersächsisches Pressegesetz
Nordrhein-Westfalen	1 Exemplar je nach Erscheinungsort entweder an die Universitäts- und Landesbibliothek Bonn oder die Universitäts- und Landesbibliothek Düsseldorf Gesetz über die Ablieferung von Pflichtexemplaren
Rheinland-Pfalz	1 Exemplar je nach Erscheinungsort entweder an die Stadtbibliothek Mainz oder das Landesbibliothekszentrum/Pfälzische Landesbibliothek in Speyer oder das Landesbibliothekszentrum/ Rheinische Landesbibliothek in Koblenz oder die Stadtbibliothek Trier Landesverordnung zur Durchführung des § 14 des Landesmediengesetzes
Saarland	1 Exemplar an die Saarländische Universitäts- und Landesbibliothek Saarländisches Mediengesetz
Sachsen	1 Exemplar an die Sächsische Landes- und Universitätsbibliothek Sächsisches Gesetz über die Presse
Sachsen-Anhalt	1 Exemplar an die Universitäts- und Landesbibliothek Sachsen-Anhalt Pressegesetz Sachsen-Anhalt
Schleswig-Holstein	Je 1 Exemplar an die Universitätsbibliothek Kiel und die Schleswig-Holsteinische Landesbibliothek und die Stadtbibliothek in Lübeck Landespressegesetz
Thüringen	1 Exemplar an die Thüringer Universitäts- und Landesbibliothek Thüringer Pressegesetz

6 Steuern und Zölle

6.1 Grundbegriffe

Das häufigste Einsatzgebiet des Steuerrechts in Informationseinrichtungen ist die Erwerbung von Medien und Einrichtungsgegenständen. Ein weiteres Anwendungsgebiet ist das Feld der Lohnsteuer. In den häufigen Fällen, in denen die Bibliothek Bestandteil einer größeren Einrichtung ist, sind Fragen zur Lohnsteuer häufig in einer zentralen Buchhaltung bzw. Personalabteilung konzentriert. Für das Informationswesen bedeuten die Vorgaben des Steuerrechts nicht nur finanzielle Gebote, sondern auch inhaltliche Berührungspunkte. Zu den inhaltlichen Berührungspunkten gehören die Dokumentations- und Aufbewahrungspflichten. Beispiele sind die beweiskräftige Archivierung von vergänglichen Materialien, vor allem aber die Führung eines effizienten Dokumentenverwaltungssystems, um eine zügige Wiederauffindbarkeit der einzelnen Dokumente zu gewährleisten.

Prinzipien des Steuerrechts sind das Sozialstaatsprinzip, die Gleichmäßigkeit der Besteuerung, das Rückwirkungsverbot und die Gesetzmäßigkeit der Besteuerung. Letztere besagt, dass ein Steueranspruch nur dann entsteht, wenn ein gesetzlich geregelter Besteuerungstatbestand erfüllt ist. Verankert ist das Prinzip der Gesetzmäßigkeit der Besteuerung in Art. 2 Abs. 1 und Art. 20 Abs. 3 GG. Das Prinzip bietet sowohl die Grundlage für gesetzliche Regelung der steuerbegründenden Tatbestände als auch für die Notwendigkeit einer gesetzlichen Ermächtigung für Steuerbefreiungen.[1] Das Steuerrecht kennt eine ganze Reihe von Definitionen und Gebrauchsformen, deren Kenntnis in der Anwendung nützlich bis unerlässlich ist. So ist der Steuerbegriff in § 3 Abgabenordnung (AO) dem Inhalt nach legaldefiniert. Formell stellt § 4 AO klar, dass Steuergesetz jede Rechtsnorm ist.

Die Bündelung der verschiedenen Lebenssachverhalte in Form von Rechtsätzen, für die eine Besteuerung vorgesehen sind, wird Steuertatbestand genannt. Enthalten sind im Steuertatbestand alle erforderlichen Tatbestandsmerkmale, die die Steuerschuld auslösen. Er besteht immer aus der Benennung des Steuersubjekts, dem Steuerobjekt und dem Steuersatz.[2] Steuersubjekt ist, wer die Steuer schuldet. Steuerobjekt ist der Gegenstand, der der Besteuerung unterliegt.[3] Der Steuersatz schließlich ist die Rechengröße, durch deren Anwendung auf die steuerliche Bemessungsgrundlage sich die Rechtsfolge als der tatsächlich zu zahlende Steuerbetrag ergibt.[4] Die Gesamtheit der Rechtsbeziehungen zwischen dem Steuerpflichtigen und dem Steuergläubiger ist das Steuerrechtsverhältnis. Die Grundlagen für die Rechtsbeziehungen finden sich in der AO und in den Einzelgesetzen. Zum besseren Verständnis können in vielen

1 BFH, BStBl. 1986 II, 77.

2 Birk: Steuerrecht, Rn 100.

3 Birk: ebd., Rn 102.

4 Birk: ebd., Rn 105–109.

https://doi.org/10.1515/9783110640380-008

Fällen Parallelen zum Verwaltungsrecht mit dem dort zentralen Regelungsinstrument Verwaltungsakt gezogen werden.

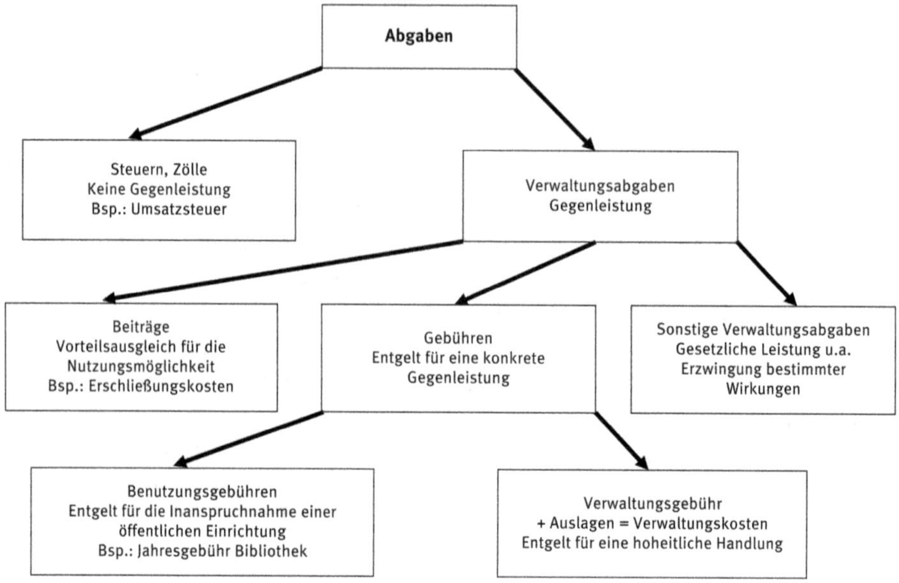

Abb. 11: Abgabenbegriff.

Das Steuerrechtsverhältnis kann unterteilt werden in:

- Das Steuerschuldverhältnis ist geregelt in § 37 AO. Hier werden alle vermögensrechtlichen Leistungspflichten zusammengefasst.
- Dagegen umfasst das Steuerpflichtverhältnis alle Leistungspflichten nicht vermögensrechtlicher Art. Dazu gehören beispielsweise Mitwirkungspflichten, Buchführungspflichten usw.

Gem. § 38 AO entsteht der Anspruch aus dem Steuerschuldverhältnis, wenn der Tatbestand, der an die Leistungsverpflichtung anknüpft, verwirklicht ist. Dabei ergänzen die Einzelgesetze die Regelung § 38 AO. Ansprüche aus dem Steuerschuldverhältnis erlöschen gem. § 47 AO insbesondere durch Zahlung (§§ 224 f. AO), Aufrechnung (§ 226 AO), Erlass (§§ 163, 227 AO) und Verjährung. Bei der Verjährung sind zwei Besonderheiten gegenüber dem bürgerlichen Recht zu beachten. Es wird im Besteuerungsverfahren zwischen der Festsetzungsverjährung (§§ 169–171 AO) und der Zahlungsverjährung (§§ 228–232 AO) unterschieden. Ferner führt die Verjährung zum Erlöschen des Anspruchs und ist nicht, wie im Zivilrecht, eine Einrede, die nur die Durchsetzungsfähigkeit hindert.

Das Steuerrecht ist eine komplexe Materie mit weitreichenden Folgen. Wegen des dadurch schnell entstehenden Informationsbedarfs stellt sich die Frage, wie es um die Möglichkeit steht, schnell und zuverlässig an Informationen zu kommen. In § 89 AO ist die Beratungs- und Auskunftspflicht der Finanzbehörde geregelt. Die Norm bezieht sich jedoch nur auf Verfahrenshandlungen, wenn der Betroffene diese „offensichtlich nur versehentlich oder aus Unkenntnis" unterlässt. Materiellrechtliche, also inhaltliche Fragen werden von der Auskunftspflicht nicht erfasst. Wegen der Verfahrensstockungen, der damit verbundenen Mehrarbeit und aus Kundenfreundlichkeit gehen einige Finanzbehörden weiter und geben umfassendere Auskünfte, z.B. zu üblichen Reaktionen im betroffenen Fall. Eine umfassende Steuerberatung durch das Finanzamt ist hingegen nicht möglich. Dies gilt auch für Überlegungen im Hinblick auf den Grundsatz der Amtshilfe und des behördenfreundlichen Verhaltens, wenn die Informationseinrichtung öffentlich-rechtlich organisiert ist. Hier hat sich die Bibliothek an die vorgesetzte Stelle zu wenden, kann an die einschlägigen Berufsverbände herantreten oder einer zur Steuerberatung befugten Person einen Auftrag erteilen. Das deutsche Steuerrecht kennt mit den Nichtanwendungserlassen gegenüber den übrigen Rechtsgebieten eine Besonderheit. Wird in einem Steuerstreitverfahren von der höchstrichterlichen Rechtsprechung ein Urteil gefällt, so gilt dieses jedenfalls zwischen den streitenden Parteien. Dem Urteil kann über den Gleichbehandlungsgrundsatz eine präjustizielle Wirkung zukommen. In einigen Fällen erlässt das Bundesministerium der Finanzen sogenannte Nichtanwendungserlasse, in denen sie den untergeordneten Finanzbehörden durch Innenrecht die Ausdehnung der betroffenen höchstrichterlichen Rechtsprechung auf gleichgelagerte Fälle verbietet. Ein solches Verhalten der BMF wird mit guten Gründen stark kritisiert. Wegen der Gefahr der Ersetzung des Gesetzgebers durch Gerichtsentscheidungen ist die Möglichkeit solcher Nichtanwendungserlasse derzeit geltendes Recht und auch vom Bundesfinanzhof als solches anerkannt.[5]

6.2 Leasing

An dieser Stelle werden mit der Umsatzsteuer, der steuerlichen Regelung von Spenden und dem Leasing einige der typischen steuerrechtlichen Thematiken in Informationseinrichtungen herausgegriffen.

Zu den nicht ausdrücklich im BGB geregelten Finanzierungsformen gehört das Leasing. Das Leasing wurde ursprünglich vor allem aus steuerrechtlichen Gründen entwickelt. Zwar sind die steuerrechtlichen Gründe inzwischen weniger attraktiv geworden, als steuerrechtlich interessante Finanzierungsform besteht das Leasing jedoch fort. Leasing ist ein Oberbegriff für verschiedene Leasingformen. Es ist zwischen Operateleasing und dem Financeleasing zu unterscheiden:

Das Operateleasing entspricht einem Mietvertrag, gem. §§ 535 ff. BGB. Inhalt ist die schulrechtlich vereinbarte entgeltliche Gebrauchsüberlassung mit Kündigungsrecht

5 BFH, BStBl. 1983 II, 280, 282.

des Leasingnehmers.[6] Typische Merkmale des Financeleasings sind eine fest vereinbarte Grundmietzeit und die Verlagerung des Investitionsrisikos auf den Leasingnehmer. Die Finanzverwaltung hat unter Berücksichtigung der Rechtsprechung in ihren Erlassen eine schematische Einteilung getroffen.[7] Dem Leasingnehmer werden zur Geltendmachung etwaiger Ansprüche vom Leasinggeber die Gewährleistungsansprüche abgetreten. Wem das Leasinggut wirtschaftlich zugeordnet wird, hängt von der Vertragsgestaltung ab. Der Leasinggeber trägt dann nur noch das Kreditrisiko. Nach der Rechtsprechung liegt ein atypischer Mietvertrag vor. Die Verwendung von Leasing als Finanzierungsform wirft auch Fragen auf. Zu den wichtigsten gehört die richtige Zurechnung von Wirtschaftsgütern gem. § 39 AO.

Beispiel: Das Dokumentationszentrum D e.V. hat 2019 mit dem Kopierunternehmen K einen Leasingvertrag über zehn Kopierer abgeschlossen. Der Vertrag ist über die gewöhnliche Nutzungsdauer von vier Jahren fest und danach durch D quartalsweise kündbar. Der Mietpreis beträgt pro Kopierer für die ersten vier Jahre 105 Euro pro Monat und Kopierer. In der anschließenden Zeit ermäßigt sich der Mietpreis auf 50 Euro pro Kopierer und Monat. Muss die Buchhaltung von D die Kopierer für das Wirtschaftsjahr 2019 als Betriebsvermögen aktivieren?
Lösungsskizze: Der Gewinn eines jeden Unternehmers ist gem. § 4 Abs. 1 EStG so zu ermitteln, dass das Betriebsvermögen am Anfang und am Ende des Wirtschaftsjahres gegenübergestellt wird. Die Kopierer zählen dann zum Betriebsvermögen, wenn sie ihm steuerrechtlich zuzurechnen sind. Grundsätzlich werden gem. § 39 AO Wirtschaftsgüter dem Eigentümer zugerechnet. Fallen jedoch wie hier rechtlicher und wirtschaftlicher Eigentümer auseinander, so wird auf den wirtschaftlichen Eigentümer abgestellt. Wirtschaftlicher Eigentümer ist gem. § 39 Abs. 1 AO, wer während der Nutzungsdauer regelmäßig die tatsächliche Sachherrschaft über das Wirtschaftsgut so ausübt, dass er andere von der Nutzung ausschließen kann. D hat einen Mietvertrag mit einer festen Bindung über vier Jahre abgeschlossen. Daher kann D alle anderen, auch den K, für diese Dauer von der wirtschaftlichen Nutzung ausschließen. Somit sind die Kopierer dem D gem. § 39 Abs. 2 Nr. 1 AO zuzurechnen[8] und er muss diese am Ende des Wirtschaftsjahres 2019 als Betriebsvermögen aktivieren.

Die Unterschiede zwischen Miete und Leasing zeigen sich in der Praxis vor allem bei Fragen der Gewährleistung. Beim klassischen Finanzierungsleasing „kauft“ der Leasinggeber vom Lieferanten die geleaste Ware. Ferner überlässt der Leasinggeber dem Leasingnehmer auf Grund des Leasingvertrags die Nutzung am geleasten Gut. Diesen Vertrag hat der Bundesgerichtshof als Mietvertrag qualifiziert.[9] Dagegen ist die Gewährleistung nicht wie im Mietverhältnis, sondern ähnlich einem Kaufvertragsverhältnis ausgestaltet. Der Leasinggeber tritt die mietrechtlichen Gewährleistungs-

6 BGH, NJW 1990, 1785.
7 Vgl. BMF in BStBl. 1971 I, 164; 1972 I, 188; 1992 I, 13.
8 BFH BStBl. 1970 II, 264ff.; 1984 II, 825.
9 Schneider in: Lehmann; Meents: ebd., Kap. 4 Rn 229.

ansprüche an den Leasingnehmer ab.[10] Grundlagen für das Leasing im Steuerrecht finden sich vor allem in Erlassen. Zu nennen ist hier der:

- Vollamortisationserlass vom 19.04.1971, BWF vom 19.04.1971 – IV B/2 – S 2170–3171.
- Teilamortisationserlass vom 22.12.1975 – IV B/2 – S – 2170-161/75, Esch 1998, Anh. 21/III.

6.3 Umsatzsteuer

Die Umsatzsteuer gehört zu den Steuern, mit denen Erwerbungsbibliothekare tagtäglich zu tun haben. Gem. Art. 106 Abs. 3, 4, 7 GG gehört die Umsatzsteuer zu den Gemeinschaftssteuern, d.h. sie wird zwischen Bund, Ländern und Gemeinden aufgeteilt. Begründet wird die Umsatzsteuer damit, dass die Höhe des Konsums regelmäßig auf die individuelle Leistungsfähigkeit schließen lasse.[11] Hieraus wird gefolgert, dass existenziell notwendige oder zumindest wichtige Güter nicht oder ermäßigt besteuert werden sollten.[12] Ausgangspunkt für die Umsatzsteuer ist die Besteuerung der einzelnen Leistung eines Unternehmers gegenüber einem anderen Unternehmer. Damit wird eine Ware auf ihrem Weg über verschiedene Handelsstufen auf jeder mit einer Steuer belastet, die sogenannte Allphasenbesteuerung. Erfolgt zwischen den einzelnen Handels- bzw. Besteuerungsstufen kein Ausgleich, so steigt der Preis wegen der enthaltenen Steuer sämtlicher Handelsstufen sehr stark an (Allphasenbruttoumsatzsteuer). In Deutschland hingegen gilt die Allphasennettoumsatzsteuer, d.h. es wird auf jeder Handelsstufe nicht der volle Kaufpreis, sondern nur der auf der Handelsstufe geschaffene Mehrwert besteuert. Dies wird dadurch bewirkt, dass Unternehmer die ihnen in Rechnung gestellte Umsatzsteuer als Vorsteuer abziehen können und andererseits die Umsatzsteuer über den Preis an den Endkunden weitergeben.

Beispiel: Möbelfabrik M liefert eine neue Ausleihtheke an Großhändler G. G wiederum liefert an die Stadtbücherei S. Unterstellt wird eine Gewinnspanne von 100 Euro und ein Steuersatz von 19 Prozent. M verkauft an G für 100 Euro netto + 19 Euro USt. G erhält die 19 Euro jedoch vom Finanzamt erstattet. Er selbst verkauft für 200 Euro netto zuzüglich 38 Euro USt an die Stadtbücherei S. S ist Endverbraucher der Theke und hat daher die gesamte Umsatzsteuer zu bezahlen.

Bis 2019 war es in Deutschland von der Art des Mediums abhängig, welcher Steuersatz zum Tragen kam. Dies sind einmal der allgemeine Steuersatz von 19 Prozent und zum anderen der ermäßigte Steuersatz von sieben Prozent. Inzwischen hat sich auch der Rat Wirtschaft und Finanzen der EU (ECONFIN) am 02.10.2018 einstimmig für die steuerliche Gleichbehandlung von gedruckten und digitalen Presseproduk-

10 Näheres zur Geltendmachung von Gewährleistungsansprüchen beim Leasing: BGH, NJW 2004, 1041.

11 Birk: ebd., Rn 1670 m.w.N.

12 Birk: ebd., Rn 1670.

ten ausgesprochen. Damit war die Grundlage dafür geschaffen worden, dass die Mitgliedsstaaten den ermäßigten Steuersatz, z.B. für elektronische Zeitschriften, einführen können. Mit dem verabschiedeten Jahressteuergesetz 2019 hat der Bundestag die grundsätzliche Anwendung eines ermäßigten Steuersatzes auch für elektronischen Medien wie E-Books, E-Journals, E-Zeitungen, Apps, Webseiten und Datenbankangebote vorgesehen.[13]

Für die Einführung des Binnenmarktes haben sich die Mitgliedsstaaten verpflichtet, ihre Steuersätze anzugleichen.[14] Danach beträgt der Normalsatz der Umsatzsteuer mindestens 15 Prozent der Bemessungsgrundlage. Innerhalb der Spannbreiten bzw. in engem Rahmen auch bei der Ausgestaltung der Ausnahmen kommt nationales Recht zur Geltung. Hierdurch kann es zu unterschiedlichen Steuersätzen kommen. Beispielsweise beträgt der Satz der deutschen Mehrwertsteuer 19 bzw. sieben Prozent, der Satz der Britischen Value Added Tax (VAT) derzeit 20 Prozent. Damit stellt sich die Frage, welcher Steuersatz zu wählen ist, wenn ein Medium in einem solchen Land für die Bibliothek erworben werden soll.

Beispiel: Die öffentlich-rechtlich organisierte Universitätsbibliothek U erwirbt ein Nutzungsrecht an einer Datenbank. Der Betreiber der Datenbank hat seinen Geschäftssitz in Manchester. Erwerbungsbibliothekar E ist sich nicht sicher, ob er mit dem deutschen Mehrwertsteuersatz von 19 Prozent oder mit dem britischen VAT von 20 Prozent zu rechnen hat.
Lösungsskizze: Maßgebend ist für die Wahl des richtigen Steuersatzes, wo die Leistung vom Gesetzgeber verortet wird. Im Bezug auf Datenbanken an ein Nichtunternehmen ist § 3a Abs. 4 Nr. 13 UStG „die auf elektronischem Weg erbrachten sonstigen Leistungen". Danach ist das Steuerrecht des Bestimmungslandes, hier Deutschland, maßgeblich. Daher hat E nach In-Kraft-treten des Jahressteuergesetzes 2019 vom ermäßigten deutschen Mehrwertsteuersatz von sieben Prozent auszugehen.

Als zusätzliche Ausnahme werden von der EU-Richtlinie bis zu zwei ermäßigte Steuersätze akzeptiert. Diese müssen mindestens fünf Prozent der Bemessungsgrundlage betragen. Von den, von der deutschen Ausnahmeregelung § 12 Abs. 2 Nr. 1 UStG i.V.m. Anlage 2 Position 49 genannten Medien werden Bücher, Zeitungen und andere Erzeugnisse des graphischen Druckgewerbes derzeit mit einem ermäßigten Mehrwertsteuersatz von sieben Prozent besteuert. Für DVDs und CD-ROMs galt bisher der allgemeine Mehrwertsteuersatz von derzeit 19 Prozent. Ausnahmsweise konnten CDs dem ermäßigten Mehrwertsteuersatz von sieben Prozent unterliegen, wenn sie kumulativ für ein bestimmtes Buch gefertigt wurden, auf den Inhalt des Buches Bezug nehmen, mit dem Inhalt des Buches abgestimmt sind, den Inhalt des Buches aufnehmen, nicht selbstständig handlungsfähig sind und als bloße Zugabe zur Veranschaulichung des gedruckten Textes gelten. Diese bisherige unterschiedliche Behandlung der Medien war vom Nutzerhorizont aus betrachtet nicht nachvollziehbar, derzeit wieder in der Diskussion und nur als historisch und politisch gewachsen zu verstehen.

---

13 Zum Gesetzesentwurf der Bundesregierung BT Drucks. 19/13436.
14 Richtlinie 92/77/EWG vom 19. Okt. 1992 (Abl. EG 1992 Nr. L 316 S. 1).

6.4 Einfuhrumsatzsteuer und Zölle

Abgaben knüpfen nicht nur an inländische Sachverhalte an, sondern klassischer Weise auch an Vorgänge beim Grenzübertritt. Zölle sind Steuern im Sinne der Definition des § 3 Abs. 3 AO. Sie werden „nach Maßgabe des Zolltarifs von der Warenbewegung über die Zollgrenze erhoben"[15] – entweder bei der Einfuhr (Einfuhrzoll) oder bei der Ausfuhr (Ausfuhrzoll). In der Gesetzeskonstruktion und teils in der Wirkungsweise sind Zölle Verbrauchssteuern ähnlich. Denn Zölle knüpfen beim Waren-eintritt in den freien Warenverkehr an. Auf diese Art und Weise ergänzen Zölle die Verbrauchssteuern. Im Unterschied zu Verbrauchssteuern dienen Zölle nicht nur dem staatlichen Finanzbedarf, sondern sind ein Instrument der Wirtschaftspolitik. Im Zuge der europäischen Integration ist das Zollrecht inzwischen fast ausschließlich Gebiet des Gemeinschaftsrechts. Die Ertragshoheit über die Zölle steht der EU zu.[16] Die Einfuhr von Bibliotheksgut nach Deutschland ist in § 1 Abs. 1 Nr. 4 UStG geregelt. Im Gegensatz zur Einfuhrumsatzsteuer wird auf die Einfuhr von Büchern und vielen anderen Bibliotheksmaterialien kein Zoll erhoben. Gemäß § 21 Abs. 2 UStG gelten die Zollvorschriften für die Einfuhrumsatzsteuer.

Vereinfacht gilt:

- Kauf in Deutschland: Umsatzsteuer;
- Kauf innerhalb der EU: Umsatzsteuer;
- Kauf außerhalb der EU: Einfuhrumsatzsteuer und gegebenenfalls Zoll.

Grundsätzlich sind alle Einfuhren abgabenpflichtig. Eine Ausnahme gilt gem. § 4 EUStBefrVO für Gegenstände erzieherischen, wissenschaftlichen oder kulturellen Charakters. Damit die Norm wirksam wird, müssen zwei Voraussetzungen kumulativ erfüllt werden. Die Steuerfreiheit für Sammlungsstücke und Kunstgegenstände (Artikel 51 der Verordnung) hängt davon ab, ob die Gegenstände

1. unentgeltlich eingeführt werden oder
2. nicht von einem Unternehmer geliefert werden. Als Lieferer gilt nicht, wer für die begünstigte Einrichtung tätig wird.

Je nach Ausstattung können Bücher Kunstgegenstände sein. In jedem Fall sind sie Sammlungsstücke. In Betracht kommt hier die Zuführung einer im EU-Ausland befindlichen Büchersammlung durch Erbschaft oder Schenkung. Ein weiteres Feld ist der internationale Tausch von Schriften. Ein weiterer Befreiungsgrund befindet sich in § 9 EUStBefrVO. Demnach können amtliche Druckschriften abgabenfrei eingeführt werden. Von Bedeutung ist schließlich die Ausnahme für Sendungen mit geringem Wert gem. Art. 27 ZBefrVO. Danach sind Sendungen von den Eingangsabgaben befreit, wenn keine Gegenausnahme greift und der Gesamtwert der Sendung 22 Euro

---

15 BVerfG, 2 Bvl. 19/56; BVerfGE 8, 260, (269).
16 Art. 2 Abs. 1 lit. a Beschluss 2007/436/EG v. 7.6.2007, Abl. Nr. L 163, S. 17ff.

nicht übersteigt. Bestehen Zweifel an der Einfuhrerlaubnis bzw. der Abgabenpflicht, so kann dies auf den Onlineseiten des Zolls ermittelt werden. Zur besseren Auffindbarkeit wurden die relevanten Waren klassifiziert.

- Für Bücher lautet der Code: 4901.
- Für antiquarische Bücher lautet der Code: 4906.

Beispiel: F ist Fachreferent für Orientalistik. Er möchte einige wertvolle irakische Manuskripte aus dem 12. Jh. n. Chr. erwerben. Diese befinden sich derzeit in einer amerikanischen Privatsammlung. **Lösungsskizze:** Eine Ermittlung auf der Onlineseite EZTonline-Einfuhr[17] ergibt in den TARIC-Fußnoten, dass ein generelles Einfuhrverbot für irakische Antiquitäten besteht. Ausnahmen sind hier nur möglich, wenn kein Verdacht einer illegalen Verbringung bzw. eine Verbringung vor dem 06.08.1990 besteht. Die Widerlegung der Vermutung, d.h. den Nachweis der Rechtmäßigkeit hat F zu erbringen. Daher ist dem F zu raten, sich vor dem Erwerb der Schriften die entsprechenden Belege bzw. Genehmigungen zu besorgen.

6.5 Steuerrechtliche Dokumentation

Wegen der ähnlichen Arbeitsgebiete gerade in Unternehmen werden das Unternehmensarchiv und die Bibliothek häufig zu einem Dokumentations- und Informationsservice zusammengelegt. Nach Handels- und nach Steuerrecht bestehen umfangreiche Dokumentations- und Archivierungspflichten. In Verbindung mit der aufkommenden Masse an Dokumenten erfordern diese eine aktive Auseinandersetzung mit Themen wie einem effizienten Verwaltungssystem und der Langzeitarchivierung. Sind Unterlagen für die Besteuerung bedeutsam, so sind sie gem. § 147 Abs. 1 AO aufbewahrungspflichtig. Auf Grund der häufig breiten Mischung der Dokumentarten gibt es auch hier ein starkes Bestreben, die Probleme mit der Langzeitarchivierung nachhaltig zu lösen. Verletzt der Steuerpflichtige seine Aufbewahrungspflichten oder liegt keine ordnungsgemäße Buchführung vor, sind gem. § 162 AO die Finanzbehörden zu einer Schätzung der Besteuerungsgrundlagen berechtigt. Werden den Finanzbehörden Unterlagen auf Datenträgern vorgelegt, so sind diese gem. § 147 Abs. 5 AO auf Kosten des Steuerpflichtigen lesbar zu machen. Rechnungen sind grundsätzlich Buchungsbelege i.S.v. § 147 Abs. 2 Nr. 1 AO, § 257 Abs. 3 Nr. 1 HGB. In den §§ 140–153 AO sind die Aufzeichnungs- und Erklärungspflichten des Steuerpflichtigen niedergelegt. Dabei wird zwischen derivativen (abgeleiteten) und originären Buchführungs- und Aufzeichnungspflichten unterschieden. Die abgeleitete Verpflichtung zur Buchführung und Aufzeichnung besteht gem. § 140 AO. Diese Norm bestimmt, dass die Aufzeichnungs- und Buchführungspflichten aus nicht-steuerlichen Gründen auch für die Besteuerung gelten. Dagegen begründet § 141 AO die originären steuerlichen Buch-

---

17 Zoll, EZTonline-Einfuhr: http://auskunft.ezt-online.de, zuletzt aufgerufen am 01.09.2019.

führungspflichten. Zu den nicht-steuerlichen Buchführungs- und Aufbewahrungspflichten gehören die nach dem Handelsrecht vorgeschriebenen. Sie sind in § 257 HGB geregelt. Aufzubewahren sind demnach: Handelsbücher, Inventare, Eröffnungsbilanzen, Jahresabschlüsse, Lageberichte, Konzernabschlüsse, Konzernlageberichte und die zum Verständnis erforderlichen Arbeitsunterlagen. Dazu gehören empfangene Handelsbriefe, Wiedergaben der abgesandten Handelsbriefe und Buchungsbelege. Unter Handelsbriefen werden allein Schriftstücke, die ein Handelsgeschäft betreffen, verstanden. Empfangene und abgesandte Handelsbriefe sowie die Buchungsbelege sind sechs Jahre aufzubewahren, § 257 Abs. 4 HGB. Alle anderen Unterlagen haben eine Aufbewahrungspflicht von zehn Jahren, Eröffnungsbilanzen, Jahresabschlüsse und die Konzernabschlüsse sind in ausgedruckter Form aufzubewahren. Die übrigen Unterlagen können auf Datenträgern abgespeichert und aufbewahrt werden. Beginn der Aufbewahrungsfrist ist der Schluss des Kalenderjahrs, in dem die letzte Eintragung in das Handelsbuch gemacht, das Inventar aufgestellt, die Eröffnungsbilanz oder der Jahresabschluss festgestellt, der Konzernabschluss festgestellt wurde oder der Buchungsbeleg entstanden ist. Die Aufbewahrungsfrist endet mit dem letzten Tag des Schlussjahres. Die durch Steuer- und Handelsrecht geforderten Aufbewahrungsfristen sind als Mindestfristen zu verstehen. Vor einer Bestandsbereinigung sind die Dokumente auf einen zu erwartenden Bedarf zu prüfen. Den Aufbewahrungsfristen stehen Löschungsfristen, z.B. aus datenschutzrechtlichen Belangen wie in § 75 BDSG, gegenüber.

Tabelle 4: Aufbewahrungsfristen für Dokumente.

Dokument	Aufbewahrungsfrist in Jahren
Angebot	6
Anlageverzeichnis	10
Auftragsbestätigungen	6
Ausgangsrechnungen	10
Baupläne	Dauerwert
Bilanzen	10
Buchungsbelege	10
Computerausdrucke mit buchungsrelevanten Daten	10
Darlehensunterlagen	6
Debitorenlisten	10
E-Mail (Geschäftsbrief) – in elektronischer Form	6
E-Mail (Rechnung) – in elektronischer Form	10
Eröffnungsbilanz	10
Gerichtsurteile	Dauerwert
Inventur	10
Jahresabschlüsse	10
Lohnbelege	6
Mahnungen	6

Quittungen/ Rechnungen (Papier)	10
Quittungen/ Rechnungen (elektronisch)	10
Sachkonten	10
Verträge	6
Zahlungsanweisungen	10

6.6 Steuerrecht und Zugang durch Schenkung

Ein anderer Zugang von Medien als durch Kauf erfolgt über die Schenkung. Die Schenkung ist gem. § 516 BGB ein Vertrag, durch den jemand aus seinem Vermögen einen anderen unentgeltlich bereichert.[18] Schwierigkeiten bereitet eine Schenkung häufig dann, wenn sie mit einer Auflage verbunden ist. Solche Auflagen können sein: Nennung des Schenkers, Aufstellung der geschenkten Sammlung nur in einem geschlossenen Zusammenhang, Nutzung nur durch einen bestimmten Personenkreis etc. Der Schenker kann gem. § 525 BGB die Vollziehung verlangen. Ob die Auflage akzeptabel ist, ist vor der Annahme des Schenkungsversprechens im Einzelfall zu entscheiden. Wurde in der Vergangenheit eine Auflage akzeptiert und will die jetzige Bibliotheksleitung davon abweichen, so ist zuvor mit dem Schenker oder seinen Erben eine Änderung des Schenkungsvertrages herbeizuführen. Da dies regelmäßig zu einem erhöhten Aufwand führt, wird generell nur die Annahme von Schenkungen ohne Auflage empfohlen.

Häufig wird bei einer Schenkung eine Spendenquittung zur Vorlage bei der Einkommenssteuererklärung des Schenkers erwartet. Ein Verlangen einer Spendenquittung ist je nach Erwartungsgrad als unverbindliche Bitte oder als Auflage zu werten. Sie ändert den Charakter der Schenkung nicht in einen Kauf, da eine Quittung eine verbriefte Bestätigung der Schenkung bleibt, auch wenn sie zu einem weitergehenden Zweck (Steuerersparnis) verwendet wird. Bei neuen Medien ist der Nettowert der Schenkung anzusetzen, da bei der Schenkung keine Umsatzsteuer abgeführt wird. Handelt es sich um gebrauchte Medien, so ist in nachvollziehbarer Weise der Zeitwert anzusetzen. Dafür bieten sich Vergleiche bei großen Buchhändlern, die mit gebrauchten Büchern handeln, an. Der Staat fördert gemeinnützige Verhaltensweisen, indem er sowohl den Mittelgeber (Spender) als auch den Mittelempfänger (Körperschaft) durch steuerliche Anreize zur Förderung des Gemeinwesens entlastet.[19] Einen erheblichen Anreiz für eine Spende und deren Höhe ist die steuerliche Abzugsfähigkeit. Steuerlich abzugsfähig sind Zuwendungen (Spenden und Mitgliedschaftsbeiträge) nur für die in § 10b Abs. 1 S. 1 EStG genannten Organisationen:

---

18 Creifelds: Rechtswörterbuch, Stichwort Schenkung.

19 Birk: ebd., Rn 355.

- inländische juristische Personen des öffentlichen Rechts;
- öffentliche Dienststellen;
- die gem. § 5 Abs. 1 Nr. 9 KStG steuerbefreiten Körperschaften, Personenvereinigungen oder Vermögensmassen. Darunter werden solche verstanden, die gemeinnützige, mildtätige oder kirchliche Zwecke im Sinne der Abgabenordnung verwirklichen.

Um Missbrauch vorzubeugen, ist es jeder gemeinnützigen Körperschaft nur erlaubt, sich innerhalb ihres Satzungszwecks zu betätigen. Der Spendenaufruf ist daher konform zum Satzungszweck auszurichten. Andernfalls kann die Gemeinnützigkeit aberkannt werden. Erlaubt ist aber das Gründen eines steuerbegünstigenden Fördervereins, dessen Satzungszweck es gerade ist, eine andere Einrichtung mit finanziellen Mitteln zu unterstützen. Wie viele Jahre ein Förderverein bereits erhaltene Spenden vor der Umsetzung aufbewahren kann, hängt von der Höhe der Mittel und dem beabsichtigten Zweck ab. Kommt es über mehrere Jahre hinweg zu keiner Umsetzung, so ist mit kritischen Nachfragen seitens der Finanzbehörden zu rechnen. Zweckbindungen von Spenden verursachen einen zusätzlichen Aufwand. Daher sollte vor einer Annahme genau überlegt werden, ob dieser zusätzliche Aufwand gerechtfertigt ist. Andererseits ermöglicht eine Zweckbindung, einen engeren Bezug zwischen gefördertem Objekt und dem Spender herzustellen. Ein Beispiel hierfür sind die Restaurationsspendensammlungen für ganz bestimmte Bücher. Spenden sind freiwillige Zuwendungen. Damit gelten die allgemeinen Vorschriften über die Schenkung. Erfolgt beispielsweise eine Zweckbindung und wird diese nicht eingehalten, so kann der Spender seine Spende zurückfordern.

Beispiel: Kurz vor seiner Pensionierung startet Bibliotheksdirektor B einen Spendenaufruf, um die Finanzierung der Restaurierung handgeschriebener Briefe König Ludwigs II. von Bayern zu gewährleisten. Nach Eingang von Spenden, aber noch vor Beginn der Restaurierungsarbeiten, tritt Bibliotheksdirektorin F die Nachfolge von B an. Sie hält aus politischen Gründen nichts von der Restauration von Briefen eines Monarchen und möchte das Geld lieber für den Ankauf von Briefen von Rosa Luxemburg verwenden. Spender S, der davon erfahren hat, ist empört und fordert daraufhin seine Spende in Höhe von 1.000 Euro zurück.

Kriterien für die Steuerbegünstigung von Spenden sind:
- Es liegt eine Ausgabe zur Förderung steuerbegünstigter Zwecke vor.
- Die Ausgabe erfolgt ohne Rechtspflicht, d.h. freiwillig.
- Die Ausgabe erfolgt ohne Anspruch auf eine Gegenleistung.
- Die Ausgabe entstammt dem Vermögen des Spenders.
- Es wird eine den amtlichen Vorschriften entsprechende Zuwendungsbescheinigung einer dazu berechtigten Einrichtung erstellt.[20]

20 Bundessteuerblatt Teil I 2008, 4ff.

Formalien für Zuwendungsbestätigungen, wenn sie zum Abzug als Sonderausgaben bei der Steuererklärung anerkannt werden sollen:

- Vorgaben des amtlichen Musters werden eingehalten.
- Die Bestätigung darf eine Seite DIN A4 nicht überschreiten.
- Mindestens eine Unterschrift der zur Entgegennahme der Spende berechtigten Person.
- Zwingende Angaben sind: Datum, zugewendeter Betrag und Art der Spende (Geld- oder Sachspende).
- Verwendungszweck der Spende ist genannt.
- Es darf keine Spendenwerbung oder Danksagung auf der Vorderseite der Bescheinigung geben.

Gem. § 50 Abs. 2 S. 1 Nr. 2 EStDV sind bei Kleinbetragsspenden Zuwendungsbestätigungen nicht erforderlich. Kleine Beträge in diesem Sinne sind Summen bis zu 200 Euro. Hier genügt für die Geltendmachung ein Zahlungsbeleg oder eine Buchungsbestätigung des Kreditinstituts als Nachweis. Gemäß § 51 AO können Spenden für einen steuerlichen Abzug geltend gemacht werden, wenn diese Einrichtungen ausschließlich und unmittelbar gemeinnützige, mildtätige oder kirchliche Zwecke verfolgen. Welche Zwecke als gemeinnützig anerkannt sind, ist im Katalog des § 52 Abs. 2 AO aufgelistet. Wesensmerkmal der Spende ist ihr fremdnütziger Charakter. Dagegen erfolgt beim Sponsoring[21] eine Gegenleistung. Diese unternehmensbezogene Gegenleistung kann in Form von Werbung oder Öffentlichkeitsarbeit erfolgen. Grundsätzlich dürfen Spendenbescheinigungen nicht für Sponsoring-Entgelte ausgestellt werden. Bei Spendenaufrufen von steuerbegünstigten Vereinen ist darauf zu achten, dass diese grundsätzlich fest an den in der Satzung bestimmten Zweck gebunden sind. Dies ergibt sich aus dem Grundsatz der Spendenkonformität gem. § 55 Abs. 1 Nr. 1 AO. Bei Sachspenden von privaten Spendern ist der gemeine Wert anzusetzen, § 10b Abs. 3 S. 3EStG. Unter dem gemeinen Wert wird der im gewöhnlichen Geschäftsverkehr erzielbare Veräußerungspreis verstanden. Die Wertangabe gehört zu den notwendigen Bestandteilen der Zuwendungsbescheinigung. Des Weiteren ist der zugewandte Gegenstand (Benennung, Zustand und Alter) genau zu nennen. Rechtsgrundlage für die Steuerbefreiung von Kapitalgesellschaften und anderen in § 1 Abs. 1 KStG abschließend genannten Rechtssubjekten ist § 5 Abs. 1 Nr. 9 KStG. Danach sind sie von der Körperschaftssteuer befreit, wenn sie nach ihrer Grundordnung (meist Satzung) und kumulativ nach der tatsächlichen Geschäftsführung ausschließlich und unmittelbar gemeinnützigen, mildtätigen oder kirchlichen Zwecken dienen. Personengesellschaften haben nach der derzeitigen Rechtslage nicht die Möglichkeit, als gemeinnützig zu gelten.[22] In der Praxis wird die Steuerbefreiung häufig von Vereinen, Stiftungen und gemeinnützigen GmbHs in Anspruch genommen. Nach § 51 Abs. 1 S. 1 AO hängt die steuerliche

21 Beger: Der Sponsoring-Vertrag, Bibliotheksdienst, 1998, 1091–1096.
22 Birk: ebd., Rn 356.

Begünstigung der gemeinwohlwirksamen Betätigung davon ab, ob ausschließlich und unmittelbar gemeinnützige, mildtätige oder kirchliche Zwecke verfolgt werden. In den §§ 52 ff. AO sind allgemeine Regelungen und Definitionen enthalten, die § 51 AO näher erläutern. Bibliotheken, Bildungseinrichtungen, Archive und Informationszentren sind strukturell geeignet, unter dem Punkt der Wissenschaft und Forschung als gesetzlich anerkannter gemeinnütziger Zweck anerkannt zu werden, § 52 Abs. 2 Nr. 1 – 25 AO. Die steuerlichen Folgen der Gemeinnützigkeit sind erheblich.[23] Sie betreffen sowohl die Körperschaft als auch Personen, die nebenberuflich bei solchen Einrichtungen beschäftigt sind.

Beispiel für ein Formular Sachspende/Spendenbescheinigung:

Name und Anschrift des Empfängers (Rechtsträger)

Die Einrichtung ist eine in § 5 Abs. 1 Nr. 9 des Körperschaftssteuergesetzes bezeichnete Körperschaft, Personenvereinigung oder Vermögensmasse.

Hiermit wird der Erhalt einer Zuwendung im Sinne des § 10b EstG bestätigt. Art der Zuwendung: Sachzuwendung

Person des Zuwendenden: (Name, Anschrift) Betrag der Zuwendung: in Ziffern/in Worten Tag der Zuwendung:

Beschreibung der Sachzuwendung: z.B. Alter, Zustand, Kaufpreis Zeitwert: ggf. Hinweise, wie dieser ermittelt wurde.

Der Wert wurde ermittelt durch:

Herkunft: (wichtig z.B. Beutekunst, enteignete Bestände etc.)

Wir sind wegen Förderung (Nennung des geförderten Zwecks) vom Finanzamt (Bezeichnung) durch Bescheinigung vom (Datum) anerkannt.

Es wird bestätigt, dass die Zuwendung nur zur Förderung des benannten begünstigten Zwecks verwendet wird.

Unterschrift einer vertretungsberechtigten Person für den Spendenempfänger.

6.7 Rechtsbehelfe im Besteuerungsverfahren

Wie in jedem Rechtsverfahren stehen dem Steuerschuldner auch im Steuerverfahren Rechtsbehelfe zu, wenn er die Verletzung seiner Rechte geltend machen kann. Entsprechend den übrigen Verfahrensordnungen werden im Besteuerungsverfahren gerichtliche und außergerichtliche Rechtsbehelfe unterschieden. Gerichtliche Rechtsmittel sind die Klage und ihre Rechtsmittel. Verfahrensordnung ist die FGO. Bei den außergerichtlichen Rechtsbehelfen lässt sich eine weitere Unterteilung in förmliche und nichtförmliche Rechtsbehelfe unterteilen. Dem Namen entsprechend gibt es bei förmlichen Rechtsbehelfen Formvorschriften, deren Einhaltung für ein erfolg-

---

23 Birk: ebd., Rn 361–362; Seibold-Freund, StB 2007, 211 (213).

reiches Verfahren notwendig sind. Förmlicher Rechtsbehelf ist gem. § 347 AO der Einspruch. Regelmäßig dient der Einspruch der Eröffnung des Vorverfahrens gem. § 44 FGO. Dagegen sind die nichtförmlichen Rechtsbehelfe nicht in der AO geregelt. Sie sind wegen des Petitionsrechts aus Art. 17 GG dennoch anerkannt. Zu den nichtförmlichen Rechtsbehelfen gehört die Gegenvorstellung, also eine Eingabe, mit der eine sachliche Kontrolle der Entscheidung der Ausgangsbehörde beantragt wird. Weitere nichtförmliche Rechtsbehelfe sind die Sachaufsichtsbeschwerde und die Dienstaufsichtsbeschwerde.

6.8 Steuerrecht Schweiz

Das schweizerische Mehrwertsteuersystem wurde im Hinblick auf die 6. Richtlinie der Europäischen Union[24] freiwillig geschaffen. Die Mehrwertsteuer ist als Allphasensteuer mit Vorwegsteuerabzug ausgestaltet worden. Durch die zahlreichen Ausnahmen ist das Mehrwertsteuersystem der Schweiz relativ komplex. So unterliegen nicht alle Lieferungen und Leistungen der Besteuerung. Allgemein gilt die Steuer für:
- alle inländischen Lieferungen und Dienstleistungen,
- den sogenannten Eigenverbrauch sowie
- Dienstleistungen, die im Inland von ausländischen Unternehmen erbracht werden.

Liegt keine Ausnahme von der Besteuerungspflicht vor, so ist die Höhe des Umsatzsteuersatzes von der Art des Wirtschaftsgutes abhängig. Derzeit bestehen drei Steuersätze in Höhe von 2,5 Prozent, 3,7 Prozent und 7,7 Prozent. Güter des täglichen Bedarfs, und hierzu gehören auch Bücher, werden mit 2,5 Prozent besteuert. Ob Nachlässe aus Schenkungen und Erbschaften in der Schweiz besteuert werden, ist von Kanton zu Kanton verschieden. Eine bundeseinheitliche Regelung besteht nicht.

6.9 Steuerrecht Österreich

Der österreichische Gesetzgeber hat sich bei der Ausgestaltung der gemeinschaftsrechtlichen Vorgaben für einen regulären Umsatzsteuersatz von 20 Prozent entschieden. Daneben gibt es einen ermäßigten Umsatzsteuersatz von 10 Prozent. Dabei wird der ermäßigte Steuersatz auf die Versteuerung von Anschaffungen für den täglichen Bedarf und kulturelle Angelegenheiten angewendet. Zu diesen privilegierten Gütern gehören auch Bücher und Zeitschriften. Auch für Österreich ist künftig die Anwendung des ermäßigten Umsatzsteuersatzes für digitale Produkte geplant. Für den Handel mit Kunstgegenständen wird die Differenzbesteuerung gem. § 24 UStG angewendet. Entscheidend

24 RiLi 77/388/EWG.

ist die Differenz Verkauf und Einkauf. Hiernach richtet sich der effektive Umsatzsteuersatz. Eine Besonderheit ist das österreichische Digitalsteuergesetz 2020 (DiStG 2020) in der Fassung vom 14.11.2019. Dieses richtet sich an webbasierte Informationsdienste die Onlinewerbeleistungen in Österreich gegen Entgelt erbringen.[25] Umfangreiche Informationen zum österreichischen Umsatzsteuerrecht finden sich auf der Webseite des Bundesfinanzministeriums.[26]

25 öBGBl. I Nr. 91/2019.

26 Bundesministerium Finanzen Österreich: https://www.bmf.gv.at/steuern/selbststaendige-unternehmer/umsatzsteuer/umsatzsteuer.html, zuletzt aufgerufen am 01.09.2019.

7 Urheberrecht

7.1 Grundlagen

Bis vor wenigen Jahren galt das Urheberrecht auch unter den Juristen als Nischenfach. Das Urheberrecht wurde auf die Rechte eines Autors eines Romans oder wissenschaftlichen Werkes reduziert. Dies sind nach wie vor Teile des Urheberrechts. Heute ist innerhalb der EU das nationale Urheberrecht wegen seiner engen Verbindung mit den Grundfreiheiten der Gemeinschaftsverträge harmonisiert. Themen wie die aktuelle Diskussion um Up-Load-Filter zeigen, dass das Urheberrecht dynamisch die Wissensgesellschaft begleiten wird. Das Urheberrecht zählt zu den im Bibliothekswesen wohl am häufigsten diskutierten Rechtsgebieten. Gründe dafür sind:

- Über das Urheberrecht wird der Umfang der üblichen Nutzungsmöglichkeiten der in der Bibliothek vorhandenen Medien geregelt. Änderungen des Urheberrechts ermöglichen, beschränken oder versagen ganze Serviceleistungen.
- Die digital-technologische Revolution eröffnet urheberrechtlich bedeutsame neue Möglichkeiten und Aufgabenfelder.
- Die Erforderlichkeit des Quellennachweises und damit die Auffindbarkeit eines Werks – eines der großen Themen der Informationskompetenz – sind im Urheberrecht verankert.
- Es ist der Kernbereich eigener Publikationen, z.B. durch Beteiligung an einem Universitätsverlag.

Das Urheberrecht dient dem Schutz von Leistungen der Kultur- und Medienschaffenden. Nach § 11 S. 1 UrhG ist der Urheber in seinen geistigen und persönlichen Beziehungen zum Werk und in der Nutzung seines Werkes geschützt. Umfasst werden dabei sowohl die ideellen Interessen als auch der Lohn für die schöpferische Leistung. Dem Urheberrecht kommt damit eine soziale Funktion zu. Die Beschränkung auf den Schutz des Werkes als schöpferische Leistung dient gleichzeitig dem sozialen Interesse der Freihaltung vom Schutz für reine Ideen. Andernfalls bestünde die Gefahr, dass Techniken und Vorgehensweisen in Wissenschaft, Literatur und Kunst monopolisiert würden, was sich gegen eine vielseitige Wissenschaft, Kultur und Kunst richten würde. Zusammen mit anderen Gesetzen dient das Urheberrecht dem Schutz des geistigen Eigentums. Gleichzeitig regelt es den Ausgleich zwischen den Interessen des Urhebers und der Allgemeinheit. Das Allgemeininteresse besteht in der Teilhabe am geistigen und kulturellen Fortschritt. Ein Beispiel für die gesetzlich manifestierten Teilhaberechte der Allgemeinheit ist das Recht der freien Benutzung nach § 24 UrhG. Ausschlaggebend für das Hinzutreten des Allgemeininteresses ist der Zeitpunkt der Veröffentlichung, denn damit steht das Werk nicht mehr dem Inhaber

https://doi.org/10.1515/9783110640380-009

alleine zur Verfügung. Vielmehr löst es sich aus der privatrechtlichen Verfügbarkeit und wird geistiges und kulturelles Allgemeingut.[1]

Es lassen sich vier Grundziele und teilweise gegenläufige Interessen des Urheberrechts ausmachen: der Schutz der Urheberpersönlichkeit, das Eigentumsrecht, die Teilhabe der Gesellschaft am kulturellen Fortschritt und das Recht auf eine wirtschaftliche Verwertung.[2] Geschützt wird nicht die Idee an sich, sondern das Werk, in dem sich die Idee manifestiert hat. Das Urheberrecht trennt grundsätzlich zwischen dem Werkstück an sich, dem materiellen Eigentum und seiner Nutzung und dem geistigen Eigentum. Dabei nimmt das Urheberrecht die Zuordnung des Urhebers bzw. der Rechteinhaber zu dem Immaterialgut vor. Dagegen ist die Zuordnung des körperlichen Werkstücks eine Frage des Sacheigentums. So erwirbt derjenige, der ein urheberrechtlich geschütztes Buch erwirbt, nicht automatisch auch das Recht, dieses Buch ohne Weiteres als Reproduktionsvorlage zu verwenden. Der Geltungsbereich des Urheberrechts ist weit gefasst. Er beinhaltet Werke der Literatur, Kunst und Wissenschaft. Werke sind nach § 2 Abs. 2 UrhG „persönliche geistige Schöpfungen". Notwendig für die Schutzfähigkeit ist demnach, dass sich der geistige Inhalt in einer individuellen Form manifestiert hat. Auf eine besondere „Gestaltungshöhe", ein bestimmtes Niveau oder gesellschaftliche Anerkenntnis kommt es nicht an.[3] Zum besseren Verständnis wird in § 2 Abs. 1 UrhG ein beispielhafter Katalog vorgestellt. Dass es sich um einen beispielhaften Katalog handelt, wird durch die gesetzestypische Formulierung „insbesondere" demonstriert. Er umfasst:

- Sprachwerke wie Schriftwerke, Reden und Computerprogramme;
- Werke der Musik;
- Pantomimische Werke einschließlich Werke der Tanzkunst;
- Werke der bildenden Künste einschließlich der Werke der Baukunst und der angewandten Kunst und Entwürfe solcher Werke;
- Lichtbildwerke einschließlich der Werke, die ähnlich wie Lichtbildwerke geschaffen werden;
- Filmwerke einschließlich der Werke, die ähnlich wie Filmwerke geschaffen werden;
- Darstellungen wissenschaftlicher oder technischer Art wie Zeichnungen, Pläne, Karten, Skizzen, Tabellen und plastische Darstellungen.

Historisch bedingte Sonderregelungen gelten für Computerprogramme. Sie sind nach dem Urheberrecht schutzfähig, wenn sie gem. § 69a Abs. 3 S. 1 UrhG „individuelle Werke in dem Sinne darstellen, dass sie das Ergebnis der eigenen geistigen Schöp-

1 BVerfG GRUR 2016, 690 Rn 87 (Metall auf Metall).

2 Juraschko, Bernd: Praxishandbuch Urheberrecht für Bibliotheken und Informationseinrichtungen, S. 15.

3 Paschke: Medienrecht, § 12 Rn 621.

fung des Urhebers sind".[4] Die §§ 69b – 69g UrhG sind Spezialnormen für die Urheberrechte bei Datenbanken, deren Beschränkungen, für die Schrankenregelungen sowie die Besonderheiten beim Urheberrecht an Computerprogrammen in Dienst- und Arbeitsverhältnissen. Als Datenbank unterfallen auch Bibliothekskataloge den Sondervorschriften der §§ 69b – 69g UrhG. Wenngleich sie im Beispielkatalog des § 2 UrhG nicht ausdrücklich genannt werden, so können Multimediawerke ebenfalls geschützt sein.[5] Für sie ist charakteristisch, dass Computeranwendungen, Sprache, Bilder, eventuell auch Ton und Film zu einer Einheit verbunden werden. In Betracht kommt dieser Schutz nicht nur für Computerspiele, sondern auch für umfassende E-Learning-Programme.

Das deutsche Urheberrecht folgt dem sogenannten Schöpferprinzip gem. § 7 UrhG.[6] D.h. das Urheberrecht entsteht unmittelbar beim Schöpfungsakt in der Person des Schöpfers als Realakt. Es gibt daher keine notwendige Registrierungsformalität für den Urheber. Die soziale Intention des Urheberrechts will auch den mittellosen, rechtsunkundigen Urheber schützen. Sie bringt jedoch auch Nachweisschwierigkeiten mit sich. Aus diesem Grunde verwenden einige Urheber das Copyrightzeichen ©, um darauf hinzuweisen, dass sie ihre Rechte aktiv wahrnehmen und nichtautorisierte Nutzungen nicht tolerieren. Ferner ist das Copyrightzeichen geeignet, den Beweis der Urheberschaft gem. § 10 UrhG zu führen. Eine Verbesserung der Beweislage führt jedoch nicht zu einer rechtsbegründeten Voraussetzung. Daher kann die Verwendung des Copyrightzeichens sinnvoll sein, eine rechtliche Notwendigkeit besteht jedoch nicht. Wegen des Schöpferprinzips kann ein Urheber nur eine natürliche Person, nicht aber eine juristische Person sein. Hieraus ergibt sich, dass auch ein Arbeitnehmer in einem abhängigen Beschäftigungsverhältnis in Bezug auf seine Arbeitsleistung Urheber sein kann. Der Arbeitgeber ist auf den Erwerb von Rechten von seinem Arbeitnehmer angewiesen. Regelmäßig wird zu diesem Punkt im Arbeitsvertrag eine Basisvereinbarung abgeschlossen. Für die Verwertungsmöglichkeiten von Computerprogrammen gibt es mit § 69b UrhG eine gesetzliche Abtretung der Vermögensrechte aus dem erstellten Werk an den Arbeitgeber. Dieses Beispiel zeigt deutlich den Regelungsbedarf im jeweiligen Arbeitsvertrag. Eine Vorarbeit hat der Gesetzgeber in § 43 UrhG getroffen, der vom Arbeitnehmer die vertragliche Verpflichtung zur Einräumung von Nutzungsrechten fordert. Wichtig ist sowohl bei einer Vergabe als Werkvertrag als auch bei einer Erstellung im Arbeitsverhältnis, dass der Auftraggeber/Arbeitgeber sich die Möglichkeit der Abänderung, Weiterentwicklung oder der Löschung der Seite übertragen lässt und dies schriftlich zu Beweiszwecken festhält. Schaffen mehrere natürliche Personen ein Werk und lassen sich die Anteile nicht gesondert verwerten, so besteht gem. § 8 UrhG Miturheberschaft.

---

4 Paschke: ebd., § 12 Rn 623.

5 Paschke: ebd., § 12 Rn 626; Nordemann in: Nordemann; Fromm: Urheberrecht, § 2 Rn 92.

6 Paschke: ebd., § 12 Rn 627.

Der Schutz des Urhebers ist vom Gesetzgeber umfassend und mit starken Rechtspositionen festgelegt worden. So sind die Verwertungsrechte, die Rechte an Bearbeitungen und Übersetzungen, das Recht auf eine angemessene Vergütung und die Folgerechte als Ausschließlichkeitsrechte ausgestaltet. Ausschließlichkeitsrechte wirken ohne weitere Handlung gegen jeden. Dagegen wirken relative Schutzrechte, z.B. Vertragsinhalte, nur zwischen denjenigen, zwischen denen sie vereinbart wurden. Um unerwünschten Auswirkungen der starken Rechtspositionen des Urhebers vorzubeugen, sind Ausnahmen möglich. Diese sind bewusst strikt und zu Gunsten des Urhebers gefasst worden. Zunächst kann eine Beschränkung der ausschließlichen Urheberrechte durch eine Ausnahme nur durch Gesetz erfolgen. Ausnahmen sind nur in begründeten Sonderfällen zulässig. Diese Ausnahmen sind eng auszulegen. Dem Urheber steht grundsätzlich ein Recht auf eine angemessene Vergütung bei Aufgabe oder Einschränkung seiner Rechtsposition zu. Wie die Prüfung der Ausnahmen zu erfolgen hat, ist im sogenannten Dreistufentest der Revidierten Berner Übereinkunft (RÜB)[7] festgelegt worden.

Ausnahmen sind demnach nur möglich:

1. In bestimmten Sonderfällen.
2. Wenn die sonstige Anwendung des Urheberrechts nicht beeinträchtigtwird.
3. Bei Einstellung in eine Gesamtbetrachtung dürfen die Ausnahmen die berechtigten Interessen des Urhebers nicht beeinträchtigen.

Von den verschiedenen Urheberrechten hat der Gesetzgeber das Urheberpersönlichkeitsrecht herausgestellt. Es ist im Gesetz in den §§ 12–14 UrhG und damit an erster Stelle geregelt. Nach § 11 UrhG wird der Urheber „in seinen geistigen und persönlichen Beziehungen zum Werk" geschützt. Das Urheberpersönlichkeitsrecht gehört zu den besonderen Persönlichkeitsrechten. Als Rahmenrecht ist es in seinem Wirkungskreis nicht absolut festgelegt, sondern wird erst durch die widerstreitenden grundrechtlichen Belange bestimmt.[8] Im Bibliotheksalltag äußert sich das Urheberpersönlichkeitsrecht z.B. dann, wenn sich der Verfasser gegen die Verbreitung seiner Prüfungsarbeit durch eine Bereitstellung im Buchbestand und Katalognachweis wehrt. Ferner ist das Wahrnehmen des Urheberpersönlichkeitsrechts für das Verständnis der Rechts- bzw. Rechtstatsachenentwicklungen von Bedeutung. Eine davon ist das Vorgehen in den sogenannten Plagiatsaffären. § 13 UrhG gewährt das Recht auf Anerkennung der Urheberschaft. Damit ist es das Recht gegen den- oder diejenige vorzugehen, der/die durch Anmaßung der Urheberschaft sein Plagiat als Original ausgibt. Durch die entsprechende Pflichtangabe der Quellen gem. § 63 UrhG wird das Recht ergänzt. § 13 und § 63 UrhG bilden demnach die juristische Grundlage für wesentliche Teile der Schulungen zur Informationskompetenz.

7 Berner Übereinkunft: http://www.wipo.int/treaties/en/ip/berne/trtdocs_wo001.html, zuletzt aufgerufen am 01.09.2019.

8 Wandtke, A.: Urheberrecht, § 10 Rn 68.

§ 14 UrhG sichert dem Urheber einen Integritätsschutz zu, wenn die Beeinträchtigung seines Werkes seine berechtigten ideellen Interessen beeinträchtigt. Dabei braucht es nicht zu einer Vollendung der ideellen Beeinträchtigung gekommen sein. Es genügt eine Gefährdungslage, wenn hierfür objektive Indizien vorliegen.[9] Ein typisches Beispiel dafür ist der Interessengegensatz zwischen Architekten und Bauherrn. Durch eine entsprechende Berücksichtigung bei der Vergabe der Aufträge lässt sich dieser Punkt relativ einfach im Vorfeld regeln.

Zu den typischen Abläufen in einer Bibliothek gehört das Verleihen von Medien. Aus juristischer Sicht ist hier das Verbreitungsrecht betroffen. Unter dem Verbreitungsrecht versteht man gem. § 17 Abs. 2 UrhG das Recht, das Original oder Vervielfältigungsrecht des Werkes der Öffentlichkeit anbieten zu können. In § 17 UrhG ist aber nur die Verbreitung körperlicher Werkstücke wie Bücher oder Zeitschriften geregelt. Die Schutzlücke für Onlinemedien wird durch § 19a UrhG geschlossen. Es handelt sich um das Verwertungsrecht der öffentlichen Zugänglichmachung. Beim Recht der öffentlichen Zugänglichmachung handelt es sich um ein Ausschließlichkeitsrecht im Bezug auf das Bereitstellen von Werken auf Abruf.[10] Gem. § 17 Abs. 2 UrhG unterliegt das Verbreitungsrecht der Erschöpfung. Der Erschöpfungsgrundsatz ist das urheberrechtliche Gegengewicht zum ausschließlichen Verbreitungsrecht. Von seiner Bedeutung her umfasst das Verbreitungsrecht auch das Recht der Weiterverbreitung. Ohne die Begrenzung durch das Ausschließlichkeitsrecht könnte der Urheber überall bei der Entleihe in Bibliotheken mit Vervielfältigungsstücken auf seine notwendige Erlaubnis bestehen. Ein solcher Vorgang wäre sehr aufwendig.

7.2 Schranken des Urheberrechts

Um bei urheberrechtlichen Sachverhalten trotz des sehr weiten Schutzinhalts noch zu einem gesellschaftlichen Ausgleich zu kommen, hat der Gesetzgeber ausdrückliche Rahmenbedingungen und Ausnahmen definiert. Diese sind im Urheberrecht unter dem Namen Schrankenregelungen bekannt und in den §§ 44a ff. UrhG geregelt. Trotz Erweiterungen im Umfang der Schrankenregelungen hat sich der Gesetzgeber nach wie vor für ein enumeratives und abgeschlossenes Schrankensystem und damit gegen eine Generalklausel wie eine Fair-Use-Doktrin ausgesprochen.[11] Im Zusammenspiel mit dem Schutzinhalt definieren sie den Umfang des urheberrechtlichen Schutzes. Insoweit hat der Urheber Eingriffe in seine Rechte hinzunehmen.

---

9 Paschke: ebd., § 12 Rn 634.

10 Paschke: ebd., § 12 Rn 641; Bullinger in: Wandtke; Bullinger: Praxiskommentar, § 19a Rn 1.

11 Zuletzt im Gesetz zur Angleichung des Urheberrechts an die aktuellen Erfordernisse der Wissensgesellschaft (UrhGWissG) vom 01.09.2017, in Kraft seit 01.03.2018.

Tabelle 5: Schrankenregelungen des Urheberrechts

Norm	Regelung	Bedeutung u.a. für
§ 45a UrhG	Menschen mit Behinderung	spezielle Lesearbeitsplätze
§ 48 UrhG	öffentliche Reden	Wiedergabe auf einer Webseite
§ 49 UrhG	Zeitungsartikel und Rundfunkkommentare Vertreitungsmöglichkeit	
§ 50 UrhG	Tagesereignisse	Blogs
§ 51 UrhG	Zitierrecht	Nachweismöglichkeit; Grundlagewissenschaftlichen Arbeitens
§ 52 UrhG	öffentliche Wiedergabe	Lesung
§ 53 UrhG	Privatkopien	Kopiermöglichkeit
§ 55 UrhG	Vervielfältigung von Sendeunternehmen	
§ 55a UrhG	Benutzung Datenbankwerk	Verbreitungs- und Archivierungsprivileg gilt nur für die klassischen Sendeunternehmen Sicherungskopie
§ 57 UrhG	unwesentliches Beiwerk	Verbreitungsmöglichkeit
§ 60a UrhG	Unterricht und Lehre	Schulungsmaterialien
§ 60b UrhG	Unterricht und Lehrmedien	Reader für Semesterapparat
§ 60c UrhG	wissenschaftliche Forschung	Austausch von medialen Arbeitsmaterialien
§ 60d UrhG	Text und Data Mining	Erstellung von Statistiken, Plagiatskontrolle
§ 60e UrhG	Bibliotheken	Versch. Vervielfältigungen, Dokumentenversand
§ 60f UrhG	Archive, Museen, Bildungseinrichtungen	Digitalisierung von Archivexemplaren
§ 60g UrhG	gesetzlich erlaubte Nutzung	gesetzliche Schutzklausel für Berechtigten u. vertragliche Nutzungsbefugnis
§ 64 UrhG	zeitliche Begrenzung	keine Genehmigung für Reproduktionen erforderlich

Durch das Urheberrechts-Wissensgesellschaftsgesetz[12] wurden die Schrankenregelungen nach Aktionszusammenhängen neu geordnet. Wie bereits bei vorhergehenden Urheberrechtsreformen wurden einige der Neuerungen befristet. So gilt der neue Schrankenkatalog der §§ 60a bis h UrhG zunächst bis zum 1. März 2023. Nach § 60a UrhG können in Bildungseinrichtungen urheberrechtlich geschützte Werke zur Gestaltung des Unterrichts in einem bestimmten Umfang verwenden und hierzu vervielfältigen. Durch die Formulierung „zu vervielfältigen, zu verbreiten, öffentlich zugänglich zu machen und öffentlich wiederzugeben" sind alle üblichen Nutzungsformen in Unterricht und Lehre erfasst. Dies ist vor allem für das E-Learning von Bedeutung. So ist es zulässig, dass urheberrechtlich geschützte Werke über Internet oder Intranet innerhalb eines geschützten virtuellen Raumes für den individuellen Abruf bereitgehalten werden können. Ferner dürfen gem. § 60a Abs. 1 Nr. 2 UrhG

12 BGBl. I 2017, 3346.

auch Lehrer und Prüfer an derselben Bildungseinrichtung untereinander angefertigte Kopien austauschen. Auch hier gilt, dass die Materialien einer nachvollziehbaren Veranschaulichung des Unterrichts bzw. Lehre darstellen. Der Umfang der Vervielfältigungen ist vom Gesetzgeber definiert worden. Er beträgt unter den Voraussetzungen des § 60a Abs. 1 UrhG bis zu 15 Prozent des Werkes. Für Zeitschriftenaufsätze, Werke geringen Umfangs (bis 25 Seiten) und Abbildungen sieht § 60a Abs. 2 UrhG die Möglichkeit einer Vervielfältigung in vollem Umfang vor. Nicht zulässig ist eine über den geringen Umfang hinausgehende Kummulation, so dass effektiv ein nicht mehr geringer Umfang vorliegt. Beispielsweise ist das Kopieren eines gesamten Zeitschriftenexemplars mit 100 Seiten auch dann unzulässig, wenn jeder der enthaltenen Ausätze maximal acht Seiten umfasst. Zulässig ist hingegen die Erstellung eines „Readers" in dem zwölf Aufsätze aus verschiedenen Zeitschriften(exemplaren) mit durchschnittlich zehn Seiten enthalten sind. Von den Ausnahmen der gesetzlichen Erlaubnis in § 60a Abs. 3 UrhG ist die Regelung zu Gunsten der Schulbuchverlage die bedeutsamste.

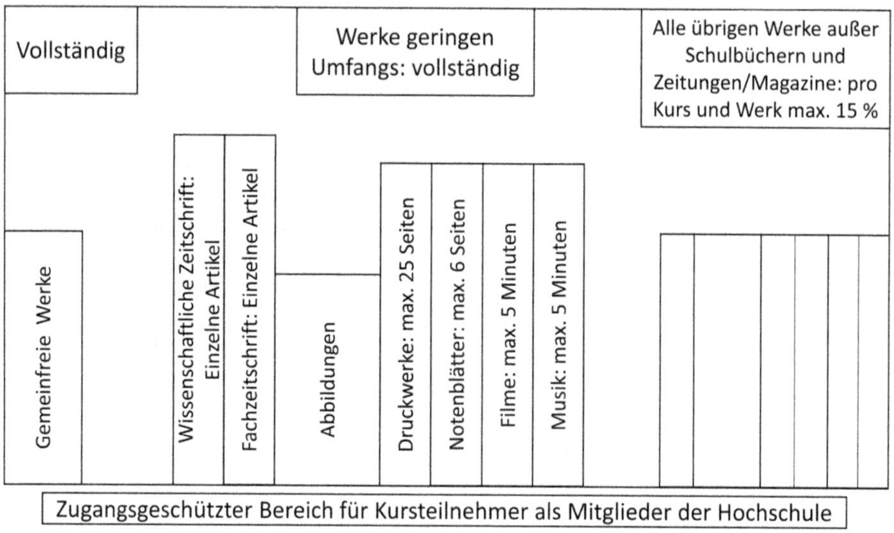

Abb. 12: Anwendungsbeispiel zu § 60a UrhG, Elektronischer Semesterapparat bzw. Lernplattform

Mit § 60c UrhG wurde eine zentrale Wissenschaftsschranke geschaffen. Auf diese können sich alle Forschenden berufen, vom Berufswissenschaftler über den wissenschaftlichen Mitarbeiter bis zum forschenden Studenten. Abgestellt wird hier auf die konkrete Tätigkeit, die auf einen planmäßigen und systematischen Erkenntnisgewinn ausgerichtet ist. Wie auch bei § 60a UrhG besteht ein Vorbehalt für nichtkommerzielle Zwecke. Jedoch ist diese Einschränkung auf den reinen Forschungszweck gerichtet. Damit ist beispielsweise mit privaten Drittmitteln geförderte Forschung nicht vom Anwendungsbereich der Wissenschaftsschranke ausgeschlossen. Mit der Neuregelung ist ein Austausch von urheberrechtlich geschütztem Material innerhalb einer bestimmten, abgrenzbaren und nach außen geschlossenen Gruppe möglich. Dabei kann das Netzwerk der Forscher über die eigene Einrichtung hinausgehen. Ebenfalls zulässig ist ein Übersenden von Materialien zum Zwecke eines Peer Reviews. Dies gilt sowohl für veröffentlichte als auch für noch nicht veröffentlichte Werke. Diese Möglichkeit erleichtert auch die Forschungsarbeit mit Nachlässen, da hier ebenfalls nicht veröffentlichte Werke vorliegen können. Jedoch geht das Forschungsprivileg nicht so weit, dass die Forscher ohne die ausdrückliche Erlaubnis der Erben den Nachlass veröffentlichen dürfen. Nicht von der Schranke des § 60c UrhG gedeckt sind Aufzeichnungen von öffentlichen Vorträgen, Aufführungen oder Vorführungen. Hier bedarf das Aufzeichnen auch aus urheberrechtlichen Gründen einer ausdrücklichen Gestattung. Eine solche ist zudem auch aufgrund des Datenschutzes erforderlich, wenn bei dem Mitschnitt Personen betroffen sind.

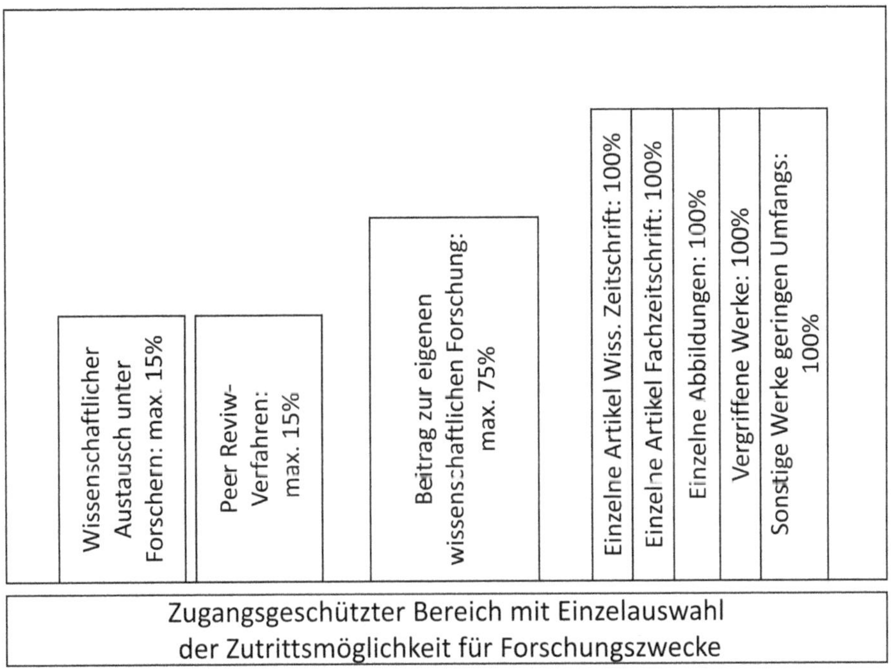

Abb. 13: Vervielfältigen, verbreiten, öffentlich zugänglich machen zum Zwecke der nichtkommerziellen Forschung, § 60c UrhG.

Zu den Neuerungen bei den Schrankenbestimmungen gehört die, die das Text und Data Mining (TDM) gem. § 60d UrhG betrifft. Dabei handelt es sich um eine Analyse von Daten und Informationen durch einen Algorithmus. Eine besondere Aufmerksamkeit bedarf der Abschluss der Forschungsarbeit im Bereich des Text und Data Minings. Denn bei Beendigung sind alle noch vorhandenen Kopien des Ursprungsmaterials sowie das Korpus selbst zu löschen. Davon ausgenommen sind das Korpus und das Ursprungsmaterial dann, wenn sie zur dauerhaften Aufbewahrung an Bibliotheken, Archiven, Museen und Bildungseinrichtungen übersandt werden.

In § 60e UrhG sind Regelungen, die spezifisch Bibliotheken betreffen, mit Ausnahme der Leihe zusammengefasst. Nach § 60e Abs. 1 UrhG dürfen Bibliotheken Werke aus ihrem eigenen Bestand oder ihrer Ausstellung zum Zwecke der Zugänglichmachung, Indexierung, Katalogisierung, Erhaltung und Restaurierung vervielfältigen. Die Formulierung ist weit gefasst und beinhaltet auch technisch bedingte Änderungen. Daher ist u.a. auch die Digitalisierung von analogem Bestand gestattet. Dabei dürfen die Vervielfältigungen auch durch Dritte wie Digitalisierungsdienste durchgeführt werden. In § 60e Abs. 2, Abs. 3 UrhG sind drei Konstellationen aufgeführt, in denen die Kopien weiterverbreitet werden dürfen.

- Verbreiten von Kopien an andere Bibliotheken oder Kultureinrichtungen zur Restaurierung.
- Verleihen von bestandseigenen restaurierten Werken sowie Kopien an Dritte (Bibliotheksbenutzer), wenn das Werk vergriffen oder das Original zerstört ist.
- Verbreiten von Kopien zu Zwecken einer öffentlichen Ausstellung oder zur Dokumentation des Bibliotheksbestands (sog. Katalogprivileg)[13].

Fall: In einer Bibliothek werden aus Bestandserhaltungsgründen gedruckte Exemplare alter Comics digitalisiert. Bei einem Brand in einem Teil des Magazins werden u.a. die Originale der historischen Comicsammlung vernichtet. Bibliothekar B überlegt sich, ob er von den erstellten Digitalisaten Ausdrucke erstellen und diese auch ausleihen darf.
Lösungsskizze: Ja, dies ist gem. § 60e Abs. 2 UrhG seit dem 01.03.2018 gestattet.

Die sogenannte elektronische Leseplatzschranke ist nun in § 60e Abs. 4 UrhG geregelt. Danach ist es den genannten Einrichtungen gestattet, urheberrechtlich geschützte Werke aus dem eigenen Bestand vollständig an Leseplätzen in ihren Räumen elektronisch zur Verfügung zu stellen. Die Begrenzung dieser Regelung liegt auf dem räumlichen Aspekt. Daher ist es der Bibliothek nicht erlaubt, den Benutzern einen Onlineabruf von zu Hause zu ermöglichen. Im Gegensatz zur Vorgängerregelung des § 52b UrhG a.F. besteht nach § 60e Abs. 4 UrhG keine sogenannte Bestandsakzessorität mehr. Somit ist die Zugangsmöglichkeit zu den digitalen Kopien auf den Leseterminals unabhängig von der Anzahl der Werke im Medienbestand. Der analoge und elektronische Kopienversand ist in § 60e Abs. 5 UrhG normiert. Danach ist ein Versand von Kopien aus bereits erschienen Werken zu nicht kommerziellen Zwecken auf Einzelbestellungen hin durch Bibliotheken gestattet. Dabei darf der Umfang der Kopien nur zehn Prozent des jeweiligen Werkes betragen. Abweichend von der Beschränkung ist ein Versand eines einzelnen kompletten Artikels einer wissenschaftlichen oder Fachzeitschrift zulässig. Vorgaben zur Versendungsart gibt es im Gegensatz zu den Vorgängerregelungen nicht mehr.

---

13 Beger, Gabriele: Urheberrecht für Bibliothekare, S. 6.

Die Privatkopienschranke gem. § 53 Abs. 1 UrhG gilt kumulativ. Sie dient der ungehinderten Nutzung von geschützten Werken zu rein privaten Zwecken. Nachnutzungen durch Bibliotheksbenutzer sind eingeschränkt möglich. So dürfen Nutzer sich an einem elektronischen Leseplatz eine Kopie des Werkes erstellen, wenn sie sich z.B. auf die Privatkopienschranke berufen können. Zu beachten ist, dass vertragliche Vereinbarungen zwischen den Rechteinhabern und den Informationseinrichtungen Vorrang vor der Schrankenbestimmung haben des § 53 Abs. 1 UrhG haben.

Die öffentliche Wiedergabe und die öffentliche Zugänglichmachung von Medieninhalten gehört zu den grundlegenden Serviceleistungen von Informationseinrichtungen, daher ist deren Bedeutungsinhalt von zentraler Bedeutung. Wesentliches Merkmal der öffentlichen Wiedergabe ist, dass das Werk nicht erst gesondert abgerufen werden muss, sondern zeitgleich präsentiert wird.[14] Es ist von der öffentlichen Zugänglichmachung zu unterscheiden. Dagegen ist das Abrufenkönnen bei der öffentlichen Zugänglichmachung kennzeichnendes Merkmal.[15]

Es besteht grundsätzlich kein Archivierungsrecht für Funksendungen. Eine Ausnahme ist aber für den Fall des § 55 Abs. 2 UrhG gestattet. Amtliche Archive im Sinne dieser Vorschrift sind die Archive der öffentlich-rechtlichen Rundfunkanstalten. Dagegen können privatrechtliche Rundfunkanstalten sich nicht auf diese Norm berufen.[16]

Eng mit den Schrankenregelungen verbunden sind die im Urhebergesetz verankerten Vergütungsansprüche. Dahinter steht der verfassungsrechtlich durch Art. 14 Abs. 2 GG geforderte Ausgleich für die Sozialbindung der urheberrechtlich geschützten Werke.[17] Wer Einschränkungen in seinem Eigentum durch die Allgemeinheit hinzunehmen hat, hat einen Anspruch auf Entschädigung. Für Bibliotheken sind vor allem zwei Anspruchsarten von Bedeutung. Zum einen die Bibliothekstantieme[18] gem. § 27 Abs. 2 UrhG. Sie ist der Vergütungsanspruch gegenüber öffentlichen Einrichtungen, die Originale oder Vervielfältigungsstücke von Werken verleihen. Zum anderen sind Bibliotheken von der Abführung der sogenannten Kopierabgabe gem. §§ 54 ff. UrhG betroffen. Wie der EuGH klargestellt hat, erfasst die Pauschalabgabe nur die private Vervielfältigung von rechtmäßigen Quellen.[19] Andererseits ist durch die Regelung des Gesetzgebers in den §§ 54 – 54c UrhG klargestellt, dass die Vergütungen für die Vervielfältigungen auch weiterhin über ein Pauschalvergütungssystem erfolgen. Damit ist dem vormals umstrittenen Umstieg auf ein Einzelverfütungssystem die rechtliche Grundlage entzogen.

---

14 Grützmacher in: Lehmann; Meents: ebd., Kap. 18 Rn 127.

15 Grützmacher in: Lehmann; Meents: ebd., Kap. 18 Rn 127.

16 Nordemann in: Fromm; Nordemann: ebd., § 55 Rn 4.

17 Paschke: ebd., § 12 Rn 652.

18 Schmitt: Öffentliche Bibliotheken und Bibliothekstantieme in Deutschland, Bibliotheksforum Bayern 02 (2008), 153–157.

19 EuGH, GRUR 2014, 546 (ACI Adam BV u.a./ Stichting de Thuiskopie.)

7.3 Urhebervertragsrecht

Nach § 29 Abs. 1 UrhG ist das Urheberrecht in Deutschland nicht veräußerlich. Es folgt damit dem kontinentaleuropäischen Droit d'auteur-System, welches das schöpferische Schaffen eines Werkes durch einen Menschen mit dessen Persönlichkeitsmerkmalen in den Mittelpunkt stellt. Um eine Nutzung durch eine andere Person zu ermöglichen, räumt der Rechteinhaber dem Lizenznehmer vertraglich Nutzungsrechte ein. Dabei unterliegen Inhalt und Umfang der möglichen Rechteübertragung dem Urhebervertragsrecht. Im Urhebervertragsrecht gilt grundsätzlich Vertragsfreiheit. Innerhalb der Schranken des Urheberrechts können Urheber (Lizenzgeber) und Lizenznehmer frei ihre gegenseitigen Rechte und Pflichten vereinbaren.

Zu den Standardvereinbarungen zählt vor allem die Art des Nutzungsrechts: Soll ein einfaches oder ein ausschließliches Nutzungsrecht übertragen werden? Das einfache Nutzungsrecht berechtigt nur zur Nutzung und hat keine Wirkung gegenüber anderen. Dagegen kann der Lizenznehmer gem. § 31 Abs. 1 S. 2 UrhG anderen mit Ausnahme des Urhebers die Nutzung des Werkes verbieten.

Zu den weiteren Punkten, die in einem Urhebervertrag relevant sind gehören:
- Regelung der Dauer der Nutzungsmöglichkeit;
- Regelung des Entgelts für die Nutzungsmöglichkeit;
- Regelung des Umfangs der Nutzungsmöglichkeit: Zu den Besonderheiten des Immaterialgüterrechts gehört es, dass der Urheber Nutzungsrechte in einem unterschiedlichen Umfang einräumen kann. Dabei unterscheidet das Gesetz zwischen einfachen Nutzungsrechten gem. § 31 Abs. 2 UrhG und ausschließlichen Nutzungsrechten gem. § 31 Abs. 3 UrhG. Sowohl einfache als auch ausschließliche Nutzungsrechte können ferner in geographischer, inhaltlicher, zeitlicher Hinsicht und in Bezug auf einzelne Nutzungsarten eingegrenzt werden. Beispiel für eine Begrenzung auf einzelne Nutzungsarten sind E-Book, Printausgabe, Taschenbuch und CD. Die juristische Aufteilung der einzelnen Nutzungsarten bildet unter anderem die Grundlage für das Digital Rights Management (DRM). Unter DRM versteht man Verfahren, mit denen die Nutzung und Verbreitung digitaler Medien kontrolliert werden sollen.

Durch § 31a UrhG ist es inzwischen auch möglich, im Vorfeld unbekannte Nutzungsarten vertraglich zu regeln. Handelt es sich bei der Einräumung eines unbekannten Nutzungsrechts oder der Verpflichtung dazu um ein entgeltliches Geschäft, so bedarf die Vereinbarung der Schriftform. Liegt dagegen eine unentgeltliche Vereinbarung der Übertragung der unbekannten Nutzungsrechte zu Grunde, so ist das Geschäft formfrei gültig. Die Regelung begünstigt Open Source oder Open Access-Produkte. Diese zeichnen sich regelmäßig dadurch aus, dass sie kostenfrei Jedermann zur Verfügung stehen.[20] Open Source-Produkte stehen nicht außerhalb des geltenden Rechts, sondern haben ein anderes Finanzierungsmodell. Daher stehen auch dem Urheber der Open Access-Produkte die rechtlichen Instrumente wie eine Klage auf Unterlassung zur Verfügung, wenn gegen wirksame Lizenzbestimmungen verstoßen wird.

Inhaltlich grenzt das Zweitveröffentlichungsrecht gem. § 38 Abs. 4 UrhG daran an. Nach dem Willen des Gesetzgebers sollen Wissenschaftler die Möglichkeit haben, ihre in Periodika veröffentlichten Artikel unter bestimmten Voraussetzungen ein zweites Mal zu veröffentlichen. Die Norm zielt auf Zeitschriftenartikel ab, die in staatlich geförderten Drittmittelprojekten entstanden sind. Nicht gemeint sind die im universitären Regelbetrieb entstandenen Beiträge. Auf Grund der komplexen Voraussetzungen hat die Vorschrift derzeit keinen bedeutenden Wirkungskreis.

7.4 Exkurs: Open Source-Software

Wesentliches Merkmal der Open Source-Software (OSS) ist der offen zugängliche Quellcode. Software, bei der der Quellcode nicht offen zugänglich ist, wird hingegen als „closed source" bezeichnet. Folgende Merkmale treffen zwar häufig zu, sind aber nicht zwingend für die Definition der OSS. Es handelt sich um beschreibende Merkmale:

- OSS ist häufig über das Internet verfügbar.
- Regelmäßig ist die OSS kostenlos. Kostenlose Software wird Freeware genannt, die ihrerseits aber nicht quelloffen sein muss.
- In den Nutzungsbedingungen finden sich Klauseln, die eine Nutzung nur dann gestatten, wenn das Produkt seinerseits wieder eine OSS ist.
- Häufig gibt es keine Zentrale, sondern vielmehr weltweit verstreute Gruppen und Einzelpersonen, die lose koordiniert ein Gesamtwerk entwickeln.

  Die OSS lässt Möglichkeiten offen, mit Serviceleistungen, die an die Software anschließen, Verdienstmöglichkeiten aufzubauen. Die Personen, die solche Dienstleistungen aufbauen, um dem Endkunden die Anwendung zu erleichtern, werden Distributoren genannt.

Wie jeder Vertrag unterliegen auch die OSS einer rechtlichen Kontrolle. Als vorgefertigte Vertragsbedingungen sind sie als AGBs vor allem an den §§ 305 ff. BGB zu messen.[21] Regelmäßig sind die „disclaimer" rechtlich bedeutungslos, da eine derart weite Haftungsfreistellung wegen § 823 ff. BGB und ggf. des ProdHaftG nicht verlangt werden kann.[22] Sollte es tatsächlich zu einem Schaden durch die OSS kommen, dürfte es wegen der dezentralen Struktur und der Internationalität jedoch schwierig werden, die

20 Paschke: Medienrecht, § 12 Rn 656; Grunert in: Wandtke; Bullinger: Praxiskommentar, § 31 Rn 15; BGH, NJW-RR 1990, 1061 (Bibelreproduktion).

21 Schneider in: Lehmann; Meents: ebd., Kap. 4 Rn 687.

22 Schneider in: Lehmann; Meents: ebd., Kap. 4 Rn 687.

Ansprüche tatsächlich und ökonomisch sinnvoll zu realisieren. Auch die OSS unterfällt, wie jede andere Software auch, regelmäßig urheberrechtlichem Schutz. Die einzelnen Programmierer sind Miturheber gem. § 8 Abs. 1 UrhG oder Bearbeiter gem. § 3 UrhG. Die Creative Commons haben die gleiche Intension wie die OSS, sind aber für Inhalte und nicht für Software konzipiert.

Durch neue Serviceleistungen kommt es immer wieder zur Frage, ob die neue Anwendung von den bestehenden Nutzungsrechten noch gedeckt ist. Erster Ansatzpunkt für die Prüfung des Umfangs der Rechte ist der Lizenzvertrag. In diesem sind die ausdrücklichen Rechte und Pflichten aufgeführt. Möglich ist auch eine stillschweigende Vereinbarung. D.h. Rechte und/oder Pflichten ergeben sich zwar nicht aus dem Wortlaut des Vertrages, stehen aber zwingend im Zusammenhang. Von einer stillschweigenden Vereinbarung kann nur ausgegangen werden, wenn ohne diese, andere ausdrücklich vereinbarte Vertragsbestandteile keinen Sinn ergeben. Zwingende Hinweise, sogenannte Indizien, müssen also vorhanden sein, ansonsten handelt es sich nicht mehr um eine Vertragsauslegung, sondern um eine Spekulation. Im Juristendeutsch wird hier von einem „beredenden Schweigen" gesprochen. Liegen diese Hinweise vor, kann die ergänzende Vertragsauslegung vorgenommen werden. Es empfiehlt sich, sein Verständnis von der Vertragsinterpretation bei Annahme einer stillschweigenden Vereinbarung mit Begründung dem Geschäftspartner vor Aufnahme der neuen Dienstleistung mitzuteilen. Dadurch können zeit- und arbeitsaufwendige Missverständnisse, gegebenenfalls auch Unterlassungsklagen, vermieden werden. Es handelt sich hierbei nicht um ein „Einholen einer Erlaubnis", sondern um ein Vermeiden einer unnötigen Konfrontation. Auch Einwände, mit einer solchen Nachricht „schlafende Hunde" zu wecken, sind fehl am Platz. Früher oder später wird der Geschäftspartner Nachricht von der neuen Anwendung erhalten.

Formulierungsbeispiel:

„...teilen wir Ihnen unsere Absicht mit, ab dem 01.12.2019 die neue Dienstleistung einzuführen. Wie sich aus dem Zusammenhang von Nr. 4, Nr. 6 und Nr. 12 des Vertrages vom 01.07.2018 ergibt, ist eine Ausdehnung unseres Dienstleistungsangebotes auf (genaue Bezeichnung der Dienstleistung) durch den Vertrag gedeckt.

Für Rückfragen stehen wir Ihnen gerne zur Verfügung..."

Mitteilungen dieser Art sollten erfolgen, jedoch zunächst auch kurz gehalten werden. Die kurze Form gebietet nicht nur die Arbeitseffizienz, vielmehr bietet sie die notwendige Flexibilität. Für das Urheberrecht enthält § 31 Abs. 5 UrhG eine wichtige Auslegungsregel. Sie ist unter dem Namen Zweckübertragungstheorie bekannt. Nach ihr wird der Umfang des nicht ausdrücklich genannten Nutzungsrechts gemäß dem vereinbarten Vertragszweck bestimmt. Bei der Auslegungsregel handelt es sich um die Handhabung eines nicht geregelten Anwendungsfalls des Vertrags, damit ein Rechtsstreit vermieden oder beendet werden kann. Zu Recht wird in der Literatur effektives Vorsorgemanagement durch genaue Vertragsregelungen angemahnt.[23]

Ebenfalls im Urheberrechtsgesetz geregelt sind die Leistungsschutzrechte. Geschützt werden hiermit die künstlerischen Leistungen ausübender Künstler sowie unternehmerische Leistungen auf organisatorisch-technischem Gebiet. Geschützt werden:

- Wissenschaftliche Ausgaben und nachgelassene Werke, §§ 70, 71 UrhG;
- Lichtbilder, § 72 UrhG;
- Ausübende Künstler, §§ 73–83 UrhG;
- Veranstalter, § 81 UrhG;
- Hersteller von Tonträgern, §§ 85 f. UrhG;
- Sendeunternehmer, § 87 UrhG;
- Datenbankhersteller, §§ 87a-e UrhG;
- Filmhersteller, § 94 UrhG.

Regelmäßig sind Bibliotheken von den Leistungsschutzrechten vor allem in den Fällen betroffen, in denen es um wissenschaftliche Ausgaben und nachgelassene Werke sowie um die Rechte des Datenbankherstellers geht. Da Fotografien von (gemeinfreien) Gemälden oder anderen zweidimensionalen Werken regelmäßig Lichtbildschutz nach § 72 UrhG genießen, kommt die Norm vor allem in Museen, Gallerien und Archiven zur Anwendung. Gemeinfrei bedeutet, dass das betreffende Werk wegen des Ablaufs der Schutzfrist gem. § 64 UrhG urheberrechtlich nicht mehr geschützt ist.

Für eine sachgerechte Ermittlung der Inhaber von Nutzungsrechten im Zuge von Veranstaltungen zur Informationskompetenz ist die Kenntnis, wer Inhaber von Nutzungsrechten sein kann, eine wichtige Voraussetzung. Bei verlegten Produkten ist hier im Umfeld des Verlegers und gegebenenfalls des Nachfolgers zu recherchieren. Die Leistungsschutzrechte umfassen das Recht auf Vervielfältigung und Verbreitung von Vervielfältigungsstücken. Dabei beträgt die Schutzfrist grundsätzlich 50 Jahre.

7.5 Urheberrecht im IT-Bereich

Auch Datenbanken sind urheberrechtlich geschützte Werke. Geschützt werden hier der Aufwand und die Ordnungssystematik, die zum Kern einer jeden Datenbank gehören. Die Rechte an Datenbanken können verletzt werden, wenn wesentliche Teile einer Datenbank vervielfältigt werden, §§ 87a ff. UrhG. Erfolgt die Vervielfältigung wiederholt und systematisch, so sind diese Nutzungshandlungen, die einen wesentlichen Teil der Datenbank betreffen, nicht statthaft.[24] Um Missverständnisse auszuschließen, sollte in den Lizenzverträgen geregelt sein, wann und wie viele Downloads

23 Paschke: ebd., § 12 Rn 658; Meinke, ZAP Fach 16, 255.
24 Nordmann in: Lehmann; Meents: ebd., Kap. 16 Rn 105.

gestattet werden. Das rechtliche Verständnis des Begriffs Datenbank geht über die technische Definition hinaus.[25] Voraussetzungen nach §§ 4, 87a UrhG sind:

- Das Bestehen einer Sammlung. Wegen Erwägungsgrund 13 der Datenbankrichtlinie kann die Zusammenstellung Daten, Werke und andere Elemente umfassen.[26]
- Die einzelnen Elemente sind unabhängig von einander.
- Es liegt eine systematische oder methodische Anordnung gem. §§ 4 Abs. 1, 87a UrhG vor. Dabei kann die Gliederung logischen oder sachlichen Kriterien entsprechen. Systematisch und methodisch meint, dass die Elemente planmäßig wieder auffindbar sind. Jedoch genügt bereits eine einfache Methodik. Komplexe Retrievalmöglichkeiten werden nicht verlangt.[27] Umstritten ist, inwieweit rein subjektive Aspekte für eine methodische Anordnung genügen.[28] Ein reiner Datenhaufen genügt jedenfalls nicht.[29]
- Die einzelnen Elemente müssen nach §§ 4, 87a UrhG isoliert zugänglich sein. Dabei wird keine strikte technische, sondern eine logische Trennung erwartet. Kontrollfall ist, ob die Informationen einzeln abrufbar sind.
- Nach herrschender Meinung ist die Formulierung „mit elektronischen oder anderen Mitteln" keine weitere Tatbestandsvoraussetzung. Nach dem Gesetz ist beispielsweise auch der Zettelkatalog eine Datenbank.[30]

Urheberrechtlich sind Datenbanken gem. § 4 Abs. 2 UrhG nur dann geschützt, wenn sie wegen ihrer Auswahl oder der Anordnung der Elemente eine persönliche geistige Schöpfung bilden.[31] § 16 UrhG stellt sicher, dass auf Grund des Vervielfältigungsrechts ein Schutz der Datenbank gegen ein komplettes Ausdrucken oder einem umfassenden Download besteht.[32] Umstritten ist, ob das Vervielfältigungsrecht bereits bei der üblichen Nutzung betroffen ist. Bei einer üblichen Nutzung wird ein nicht unwesentlicher Teil von Daten in den Arbeitsspeicher geladen. In der Literatur gibt es Stimmen, die eine Umsetzung von Art. 6 Abs. 2 lit. b und c in der Vorschrift § 55a UrhG sehen.[33] Die Argumente, die gegen diese Sichtweise sprechen, überzeugen mehr. Das Laden der Daten in den Arbeitsspeicher, um die Datenbank wie üblich zu nutzen, ist computersystemimmanent.[34] Es würde den Schutzzweck des Vervielfältigungsrechts über-

---

25 Grützmacher in: Lehmann; Meents: ebd., Kap. 18 Rn 153.

26 Grützmacher in: Lehmann; Meents: ebd., Kap. 18 Rn 154.

27 OLG Köln, CR 2007, 802, (804) (Wetterdatenbank).

28 Grützmacher in: Lehmann; Meents: ebd., Kap. 18 Rn 156; Wandtke; Bullinger; Thum: ebd., § 87a Rn 16.

29 Grützmacher in: Lehmann; Meents: ebd., Kap. 18 Rn 156 m.w.N.

30 Grützmacher in: Lehmann; Meents: ebd., Kap. 18 Rn 158, BGH, GRUR 1999, 923, (925) (Tele-Info-CD); EuGH, GRUR Int. 2005, 239 (Fixtures Marketing Ltd./OPAP.

31 BGH, GRUR 2011, 79, (81).

32 Grützmacher in: Lehmann; Meents: ebd., Kap. 18 Rn 167.

33 Berger, GRUR 1997, 169, (176).

34 Grützmacher in: Lehmann; Meents: ebd, Kap. 18 Rn 168.

strapazieren, wenn jegliche Gedächtnisleistung, auch die eines elektronischen Kurzzeitgedächtnisses, unter § 16 UrhG gefasst würde. Für die Praxisanwendung gilt: Die übliche Nutzung ist nicht nur vertraglich gestattet, sondern kann vom Anbieter auch verlangt werden.

Datenbanken sind nach § 15 Abs. 2, 3 UrhG und § 19a UrhG ausdrücklich gegen öffentliche Wiedergabe und Zugänglichmachung geschützt. Verhindert werden soll damit jedoch nur der Missbrauch, nicht jedoch eine übliche Benutzung durch den rechtmäßigen Benutzer. Dies stellt die Regelung des § 55a UrhG klar. So ist beispielsweise eine Vervielfältigung durch ein Laden in den Arbeitsspeicher zulässig, wenn dieser Vorgang für den Zugang der Datenbank erforderlich ist. Dabei bezieht sich die Erforderlichkeit nur auf das notwendige Maß. Nicht erforderlich sind dagegen Handlungen, die lediglich zweckmäßig oder nützlich für den bestimmungsgemäßen Gebrauch sind. Das Recht zu Gunsten des rechtmäßigen Benutzers ist eine gesetzliche Ausnahme zu den allgemeinen Regelungen und gem. § 55a S. 3 UrhG nicht abdingbar. Dabei bezieht sich die Befugnis ausschließlich auf den Inhalt des Datenbankwerks. Nicht umfasst sind dagegen die Rechte am Inhalt der Datenbank. Insoweit bleibt es bei den allgemeinen Regelungen.

Datenbankhersteller haben gem. § 87 UrhG das ausschließliche Vervielfältigungs- und Verbreitungsrecht sowie das Recht der öffentlichen Wiedergabe. Sinn des Schutzrechts ist der Investitionsschutz, der für die Beschaffung, Überprüfung und Darstellung erforderlich ist.[35] Ferner sollte die entstandene Schutzlücke zum Werkschutz von Datenbanken als Schrift- oder Sammelwerke gem. §§ 2 Abs. 1 Nr. 1, Nr. 4 UrhG geschlossen werden. „Datenbanken sind gem. § 87a Abs. 1 UrhG eine Sammlung von Werken, Daten und anderen unabhängigen Elementen, wenn sie systematisch oder methodisch angeordnet sind, einzeln abgerufen werden können und eine nach Art oder Umfang wesentliche Investition erfordern." Das Schutzrecht ist umfassend ausgestaltet und umfasst sowohl die körperliche als auch die nicht körperliche Verwertung von Datenbanken. Mit § 87c UrhG kennt auch das Leistungsschutzrecht für Datenbanken eine Schrankenregelung. Eine Sonderregelung gilt hinsichtlich der Länge der Schutzdauer. Diese ist auf 15 Jahre ab dem Veröffentlichungsdatum der Datenbank beschränkt.

Die in den §§ 44a–63a UrhG getroffenen Einschränkungen der Vervielfältigungsrechte des Urhebers gelten nicht für den Bereich der Software. Mit den §§ 69a – g UrhG besteht hier ein eigener Abschnitt. Daher gilt die Grundregel aus § 53 UrhG, dass von Computerprogrammen keine Privatkopien erstellt werden dürfen. In § 69 d Abs. 2 UrhG ist lediglich eine Sicherheitskopie erlaubt. Ist die Software mit einem Kopierschutz versehen, so darf dieser gem. § 95a UrhG nicht umgangen werden. § 69d Abs. 2 UrhG gibt dem Benutzer der Software nur einen Anspruch gegen den Urheber der Software, wenn eine Sicherungskopie wegen einer weiteren und sonst nicht möglichen Programmver-

35 Paschke: ebd., § 12 Rn 666.

wendung erforderlich ist. Das Verbot, den Kopierschutz zu umgehen, gilt für alle Datenträger, die einen solchen aufweisen.

Im Internet werden vielfach vorgefertigte Lizenzverträge angeboten, um die Veröffentlichung von digitalen Medien bei Gewährung eines rechtlichen Schutzes zu vereinfachen. Hierzu gehört auch die international agierende Non-Profit-Organisation Creative Commons.[36] Die Angebote sind weit verbreitet, kostenfrei und inhaltlich im Sinne des Open Access[37] ausgerichtet. Die Charakteristika der Lizenzverträge bestehen in dem Baukastenprinzip von Lizenzelementen, welches dem Benutzer Kombinationsmöglichkeiten und damit die Auswahl aus verschiedenen vorgefertigten Verträgen ermöglicht. Wie bei allen pauschal vorformulierten Vereinbarungen besteht auch hier bei einer ungeprüften Übernahme der Formulierungen die Gefahr, Angelegenheiten anders als wirklich gewollt zu regeln. Diese Bedenken werden durch die relativ einfach zu verstehenden Formulierungen und das Baukastenprinzip verringert, nicht jedoch aufgehoben. Durch sogenannte Protierungen erfolgt eine Anpassung an die die lokalen Rechtssysteme und somit eine Berücksichtigung des jeweilgen nationalen Rechts. Bei den protierten Lizenzen soll die Lösung im nationalen Recht der im internationalen Bereich entsprechen. Eine Auseinandersetzung mit den Lizenzbedingungen ist vor einer eventuellen Übernahme geboten.

Werden Webseiten erstellt und genießen diese urheberrechtlichen Schutz, so ist der Designer durch die Erstellung Urheber. Handelt der Designer im Rahmen seines Arbeitsvertrages, so stehen die Nutzungsrechte gem. § 31 Abs. 5 i.V.m. § 43 UrhG dem Arbeitgeber zu. Durch eine rechtzeitige, eindeutige Formulierung im Arbeitsvertrag können Zweifelsfälle frühzeitig geklärt werden. Wichtig ist sowohl bei einer Vergabe als Werkvertrag als auch bei einer Erstellung im Arbeitsverhältnis, dass der Auftraggeber/Arbeitgeber sich die Möglichkeit der Abänderung, Weiterentwicklung oder der Löschung der Seite übertragen lässt und dies schriftlich zu Beweiszwecken festhält. Die Übertragung des Nutzungsrechts, der Lizenz, ist vom Nutzungsberechtigten auf einen Dritten durch Abtretung möglich. Gem. §§ 34, 35 UrhG ist hier grundsätzlich die Zustimmung des Urhebers erforderlich. Verfügungen im Urheberrecht bedürfen grundsätzlich der Schriftform. Eine Ausnahme gilt nur dann, wenn der Urheber ein unentgeltliches Nutzungsrecht für jedermann eingeräumt hat, sogenannte Freeware gem. § 31a UrhG. Ist nicht eindeutig geregelt, in welchem Umfang Rechte übertragen wurden, so wird bei der Auslegung des Sachverhalts nach § 31 Abs. 5 UrhG auf die Zweckübertragungstheorie zurückgegriffen. Demnach werden dem Nutzer nur die Rechte übertragen, die er nach dem Vertragszweck auch wirklich benötigt.

Nutzungsrechte können nicht gutgläubig erworben werden.[38] Ist daher zweifelhaft, ob jemand Rechteinhaber geworden ist, dann kann der Urheber verlangen, dass

---

36 http://de.creativecommons.org/, zuletzt aufgerufen am 01.09.2019.

37 Berliner Erklärung: https://openaccess.mpg.de/Berliner-Erklaerung, zuletzt aufgerufen am 01.09.2019.

38 BGHZ 5, 116, (119) (Parkstraße).

ihm eine lückenlose Kette der Rechteübertragungen nachgewiesen wird (sog. chain of title). Daher ist eine gründliche Recherche von großer Wichtigkeit. Für eine Vervielfältigungshandlung gem. § 97 Abs. 1 S. 1 UrhG sind sowohl der Versender als auch der aktive Empfänger von Daten verantwortlich.[39] Aktiv bedeutet, dass er Handlungen wie einen Abruf- bzw. Speichervorgang auf sein Gerät in die Wege leitet. Die Formulierung Freeware im Internet bedeutet nicht automatisch, dass der Urheber auf sämtliche Rechte an seinem Werk verzichtet hat. Häufig findet sich die Definition der freien Nutzungsmöglichkeit in einer beigefügten Textdatei (readme.txt). In jedem Fall dürfen Urheber und Gesellschaft vom Nachnutzer eine ordentliche Zitierweise erwarten. Ist die Quelle des Werkes rechtswidrig, so ist ein Download grundsätzlich verboten. Der für die Informationseinrichtung praktikabelste Weg ist, diese Seiten generell zu sperren. Kann nachgewiesen werden, dass entsprechende Kontrollen bzw. Nachträge regelmäßig erfolgen, so ist dies auch ein wichtiges Indiz für das aktive Vorgehen gegen rechtswidrige Downloads auf Bibliotheksrechnern.

Nach dem Urteil des Bundesgerichtshofes[40] stellt das Verlinken einer Seite mit der eigenen Homepage keine Vervielfältigung dar. Vielmehr gehöre das Verlinken zum Wesen des Internets. Das Zusammensuchen von einschlägigen und qualitativ wertvollen Informationen aus dem Internet und sonstigen Informationsquellen ist eine zeitaufwendige Arbeit. Grundsätzlich stellt das Zusammenfassen fremder urheberrechtlich geschützter Inhalte eine urheberrechtlich verbotene Vervielfältigung dar. Innerhalb enger Grenzen sind hier aber sogenannte elektronische Pressespiegel privilegiert.[41] Inhaltlich zulässig sind Nachrichten mit realem Inhalt und Tagesneuigkeiten. Bewertungen, Analysen und Kommentare sind demnach ausgenommen. Die Erstellung bezieht sich nur auf einen begrenzten Nutzerkreis („Inhouse-Pressespiegel"). Ferner dürfen die zusammengestellten Artikel nur als graphische Datei zur Verfügung gestellt werden. Eine Volltextsuche ist hingegen untersagt.[42] Eine kommerzielle Nutzung des elektronischen Pressespiegels ist unzulässig. Der Bundesgerichtshof begründet diese Entscheidung mit dem notwendigen Ausgleich zwischen der eng auszulegenden Schrankenbestimmung des § 49 UrhG mit § 49 Abs. 2 UrhG.

Sollen Fotografien für eine Internetpräsentation aufgearbeitet werden, so ist zwischen den künstlerischen Werken (Lichtbildwerke) und einfachen Lichtbildern zu unterscheiden. Für Lichtbildwerke gilt eine Schutzfrist von 70 Jahren nach dem Tod des Urhebers (§§ 2, 64 UrhG). Bei einfachen Lichtbildern hingegen besteht der Schutz grundsätzlich für einen Zeitraum von 50 Jahren nach Erscheinen des Lichtbilds gem. § 72 Abs. 3 UrhG. Dabei beginnen die Schutzfristen gem. § 69 UrhG jeweils mit dem Ende des Kalenderjahres, in den das relevante Ereignis fällt. Nach §§ 22, 23 KUG ist

---

39 Nordmann in: Lehmann; Meents: ebd., Kap. 16 Rn 97.

40 BGH Urteil vom 17.07.2003 Az.: I ZR 259/00.

41 BGH, GRUR 2002, 963 (Elektronische Pressespiegel); Nordmann in: Lehmann; Meents: ebd., Kap. 16 Rn 115.

42 Nordmann in: Lehmann; Meents: ebd., Kap. 16 Rn 115.

mit dem „Recht am eigenen Bild“ das Selbstbestimmungsrecht des Abgebildeten geschützt. Als Immaterialgüterschutz steht es jeder natürlichen Person zu. Wer beispielsweise ohne die entsprechende Gestattung einen anderen filmt oder fotografiert, verletzt dessen Persönlichkeitsrechte. Dies gilt unabhängig davon, ob sein Bild Werkscharakter aufweist und damit urheberrechtlich geschützt ist. Als Urheber oder Rechteinhaber kann er Unterlassungs- und/ oder Schadensersatzansprüchen ausgesetzt sein. Letztere können bewirken, dass der Urheber sein Werk vernichten oder abändern muss. Das Recht am eigenen Bild gem. §§ 22 ff. KUG gehört wie das Urheberpersönlichkeitsrecht zu den besonderen Persönlichkeitsrechten. Auch nach der Einführung und Umsetzung der DSGVO kommt den §§ 22 ff. KUG als Ausdruck der besonderen Persönlichkeitsrechte Bedeutung zu. Zu den Normen des Datenschutzes, die ebenfalls die besonderen Persönlichkeitsrechte schützen, kann Gesetzeskonkurrenz bestehen.

Gem. § 13 UrhG hat der Urheber ein Recht auf die Nennung seines Namens. Ist dies nur schwer möglich, z.B. bei Darstellungen für mobile Endgeräte, oder auch sonst nicht gewünscht, so ist es Aufgabe des Lizenznehmers, eine Einigung mit dem Urheber herbeizuführen. Dort, wo eine Urheberrechtsnennung allgemein nicht üblich ist, kann nach gewissenhafter Prüfung des eng zu verstehenden Ausnahmefalls auch auf die Namensnennung verzichtet werden.

Checkliste Nutzung von fremden Werken in Wissenschaft und Forschung:
Wo? – innerhalb oder außerhalb der Hochschule.
Vor Wem? – mit oder ohne Externe
Was? - Text, Bild, Musik, Film, multimediale Anwendungen
Welche Art und Weise (Form)? – vervielfältigt, öffentlich wiedergegeben, zugänglichgemacht (z.B. online gestellt)
Welcher Zweck? – eigener wissenschaftlicher Gebrauch oder gemeinsames Forschungsprojekt, Unterrichts- oder Prüfungszwecke, Zitat
Welcher Umfang? – ganze Werke oder Teile hieraus

7.6 Urheberrecht und Bibliotheksbau

Beim Neubau einer Bibliothek ergibt sich regelmäßig ein Spannungsverhältnis zwischen einem eher funktionaler Zweckbau oder einem repräsentativen Kunstobjekt. Die Thematik ist mit der Errichtung des Bauwerkes häufig nicht abgeschlossen, sondern setzt sich bei Umbauten oder der Diskussion um bauliche und funktionale Mängeln des Bauwerks fort. Bibliotheksbauten sind regelmäßig urheberrechtlich geschützte Werke i.S.v. § 2 Abs. 1 Nr. 4 UrhG. Für die Frage, ob das Urheberrecht des Architekten oder Künstlers am Bibliotheksbau durch eine bauliche Maßnahme beeinträchtigt ist, ergibt sich aus § 14 UrhG folgende Prüfung:

1. Entstellung und Beeinträchtigung

Beeinträchtigung ist jede Veränderung des ästhetischen Gesamteindrucks.[43] Das sich aus dem Beeinträchtigungsschutz ergebende Veränderungsgebot schützt das Interesse des Urhebers, dass das Werk in seinem Erschaffungszustand gegenüber der Öffentlichkeit erhalten bleibt. Die Entstellung ist ein besonders schwerer Fall der Beeinträchtigung. Dabei kann die Entstellung in direkter oder indirekter Art wirken.

2. Eignung zur Interessensgefährdung

Die Eignung der Beeinträchtigung zur Interessensgefährdung wird indiziert. Jedoch kann diese Vermutung wiederlegt werden, wenn das Werk noch nicht veröffentlicht wurde oder eine Gestattung zu einer Werksveränderung nach § 39 Abs. 1 UrhG oder ein Bearbeitungsrecht gem. § 23 UrhG gegeben ist.

3. Interessensabwägung

Die Prüfung schließt mit einer Interessensabwägung ab.[44] Das Merkmal steht zwar nicht wörtlich in § 14 UrhG, wird dem Sinn und Zweck nach jedoch vorausgesetzt. Denn die Interessensabwägung zwischen dem Urheber, möglichen weiteren Rechteinhabern und der Öffentlichkeit durchzieht das gesamte Urheberrecht. Abgewogen wird hier regelmäßig das Integritätsinteresse des Urhebers auf der einen Seite gegen das Verwertungsinteresse des Nutzungsberechtigten gem. § 39 UrhG oder das Recht des Eigentümers aus § 903 BGB. Weitere berechtigte Interessen sonstiger Dritter können je nach Konstellation ebenfalls Berücksichtigung finden. Im Verhältnis zwischen dem Eigentümer und dem Urheber kann § 39 UrhG analog angewendet werden.

Fall: In den 1970er Jahren hatte Stararchitekt S einen damals modernen Turnhallenbau entworfen und war hierfür Bauleiter gewesen. 20 Jahre später erfolgte eine Umwidmung und ein rein interner Umbau, um die örtliche Hochschulbibliothek unterzubringen. Dabei wird vom gleichen Architekten vor allem auf das Design, nicht aber auf die Funktionalität geachtet. U.a. werden keine Klimaanlagen eingebaut, an der Isolierung gespart und auf Verdunkelungsmöglichkeiten verzichtet. In den heißen Sommern heizt sich das Betongebäude der Hochschulbibliothek regelmäßig auf über 32 Grad Celcius und an besonders heißen Tagen auf über 35 Grad Celsius Innentemperatur in den Nachmittagsstunden auf. Als von Seiten der Hochschule Abhilfemaßnahmen durch den Einbau einer leistungsstarken Klimatisierung geplant werden, erfährt S davon und will den Einbau der Kühlungstechnik mit Hinweis auf sein Urheberrecht am Bau verhindern. Wie ist die Rechtslage?

Lösungsskizze: S könnte den Einbau verhindern, wenn er hierdurch in seinem Urheberrecht verletzt ist. In Betracht kommt ein Verbotsanspruch gem. § 14 UrhG, wenn der Umbau sein Urheberwerk entstellt. Je nach Ausgestaltung der Kühltechnik kann schon fraglich sein, ob die Maßnahme einen so prominenten Platz einnimmt, dass von der Störung des Gesamteindrucks gesprochen werden kann. Selbst wenn dies im konkreten Fall zutrifft, können Gegenrechte oder rechtliche Regelungen bestehen, die diesen Eingriff in das Urheberrecht gestatten. Von den Schrankenregelungen der §§ 44a–63a UrhG ist keine einschlägig. Die vom Gesetzgeber definierten Schrankenregelungen sind grundsätzlich abschließend. Daher sind die üblichen Argumente wie das Berufen auf die Wissenschaftsfreiheit,

---

43 Wandtke, A.: Urheberrecht, § 2 Rn 19.
44 Wandtke, A.: ebd., § 2 Rn 21.

allgemeine Handlungsfreiheit und das Interesse an Teilhabe am kulturellen Wirken und Fortschritt in die bestehenden Schrankenregelungen integriert und können nicht als zusätzliche Argumente in Abwägung gebracht werden. Anders sieht es hingegen es bei urheberrechtfernen Regelungen wie dem Jugendschutz (JSchG), strafrechtlichen Verbreitungsverboten (§§ 86, 90, 90a, 90b, 130, 130a, 184 ff. StGB) oder dem Arbeitsschutz aus, soweit es sich um zwingende Regelungen handelt. Diese wenden sich nicht gegen das Urheberrecht am Werk, können aber dessen Wirkungsweise durch Verbreitungsverbote beschränken. Damit die nicht urheberrechtlichen Verbotsnormen bzw. zwingenden Beschränkungen nicht leerlaufen und wegen des Grundsatzes der Einheit der Rechtsordnung gelten diese Verbote und Beschränkungen auch hier.[45] Hier kommen die Belange der Arbeitssicherheit in Betracht.

Auszüge aus den Arbeitssicherheitsrichtlinien:
- „Die Lufttemperatur in Arbeitsräumen soll +26°C nicht überschreiten. Bei darüber liegender Außentemperatur darf in Ausnahmefällen die Lufttemperatur höher sein.“ (ASR 6; Mai 2001)
- „Wenn die Außenlufttemperatur über +26° C beträgt ..., sollen bei Überschreiten einer Lufttemperatur im Raum von +26° C zusätzliche Maßnahmen ... ergriffen werden.“ (ASR A3.5, 4.4 (1); Juni 2010)
- „Bei Überschreiten der Lufttemperatur im Raum von +30° C müssen wirksame Maßnahmen gemäß Gefährdungsbeurteilung ergriffen werden, welche die Beanspruchung der Beschäftigten reduziert.“ (ASR A3.5, 4.4 (2); Juni 2010)
- „Wird die Lufttemperatur im Raum von +35° C überschritten, so ist der Raum für die Zeit der Überschreitung ..., nicht als Arbeitsraum geeignet. “(ASR A3.5, 4.4 (3); Juni 2010)

Im Beispielsfall wurden zwingende Vorschriften des Arbeitsschutzes nicht eingehalten. Die darauf erforderlichen Nutzungsuntersagungen hätten eine Zweckentfremdung eines funktionalen Gebäudes zu einem reinen Kunstwerk zu Folge. Dies wäre ein Verstoß gegen die Hauptpflicht des Architekten und Bauleiters, eine Bibliothek regelgerecht zu erstellen. Eine Nutzungsuntersagung ist eine derart schwere Maßnahme, dass nicht nur eine dauerhafte, sondern auch eine zeitweilig bedingte dazu führt, einen Verstoß gegen die Hauptleistungspflicht anzunehmen. Im Gegenzug darf von Seiten des Architekten erwartet werden, dass der Einbau der Klimageräte zwar zweckmäßig, aber mit dem geringstmöglichen Eingriff erfolgt.

7.7 Urheberrecht – Sanktionen

Um dem Geschädigten zu ermöglichen, das Ausmaß der Verletzung seines Urheberrechts zu erkennen, hat der Gesetzgeber ihm mit § 101 UrhG einen Anspruch auf

45 Juraschko, B.: Praxishandbuch Urheberrecht für Bibliotheken und Informationseinrichtungen, S. 104.

Auskunft und Rechnungslegung gegeben. Der Informationsanspruch aus § 101 UrhG ist Grundlage, damit sich der Geschädigte alle Informationen beschaffen kann, um seinen Anspruch geltend zu machen.

Der Rechteinhaber kann vom Verletzter gem. § 97 UrhG Unterlassung verlangen. Dabei bezieht sich der Anspruch immer auf die konkret begangene Verletzung. Um den Unterlassungsanspruch jedoch nicht faktisch leer laufen zu lassen, wird die konkrete Handlung im Rahmen der sogenannten Kerntheorie[46] abstrahiert. Der Rechteinhaber hat den geltend gemachten Anspruch eindeutig und genau zu beschreiben. Voraussetzung für einen Unterlassungsanspruch ist das Vorliegen einer Erstverletzungs- oder einer Wiederholungsgefahr. Ergänzend zum Unterlassensanspruch kann der Verletzte gem. § 97 Abs. 1 S. 1 UrhG eine Beseitigung der Störung verlangen. Der Beseitigungsanspruch ist darauf gerichtet, eine dauerhafte Störung zu beenden. Der Schadensersatzanspruch nach § 97 UrhG ist verschuldensabhängig. Daher gilt § 276 BGB. Dabei steht dem Verletzten das Wahlrecht aus drei Arten der Schadensberechnung zu:

- Konkrete Schadensberechnung einschließlich des entgangenen Gewinns gem. §§ 249 ff. BGB.
- Nach der Lizenzanalogie kann gefordert werden, was der Verletzte in Form eines Lizenzentgelts erhalten hätte.
- Alternativ verbleibt die Möglichkeit, den Verletzergewinn abzuschöpfen.

Zu beachten ist, dass Urheber, Verfasser wissenschaftlicher Ausgaben, Lichtbildner und ausübende Künstler bei schuldhaft begangenen Rechtsverletzungen gem. § 97 Abs. 2 UrhG den Ersatz immaterieller Schäden verlangen können. Hierzu gehört beispielsweise ein Ersatz für das schlechtere Ansehen in der Öffentlichkeit u.ä.

In den §§ 106 ff. UrhG ist das Urheberstrafrecht niedergelegt. Auf Grund eines geänderten Rechtsbewusstseins und wegen des Amtsermittlungsgrundsatzes in Strafverfahren hat das Urheberstrafrecht eine Renaissance erlebt. Die für Mitarbeiter relevanten Normen beziehen sich vor allem auf das Ermittlungsverfahren. Darin unterscheidet es sich nicht vom allgemeinen Strafrecht. Aus diesem Grunde wird auf die zum Strafrecht gemachten Aussagen verwiesen.

7.8 Urheberrecht Schweiz

Das Schweizer Urheberrechtsgesetz fasst die wichtigsten urheberrechtlichen Bestimmungen bundeseinheitlich zusammen. Es ist wie in Deutschland und in Österreich stark durch die Berner Übereinkunft sowie die Revidierte Berner Übereinkunft geprägt. In den letzten Jahren kam der steigende Einfluss der EU hinzu. Als Mitglieder der Europäischen Union gibt es wegen der Vorgaben durch die erlassenen Richt-

46 Grützmacher in: Lehmann; Meents: ebd., Kap. 18 Rn 81.

linien und des Harmonisierungsgedankens Ähnlichkeiten zwischen dem deutschen und dem österreichischen Recht. Aus wirtschaftlichen Gründen hat sich die Schweiz bisher entschlossen, partiell ihr Urheberrecht ebenfalls mit den EU-Vorgaben freiwillig zu harmonisieren. Auf Grund gemeinsamer Rechtsquellen gibt es zwischen dem schweizerischen und dem deutschen Urheberrecht viele Gemeinsamkeiten. Wie das deutsche Urheberrecht ist auch das schweizerische Urheberrecht Bestandteil der privatrechtlichen Eigentumsordnung. Damit steht es gem. BV Art. 26 unter dem Schutz der Schweizer Bundesverfassung.[47] Das Schweizer Urheberrechtsgesetz von 1992 befindet sich derzeit in Revision. Der aktuelle Stand der Beratungen zum Gesetz ist in der Geschäftsdatenbank des Parlaments Curia Vista[48] unter der Nummer 17.069 (Geschäft des Bundesrates – Urheberrechtsgesetz. Änderung) ermittelbar.

Das Urheberrecht ist als absolutes Immaterialgüterrecht ausgestaltet.[49] Ebenso begründet sich der Urheberrechtsschutz durch den Realakt der Werkschöpfung, URG Art. 2, 6, dort N 3. Hier gilt das Gleiche im deutschen Recht. Der Werkbegriff ist in URG Art. 2 Abs. 1 legaldefiniert. Ferner ist in URG Art. 12 Abs. 2 eine Sonderregelung zum Schutz von Software enthalten. Der Schutz ist als absolutes Recht ausgestaltet. Der Urheberrechtsschutz enthält eine persönlichkeitsrechtliche Komponente (URG Art. 11, bes. Abs. 2; ferner Art. 9). Dementsprechend kann Urheber auch nur ein Mensch und nicht der Arbeitgeber oder eine juristische Person sein, URG Art. 6. Die Schweizer Rechtslehre geht von einer Dreiteilung des Urheberrechts aus:[50]

1. Verwertungsrechte: werkbezogene absolute Rechte, Schutz von Vermögensinteressen, z.B. Vervielfältigungs-Verbreitungsrecht
2. Urheberpersönlichkeitsrecht („droit moral“): absolute Schutzrechte für persönlichkeitsrechtliche Interessen z.B. Recht auf Anerkennung der Urheberschaft und auf Namensnennung
3. Sonstige Rechte: relative Rechte, die nur gegenüber dem Eigentümer oder Besitzer von Werkexemplaren geltend gemacht werden können, z.B. Zutritts- und Ausstellungsrecht, Vermietungstantieme. Nicht dazu gehört die Bibliothekstantieme.[51]

Wie im deutschen und im österreichischen Recht erfolgt eine Begrenzung der Urheberrechte durch den Erschöpfungsgrundsatz gem. URG Art. 12 und Schrankenregelungen. Die Schutzdauer beträgt im Regelfall 70 Jahre nach Tod des Urhebers. Eine Ausnahme gilt bei Software mit 50 Jahren nach Tod des Urhebers.

Unterschiede zwischen dem deutschen und dem schweizerischen Recht gibt es in der Begründung des Rechtsübergangs. So folgt das schweizerische URG der dua-

---

47 BGE 131 III 480, E. 3.1

48 Die Bundesversammlung – das Schweizer Parlament: https://www.parlament.ch/de/ratsbetrieb/suche-curia-vista, zuletzt aufgerufen am 01.09.2019.

49 Rehbinder; Viganò: URG, Art. 1 Rn 3.

50 Rehbinder; Viganò: URG, Art. 9 Rn 1.

51 URG 13 N3; Rehbinder; Viganò: URG Art. 9 Rn 2.

listischen Theorie. Demnach ist das Urheberrecht als Nutzungsrecht übertragbar.[52] Ferner kann auf das Urheberrecht verzichtet werden, wodurch das Urheberrecht an dem Werk erlischt. Dagegen folgen sowohl das deutsche als auch das österreichische Recht der monitischen Theorie. Diese geht von der Abspaltbarkeit der Nutzungsrechte vom Stammrecht aus. In der Alltagspraxis wirkt sich die unterschiedliche Begründung regelmäßig nicht aus, da eine vergleichbare Verkehrsfähigkeit besteht und auch beim schweizerischen Urheberrecht nach der Übertragung weiterhin das Urheberpersönlichkeitsrecht besteht. So bestimmt sich auch der Umfang der Rechtsübertragung sowohl in der Schweiz als auch in Deutschland nach derZweckübertragungstheorie.[53] Eine Sonderregelung der Nutzungsbefugnis von dienstlich programmierter Software findet sich in URG Art. 17. Die Norm sieht eine ausschließliche Nutzungsbefugnis durch den Arbeitgeber vor. Eine weitere Besonderheit beinhaltet URG Art. 24, der den Umgang mit Archivierungs- und Sicherungsexemplaren regelt. Mit URG Art. 24 Abs. 1 S. 1 ist die Aufbewahrungspflicht von Werkexemplaren im URG festgeschrieben. Trotz der unterschiedlichen rechtlichen Konstruktion entspricht es inhaltlich dem deutschen Pflichtexemplarrecht. Laut URG Art. 24 Abs. 1 dürfen öffentlich zugängliche Bibliotheken, Bildungseinrichtungen, Museen und Archive die zur Sicherung und Erhaltung ihrer Bestände notwendigen Werkexemplare herstellen, sofern mit diesen Kopien kein wirtschaftlicher oder kommerzieller Zweck verfolgt wird.[54] Damit es zu keinem Missbrauch kommt, ist der Begriff der öffentlich zugänglichen Einrichtungen eng auszulegen.[55]

7.9 Urheberrecht Österreich

Das österreichische Urheberrecht ist dem deutschen ähnlich.[56] Daher kommt man in vielen Fällen zu vergleichbaren Lösungen. Gem. Art. 10 Abs. 1 Z 6 B-VG ist das Urheberrecht in Österreich eine Bundesangelegenheit. Geregelt ist es vor allem im Urheberrechtsgesetz (Bundesgesetz über das Urheberrecht amn Werken der Literatur und der Kunst und über verwandte Schutzrechte) und im Verwertungsgesellschaftsgesetz (VerwGesG). Daneben gibt es einige wenige urheberrechtliche Regelungen in anderen Gesetzen, wie z.B. die Verwertung von geistem Eigentum gem. § 106 Abs. 1 UniversitätsG 2002.[57] Diese Norm regelt die Verwertung von geistigem Eigentum an Universitäten. Eine andere Norm ist § 7 NormenG. Danach dürfen österreichische Normen

52 Rehbinder; Viganò: URG, Art. 16 Rn 1.
53 Rehbinder; Viganò: URG, Art. 16 Rn 14.
54 Eingefügt durch Ziff. I des BG vom 5. Okt. 2007 über die Änderung des BG betreffend das Urheberrecht und verwandte Schutzrechte, in Kraft seit 1. Juli 2008 (AS 2008 2421).
55 Rehbinder; Viganò: URG, Art. 24 Rn 6.
56 Kuscko, G.: Geistiges Eigentum, S. 1062.
57 BGBl. I 2002/120.

grundsätzlich nur von einem bestimmten Verein in Verkehr gesetzt und vervielfältigt werden. Ausnahmen sind möglich.

Anknüpfungspunkt des Urheberrechtsschutzes ist das Werk. Wie in Deutschland ist die Schöpfungshöhe (inzwischen) nicht mehr entscheidend. Durch die Anlehnung an ein fremdes Werk wird die Eigentümlichkeit des eigenen Werks nicht unbedingt ausgeschlossen. Computerprogramme sind Sprachwerke im Sinne von § 2 Z 1 UrhG. Mit § 40a UrhG kennt auch das österreichische Urheberrecht eine Sonderbestimmung zum Werkcharakter von Computerprogrammen. Das Urheberrecht in Österreich gewährt wie in Deutschland vor allem ausschließliche Rechte. Gem. §§ 61a ff. UrhG existiert in Österreich zwar ein Urheberrechtsregister, dennoch ist ein Formalakt wie etwa die Eintragung in dieses Register nicht für das Entstehen des Urheberrechtsschutzes erforderlich. Unterschiede zwischen dem österreichischen und dem deutschen Urheberrecht bestehen beim Urhebervertragsrecht. Mit § 40b UrhG kennt das österreichische Urheberrecht nur eine Sonderregelung hinsichtlich des Erwerbs von Nutzungsrechten für den Arbeitgeber, die der Arbeitnehmer in Ausübung seines Dienstes geschaffen hat. Eine allgemeine Regelung fehlt. Die Zweckübertragungslehre ist in Österreich ebenfalls bekannt, jedoch nicht herrschend.[58] Allgemeine Formulierungen wie „alle Rechte“ werden in Österreich als wirksam angesehen.[59] Dennoch wird das Ausmaß der erworbenen Befugnisse „im Zweifel“ nicht weiter ausgelegt als für die vorgesehene Werknutzung erforderlich.[60] Eine spezielle Auslegungsregel ist in § 33 UrhG enthalten.

7.10 Gewerbliche Schutzrechte

Zu den gewerblichen Schutzrechten zählen u.a. das Patentrecht, das Gebrauchsmusterrecht, das Designschutzrecht, das Sortenschutzrecht und der Topographienschutz. Mit Ausnahme des Markenrechts, welches zusätzlich in besonderen Fällen eine Schutzfähigkeit der Marke durch Verkehrsgeltung kennt, handelt es sich bei den gewerblichen Schutzrechten um Registerrechte. Diese entstehen erst mit der Eintragung ins entsprechende Register. Zusammen mit dem Urheberrecht bilden die gewerblichen Schutzrechte das Recht des Geistigen Eigentums/ Recht der Immaterialgüter. Ein immaterielles Gut kann die Voraussetzungen für mehrere Schutzrechte nebeneinander erfüllen. Neben Bibliotheken und Archiven nehmen Patentinformationszentren eine wichtige Rolle bei der Informationsversorgung ein. Aus Sicht der Informationsdienstleister geht es bei den gewerblichen Schutzrechten regelmäßig um die Zugänglichmachung der Inhalte. Dagegen sind Informationseinrichtungen bei Fragen des Urheberrechts, z.B. wegen des Verbreitungsrechts, selbst involviert.

58 Kuscko: ebd., S. 1243.
59 Kuscko: ebd., S. 1243.
60 Kuscko: ebd., S. 1243 m.w.N.

Abweichend davon können Bibliotheken in ihrer täglichen Arbeit, z.B. bei der Gestaltung von Werbemitteln, mit Kennzeichnungsrechten in Kontakt kommen. Häufig geht es darum, wer wann und wie ein bestimmtes Logo verwenden darf. Dabei steht regelmäßig die Frage im Mittelpunkt, ob ein wirksamer Markenschutz besteht. Weil es sich bei den meisten schutzfähigen Marken um Eintragungen handelt, empfiehlt sich hier ein Blick ins entsprechende Register.[61] Der Markenschutz ist hinsichtlich der möglichen Formen umfassend geregelt. Er kann sich beispielsweise auf eine Begrifflichkeit (Wortmarke), eine Abbildung (Bildmarke), auf Kombinationen (Wort-Bildmarke), eine dreidimensionale Form, Tonfolge (akustische Marke) und in eher seltenen Fällen auch Farben (Farbmarke) und Gerüche (Geruchsmarke) beziehen.

Eine weitere Ausnahme von dem Punkt, dass es bei der Bereitstellung von Informationen zum gewerblichen Rechtsschutz nur um die Vermittlung von Inhalten geht, ist dort vorzunehmen, wenn es um Fragen des Arbeitnehmererfindungsrechts geht.

Beispiel: Professor P hat im Jahresverlauf 2019 im Rahmen seiner dienstlichen Tätigkeit mit seiner Arbeitsgruppe an der Universität U eine völlig neuartige Membran entwickelt, mit der besonders kostengünstig bestimmte Nanoteilchen aus wässrigen Lösungen herausgefiltert werden können. In voller Vorfreude auf seinen großen wissenschaftlichen Durchbruch bereitet er seinen Abstract für einen bekannten wissenschaftlichen Kongress vor und recherchiert hierzu im Patentinformationszentrum der Universität U. Die Mitarbeiterin M im Patentinformationszentrum erfährt davon und überlegt, wie sie sich verhalten soll.

Lösungsskizze: Die Mitarbeiterin M könnte auf Grund ihrer dienstvertraglichen Treuepflicht, zu der auch eine Schadensabwendungspflicht gehört, gehalten sein, die erhaltenen Informationen, dass P eine Erfindung im Rahmen seiner universitären Arbeit gemacht habe, an den Patentbeauftragten der Universität U weiterzugeben. M hat mit dem Land L, zu dem die Universität U gehört einen Dienstvertrag. Aus diesem Dienstvertrag ergeben sich Treuepflichten. Zu diesen Treuepflichten gehört auch die Pflicht, Schaden vom Arbeitgeber abzuwenden. Veröffentlicht Professor P seine Erfindung durch einen Aufsatz oder Kongressbeitrag, so ist er anschließend nicht mehr neu im Sinne des Patentgesetzes. Damit ist eine Ablehnung der Anmeldung zum Patent zu erwarten. Nach dem Arbeitnehmererfinderrecht hat die Hochschule das Recht des ersten Verwertungszugriffs. Die Berechtigung ergibt sich aus § 42 ArbnErfG bzw. den vorrangigen jeweiligen Regelungen in den Universitäts- und Hochschulgesetzen. Die Erfinder, Professor P sowie die in der Arbeitsgemeinschaft tätigen Studenten, erhalten einen Ausgleich. Mit der frühen Veröffentlichung nimmt P der Universität die Möglichkeit, die Erfindung zu verwerten. Die Pflicht der M müsste im ersten Schritt darauf sein, diesen gesamten Handlungskomplex und damit auch die Neuartigkeit der Erfindung zu erkennen. Dies ist abzulehnen. Als Mitarbeiterin im Patentinformationszentrum hat sie regelmäßig nur fragmentarische Kenntnisse vom Inhalt der jeweiligen Forschungsarbeit. Daher ist eine entsprechende arbeitsrechtliche Meldepflicht der M zu verneinen. Im Übrigen würde auf Dauer das Vertrauensverhältnis zwischen Kunden des Patentinformationszentrums und den Mitarbeitern gestört, wenn mit einer Weitergabe der Informationen der recherchierten Forschungsarbeiten gerechnet werden müsste. Angemessen ist es jedoch, wenn die Universität von M erwartet, dass sie durch Aushänge und in Schulungen auf die Regelungen des Arbeitnehmererfinderrechts hinweist.

---

61 Beispiel für die Recherche von deutschen Marken DPMAregister: https://www.dpma.de/marken/markenrecherche/index.html, zuletzt aufgerufen am 01.09.2019.

7.11 Internationales Urheberrecht

Das Urheberrecht ist als sogenanntes Territorialrecht auf das jeweilige Staatsgebiet beschränkt. Entscheidend ist der Ort der Benutzungs- oder Verletzungshandlung.

Beispiel: Ein in der Schweiz lebender Österreicher publiziert in einer Zeitschrift, deren Verlagssitz in den Niederlanden ist, die aber in Deutschland zum ersten Mal erscheint. Die Rechtslage ist nach deutschem Urheberrecht zu beurteilen, da der Ort der Benutzung in Deutschland liegt.

Um auch den Schutz von Werken im Ausland zu ermöglichen, haben sich verschiedene Staaten, darunter Deutschland, Österreich und die Schweiz, in völkerrechtlichen Verträgen zusammengeschlossen. Das erste internationale Abkommen für das Urheberrecht im modernen Sinne war die „Berner Übereinkunft zum Schutz von Werken der Literatur und Kunst von 1908". Das Regelwerk wurde in der Folgezeit verändert und erweitert. Diese internationalen Verpflichtungen sind auch der Grund, weshalb der nationale Gesetzgeber an bestimmte urheberrechtliche Standards gebunden ist und diese nicht kurzfristig abändern kann.

Vor allem aber wird das deutsche und österreichische Urheberrecht in einem wachsenden Maße durch gemeinschaftliche Regelungen der EU, wie EU-Richtlinien und EU-Verordnungen[62], und zusätzlich durch die Rechtsprechung des EuGH geprägt. Während EU-Verordnungen nach Inkrafttreten unmittelbar in jedem Mitgliedsstaat anwendbar sind, richten sich die EU-Richtlinien zunächst nur an die Mitgliedsstaaten. Diese haben die Aufgabe, die Richtlinie innerhalb einer bestimmten Frist in nationales Recht umzuwandeln. Bei dieser Form wird den Mitgliedsstaaten ein größerer nationaler Gestaltungsspielraum zugestanden. Der Umfang des Handlungsspielraums hängt dann von der jeweiligen EU-Richtlinie ab. Sowohl EU-Verordnungen als auch EU-Richtlinien sind gemeinsam, dass sie auf eine Angleichung der nationalen Rechtsordnungen durch Harmonisierung ausgerichtet sind. Ziel der Harmonisierungen ist gem. Art. 118 AEUV die Gewährleistung und Verbesserung des gemeinsamen Binnenmarktes durch die Beseitigung von rechtlichen Unterschieden zwischen den Mitgliedsstaaten. In freiwilliger und autonomer Weise werden EU-Regelungen von der Schweiz regelmäßig ganz oder teilweise übernommen.

---

62 Die Begriffe Richtlinie und Verordnung gibt es auch im nationalen Recht als hierarchisch unter dem formellen Gesetz stehende Regelung. Diese und die Begriffe EU-Richtlinie bzw. EU-Verordnung sind in den Wirkungen wesensverschieden und sollten wegen der Begriffsgleichheit durch einen Zusatz klar gekennzeichnet werden.

8 Datenschutz

8.1 Datenschutzrechte

Mitentscheidend für den Erfolg einer Serviceleistung ist das Vertrauen in den Schutz der persönlichen Integrität des einzelnen Nutzers. Gerade im Hinblick auf schnelle Informationssysteme wächst die Bedeutung eines effektiven Schutzes personenbezogener Daten. Zentrales Ziel des Datenschutzes ist es, präventiv die Persönlichkeitsrechte jedes Einzelnen durch Erstellen von Verarbeitungsregeln für personenbezogene Daten und die Art und Weise der Gestaltung der Informationstechnik zu schützen.

Das Bundesverfassungsgericht hat aus dem allgemeinen Persönlichkeitsrecht das neue Grundrecht auf „Gewährung der Vertraulichkeit und Integrität informationstechnischer Systeme" entwickelt. Es wird kurz als IT-Grundrecht bezeichnet.[1] Ein weiteres Recht, das aus dem allgemeinen Persönlichkeitsrecht entwickelt wurde, ist das Recht auf informationelle Selbstbestimmung. Dies hat das Bundesverfassungsgericht im sogenannten Volkszählungsurteil festgestellt.[2] Es gehört zu den allgemeinen Grundrechten, da es weder an eine Staatsangehörigkeit noch an einen Wohnsitz gebunden ist. Inhaltlich umfasst der Datenschutz jegliche personenbezogene Datenerhebung und Datenverarbeitung. Es geht um die Verfügungsbefugnis über individualisierte Daten, Eingriffsabwehr, Wissen über die Art der Verwendung und Gewährleistung der Kommunikations- und Handlungsfähigkeit des Einzelnen.[3] Dabei können personenbezogene Daten sich sowohl direkt auf eine Person beziehen, z.B. Name, Geburtsdatum, als auch in Form von neutralen Daten, die aber mit einer Person verbunden sind, z.B. Adresse, Telefonnummer, Rechnungen, vorliegen. Durch die seit dem 25.05.2018 gültige EU-Datenschutzgrundverordnung (EU-DSGVO)[4] und der damit verbundenen Einführung von Geldbußen von bis zu vier Prozent des weltweiten Umsatzes oder 20 Mio. Euro für Unternehmen hat das Thema Datenschutz erheblich an öffentlicher Aufmerksamkeit gewonnen.[5] Neben einigen Neuerungen wurden auch die wesentlichen Grundsätze des Datenschutzrechts bestätigt. Denn wie Art. 5 DSGVO zeigt, haben sich durch die verstärkte europarechtliche Prägung des Datenschutzes dessen grundlegende Ziele nicht verändert. Der Datenschutz gilt umfassend und ist medienunabhängig. So findet der Datenschutz innerhalb der elektronischen Datenverarbeitung zwar ein häufiges Anwendungsfeld, ist aber nicht auf diese beschränkt.

1 Dörr; Schwartmann: Medienrecht, Rn 342a.

2 BVerfG, NJW 1984, 419.

3 Sokol in: Gehrke: Datenschutz- und Sicherheit im Internet, S. 94.

4 Verordnung (EU) 2016/679, alternative Schreibweisen: DS-GVO = engl. General Data Protection Regulation (GDRP).

5 Für Behörden und damit für viele Bibliotheken ist in der DSGVO teilweise ein abweichender Sanktionsmechanismus vorgesehen.

https://doi.org/10.1515/9783110640380-010

Entsprechend dem schnellen Wandel innerhalb der Informationsbranche werden die datenschutzrechtlichen Regelungen innerhalb der EU weiterhin auf ihre Aktualität überprüft und vereinheitlicht. So ist derzeit die ePrivacy-Verordnung im Werden. Diese soll voraussichtlich 2020 in Kraft treten. Vorgesehen ist ein Bündel von Maßnahmen, welche als vorrangige Regelungen die Privatsphäre im Internet und bei der elektronischen Kommunikation schützen sollen. Im Mittelpunkt der erwarteten ePrivacy-Verordnung steht der Einzelne als Person und Rechtssubjekt.

Zu den zentralen Grundsätzen der DSGVO gehört das Prinzip der Datenminimierung. Dazu sollen so wenige wie möglich personenbezogene Daten verarbeitet werden. Ferner sollen riesige Mengen personenbezogener Daten erst gar nicht gespeichert werden. Ein weiterer Grundsatz ist der der datenschutzfreundlichen Verarbeitung. Diesem Grundsatz gemäß werden die Anliegen des Datenschutzes in Form von Technikgestaltung und datenschutzfreundlichen Voreinstellungen in Art. 25 DSGVO miteinander verbunden und bußgeldbewehrt.

Checkliste Bearbeitungsprinzipien:
1. Zweckbindung
2. Datenminimierung
3. Richtigkeit
4. Speicherbegrenzung
5. Integrität und Vertraulichkeit
6. Rechenschaftspflicht

Die Verwendung personenbezogener Daten stellt einen Eingriff in das Grundrecht auf informationelle Selbstbestimmung dar. Gestattet ist die Verarbeitung personenbezogener Daten nur, wenn es hierfür eine gesetzliche Grundlage oder eine Einwilligung des Betroffenen gibt. Auf das Ziel oder Zwischenergebnis der Datenerhebung und -verarbeitung kommt es dabei nicht an. Vielmehr muss die Einwilligung stets freiwillig i.S.v. Art. 7 DSGVO abgegeben werden. Voraussetzung für eine freie Willenserklärung ist die Kenntnis aller relevanten Informationen über den Zweck und die Art der Informationsverarbeitung. Ferner besteht ein Koppelungsverbot gem. Art. 7 Abs. 4 i.V.m. Erwägungsgrund 43 DSGVO. Danach darf die Gültigkeit eines Vertrages nicht von dem Erteilen der Einwilligung für die Verarbeitung von persönlichen Daten abhängen. Die Grenze hierzu ist in Art. 6 Abs. 1 UAbs. 1 b) DSGVO mit der Verwendung der im Einzelfall tatsächlich benötigten Informationen geregelt. Dies kann in der Umsetzung zu einer Aufteilung in Basis- und spezifische Leistungen führen. Die Schriftform ist für die Einwilligung nicht mehr zwingend erforderlich. Vielmehr genügt eine aktive, unmissverständlich abgegebene Willensbekundung. Aus Gründen der Beweissicherung ist eine Schriftform der Einwilligung jedoch weiterhin sinnvoll. Die Einwilligung kann auch elektronisch durch Anklicken eines Feldes erfolgen. Wurden Einwilligungen vor In-Kraft-Treten der DSGVO erteilt, so gelten diese gem.

Erwägungsgrund 171 fort, wenn die Einwilligung dem inhaltlichen Niveau der DSGVO entsprechen. Für Daten mit einem besonders hohen Perönlichkeitsbezug, wie genetische, biometrische, oder gesundheitsbezogene Daten ist wegen Art. 9 DSGVO eine besondere Einwilligung erforderlich. Der Nutzer hat ein unbeschränktes Widerrufsrecht seiner Einwilligung mit Wirkung für die Zukunft. Es besteht eine Zweckbindung der Datenverarbeitung. Der Datenschutz fordert eine schnelle und rasche Aufklärung über Zweck und Umfang der betroffenen Personen. Zu den neu durch die DSGVO eingeführten Rechten gehört neben dem Recht auf Vergessenwerden auch das Recht auf Datenübertragbarkeit gem. Art. 20 DSGVO. Das Recht Vergessenzuwerden ist ein absolutes Recht und gilt damit gegenüber Jedermann. Dennoch kann es nur ausgeübt werden, wenn personenbezogene Daten für den Erhebungszweck nicht mehr benötigt werden. Ferner kann dem eine geregelte Ausnahme wie die Archivierung entgegenstehen. Hier ist eine Abwägung im Einzelfall zwischen dem Recht auf Vergessenwerden und dem Interesse der Allgemeinheit an einem kollektiven Interesse vorzunehmen. Beide neuen Rechte sind ein Ausdruck der gestärten Datensouveränität des Einzelnen. Das Recht auf Datenübertragbarkeit bedeutet die Möglichkeit, unter bestimmten Voraussetzungen seine persönlichen Daten zu einem anderen Anbieter übertragen zu können. Von diesem Recht bestehen Ausnahmeregelungen für Archivzwecke, öffentliche Aufgaben oder ein anerkennenswertes überwiegendes Interesse des bisherigen Anbieters. Daher gilt für Archive, Bibliotheken und Informationseinrichtungen vor allem die Ausnahme. Zentrales, aber auch einschränkendes Merkmal des Datenschutzes ist die Personenbezogenheit. Deswegen ist der Datenschutz nur ein Teilgebiet der Thematik Datensicherheit. Ohne Datensicherheit ist ein wirksamer Datenschutz nicht möglich. Daher wurde die Datensicherheit gem. Art. 5 Abs. 1 f), 32 DSGVO gesetzlich verankert. Grundlage für einen effektiven Datenschutz ist ein klares von allen Betroffenen getragenes Konzept. Umfasst sind gem. Art. 32 DSGVO sowohl technische als auch organisatorische Maßnahmen. Zu den wichtigen Zwischenzielen gehört eine Bewusstseinsbildung für die Datensicherheit und den Datenschutz bei den Mitarbeiterinnen und Mitarbeitern. Denn die besten und modernsten technischen Sicherheitsprodukte sind wenig wert, wenn ein Informationsaustausch über vertrauliche Angelegenheiten in der Öffentlichkeit stattfindet. Im Unterschied zu vielen anderen Schadensquellen können beim Immaterialgut Datenschutz Schäden nur kompensiert, nicht aber repariert werden. Preisgegebene Informationen können nicht mehr zurückgeholt werden. Der Ansehensverlust ist bei Bekanntwerden vertraulicher Informationen unumkehrbar erfolgt. Es besteht eine Finalität der Schäden. Damit kann das in die betroffene Person gesetzte Vertrauen nur wieder neu erworben werden.

Checkliste Datenschutzrechte:

- Recht auf Auskunft;
- Recht auf Berichtigung ungenauer personenbezogener Daten;
- Recht zur Einschränkung der Verarbeitung;

- Recht auf Löschung/Recht auf Vergessenwerden;
- Recht auf Widerspruch;
- Recht die Einwilligung zu widerrufen;
- Recht, nicht Gegenstand einer ausschließlich automatisierten Verarbeitung zu sein;
- Recht auf Übertragbarkeit der persönlichen Daten.

Ziel der Sicherheitsbemühungen ist bei elektronisch verarbeiteten Daten ein möglichst umfassender Systemdatenschutz. Hier wird auf eine Gefährdung automatisch reagiert. Um einen Ausgleich zwischen einer Arbeitsfähigkeit und dem notwendigen Sicherheitsstandard entsprechenden Sicherheitskonzept herzustellen, ist eine Rechtestufung der Teilnehmer eine geeignete und übliche Vorgehensweise. Bezogen auf die Berechtigten in einem Informationszentrum ergeben sich beispielsweise folgende Unterteilungen.

Tabelle 6: Personalisierungsgrad und Nutzerrechte

Hauptgruppe	Personalisierungsgrad und Nutzerrechte
Walk-in-User/ Gast	Nutzer ohne persönliches Profil, eingeschränkte Rechte
Registrierter Benutzer	Nutzer hat ein persönliches Profil, erweiterte Nutzungsrechte
Administrator	Nutzer hat ein persönliches Profil und ist mit umfassenden Rechten ausgestattet; kann selber Rechtevergeben

8.2 Anwendung von Datenschutzgesetzen

Als EU-Verordnung gilt die DSGVO in jedem Mitgliedsstaat unmittelbar. Sie gilt für den öffentlichen und den nicht-öffentlichen Bereich gleichermaßen. Die DSGVO ist die vorrangige Rechtsgrundlage. Nationales Recht auf der Bundes- bzw. auf der Länderebene darf nur dort ergänzen, konkretisieren und modifizieren, wo von der DSGVO ausdrücklich Öffnungsklauseln vorgesehen wurden. Ein Beispiel hierfür ist der Umfang der Regelungsmöglichkeit für das Mindestalter für einwilligungsfähige Minderjährige gem. Art. 8 DSGVO. Ansonsten ergibt sich ein strikter Anwendungsvorrang der DSGVO. Dagegen ist es dem nationalen Gesetzgeber nicht gestattet, der DSGVO zuwider laufende Vorschriften zu erlassen. Selbst die reine Wiederholung der Vorschriften der DSGVO ist innerhalb nationaler Gesetze nur in Ausnahmefällen möglich. Das Bundesdatenschutzgesetz kommt nur zur Anwendung, wenn erstens nicht die DSGVO gem. § 1 Abs. 5 BDSG anwendbar ist und zweitens nicht datenschutzrechtliche Spezialgesetze auf Bundesebene nach § 1 Abs. 2 BDSG einschlägig sind. Daher ist das neue BDSG zweifach nachrangig. Fallen öffentliche Stellen nicht unter das Unionsrecht, so gilt für sie weiterhin ausschließlich das nationale Recht. Hierzu gehören beispielsweise Informationseinrichtungen im Bereich Vereidigung und besonderer Verfassungsorgane. Die zweite Nachrangigkeit des BDSG besteht gegenüber den speziellen Datenschutzgesetzen des Bundes. Die speziellen Datenschutzgesetze hingegen regeln einen spezifischen Bereich. Beispiele hierfür sind das Teledienstdatenschutzgesetz, der Mediendienststaatsvertrag und die hochschulrechtlichen Bestimmungen. Als allgemeine Regelungen sind das Bundesdatenschutzgesetz und die Datenschutzgesetze der Länder Auffanggesetze und erst dann zu prüfen, wenn keine Spezialregelung aus einem vorrangigen Fachgesetz einschlägig ist. Dem Bundesdatenschutzgesetz kommt eine Auffangfunktion zu. Seine Subsidiarität ergibt sich aus § 1 Abs. 2 S. 1 BDSG. Die gleiche Sturktur gilt für die Situation der Länder. Auch hier ist im Regelfall von einer Anwendung des Unionsrechtes und damit der DSGVO als höherrangige Rechtsgrundlage auszugehen. Ferner sind die speziellen Datenschutzbestimmungen der Länder vorrangig vor dem allgemeineren Landesdatenschutzgesetz anzuwenden. Die Landesdatenschutzgesetze gelten alleine für Einrichtungen der Länder. Da die meisten Bibliotheken und Informationseinrichtungen in der Trägerschaft einer Kommune oder eines Bundeslandes stehen, gelten für den überwiegenden Teil der Bibliotheken die Landesdatenschutzgesetze. Die beiden großen christlichen Konfessionen haben eigene Datenschutzgesetze. Diese haben Gültigkeit für die kirchlichen Bibliotheken.[6] Ihr Verhältnis zur DSGVO ist in Art. 91 DSGVO geregelt. Ziel des Normengebers ist es, trotz Rechtseinheit den aktuellen Status der Kirchen und religiösen Vereinigungen nicht zu beeinträchtigen. So gilt die DSGVO als höherrangiges Recht, an dem sich die kirchendatenschutzrechtlichen Regelungen messen lassen müssen. Jedoch besitzt das Kirchendatenschutzrecht einen Anwendungsvorrang und hat damit einen größeren Handlungsspielraum als das nationale Datenschutzrecht.

Das Bundesdatenschutzgesetz (BDSG) gilt sowohl für öffentlich-rechtliche Einrichtungen als auch für private Unternehmen. Dem Bundesdatenschutzgesetz kommt zudem eine Leitfunktion zu, da viele Landesdatenschutzgesetze inhaltlich stark an die Regelungen des BDSG angelehnt sind. Die enge Verwandtschaft der einzelnen Datenschutzgesetze zueinander bewirkt, dass Entscheidungen, die zu einzelnen Regelungen ergangen sind, eine Leitwirkung für die übrigen Datenschutzgesetze haben können. Auch wenn sie, rein formaljuristisch betrachtet, von der Entscheidung nicht betroffen sind.

6 Katholische Kirche: Gesetz über den kirchlichen Datenschutz (KDG) sowie der Durchführungsverordnung zum KDG. https://www.datenschutz-kirche.de, zuletzt aufgerufen am 01.09.2019. Evangelische Kirche: Kirchengesetz über den Datenschutz der Evangelischen Kirche in Deutschland (DSG-EKD). https://www.kirchenrecht-ekd.de/, zuletzt aufgerufen 01.09.2019.

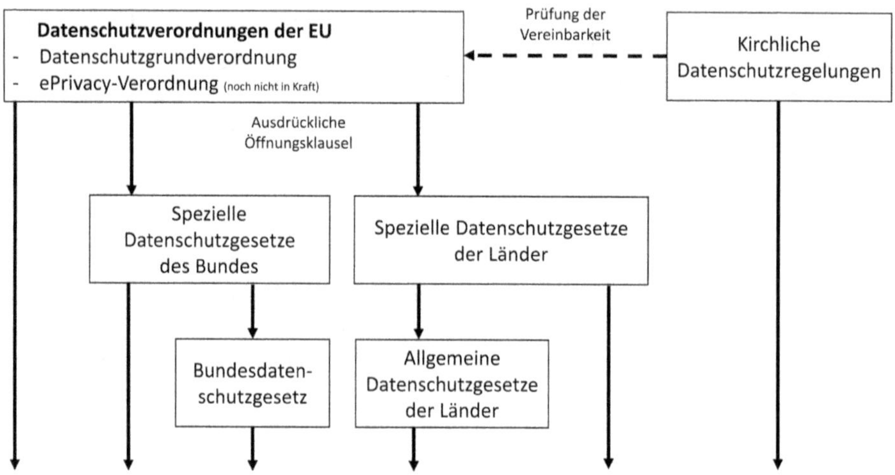

Abb. 14: Prüfungsreihenfolge Datenschutzgesetze.

Die einzelnen Gesetze haben unterschiedliche Schutzbereiche. Beispielsweise schützt das Bundesdatenschutzgesetz nur personenbezogenen Daten natürlicher Personen, nicht hingegen die Daten juristischer Personen. Der Schutz juristischer Personen wird hingegen vom Telekommunikationsgesetz in § 91 Abs. 1 S. 2, Abs. 2 TKG erfasst. Das Bundesdatenschutzgesetz ist inhaltlich stark generalisierend und kennt nur wenige Sondervorschriften. Dahinter steht der Wunsch des Gesetzgebers, möglichst alle notwendigen Lebenssachverhalte mit persönlichen Daten zu erfassen. Ebenso möchte er eine unübersichtliche Kasuistik vermeiden. Das Bundesdatenschutzgesetz ist als Verbotsgesetz mit Erlaubnisvorbehalt ausgestattet worden. Dies bedeutet, dass die personenbezogene Datenverarbeitung zunächst einmal verboten ist. Nur dann, wenn ein rechtlich ankerkannter Grund, wie eine gesetzliche Befugnis oder eine Einwilligung vorliegen, ist die personenbezogene Datenverarbeitung gestattet. Dies entspricht der alten Rechtslage und ist Intension der Datenschutzgrundverordnung.

Für Forschungsarchive, aber auch für sonstige Informationseinrichtungen, die Forschungsdaten verwalten, gilt die Spezialvorschrift des § 27 BDSG. Es handelt sich um die überarbeitete Nachfolge des § 40 BDSG a.F. Zu Gunsten der Forschung kann in ausdrücklicher Abweichung zu Art. 9 DSGVO von einer Einwilligung der Betroffenen abgewichen werden. Voraussetzung ist ein wesentliches Überwiegen der forschungsbedingten Verarbeitung der Daten gegenüber den Interessen der Betroffenen. Neben dem Erfordernis der Zweckbindung findet daher eine Abwägung statt, die zu einem nachprüfbaren Ergebnis gekommen ist.

Zu den Neuerungen durch die Einführung der DSGVO gehören zum einen das sog. Marktortprinzip gem. Art. 3 Abs. 2 DSGVO. Danach genügt es für den Anwendungsbereich der DSGVO, dass sich ein Angebot auf einen nationalen Markt innerhalb der EU richtet oder dass die Datenverarbeitung der Beobachtung des Verhaltens von Personen in der EU dient. Dies betrifft nicht nur Unternehmen mit Sitz außerhalb der EU, die einen innergemeinschaftlichen Absatzmarkt haben, sondern auch Meinungsumfragen oder das Wirken durch Niederlassungen von Kultureinrichtungen mit Hauptsitz im EU-Ausland. Der hier angesprochene Markt ist umfassend zu verstehen und betrifft auch Dienstleistungen von Non-Profit-Organisationen. Zum anderen sollen umfassende Kooperations- und Kohärenzmechanismen eine möglichst einheitliche Anwendung der Regelungen der DSGVO in den EU-Staaten gewährleisten. Aus diesem Grund ist der Gesetzesstand in Österreich dem in Deutschland ähnlich. So kam es durch die Einführung der DSGVO zu einer erheblichen Änderung des Datenschutzgesetzes (DSG).[7]

8.3 Datenschutzerklärung

Ziel einer Datenschutzerklärung ist gem. Art. 12 Abs. 1 DSGVO die verständliche Darstellung der Art und Weise, wie die personenbezogenen Daten verwendet werden. Die verständliche Darstellung dient einer hohen Usability. Mittel hierzu sind Hinweise in einer benutzergerechten Sprache, die sachlich richtig, eindeutig und relevant ist. Die Datenschutzerklärung kann modular aufgebaut sein. Je nach Funktion, Adressatenkreis und Inhalt der jeweiligen Website kann der Wortlaut der Erklärung angepasst werden. Inhaltlich ist die Datenschutzerklärung vollständig und umfasst sowohl juristische als auch technische Ausführungen. Der Inhalt der Datenschutzerklärung ergibt sich aus Art. 13 u. Art. 14 DSGVO. Die Datenschutzerklärung gibt vollständig über alle tatsächlich gesammelten Daten Auskunft. An den notwendigen Stellen werden Quellen nachgewiesen. Bei juristischen Ausführungen erfolgt die Angabe der entsprechenden Rechtsvorschriften. Da sich diese im Laufe der Zeit ändern können, ist nach Änderung von Datenschutzregelungen, wie z.B. nach In-Kraft-treten der DSGVO, eine Überprüfung und gegebenenfalls eine Aktualisierung der Datenschutzerklärung vorzunehmen. Im gleichen Sinne werden technische Normen und Standards zitiert. Die Verwendung von Normzitaten, statt einer Ausformulierung, dient ebenfalls der Verständlichkeit. Die Wortwahl und die Formulierungen sind bei aller notwendigen Genauigkeit auf die Zielgruppe abgestimmt. Werden unterschiedliche Zielgruppen angesprochen, so richten sich die Erläuterungen grundsätzlich an der Gruppe mit den geringsten juristischen bzw. technisch-versierten Kenntnissen aus. Mittel hierzu ist das Erläutern oder das Auflösen von Fachbegriffen. Ferner können gem. Art. 12 Abs. 6f. DSGVO Vorgänge durch standardisierte Bildsymbole erläutert werden.[8]

---

7 Das bisherige Datenschutzgesetz 2000 (DSG 2000) wurde durch das Datenschutzanpassungsgesetz 2018 (öBGBl. I Nr. 120/2017) in die Neufassung Datenschutzgesetz abgeändert.

8 Juraschko in: Bergmann; Danowski: Handbuch Bibliothek 2.0, S. 189.

Exkurs: Webseitengestaltung

Der Onlineauftritt und dessen Pflege gehören heute zum Standard in einer Informationseinrichtung.[9] Mit dem In-Kraft-Treten der DSGVO am 25.05.2018 sind die §§ 11ff. TMG nicht mehr anwendbar. Während das TMG Sachverhalte relativ konkret regelt, zeichnet sich die DSGVO durch einen hohen Abstraktionsgrad aus. Hierdurch ist die DSGVO in ihren Regelungen beständiger, da auch künftige Fragestellungen, an die der Gesetzgeber noch nicht gedacht hatte, eher erfasst werden. Andererseits sind die abstrakten Formulierungen auslegungsbedürfig, weil sie weniger präzise gefasst wurden. Die hierdurch bedingte Rechtsunsicherheit wird andauern, bis eine gefestigte Rechtsprechung entsteht. Soweit die Regelungen der DSGVO nicht nur formell, sondern auch inhaltlich die genaue Nachfolge der bisherigen Regelung darstellen, kann die bisherige Rechtsprechung regelmäßig angepasst werden und weiterhin Beachtung finden. Gem. § 13 TMG trifft den Websitenbetreiber die Verpflichtung, den Besucher der Website bereits zu Beginn über Art und Umfang der Verarbeitung seiner personenbezogenen Daten zu informieren. Umgesetzt wird diese Verpflichtung durch eine deutlich erkennbare Datenschutzerklärung auf der Homepage. Diese Informationsverpflichtung begründet sich seit dem 25.05.2018 aus Art. 13 DSGVO. Dieser Zeitpunkt, auf den beide Gesetze abstellen, ist der früheste, der genannt werden kann. Für diese Information kann kein früherer Zeitpunkt gewählt werden. Daher kann hier die zu § 13 TMG ergangene Rechtsprechung Berücksichtigung beim Normenverständnis von Art. 13 DSGVO finden. Verwendet die Informationseinrichtung Kontaktformulare auf ihren Websites, so haben diese nach dem technisch aktuellen Stand verschlüsselt zu sein. Hierdurch soll verhindert werden, dass die dort eingegebenen Daten durch einen unbefugten Dritten abgegriffen werden können. Wegen der Führung von Benutzerkonten bei der Anmeldung in zugangsbeschränkten E-Learningräumen, bei der Fernleihe etc. kommt es notwendigerweise zur Verarbeitung personenbezogener Daten. Hier ist die datenverarbeitende Stelle verpflichtet, ein „Verzeichnis von Verarbeitungstätigkeiten gem. Art. 30 DSGVO zu führen. Dieses enthält eine Beschreibung, welche personenbezogenen Daten sie in welchem Verfahren auf welche Art und Weise verarbeitet hat. Zudem sind die dabei vorgenommenen Datenschutzmaßnahmen zu nennen. In Art. 30 Abs. 5 DGVO ist zwar eine Befreiungsgrenze von den Pflichten vorgesehen, wenn die Einrichtung weniger als 250 Mitarbeitern hat. Da bei Informationseinrichtungen die Verarbeitung von personenbezogenen Daten regelmäßig erfolgt, greift die Ausnahmeregelung nicht. Das Verzeichnis ist seit dem 25.05.2018 intern und nicht wie nach der alten Rechtslage öffentlich.

---

9 Zusatzprotokoll vom 8.11.2001, BGBl. 2002, S. 1887, in Kraft getreten am 01.07.2004, auch für die Bundesrepublik Deutschland; Kühling; Seidel; Sivridis: Datenschutzrecht, S. 152f.; Juraschko in: Bergmann; Danowski: Handbuch Bibliothek 2.0, S. 194.

Zusammengefasster Inhalt eines Verfahrensverzeichnisses gem. Art. 30 DSGVO:

1. **Wer?** – Name und Kontaktadresse des Verantwortlichen.
2. **Warum?** – Zweck der Verarbeitung personenbezogener Daten.
3. **Welche** Personengruppen sind betroffen und **welche** Daten von ihnen?
4. In **welches** Drittland sollen die Daten **wie** übermittelt werden?
5. **Welche** Löschfristen sind für die Daten vorgesehen?
6. **Welche** technischen Sicherheitsvorkehrungen sind für die Daten vorgesehen?

8.4 Anonymität

Die Frage nach der Anonymität gehört zu den Kernthemen des Datenschutzes und hat viele Berührungspunkte. Die Grenzen der Anonymität sind situationsbedingt fließend und daher häufig schwierig festzustellen. Beispielsweise können beim Erfassen von Daten über die Handlungen einer Gruppe personenbezogene Daten vorliegen, wenn ein Personenbezug herstellbar ist. Die Rechtsprechung kennt hierzu bisher nur Einzelfallentscheidungen, durch die Kleingruppen von drei bis sieben Personen noch als personenbezogen eingestuft werden.[10] Von dieser Einteilung kann auch nach der neuen Rechtslage ausgegangen werden. Sollen Daten von Nutzern verarbeitet werden, so ist entweder die ausdrückliche Einwilligung der betroffenen Person notwendig oder es liegt eine gesetzliche Erlaubnis vor oder es handelt sich um anonyme Daten. Da die Verwendung von anonymen Daten die Variante mit dem geringsten Aufwand ist, stellt sich sowohl wegen des Grundsatzes der Minimierung bei der Verwendung personenbezogener Daten als auch im Hinblick auf die Arbeitsökonomie die Frage, ob bei den Daten wirklich ein Personenbezug erforderlich ist. So kann für viele Leistungen die Auskunft, dass eine Nutzungsberechtigung aktuell vorhanden ist, genügen. Die Wahl der Methoden beim Anonymisieren hängt sowohl vom Datenbestand als auch vom Umfang einer allgemeinen Kenntnis über den Dateninhalt ab. Technisch ist der aktuelle Stand mindestens zu erreichen. Anerkannt wird jedoch auch, dass sich eine absolute Anonymisierung regelmäßig nicht erreichen lässt. Eine relative bzw. faktische Anonymisierung ist ausreichend.[11] IP-Nummern gelten insgesamt nicht als anonyme Daten, sondern sind „Pseudonyme" im Sinne des Teledienstdatengesetzes (TDDSG).[12] Begründet wird dies damit, dass statische IP-Nummern im Gegensatz zu dynamischen IP-Nummern einer natürlichen Person zugeordnet werden.[13]

---

10 Speichert: Praxis des IT-Rechts, S. 124.

11 BVerfG, NJW 1987, 2805, 2807; NJW 1988, 962, 963.

12 Vgl. Vorlage der Hessischen Landesregierung für den 13. Bericht der Landesregierung über die Tätigkeit der für den Datenschutz nicht öffentlichen Bereich in Hessen zuständigen Aufsichtsbehörden vom 30. August 2000, Drs. 15/1539, 9.1.

13 BVerwG, NJW 1986, 526.

8.5 Datenverarbeitung

Mit dem Erfordernis der Rechtmäßigkeit der Datenverarbeitung werden die bisher schon bestehenden Grundsätze bestätigt. Zu diesen Grundsätzen gehört das Verbotsprinzip. Danach ist jede personenbezogene Datenverarbeitung zunächst einmal verboten. Eine Erlaubnis bedarf daher einer Rechtsgrundlage oder einer freiwilligen Entscheidung der betroffenen Person. Zentrale Erlaubnisnorm für die Verarbeitung von personenbezognen Daten ist Art. 6 Abs. 1 DSGVO. Hier sind sechs zentrale, gleichrangige Tatbestände aufgezählt, die eine personenbezogene Datenverarbeitung gestatten. Im konkreten Fall können auch mehrere Erlaubnistatbestände nebeneinander Anwendung finden. Wegen des Transparenzgebots gem. Art. 5 Abs. 1 a) DSGVO ist jedoch auf jeden Zweck vorher hinzuweisen. Eine weitgehende Erlaubnisnorm ist Art. 6 Abs. 1 UAbs. 1 e) DSGVO. Demzufolge dürfen personenbezogene Daten dann verarbeitet werden, wenn dies zur Wahrnehmung einer Aufgabe erforderlich ist, die im öffentlichen Interesse liegt oder in Ausübung hoheitlicher Gewalt erfolgt. Dieses Erfordernis und die dahinterstehende Methodik entspricht in hohem Maße der Struktur der §§ 12 ff. des alten BDSG. Dies gilt vor allem für das dem deutschen Datenschutzrecht seit jeher zu Grunde liegende Erforderlichkeitsprinzip.

Beispiel: Die Finanzen der öffentlich-rechtlich organisierten Stadtbibliothek S erlauben es gerade, den Status quo aufrecht zu erhalten. Die Regelungen des Benutzerverhältnisses beziehen sich nur auf die übliche Nutzung, nicht aber auf weitergehende Aktivitäten. Um die in die Jahre gekommene Möbelierung zu erneuern und einen Umbau finanzieren zu können, soll ein groß angelegter Bücherflohmarkt veranstaltet werden. Um an attraktive Spenden für den Bücherflohmarkt zu gelangen, erstellt die Bibliotheksleiterin B Serienbriefe, indem sie die Adressen der Benutzerdaten verwendet. **Lösungsskizze:** Eine ausdrückliche Gestattung liegt nicht vor. Eine ausdrückliche gesetzliche Erlaubnis gibt es ebenfalls nicht. Auch wenn die Stadtbibliothek öffentlich-rechtlich organisiert ist, handelt es es sich hier um sogenannte fiskalische Hilfsgeschäfte, welche dem Privatrecht unterfallen. Damit ist die Erlaubnisnorm Art. 6 Abs. 1 UAbs. 1 e) nicht einschlägig. Zudem wäre auch die Erforderlichkeit der Datenverwendung für Spendenaufrufe nicht gegeben. Beim Merkmal der Erforderlichkeit geht es nicht um eine Zielbewertung, also ob finanzielle Mittel benötigt werden, sondern um die Frage, ob hierfür die Datenverwendung in der konkreten Form erforderlich ist. Hier wären ein öffentlicher Aufruf oder anonyme Postwurfsendungen gleichfalls möglich gewesen. Daher ist die Vorgehensweise der B aus datenschutzrechtlichen Gründen abzulehnen.

Zu den bedeutsamsten Erlaubnistatbeständen der DSGVO gehört Art. 6 Abs. 1 UAbs. 1 f) DSGVO. Hier ist die Interessenabwägung geregelt. Die Verarbeitung personenbezogener Daten ist danach erlaubt, wenn die Verarbeitung zur Wahrnehmung von berechtigten Interessen des Verantwortlichen oder eines Dritten erforderlich ist, sofern nicht die Interessen der betroffenen Person am Schutz ihrer Daten überwiegen. An sich gilt als berechtigtes Interesse grunsätzlich jedes wirtschaftliche oder idelle Interesse. Beispielhaft sind in den Erwägungsgründen EG 47 bis 49 der DSGVO einige berechtigte Interessen wie die Verhinderung von Betrug (Fraud Prevention), die Gewährleistung von Netz- und Informationssicherheit und die Übermittlung von Daten zu internen

Verwaltungszwecken aufgeführt. Die vorgenommene Interessenabwägung muss jedoch nachvollziehbar und auch durch Aufsichtsbehörden und Gerichte nachprüfbar sein. Hierzu gibt insbesondere Erwägungsgrund 47 DSGVO dem Verantwortlichen Hinweise für eine rechtmäßige Abwägung. Ferner ist der Verantwortliche gem. Art. 13 Abs. 1 d), Art. 14 Abs. 2 b) DSGVO verpflichtet, die betroffene Person über das berechtigte Interesse zu informieren. Wegen Art. 6 Abs. 1 UAbs. 2 DSGVO ist Art. 6 Abs. 1 DSGVO auf Behörden und damit regelmäßig auf öffentlich-rechtlich organisierte Bibliotheken und Informationseinrichtungen nicht anwendbar. Diese können sich bei ihrer Datenverarbeitung nicht auf ein überwiegendes öffentliches Interesse berufen. Anwendbar ist Art. 6 Abs. 1 DSGVO hingegen auf Unternehmensbibliotheken und sonstige nicht dem Öffentlichen Recht unterfallende Informationseinrichtungen.

Als einfache Datenweitergabe unterliegt ein Vorgang weniger Restriktionen als eine Datenübermittlung. Voraussetzung hierfür ist die unmittelbare Weitergabe. Nicht mehr vom Erwägungsgrund 48 DSGVO erfasst, ist der Fall, wenn beim Transfer an einer beliebigen Stelle ein externes Unternehmen beteiligt ist. Aus diesem Grunde ist auch das Outsourcing von Dienstleistungen genau zu planen. Durch die konsequente Umsetzung technischer Maßnahmen lassen sich eine Vielzahl von Konflikten verhindern. Regelmäßig werden in der öffentlichen Verwaltung und in der Privatwirtschaft andere mit der Erfüllung eigener Aufgaben betraut. Im Umgang von personenbezogenen Daten liegt häufg eine Auftragsverarbeitung vor. Dabei ist die Zulässigkeit einer Auftragsverarbeitung im konkreten Fall von der Frage der Umsetzung zu trennen. Die Umsetzung der Auftragsverarbeitung ist in den Art. 28 ff. DSGVO geregelt. Inhaltlich ist der Auftragsverwaltung generell ein weiters Spektrum gegeben, welches vom Hosten der Daten auf einem fremden Server bis hin zum Entsorgen von Datenträgern reichen kann. In Art. 82 DSGVO sind die speziellen Haftungsreglungen für Auftragsverarbeiter bei Verstößen gegen den Datenschutz geregelt. Die Schadensersatznorm steht in inhaltlichem Zusammenhang mit der unverzüglichen Meldepflicht des Auftragsverarbeiters gegenüber dem Geschädigten nach Art. 33 Abs. 2 DSGVO. Zusätzlich zu der Schadensersatzpflicht kann auch die Anwendung der Bußgeldvorschrift des Art. 83 DSGVO in Betracht kommen. Bei einer Weitergabe von personenbezogenen Daten ist wegen Art. 14 Abs. 2 f, Art. 15 Abs. 1 g) DSGVO eine Quellenangabe für die Nachverfolgung der Datenströme erforderlich. Um die Handlungsfähigkeit zu gewährleisten, kennen Informationspflichten und Auskunftsrechte nach der DSGVO auch einige Ausnahmen.

Tabelle 7: Ausnahmeregelungen von der Informationspflicht (Auswahl, nicht abschließend).

Ausnahme	Erhebung bei betroffener Person (Art. 13 DSGVO)	Erhebung aus anderer Quelle (Art. 14 DSGVO)	Auskunftsanspruch (Art. 15 DSGVO)
Information bereits bekannt	X	X	
Archive, Wissenschaft, Forschung (siehe auch §§ 27 Abs. 2, 28 Abs. 2 BDSG)		X	X
Unverhältnismäßiger Aufwand (siehe auch §§ 31 Abs. 1, 34 Abs. 4 BDSG)	Eingeschränkt	X	X
Aufgabenerfüllung einer öffentlichen Stelle gefährdet (siehe auch §§ 32 Abs. 1 Nr. 2, 33 Abs. 1 Nr. 1a), 34 Abs. 1 Nr. 1 BDSG)	Eingeschränkt	X	X
Aufbewahrungspflicht (gesetzlich oder vertraglich) (siehe auch § 34 Abs. 1 Nr. 2 BDSG)			X
Andere Rechtsvorschriften		X	

Die möglichen Löschungsansprüche des Betroffenen ergeben sich allgemein aus dem Prinzip der Datensparsamkeit und der Zweckbindung gem. Art. 5 Abs. 1 b), e) DSGVO und speziell aus Art. 17 DSGVO. Dabei ist zu beachten, dass die Ansprüche auf Löschung wegen Art. 17 Abs. 3 DSGVO auch Ausnahmen kennen. Unter anderem dann, wenn die Verarbeitung von Daten für Zwecke der Forschung, Wissenschaft und Statistik erforderlich ist und deren Löschung dies unmöglich macht oder wenigstens ernsthaft beeinträchtigen würde, Art. 17 Abs. 3 d) DSGVO. Dem entspricht die forschungsbezogene Ausnahme des Art. 27 Abs. 2 DSGVO für die Fälle der Beschränkung der Datenverarbeitung nach Art. 18 DSGVO. Ein technisch und organisatorisch perfekter Datenschutz ist nicht möglich. Selbst dieser Idealfall garantiert nicht, dass ein Kunde der Informationseinrichtung auch anderer Meinung sein kann. Aus diesem Grunde ist ein entsprechendes Konfliktmanagement als Standardmaßnahme mit in das Organisationskonzept zu integrieren.[14]

Datenschutz in der Bibliothek betrifft nicht nur das Verhältnis zu den Bibliothekskunden, sondern auch zu den Mitarbeitern. Persönliche Daten von Arbeitnehmern sind zweifach abgesichert: Der individualrechtliche Schutz für den Arbeitnehmer steht

14 Juraschko in: Bergmann; Danowski: ebd., S. 198.

ihm aus dem Umgang des Arbeitgebers mit personenbezogenen Daten DSGVO, dem BDSG bzw. dem LDSG zu. So benennt Art. 6 Abs. 1 b) DSGVO die Rechtfertigungsfälle, in denen die Verarbeitung von personenbezogenen Daten des Arbeitnehmers bzw. bei einem Einstellungsverfahren gestattet ist. § 26 Abs. 1 BDSG spezifiziert die Gestattung in Bezug auf das Arbeitsverhältnis. Ferner ist § 26 Abs. 1 BDSG mit der Einbeziehung von Tarif- und Dienst- bzw. Betriebsvereinbarungen die Öffnungsklausel für den kollektivisten Datenschutz am Arbeitsplatz. Insoweit ist § 26 Abs. 1 BDSG die Nachfolge des früheren § 4 BDSG. Die Verarbeitung von sensiblen Daten wie Religions- und Gewerkschaftsangehörigkeit oder Erkrankungen sind durch die Spezialregelung das Art. 9 Abs. 2 b) BDSVO bzw. § 26 Abs. 3 S. 1 BDSG besonders geregelt. Im Falle einer Verletzung des Datenschutzes besteht für die verantwortliche Stelle eine Meldepflicht gem. Art. 33 Abs. 1 DSGVO. Die Meldung hat unverzüglich, möglichst innerhalb von 72 Stunden nach Bekanntwerden der Datenpanne zu erfolgen.

8.6 Datenschutz Schweiz

Derzeit befindet sich das Schweizer Datenschutzgesetz in Revision. Es soll das bisherige Datenschutzgesetz von 1992 ersetzen. Ziel ist es, unter Beachtung des technologischen Fortschritts die Rechte der einzelnen natürlichen Personen zu schützen. Bisher waren im Datenschutzgesetz der Schutz der natürlichen und der juristischen Personen geregelt. Der Schweizer Nationalrat beschloss 2016 in die Revision auch die DSGVO mit aufzunehmen. Dies bedeutet, dass künftig Datenverabeitern größere Sorgfaltspflichten bei der Verarbeitung von personenbezogenen Daten auferlegt wird. Ebenfalls vorgesehen ist im Entwurf des neuen Schweizer Datenschutzgesetzes eine Datenschutz-Folgenabschätzung, wenn die vorgesehene Datenverarbeitung zu einem erhöhten Risiko für die Persönlichkeit oder die Grundrechte führen kann.

Das EU-Datenschutzrecht kommt auch dann zur Anwendung, wenn personenbezogene Daten bearbeitet werden, die sich in der EU befinden, auch wenn das bearbeitende Unternehmen selbst keinen Sitz in der EU hat, sich aber entweder mit dem Angebot von Waren und Dienstleistungen an Kunden in der EU richtet oder das Verhalten von Personen in der EU beobachtet. Hierzu gehört auch das Versenden von E-Books an Kunden in der EU oder das Mailen eines Newsletters. Auf Grund der geographischen Lage und den wirtschaftlichen Verflechtungen mit den EU-Mitgliedsstaaten ist die DSGVO in der Schweiz schon vor In-Kraft-treten des revidierten Datenschutzgesetzes von Bedeutung.

9 Arbeits- und Dienstrecht

Zu den wichtigsten Rechtsgebieten im Bibliotheksalltag gehört das Arbeits- und Dienstrecht. Das Arbeitsrecht regelt die Rechtsbeziehungen zwischen Arbeitnehmer und Arbeitgeber. Im Beamtenrecht hingegen sind die Rechte und Pflichten des Beamten und des Dienstherrn aufgeführt.

9.1 Arbeitsrecht

Das Arbeitsrecht regelt die Beziehung der Arbeitsparteien zueinander. Zentraler Inhalt des Arbeitsrechts ist der Schutz des Arbeitnehmers. Formelhaft verkürzt gilt der Satz: „Arbeitsrecht ist Arbeitnehmerschutzrecht". Damit hat das Arbeitsrecht die Aufgabe, das Ungleichgewicht der Kräfte zwischen Arbeitgeber und Arbeitnehmer auszugleichen. Ein Beispiel hierfür ist der Günstigkeitsgrundsatz. So ist bei der Auswahlmöglichkeit zwischen mehreren Regeln grundsätzlich die arbeitnehmerfreundlichste Variante zu nehmen. Innerhalb des Arbeitsrechts nimmt das Arbeitnehmerschutzrecht eine Sonderstellung ein. Das Arbeitnehmerschutzrecht hat zur Aufgabe, den Arbeitnehmer vor arbeitsbedingten gesundheitlichen Schäden zu bewahren. Daher gibt es zu seinem Schutz gesetzliche Mindeststandards. Geregelt ist das Arbeitsrecht in einer Vielzahl von verschiedenen Vorschriften. Zusätzlich spielt das Richterrecht im Arbeitsrecht eine besonders herausragende Rolle. Der Rechtsprechung kommt es zu, durch Leitentscheidungen und ständige Spruchpraxis die Lücken in und zwischen den Vorschriften zu schließen. Das Arbeitsrecht gliedert sich in einen individualrechtlichen und einen kollektivrechtlichen Teil.

9.2 Individualarbeitsrecht

Die Einordnung eines Vertragsverhältnisses als Dienst- bzw. Arbeitsvertrag oder als Werkvertrag ist an viele Folgen geknüpft. Dazu gehören die sozialversicherungsrechtlichen Folgen. Eine unterlassene sozialversicherungspflichtige Anmeldung und das Nichtabführen von Sozialversicherungsbeiträgen sind, wie der Verweis auf die strafrechtlichen Konsequenzen des § 266a StGB und die Praxis zeigt, keine Bagatellen. In der Praxis bereitet die Abgrenzung zwischen Dienst- und Werkvertrag häufig Schwierigkeiten. Rein formal ist beim Dienstvertrag die Dienstleistung als solche Vertragsgegenstand. Hingegen wird beim Werkvertrag der Arbeitserfolg geschuldet. Kernpunkt der Schwierigkeiten ist die Feststellung, ob ein Arbeitserfolg oder nur ein Arbeitseinsatz gefordert ist. Denn auch in einem Dienstverhältnis werden die Tätigkeiten nicht um ihrer selbst Willen, sondern im Hinblick auf ein Ergebnis ausgeübt.[1]

1 Brox; Walker: Besonderes Schuldrecht, § 19 Rn 9.

https://doi.org/10.1515/9783110640380-011

Zentrale Prüffrage ist, ob der Verpflichtete für den Erfolg einzustehen hat, also das wirtschaftliche Risiko trägt. Bei einem Werkvertrag ist dies der (externe) Unternehmer. Dennoch sind alle Umstände des Einzelfalles mit zu bewerten. Die Benennung des Vertrags ist ein Hinweis unter vielen. Entscheidend ist das tatsächliche Vertragsverhältnis. Eine starre Abgrenzung gibt es daher nicht.[2] Dennoch sollen hier einige Punkte genannt werden, die Indizien für die Einordnung bilden. Der Prüfungskatalog ist dem Statusfeststellungsverfahren von § 7 SGB IV entnommen. Bei Streitigkeiten über diesen Punkt gibt es die Möglichkeit, die Klärung in dem Statusfeststellungsverfahren prüfen zu lassen. Die Erfahrung hat jedoch gezeigt, dass bei diesen Verfahren mit einer mehrmonatigen Prüfungsdauer zu rechnen ist.

Beispiel für einen Werkvertrag: Die nicht der Einrichtung zugehörige A soll die Bestände einer Teilbibliothek retrokatalogisieren und wird für die Anzahl der richtig und vollständig erbrachten Datensätze bezahlt. Da nicht die Arbeitsleistung an sich, sondern der Arbeitserfolg geschuldet ist, liegt insoweit ein Werkvertrag vor. Es handelt sich insoweit nicht um ein Arbeitsverhältnis, sondern um eine selbstständige Tätigkeit.

Checkliste Merkmale Arbeitnehmer:
1. Unselbstständig, in den Betrieb des Arbeitgebers eingegliedert;
2. Fremdbestimmt, weisungsgebunden;
3. Soziale Abhängigkeit vom Arbeitgeber;
4. Kein unternehmerisches Risiko;
5. Privatrechtlicher Vertrag.

9.3 Begründung des Arbeitsverhältnisses

Der Arbeitsvertrag wird als zweiseitiger Vertrag durch Angebot und Annahme geschlossen. Wegen der existenzsichernden Bedeutung für den Arbeitnehmer und wegen der zahlreichen Pflichten des Arbeitgebers haben beide Parteien ein besonderes Informationsbedürfnis. Dieses Informationsbedürfnis beginnt mit dem regelmäßig stattfindenden Vorstellungsgespräch und setzt sich während des Arbeitsverhältnisses fort. Im Arbeitsrecht sind die Vorschriften der Datenschutzgesetze und des AGG (insbesondere §§ 7–11 AGG) zu beachten. Zum Schutz des informationellen Selbstbestimmungsrechts ist das Stellen bestimmter Fragen zulässig. Neben einem relativ klaren Kanon, was zulässig bzw. was wann unzulässig ist, sind viele Fragen rechtlich umstritten. Ferner bestehen für viele Frageverbote Ausnahmen. Grundsätzlich sind Gewerkschafts-, Partei- und Konfessionszugehörigkeit Privatangelegenheit. Zu Privatangelegenheiten besteht in Vorstellungsgesprächen ein Frageverbot. In sogenannten Tendenzbetrie-

2 Brox; Walker: ebd., § 19 Rn 10.

ben kann die Frage in Abhängigkeit von der Tätigkeit ausnahmsweise zulässig sein. Tendenzbetrieb ist ein Betrieb, mit dem der Unternehmer nicht primär Geld verdienen will, sondern der Betrieb dient ihm vor allem zur Verwirklichung seiner ideellen, jedoch vom Gesetzgeber anerkannten, Ziele. Gleiches gilt für Religionsgemeinschaften. Daher ist beispielsweise die Frage nach der Religionszugehörigkeit für die Anstellung in einer kirchlichen Bibliothek zulässig, da für die Literaturauswahl und die Sacherschließung entsprechende Kenntnisse und Interesse an der Religionsgemeinschaft erwartet werden können. Dem Bewerber ist hingegen zuzubilligen, dass er den Nachweis, der für die Sacherschließung erforderlichen religiösen Kenntnisse in einer anderen, gleichwertigen Art und Weise erbringt, wenn er selbst nicht dieser Religion angehört. Eine Ausnahme liegt auf Grund der neueren Rechtsprechung[3] bei reinen unterstützenden Hilfstätigkeiten wie dem Rückstelldienst, Postdiensten etc. vor. Hier ist die Zugehörigkeit zur gleichen Konfession weder objektiv geboten noch verhältnismäßig. Näheres ist in § 118 BetrVG geregelt.

Der Abschluss eines Arbeitsvertrages ist an sich formfrei. Jedoch verpflichtet das Nachweisgesetz den Arbeitgeber, spätestens einen Monat nach dem vereinbarten Beginn des Arbeitsverhältnisses eine schriftliche, von ihm unterzeichnete Niederschrift über die wesentlichen Vertragsbedingungen auszuhändigen. Gleiches gilt für Änderungen des Inhalts des Arbeitsverhältnisses während der Laufzeit des Vertrags.

Beispiel: Die als Auskunftsbibliothekarin eingestellte A soll künftig dauerhaft in der Medienabteilung arbeiten. Ergibt sich dieses Tätigkeitsfeld nicht bereits schon aus der vereinbarten Stellenbeschreibung, so sind eine Änderung des Arbeitsvertrages mit beiderseitiger Zustimmung und eine unterschriebene Niederschrift durch den Arbeitgeber erforderlich.

9.4 Freiwilliger Dienst in der Bibliothek

Ehrenamtlich tätige Personen sind in vielen Bibliotheken eine alltägliche Erscheinung geworden. Hierzu gehören beispielsweise Vorlesungsstunden in Kinder- und Jugendbibliotheken, Unterstützung bei Infodiensten und vieles mehr. Um solche unbezahlten Tätigkeiten ohne Schwierigkeiten entgegennehmen zu können, sind drei Konstellationen auseinander zu halten.

3 Bundesarbeitsgericht, Urteil vom 25. Okt. 2018, Az. 8 AZR 501/14; Vorabentscheidung: EuGH, Urteil vom 17.04.2018 in der Rechtssache C-414/16 Vera Egenberger / Evangelisches Werk für Diakonie und Entwicklung.

Gefälligkeiten mit Rechtsgeschäftscharakter:

Fall: Student S sieht, dass die Auskunftsbibliothekarin A erhebliche Probleme mit dem Umgang eines neuen Textverarbeitungsprogramms hat. S kennt dieses Programm gut. Aus Dank für frühere Hilfen beim Auffinden von Literatur zeigt S der A eine ganze Reihe von arbeitserleichternden Anwendungen.

Hier ist keine Verpflichtung zur Leistung gewollt. Trotz des Fehlens der Leistung bestehen Schutzpflichten, die Schadensersatzansprüche auslösen können. Um Alltagshilfen nicht rechtlich zu unterbinden, wurden verschiedene Konstruktionen entwickelt, um den Helfenden zu schützen. Nach der Rechtsprechung des BGH erfolgt zwar keine Haftungsprivilegierung §§ 521, 599, 690 BGB analog, jedoch wird regelmäßig ein konkludent geschlossener Haftungsausschluss angenommen. Im Beispielfall liegt ein Gefälligkeitsverhältnis vor.

Faktisches Arbeitsverhältnis:

Fall: Bibliotheksdirektorin B ist gehalten, Arbeitskosten einzusparen. Als die langjährige Auskunftsbibliothekarin A offiziell in den Ruhestand geht, bittet B die A weiterhin jede Woche ein paar Auskunftsstunden freiwillig zu übernehmen. A willigt ein. Es erfolgt weder eine Niederschrift noch eine Mitteilung an die Sozialversicherung. A steht mit zehn Stunden pro Woche nach wie vor im allgemeinen Dienstplan. Drei Jahre nach dem offiziellen Renteneintritt erkrankt die A schwer und gerät in große wirtschaftliche Nöte. Als nichts weiter mehr zu pfänden ist, entdeckt der Gläubigeranwalt, dass A nach Renteneintritt noch wöchentlich zehn Stunden in der Bibliothek gearbeitet hat und hierfür kein Entgelt erhalten hatte. Er bewertet die Beziehung zwischen der Bibliothek und A als faktisches Arbeitsverhältnis und klagt auf die Abtretung des rückständigen Arbeitsentgelts abzüglich der Sozialversicherungsbeiträge.
Lösungsskizze: Trotz fehlender primärvertraglicher Vereinbarung genügt die arbeitnehmerähnliche Vereinbarung, um von einem faktischen Arbeitsverhältnis auszugehen.

Ein faktisches Arbeitsverhältnis entsteht dann, wenn die Arbeit trotz eines Nichtigkeitsgrundes des Arbeitsvertrags aufgenommen wurde. Das faktische Arbeitsverhältnis wird zunächst wie ein wirksames Arbeitsverhältnis behandelt. Für ein solches schuldet der Arbeitgeber die Zahlung des Arbeitsentgelts und die Abführung der Sozialversicherungsbeiträge.

Ehrenamtliche Tätigkeit:
Die Verwendung des Begriffs Ehrenamt ist unterschiedlich und schwankt zwischen „freiwilliger Tätigkeit" und einem ehrenvollen, freiwilligen, öffentlichen Amt, für das kein Entgelt gewährt wird. In aller Regel ist hier keine einmalige Zeit- und Arbeitsspende, sondern eine länger andauernde oder regelmäßige Tätigkeit gemeint. Daher ist auf den Einzelfall abzustellen. Ehrenamtlich Tätigen kann trotz Fehlen eines Entgelts ein Anspruch auf Versicherungsschutz während der Ausübung der Tätigkeit und eine Aufwandsentschädigung zustehen. Daher sind Einzelheiten vor der Annahme

von ehrenamtlichen Tätigen und Fragen zum Versicherungsschutz und Aufwandsentschädigungen vorher zu klären. Bei öffentlichen Förderungen ist zu berücksichtigen, dass einige Förderprogramme ehrenamtlich Tätige als Eigenmittel der Einrichtung werten. Hier ist eine Einzelfallprüfung erforderlich.

9.5 Befristete Arbeitsverträge

Befristete Arbeitsverträge werden durch das Teilzeitbefristungsgesetz (TzBfG) geregelt. Üblicherweise enden befristete Arbeitsverhältnisse mit dem Zeitablauf gem. § 620 BGB. Die Befristung ist kein sachliches Kriterium, um Mitarbeiter unterschiedlich zu behandeln. So liegt eine sachlich nicht gerechtfertigte Diskriminierung vor, wenn einem Mitarbeiter eine notwendige Fortbildung zur Erfüllung seiner Arbeitsaufgaben verweigert wird, weil er „nur" in einem befristeten Arbeitsverhältnis steht. Es ist Aufgabe des Arbeitgebers sich vor der Ausschreibung einer befristeten Stelle hierüber Gedanken zu machen. Nur der Zeitablauf ist als auflösende Bedingung in Arbeitsverhältnissen rechtlich gestattet. Erfolgt eine andere auflösende Bedingung als der Zeitablauf, so ist das Arbeitsverhältnis gem. § 16 TzBfG als unbefristet zu betrachten. Die Aneinanderreihung von befristeten Arbeitsverträgen, sogenannten Kettenverträgen, ist möglich[4] Die vom Europäischen Gerichtshof geforderte Missbrauchskontrollmöglichkeit wurde inzwischen vom Bundesarbeitsgericht präzisiert. Künftig müssen Arbeitgeber bei sehr langen Kettenbefristungen begründen, warum das Arbeitsverhältnis erneut befristet und nicht stattdessen in ein unbefristetes umgewandelt wird.[5]

9.6 Arbeitsverhältnisse nach dem Berufsbildungsrecht

Die Berufsausbildung dient der Vorbereitung auf eine Tätigkeit in einem staatlich anerkannten Ausbildungsberuf. Ein Beispiel hierfür ist die Ausbildung zum Fachangestellten für Medien und Informationsdienste. Während der Berufsausbildung sollen die für die qualifizierte Tätigkeit erforderlichen Kenntnisse und Fähigkeiten vermittelt werden. Das Praktikum ist ein Ausbildungsverhältnis im Rahmen einer schulischen Ausbildung. Dabei soll der Arbeitgeber dem Praktikanten die Möglichkeit verschaffen, sich die berufstypischen Kenntnisse anzueignen. Praktikanten haben gem. §§ 17, 26 BBiG Anspruch auf eine Vergütung. Öffentlich-rechtliche Dienstverhältnisse sind im Bereich der Berufsausbildung vom Geltungsbereich des BBiG ausgenommen. Von beruflicher Fortbildung und nicht von Ausbildung spricht man, wenn innerhalb einer beruflichen Ausübung die berufsbezogenen Kenntnisse und Fertigkeiten erweitert werden.

4 EuGH, 26.01.2012 C-586/10.
5 BAG, 7 AZR 443/09.

9.7 Rechte und Pflichten

Die grundsätzlichen Pflichten des Arbeitnehmers sind im Arbeitsvertrag genannt. Diese besitzen jedoch eine generalklauselartige Weite und bedürfen daher der Präzisierung. Wie diese Präzisierung aussieht, obliegt innerhalb des arbeitsvertraglichen Rahmens dem fachlichen Vorgesetzten. Es ist nicht erforderlich, jede noch so kleine Tätigkeit aufzuführen. Vielmehr führt eine solche genaue Liste im Umkehrschluss dazu, dass naheliegende, jedoch nicht erwähnte Tätigkeiten nicht geschuldet werden. Eine Kombination beider Vorteile erfolgt durch die Wahl einer umfassenden Formulierung in Kombination mit einer beispielhaften Aufzählung.

Beispiel: „Zu den Aufgabenbereichen gehört die Arbeit im Servicebereich, insbesondere das Erteilen von Auskünften, das Verbuchen von Medien und das Durchführen von Bibliotheksführungen ..."

Im Allgemeinen gilt, dass die Rechte der einen Partei die Pflichten der anderen sind. Bei den Leistungspflichten werden einige besondere Fälle näher betrachtet:

Nach dem Arbeitszeitgesetz (ArbZG) ist die tägliche Arbeitszeit auf acht Stunden und die wöchentliche Arbeitszeit auf maximal 48 Stunden festgelegt. Durch das Direktionsrecht kann der Arbeitgeber einseitig bestimmen, wann die Leistung zu erbringen ist. Dieses Direktionsrecht kann jedoch durch Tarifverträge und Betriebsvereinbarungen eingeschränkt sein. Letzteres ist im Bibliotheks- und Informationswesen der Regelfall. Weitere Auskunftspflichten des Arbeitnehmers sind:

- Arbeitsunfähigkeit, z.B. wegen Krankheit;
- Verbesserungsmöglichkeiten;
- Sachstand der Arbeit;
- Fehlverhalten von Kollegen, sofern diese zu Schäden führen können.

Zu den Pflichten des Arbeitnehmers gehört die Verschwiegenheitspflicht in Bezug auf dienstliche Geheimnisse bzw. Geheimnisse, die er während seiner Tätigkeit erlangt. Unzulässig – auch aus datenschutzrechtlichen Gründen – ist z.B. das Spiegeln und die Weitergabe von Adressdateien an außenstehende Dritte. Ebenso sind herabsetzende Meinungsäußerungen, die den Arbeitgeber schädigen, zu unterlassen.

Beispiel: Die auf Modernität ausgerichtete Universitätsbibliothek U hat nur einen sehr geringen historischen Altbestand. Um eine Software für moderne Zusatzleistungen im Onlinekatalog finanzieren zu können, veräußert Bibliotheksdirektor B drei Inkunabeln. Fachreferent F ist darüber so entsetzt, dass er gegenüber der Lokalpresse ein Interview gibt, in dem er B als Kulturschänder aufs Heftigste beschimpft.
Lösungsskizze: Hier hat F seine arbeitsrechtliche Treuepflicht verletzt. Zwar steht dem F sein Grundrecht auf Meinungsfreiheit aus Art. 5 Abs. 1 GG zu. Die Meinungsfreiheit umfasst aber nicht Formalbeleidigungen. F hätte sich über eine Beschwerde an die dem B vorgesetzte Stelle wenden können. Auch eine einfache Distanzierung ist dem F auf Grund der Meinungsfreiheit zuzubilligen. Heftige Angriffe unter Einschaltung der Presse sind hingegen unangemessen. Damit verletzt F seine Treuepflicht.

Den Arbeitgeber wiederum trifft eine Fürsorgepflicht gegenüber dem Arbeitnehmer. Dazu gehört es, den Arbeitnehmer in angemessener Art und Weise vor vermeidbaren Risiken zu schützen. Generell steht dem Arbeitgeber hier ein Ermessensspielraum zu. Diese Gestaltungsfreiheit entbindet jedoch nicht von der Verantwortung. Ausdrücklich ist kein reines Abwälzen der Verantwortung durch das Direktionsrecht des Arbeitgebers auf den Arbeitnehmer bei berufsbilduntypischen Maßnahmen zulässig.

Beispiel: Die Stadtteilbibliothek T liegt in einem sozialen Brennpunktgebiet der Stadt B. In der jüngeren Vergangenheit war es wöchentlich zu Zwischenfällen mit alkoholisierten und drogenabhänigen Personen gekommen, die in der Bibliothek vor allem einen privaten Rückzugsort sehen.
Lösungsskizze: Auf Grund der Häufigkeit der Zwischenfälle dürfen hier die Bibliothekare von der Stadt B als Arbeitgeber erwarten, dass nicht nur Schulungen zum Thema Konfliktmanagement stattfinden, sondern darüber hinaus effektive Sicherheitsmaßnahmen organisatorischer und/oder baulicher Art getroffen werden. Zu den organisatorischen Maßnahmen kann beispielsweise eine funktionierende Hotline zu Polizei, einem beauftragen Sicherheitsunternehmen bzw. Sozialarbeiter gehören.

Die Fürsorgeverpflichtung des Arbeitgebers ist umfassend zu verstehen. Damit sind sowohl bauliche Erfordernisse[6], Maßnahmen bei Konflikten mit Bibliotheksnutzern als auch gegebenenfalls Maßnahmen bei Konflikten innerhalb des Bibliotheksteams zu verstehen.

9.8 Beendigung eines Arbeitsverhältnisses

Der Arbeitsvertrag ist ein Dauerschuldverhältnis. Gesetzlicher Regelfall ist das unbefristete Arbeitsverhältnis. Es endet durch Kündigung, Eintritt in die Altersruhezeit oder Tod. Die Ausnahme nach dem Gesetz ist das zeitlich befristete Arbeitsverhältnis. Dieses endet mit dem Zeitablauf gem. § 15 Abs. 1 TzBfG. Darüber hinaus ist eine Beendigung des Arbeitsverhältnisses durch einen Aufhebungsvertrag jederzeit möglich. Erforderlich ist hier die Einhaltung der Schriftform. Nach § 623 BGB ist das Abschließen eines Aufhebungsvertrags auf elektronischem Wege ausdrücklich ausgeschlossen. Grund für den Formzwang auf die Papierversion ist die Warnung des Gesetzgebers vor den weitreichenden Folgen des Aufhebungsvertrags. Durch den Mehraufwand soll verhindert werden, dass der Aufhebungsvertrag „nebenbei" abgeschlossen wird. Als Folge eines Aufhebungsvertrags können sich beim ehemaligen Arbeitnehmer Schwierigkeiten bei der Beantragung eines Arbeitslosengeldanspruchs ergeben. Regelmäßig ist dies der Fall, wenn eine Abfindung bezahlt wurde. In der Praxis wird ein Aufhebungsvertrag häufig dann verwendet, wenn

6 Siehe auch 6.5. Urheberrecht und Bibliotheken.

- der Arbeitnehmer gerne vor Ende der Kündigungsfrist eine andere Stelle antreten möchte oder
- eine Kündigung, z.B. wegen eines schwerwiegenden persönlichen Fehlverhaltens, sonst unausweichlich wäre.[7]

Dagegen ist die Kündigung ein einseitiges empfangsbedürftiges Rechtsgeschäft. Dabei wird zwischen der ordentlichen und der außerordentlichen Kündigung unterschieden. Während sie in anderen Branchen den häufigsten Beendigungsgrund für ein Arbeitsverhältnis einnimmt, kommt ihr im Bibliotheks- und Informationswesen neben dem Eintritt in die Altersruhezeit und der Beendigung durch Befristung eine geringere Rolle zu. Eine ordentliche Kündigung ist fristgebunden. Dabei ergeben sich die Kündigungsfristen aus dem BGB (§§ 622, 626), dem entsprechenden Tarifvertrag, Betriebsvereinbarungen und dem individuellen Arbeitsvertrag. Zu Gunsten des Arbeitnehmers ist generell von der längsten Kündigungsfrist auszugehen. Eine außerordentliche Kündigung ist nur im Rahmen des § 626 BGB wirksam. Die außerordentliche Kündigung erfolgt ohne Einhaltung der Kündigungsfrist. Sie ist nur möglich, wenn ein wichtiger Grund i.S.v. § 626 Abs. 1 BGB gegeben ist. Ein solcher ist bei schwerwiegenden Straftaten gegeben. Wichtiges Merkmal ist das Einhalten der Formvorschriften: Schriftform und Begründung sowie die Zweiwochenfrist, innerhalb der die außerordentliche Kündigung zu erfolgen hat. Die außerordentliche Kündigung wird branchenübergreifend selten verwendet. Daher soll sie hier nicht weiter vertieft werden.

9.9 Kollektives Arbeitsrecht

Im Unterschied zum sonstigen Zivilrecht sind im Arbeitsrecht die Mitglieder der Vertragsparteien häufig organisiert. Den Arbeitnehmerorganisationen wie Personal- und Betriebsräten sowie Gewerkschaften stehen der Arbeitgeber und die Arbeitgeberorganisationen gegenüber. Zu ihren wichtigsten Aufgaben gehört das Aushandeln der Tarifverträge. Der Tarifvertrag ist ein Vertrag, der zwischen tariffähigen Parteien geschlossen wird und die arbeitsrechtlichen Rechte und Pflichten der Tarifparteien regelt, § 1 f. TVG. Inhaltlich werden Tarifverträge in zwei Arten eingeteilt:
- Manteltarifverträge regeln allgemeine Bedingungen wie Arbeitszeit, Urlaub und Kündigungsfristen. Regelmäßig haben sie eine längere Laufzeit.
- Spezielle Tarifverträge haben meistens eine kürzere Laufzeit und enthalten vor allem Regelungen zum Arbeitsentgelt.

7 LAG Mainz v. 24.01.2007 Az: 9SA 935/06.

Tarifverträge können für allgemeingültig erklärt werden. Nachgelesen werden kann dies im Bundesanzeiger.[8] Der Inhalt der Tarifverträge ist hingegen auf den Seiten der Tarifparteien, also den Arbeitgebervertretern oder den Gewerkschaften, zu finden.

Zu den charakteristischen Säulen des deutschen Arbeitsrechts gehört die Mitbestimmung der Arbeitnehmer. Hierdurch sollen sie in Belangen der Einrichtung, des Unternehmens und bei sonstigen zentralen wirtschaftlichen Fragen die Möglichkeit des Einflusses auf die Führungsebene erhalten. Im Betriebsverfassungsgesetz wird der Umfang der Mitwirkungsmöglichkeiten der Arbeitnehmer im Entscheidungsprozess geregelt. Um im Rahmen der betrieblichen Mitbestimmung zu Ergebnissen zu kommen, sieht das Betriebsverfassungsgesetz in § 76 BetrVG die Einrichtung einer Einigungsstelle vor. Dem Betriebsrat kommen Mitwirkungs- und Mitbestimmungsrechte in folgenden Angelegenheiten zu:

- Soziale Angelegenheiten, § 87 BetrVG;
- Arbeitsschutz, §§ 80, 87 BetrVG;
- Gestaltung von Arbeitsplatz, Arbeitsablauf und Arbeitsumgebung;
- Personelle Angelegenheiten, §§ 92 ff. BetrVG;
- Wirtschaftliche Angelegenheiten, § 106 BetrVG.

Dem Betriebsrat kommen folgende Aufgaben zu:

- Überwachung der Durchführung arbeitnehmerschützender und -freundlicher Vorschriften;
- Antragsrecht für Maßnahmen, die der Einrichtung und der Belegschaft dienen. Hierzu gehört auch die Förderung der Durchsetzung der tatsächlichen Gleichberechtigung von Frauen und Männern. Maßstab ist die jeweilige Einrichtung in Bezug auf gleichartige Tätigkeiten. Dies ergibt sich aus dem Grundsatz, dass nur Gleiches mit Gleichem verglichen werden kann.
- Entgegennahme von Anregungen der Arbeitnehmer und der Jugend- und Auszubildendenvertreter und Aufnahme von Verhandlungen mit dem Arbeitgeber;
- Förderung der Eingliederung Schwerbehinderter;
- Vorbereitung durch Durchführung der Wahl des Betriebsrats und der Jugend- und Auszubildendenvertretung;
- Förderung der Beschäftigung älterer Arbeitnehmer;
- Förderung der Eingliederung ausländischer Arbeitnehmer.

Der Betriebsrat muss vor jeder Kündigung eines Arbeitnehmers vom Arbeitgeber angehört werden.[9] Teilkündigungen sind damit ausdrücklich eingeschlossen. Handelt es sich hingegen nur um Zuweisung bestimmter Arbeitsmittel, so bleibt die alleinige Entscheidungsbefugnis beim Arbeitgeber, da es sich gem. § 87 BetrVG nicht um eine zustimmungspflichtige Angelegenheit handelt.

---

8 https://www.bundesanzeiger.de, zuletzt aufgerufen am 01.09.2019.

9 BAG Urteil vom 10.05.2005 Az.: 2 AZR 149/04.

Beispiel: Laut Arbeitsvertrag kann Bibliothekarin B sowohl für Katalogisierungsarbeiten als auch für den Auskunftsdienst eingesetzt werden. B hat seit 20 Jahren nur katalogisiert. Bibliotheksleiterin L teilt der erstaunten B und dem Personalrat mit, dass B nunmehr für den Auskunftsdienst im gleichen Gebäude vorgesehen ist. Der Personalrat protestiert, da diese Angelegenheit ohne seine Zustimmung getroffen worden ist.
Lösungsskizze: Die Bibliotheksleiterin hat juristisch korrekt gehandelt. Ihr stand es zu, die Zuweisung der Arbeitsmittel an die B neu zu definieren. Grundlage hierfür ist der Arbeitsvertrag. Zudem liegt mit dem Dienst im gleichen Gebäude keine Versetzung an einen anderen Standort oder Ähnliches vor. Ob die Vorgehensweise taktisch geschickt war, ist zumindest juristisch nicht relevant.

Zu den Mitwirkungsrechten des Betriebsrats gehören:
- Informationsrecht;
- Vorschlagsrecht;
- Antragsrecht;
- Beratungsrecht;
- Anhörungsrecht.

Beteiligung des Betriebsrats an Personalentscheidungen:
- Personalplanung;
- Ausschreibung von Arbeitsstellen;
- Beurteilungsgrundsätze;
- Formulare für Arbeitsverträge;
- Personalfragebogen;
- Förderung der Berufsausbildung und -fortbildung;
- Mitbestimmung bei bestimmten personellen Einzelmaßnahmen;
- Vorläufige personelle Einzelmaßnahmen.

Zu den Arbeits-/Dienstpflichten eines Bibliotheksleiters gehört der Schutz des guten Rufes des Hauses.

9.10 Gleichbehandlung

Gemäß dem arbeitsrechtlichen Gleichbehandlungsgrundsatz hat der Arbeitgeber Arbeitnehmer, die sich in vergleichbarer Position befinden, gleich zu behandeln. Damit sind willkürliche Schlechterstellungen ausdrücklich ausgeschlossen. Ebenso hat er eine sachfremde Gruppenbildung zu unterlassen, die Vorstufe einer nicht gerechtfertigten Ungleichbehandlung sein können. Der arbeitsrechtliche Gleichbehandlungsgrundsatz ist als eigenständiges Rechtsinstitut anerkannt. Dies wird durch § 2 Abs. 3 AGG ausdrücklich bestätigt. Der arbeitsrechtliche Gleichbehandlungsgrundsatz ist Ausfluss des allgemeinen Gleichbehandlungsgrundsatzes nach Art. 3 GG.

Fall: Alle Informationsbibliothekare der Universitätsbibliothek U haben die gleichen Aufgabengebiete und erbringen in etwa die gleichen Arbeitsleistungen. Alle beantragen eine einschlägige, kostenpflichtige Fortbildung. Bis auf B erhalten alle die Fortbildung (Kosten 1.000 Euro) sofort genehmigt. Bs Fortbildung wird nur unter der Auflage genehmigt, dass er die Kosten komplett selber trägt. Das Reisekostenbudget ist noch nicht erschöpft.

Lösungsskizze: Hier liegt eine willkürliche Schlechterstellung von B vor. Nach dem arbeitsrechtlichen Gleichbehandlungsgrundsatz hat B einen Anspruch darauf, ebenfalls von den Kosten für die Fortbildung freigestellt zu werden.

Die Gleichbehandlung nimmt sowohl am Arbeitsplatz als auch beim Umgang mit den Bibliothekskunden einen wichtigen Platz ein. Daher wird sie an dieser Stelle zentral und übergreifend erörtert. Das Gleichbehandlungsgebot ergibt sich in Deuschland aus Art. 3 GG, in der Schweiz aus Art. 8 Abs. 1 BV und in Österreich aus Art. 7 Bundes-Verfassungsgesetzes und Art. 2 Staatsgrundgesetz 1867. Der Gleichheitsgrundsatz ist nicht schematisch anzuwenden. Er lässt Differenzierungen nicht nur zu, sondern fordert sie teilweise sogar ausdrücklich. Beide, Gleichsetzung und Differenzierung, sind nur aus sachlichen Gründen möglich. Der Gleichheitssatz gebietet, Gleiches gleich, Ungleiches jedoch ungleich zu behandeln. Für die Frage, wo die Grenzen des Gleichen beginnen bzw. enden, empfiehlt sich folgende Prüfung:

1. Feststellung der Gleich- bzw. Ungleichbehandlung
   a. Feststellung der Merkmale der betroffenen Gruppe
   b. Suchen nach Vergleichsgruppen
   i. Mittel bei Ungleichbehandlung: Bildung von Komplementärbegriffen (Bibliothekare – Informationsspezialisten)
   ii. Mittel bei Gleichbehandlung: Bildung von Unterbegriffen (Auskunftsbibliothekare, Medienbearbeiter, Fachreferenten etc.)
2. Vorliegen eines sachlichen Grundes: Werden Vergleichsgruppen betrachtet, so sind die Gruppen nie völlig identisch oder völlig verschieden. Es kommt darauf an, die gleichen und die ungleichen Merkmale nach ihrer „Wesentlichkeit“ zu unterscheiden. An welches Merkmal der Normengeber als wesentlich anknüpft, liegt in seinem Ermessen. Dieses wird bei einer Gleichbehandlung weiter, bei einer Ungleichbehandlung enger aufgefasst. Ein Ermessensfehler liegt vor, wenn der Normengeber gegen Wertungen der Verfassung verstößt. Letzteres bedeutet, dass er entgegen einem verfassungsrechtlichen Verbot an bestimmte Differenzierungen anknüpft. Andererseits kann ein Verfassungsverstoß auch dann vorliegen, wenn der Normengeber entgegen einem verfassungsrechtlichen Gebot eine bestimmte Differenzierung unterlässt. Ein weiterer Verfassungsverstoß kann vorliegen, wenn das Eingriffsmittel nicht geeignet, erforderlich oder angemessen ist.

9.11 Arbeitszeugnis

Bei den Arbeitszeugnissen wird zwischen einfachen und qualifizierten Arbeitszeugnissen unterschieden. Weitere besondere Arten sind das Zwischenzeugnis und das Ausbildungszeugnis:

- Einfaches Arbeitszeugnis: Der Arbeitgeber hat Angaben über Art und Dauer der Beschäftigung anzugeben.
- Qualifiziertes Arbeitszeugnis: Neben den Angaben über Art und Dauer der Beschäftigung werden bei einem qualifizierten Arbeitszeugnis Angaben über seine Leistung und Führung gemacht. Der Arbeitnehmer hat ein Recht darauf, ein qualifiziertes Arbeitszeugnis zu verlangen.

  Ausbildungszeugnis: Bei diesem sind Angaben über Führung, Leistung und besondere Qualifikationen mit aufzunehmen.
- Zwischenzeugnis: Der Arbeitgeber kann in besonderen Fällen ein Zwischenzeugnis verlangen. Solche besonderen Fälle sind beim Wechsel der Vorgesetzten, wesentlichen Änderungen der Einrichtung oder Androhung der Kündigung gegeben.

Die Beurteilung des Arbeitnehmers im Zeugnis obliegt dem Arbeitgeber, vertreten durch den Bibliotheksleiter als Vorgesetzten. Dennoch darf sie nicht willkürlich sein, sondern hat den arbeitsrechtlichen Grundsätzen „wahrheitsgemäß“ und „wohlwollend“ zu genügen.

Funktionen des Arbeitszeugnis:

- Der Arbeitnehmer wird über die Beurteilung seiner Leistungen durch den Arbeitgeber informiert.
- Es dient dem Arbeitnehmer als Grundlage für eine neue Bewerbung.
- Es dient der Unterrichtung eines Dritten, der die Einstellung des Arbeitnehmers erwägt.

Zur Wahrhaftigkeit eines Arbeitszeugnisses gehört, dass alle wesentlichen und beauftragten Arbeiten entsprechend benannt sind und in die Gesamtbewertung mit einfließen.

Fall: I ist Fachreferent für Informatik. Wegen der dauerhaften Erkrankung des Leiters der EDV-Abteilung übernimmt I nunmehr die notwendige Pflege seiner Webseiten. Diese Arbeit hatte zuvor der EDV-Leiter ausgeübt. Trotz dieser von der Bibliotheksleitung gerne gesehenen Kontinuität und Aktualität der Webseiten wird dem I beim Ausscheiden aus der Bibliothek dies im Arbeitszeugnis nicht erwähnt. Ob eine solche Erwähnung erforderlich ist, hängt von der Art der Aufgabe und dem Spielraum bei der persönlichen Arbeitsgestaltung ab.

Zur Wahrhaftigkeit gehört ferner, dass keine „Zweitversion“ des Zeugnisses oder gar ein teilweiser Widerruf des Zeugnisses erfolgt. Entweder sind besondere Vorkommnisse schwerwiegend genug, dass sie im Zeugnis durch ausdrückliche Erwähnung oder beredendes Schweigen berücksichtigt werden oder sie sind nicht relevant, weshalb ein erneutes Erwähnen dem Arbeitnehmer unzulässig schadet.

Beispiel: Wegen unterschiedlicher politischer Auffassungen kommt es zwischen der Bibliotheksdirektorin D und der Bibliothekarin B regelmäßig zu Streit. Schließlich kündigt B und bewirbt sich bei der Stadtbibliothek S. Die Leiterin der Stadtbibliothek L ist von dem leistungsmäßig guten Zeugnis beeindruckt. Bei einem Gespräch der L mit der D stellt D die B als tatsächlich leistungsschwach dar. Daraufhin wird B nicht eingestellt. D hat die negative Darstellung der B zu unterlassen. Sie macht sich der B gegenüber schadensersatzpflichtig. Ohne eine ausdrückliche Erlaubnis durch die B hatte die D auch nicht die Befugnis, sich über das Zeugnis hinaus über persönliche Daten der B Auskunft zu erteilen.

9.12 Fehlverhalten von Arbeitnehmern

Am Arbeitsplatz kann es zu Unfällen und sonstigen Schadensereignissen durch den Arbeitnehmer kommen. Damit stellt sich die Frage, wer finanziell für den Schaden aufzukommen hat. Schadensersatzansprüche hat der Arbeitgeber nur dann gegen den Arbeitnehmer, wenn dieser den Schaden in einer vorwerfbaren Art und Weise begangen hat. Den Arbeitnehmer trifft jedoch eine Schadensminderungspflicht, indem er den Schaden abwendet oder zumindest mildert.

Beispiel: Magazinbibliothekar M hat innerlich gekündigt. Als er am Abend durch den leeren Lesesaal geht, sieht er ein offenes Fenster, durch das es bereits stark auf die darunter liegenden Bücher regnet. Da Feierabend ist und der Lesesaal ohnehin nicht zu seinem Arbeitsbereich zählt, unternimmt er nichts und geht weiter.
Lösungsskizze: Hier hat M seine arbeitsrechtliche Treuepflicht verletzt, denn zumindest eine Nachricht an diensthabende Kollegen wäre möglich und notwendig zur Schadensabwehr gewesen.

Zu Gunsten des Arbeitnehmers legt das Arbeitsgericht eine Haftungserleichterung an, wenn:
- der Arbeitgeber die Möglichkeit hatte, bestimmte einrichtungsbedingte Risiken mitzuversichern und sich ein solches Risiko realisiert hat;
- der Verdienst des Mitarbeiters in einem deutlichen Missverhältnis zu dem Schadensrisiko steht. Hier legt das Gericht bei der Berechnung des Ersatzanspruchs Daten wie Zugehörigkeit zur Einrichtung und Monatsgehalt zu Grunde.

Schädigt ein Arbeitnehmer im Rahmen seiner Tätigkeit einen Arbeitskollegen, so hat der Geschädigte gem. § 105 SGB VII einen Schadensersatzanspruch gegen die Berufsgenossenschaft. Kommt hingegen eine einrichtungsfremde Person, z.B. ein Bibliothekskunde, zu Schaden, so kann der Arbeitnehmer vom Arbeitgeber eine Haftungsfreistellung wegen der Fürsorgepflicht gem. §§ 278, 831 BGB verlangen.

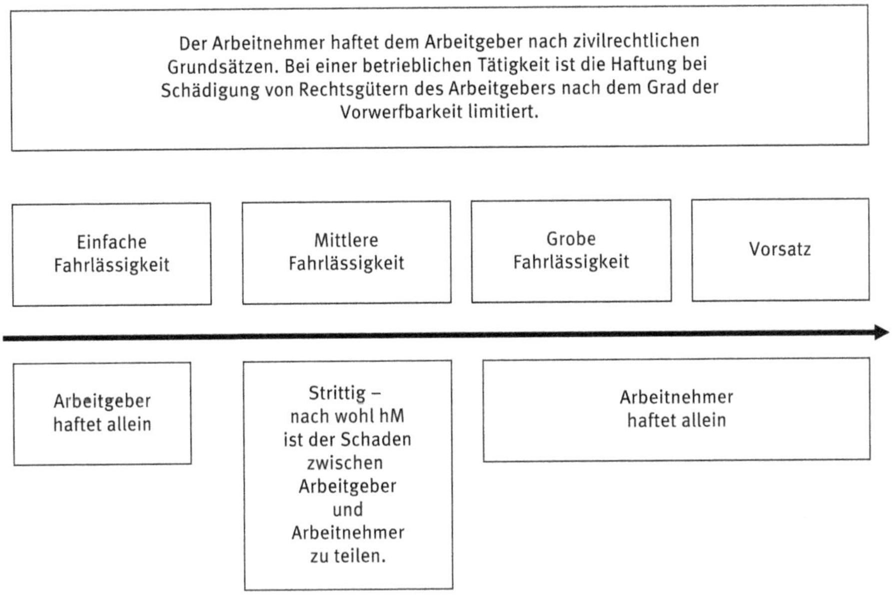

Abb. 15: Arbeitnehmerhaftung.

9.13 Öffentlicher Dienst und Beamtenrecht

Öffentlicher Dienst im engeren Sinne sind die Beamten und Arbeitnehmer einer juristischen Person des öffentlichen Rechts.[10] Heute gehören hierzu der Bund, die Länder sowie die Körperschaften, Anstalten und Stiftungen des öffentlichenRechts.

Tabelle 8: Öffentlicher Dienst und Beamtenrecht.

	Beamter	**(Arbeitnehmer) Angestellter/ Arbeiter**
Rechtsverhältnis	Öffentliches Recht (Beamtenrecht)	Zivilrecht (Arbeitsrecht)
Rechtsweg	Verwaltungsgerichtsbarkeit	Zivilgerichtsbarkeit
Begründung des Rechtsverhältnisses	Ernennung durch Verwaltungsrecht	Arbeitsvertrag
Regelung/Rechtsquellen	Nur durch Gesetz; Art. 33 Abs. 5 GG	Arbeitsvertrag + i.d.R. Tarifvertrag
Beendigung	Nur durch Gesetz	Kündigung; Aufhebungsvertrag; Befristung

10 Wagner; Leppek: Beamtenrecht, § 1 Rn 1f.

Vergütung	Alimentationsprinzip	Arbeitsentgelt als Gegenleistung
Altersvorsorge	Eigenständige Versorgung	Gesetzliche Rentenversicherung
Arbeitskampf	Streikverbot	Streikrecht
Tätigkeit	Nehmen hoheitliche Verwaltungsaufgaben wahr; privatrechtliche Verwaltungsaufgaben sind aber möglich	Nehmen generell nur privatrechtliche Aufgaben wahr; hoheitliche Aufgaben nur ausnahmsweise und durch besondere Zuweisung

Nach Art. 33 Abs. 5 GG ist das Recht des öffentlichen Dienstes unter Berücksichtigung der Grundsätze des Berufsbeamtentums zu regeln und fortzuentwickeln. Aus Art. 33 Abs. 4 i.V.m. Abs. 5 GG ergibt sich die institutionelle Garantie des Berufsbeamtentums. Eine vollständige Abschaffung ist nur bei gleichzeitiger Änderung des Grundgesetzes möglich. Nicht geschützt ist die konkrete Stelle in der Planzuweisung. Diese kann auch in eine Angestelltenstelle umgewandelt werden. Möglich, aber nicht zwingend notwendig, ist die Ausgestaltung der Bibliothekarsstellen als Beamtenstellen. Das Beamtenrecht ist formstreng, d.h. die wesentlichen Handlungen wie die Begründung oder Änderung des Beamtenstatus sind gesetzlich vorgeschrieben.[11] Enthält das spezielle Verwaltungsgesetz Lücken, so kann auf die allgemeinen Regeln des jeweiligen Verwaltungsgesetzes zurückgegriffen werden. Dies ergibt sich aus § 1 Abs. 1 BVerwG bzw. den Normen der LVerwG. Der Begriff Beamter wird in mehrfachem Sinne gebraucht. Daher ist stets auf den Zusammenhang zu achten. Beispielsweise ist Beamter im haftungsrechtlichen Sinne jeder nach Art. 34 GG, dem die zuständige Stelle die Ausübung eines öffentlichen Amtes anvertraut hat. Gem. Art. 33 Abs. 2 GG steht einem Bewerber kein subjektiver Anspruch auf Ernennung zum Beamten zu. Jedoch gibt es einen Anspruch auf eine sachgerechte Beurteilung. Das Gleichheitsgebot aus Art. 3 Abs. 3 GG wird in Art. 33 Abs. 3 GG wiederholt. Dabei ist zu beachten, dass Art. 33 Abs. 2, Abs. 3 GG für den gesamten öffentlichen Dienst und nicht nur für Beamte gilt. Starre Frauenförderquoten sind nach dem Urteil des EuGH unzulässig.[12] Als verfassungskonform gilt hingegen die Regelung von § 8 BGleiG, nach der die Dienststelle Frauen in einzelnen Bereichen, in denen sie unterrepräsentiert sind, bei der Vergabe von Ausbildungsplätzen, Einstellung, Anstellung und beruflichem Aufstieg zu bevorzugen hat, sofern nicht an dere in der Person eines Mitbewerbers liegende Gründe überwiegen. Zwingende Voraussetzung ist das Vorliegen der gleichen Eignung, Befähigung und fachlichen Leistung. Bei richtigem Verständnis umfasst § 8 BGleiG nur einen engen Grenzfall. Das Leistungsprinzip wird nicht außer Kraft gesetzt. Bei der Frage der Unterrepräsentation ist nach den Methoden der empirischen Sozialforschung eine homogene Gruppe zu bilden. Geht es beispielsweise um eine Stelle im gehobenen Dienst für Auskunftsdienste in der Bibliothek, so ist eine homogene Gruppe die der tätigkeitsgleichen Auskunftsbibliothekare an dieser Universität und nicht etwa die

11 Wagner; Leppek: ebd., § 1 Rn 24.

12 EuGH, NJW 1995, 3109 (Entscheidung zur Vorgängernorm).

weite, in den Tätigkeiten sehr verschiedene Gesamtheit aller Beschäftigten einer Universität vom Pförtner bis zur Rektorin.

Nach § 4 BBG ist das Beamtenverhältnis das öffentlich-rechtliche Dienst- und Treueverhältnis. Dabei gilt, dass im besonderen Pflichtenverhältnis zwischen Beamten und Dienstherrn Grundrechtseinschränkungen nur durch Gesetz oder auf Grund eines Gesetzes erfolgen können.[13] Trotz des Grundsatzes, dass Berufsbeamte ihre volle Arbeitskraft in das Dienstverhältnis einbringen, ist eine Teilzeittätigkeit möglich. Bei § 91 BBG handelt es sich um eine verfassungsrechtlich zulässige Weiterentwicklung des Beamtenrechts. Dabei kann die Dienstzeit auf bis zu 50 Prozent der regelmäßigen Arbeitszeit verringert werden, wenn dienstliche Belange dem nicht entgegenstehen.[14] Beamtenverhältnisse lassen sich nach der Dauer, der Laufbahngruppen, der Befähigung, der Bindung und nach dem Dienstherrn unterscheiden. Die Ausbildung und die Vorbildung der für das auszuübende Amt erforderlichen Voraussetzungen entscheiden über die Einteilung der Kandidaten um eine Stelle als Laufbahnbewerber gem. 7 Abs. 1 Nr. 3a BBG und anderer Bewerber nach § 7 Abs. 1 Nr. 3b BBG. Dabei ist der Laufbahnbewerber der Regeltyp des Berufsbeamten. Gem. § 2 Abs. 3 BLV umfasst eine Laufbahn alle Ämter derselben Fachrichtung, die eine gleiche Vorbildung und Ausbildung voraussetzen. Nach Vorbildungs- und Einstiegsvoraussetzungen werden in die erste bis vierte Qualifikationsebene unterteilt. Bewerber außerhalb des Laufbahnprinzips haben ihre Befähigung durch entsprechende Lebens- und Berufserfahrung erworben. Das Beamtenverhältnis auf Widerruf gem. § 6 Abs. 4 BBG bzw. entsprechendem Landesbeamtengesetz findet Anwendung, wenn Laufbahnbewerber ihre Befähigung durch das Ableisten eines Vorbereitungsdienstes erwerben müssen. Der Dienstherr kann jederzeit aus einem ermessensfehlerfreien Grund das Dienstverhältnis widerrufen. Das Dienstverhältnis endet auf jeden Fall mit dem endgültigen Bestehen oder Nichtbestehen der Laufbahnprüfung. Um Beamter werden zu können, müssen beim Bewerber folgende Voraussetzungen gegeben sein:

- Gemäß § 7 Abs. 1 BBG ist der Bewerber Deutscher im Sinne von Art. 116 GG oder besitzt die Staatsangehörigkeit eines anderen Mitgliedsstaats der Europäischen Gemeinschaft.
- Nach § 7 Abs. 1 BBG muss der Bewerber jederzeit die Gewähr dafür bieten, dass er für die freiheitliche demokratische Grundordnung im Sinne des Grundgesetzes eintritt, § 7 Abs. 1 Nr. 2 BBG. Eintreten bedeutet mehr als nur ein gleichgültiges Geschehenlassen.[15] Sie fordert vielmehr vom Beamten, sich eindeutig von verfassungsfeindlichen Bestrebungen abzugrenzen. Die Rechtsprechung des Bundesverfassungsgerichts[16] versteht unter der freiheitlich demokratischen Grundordnung in einer nicht abschließenden Aufzählung:

13 Wagner; Leppek: ebd., Rn 40.

14 Wagner; Leppek: ebd., Rn 48.

15 BVerfGE 39, 176, 178.

16 BVerfGE 47, 330, 335; 61, 176, 178.

1. Die Achtung der im Grundgesetz konkretisierten Menschenrechte;
2. das Recht der Persönlichkeit auf Leben und freie Entfaltung;
3. die Volkssouveränität;
4. die Gewaltenteilung;
5. die Verantwortlichkeit der Regierung;
6. die Gesetzmäßigkeit der Verwaltung;
7. die Unabhängigkeit der Gerichte;
8. das Mehrparteiensystem und die Chancengleichheit aller Parteien;
9. das Recht auf verfassungsmäßige Bildung und Ausübung der Opposition.

- Der Bewerber muss die für die Laufbahn vorgeschriebenen oder üblichen Kenntnisse besitzen oder diese auf Grund seiner Lebens- und Berufserfahrung nachweisen.
- Beim Bewerber müssen Eignung, Befähigung und fachliche Leistung vorliegen.
- Beim Bewerber muss Geschäftsfähigkeit vorliegen oder er wurde vom gesetzlichen Vertreter zur Aufnahme dieses Dienstverhältnisses ermächtigt.
- Die Voraussetzung der Bekleidung öffentlicher Ämter muss gegeben sein. Der Verlust der Amtsfähigkeit ist durch eine Nebenfolge einer strafrechtlichen Verurteilung nach §§ 45, 12 StGB möglich.
- Gem. § 12 Abs. 1 Nr. 2 BBG darf der Bewerber nicht auf Grund eines begangenen Verbrechens oder Vergehens unwürdig erscheinen. Bei der Frage, was unwürdig ist, ist auf die Straftat, die Motivation und die Art der möglichen Verwendung des Bewerbers zu achten.
- Für die Ernennung eines Beamten sind die vorgeschriebenen Mindest- bzw.
- Höchstalter einzuhalten.

9.14 Exkurs: Sonderthemen öffentlicher Dienst

Regelmäßig wird bei der Einstellung in den öffentlichen Dienst nach laufenden Ermittlungsverfahren bzw. nach strafrechtlichen Verurteilungen gefragt. Fragen dieser Art sind zulässig und müssen wahrheitsgemäß beantwortet werden. Zu beachten ist dabei, dass auch ein Strafbefehl, z. B. wegen einer Trunkenheitsfahrt, wenn er akzeptiert wurde, eine strafrechtliche Verurteilung darstellt. Wurde gegen den Bewerber ein Ermittlungsverfahren eingeleitet, so kann dies auf Nachfrage unerwähnt bleiben, wenn es durch einen Freispruch oder durch eine Einstellung des Verfahrens wegen Nichterweislichkeit der Vorwürfe gem. § 170 Abs. 2 StPO beendet wurde. In allen anderen Fällen, dies gilt auch bei Einstellungen wegen Geringfügigkeit oder gegen Auflage, sind entsprechende Angaben vom Bewerber zu machen. Andernfalls liegt eine Täuschung des Dienstherrn vor. Diese kann zu einer Rücknahme der Ernennung bzw. zu einer Anfechtung des Arbeitsvertrags führen.

Die Beförderung ist eine Ernennung, durch die der Dienstherr dem Beamten ein anderes Amt im statusrechtlichen Sinne mit einem höheren Endgrundgehalt und anderer Amtsbezeichnung verleiht.[17] Eine Beförderung darf nur ausgesprochen werden, wenn ein Beförderungsamt zur Verfügung steht. Nach ständiger Rechtsprechung besteht kein subjektiver Anspruch auf eine Beförderung.[18] Ein Anspruch besteht nur auf eine ermessensfehlerfreie Entscheidung des Dienstherrn. Durch Willen des Dienstherrn kann sich das Beamtenverhältnis in funktioneller Hinsicht in dreierlei Art und Weise ändern:

- Versetzung: Die Versetzung richtet sich nach § 26 BBG und ist auf den dauerhaften Wechsel der Behörde gerichtet. Handlungsinstrument ist der Verwaltungsakt.[19]
- Abordnung: § 27 BBG regelt die Abordnung. Diese ist ein vorübergehender Wechsel der Behörde. Regelungsinstrument ist ebenfalls der Verwaltungsakt.
- Umsetzung: Bei einer Umsetzung geht es um den Wechsel des Dienstpostens, nicht aber der Behörde. Es handelt sich um eine innerdienstliche Weisung. Mangels Außenwirkung liegt kein Verwaltungsakt vor.

Auf Grund seiner besonderen Rechtsstellung unterliegt der Beamte einer Reihe von Pflichten. Dabei ist die allgemeine Treuepflicht eine Generalklausel, die dann zu prüfen ist, wenn die spezielleren Pflichten nicht einschlägig sind. Zu den Pflichten gehören:

Allgemeine Pflichten:
- allgemeine Treuepflicht, § 2 Abs. 1 BBG;
- politische Treuepflicht, § 52 Abs. 2 BBG;
- Gemeinwohlverpflichtung, § 52 Abs. 1 BBG;
- Mäßigungspflicht, § 52 BBG;
- Streikverbot, § 54 S. 1 BBG;
- Eidespflicht, § 58 BBG;

Pflichten bei der Amtsausführung:
- Dienstleistungspflicht, § 54 S. 1 BBG;
- Pflicht zur Uneigennützigkeit, § 54 S. 2, 70 BBG;
- Neutralitätspflicht, § 52 Abs. 1 BBG;
- Gehorsamspflicht, §§ 55 f. BBG;
- Verschwiegenheitspflicht, §§ 61, 62 BBG;

Außerdienstliche Pflichten:
- Pflicht zu achtungswürdigem Verhalten, § 54 S. 3 BBG.

17 Wagner; Leppek: ebd., Rn 138.
18 Wagner; Leppek: ebd., Rn 144.
19 Schnellenbach: Beamtenrecht in der Praxis, § 4 Rn 1.

Über die Regelung der Pflichten im Beamtenverhältnis hinaus enthalten die erwähnten pflichtbegründenden Normen Leitgedanken für Arbeitnehmer. Bei der Übertragung ist jedoch darauf zu achten, dass beamtenrechtliche Besonderheiten wie das Streikverbot für Arbeitnehmer gerade nicht gelten. Ebenso ist bei der Intensität der jeweiligen Pflicht gegebenenfalls eine Anpassung an den Status des Arbeitnehmers vorzunehmen. Wird gegen die Dienstpflichten verstoßen, so kommen disziplinarische Maßnahmen in Betracht. In besonders schwerwiegenden Fällen sind auch strafrechtliche Folgen möglich. Dem Disziplinarrecht kommt eine Ordnungsfunktion zu, da es dem Erhalt bzw. der Wiederherstellung der Gesetzmäßigkeit, ethischer Reinheit und Leistungsfähigkeit des Beamtentums dient. Dem besonderen Pflichtenverhältnis, in dem Beamte stehen, entsprechen besondere Rechte. Hierzu gehören die Rechte auf Besoldung sowie Fürsorge und Schutz. Eine Übersicht über die aktuelle Vergütung der im Öffentlichen Dienst geleisteten Arbeit ist in den Entgelttabellen ersichtlich.[20]

Seit der Neuregelung der Kompetenzen zwischen Bund und Ländern 2006 kommt es zu einer verstärkten Regionalisierung des Landesbeamtenrechts in den einzelnen Ländern und zu wachsenden Unterschieden zu den Bundesbeamten. So können die Länder inzwischen auch Fragen der Besoldung und der Versorgung selbstständig regeln.

9.15 Arbeitsrecht in kirchlichen Einrichtungen

Das kirchliche Selbstbestimmungs- und Selbstverwaltungsrecht tritt in Bezug auf Bibliotheken am stärksten beim Arbeitsrecht zu Tage. Dabei lassen sich drei Hauptrichtungen ausmachen. Zum einen besteht für die Mitarbeit in kirchlichen Einrichtungen die Erwartung des Arbeitgebers an den Arbeitnehmer mit den kirchlichen Glaubens- und Moralvorstellungen übereinzustimmen. Ein Verstoß gegen die Glaubens- und Moralvorstellungen kann als Verstoß gegen die Loyalitätspflichten gewertet werden und arbeitsrechtliche Folgen haben. Die arbeitsrechtlichen Folgen können bis zur Kündigung gehen.

Im Hinblick auf die Einstellungspraxis haben sich seit dem Egenberger-Urteil[21] des EuGH Änderungen im Hinblick auf eine stärkere gerichtliche Überprüfbarkeit der Bewertungsmaßstäbe ergeben. Hierbei geht es um einen angemessenen Ausgleich zwischen dem kirchlichen Selbstbestimmungsrecht und dem individuellen Diskriminierungsschutz. Eine Ungleichbehandlung der Bewerber wird unter der Voraussetzung zugelassen, wenn es sich bei der merkmalbezogenen Unterscheidung um eine „wesentliche und entscheidende berufliche Anforderung" handelt, die im Hinblick auf einen „rechtmäßigen Zweck angemessen" sein muss. Der Beruf des Bibliothekars kann im Hinblick auf Erschließungsfragen der Fachliteratur und der fachlichen Bera-

20 http://oeffentlicher-dienst.info/tv-l/, zuletzt aufgerufen am 01.09.2019.
21 EuGH, Urt. v. 17.04.2018 – C 414/16 (Egenberger).

tung eine Zugehörigkeit wenigstens zu einer nahestehenden Konfession und schließlich Angehöriger einer monotheistischen Konfession als wünschenswert rechtfertigen. Dagegen wäre eine bestimmte Konfession als zwingend notwendiges Kriterium für eine Bibliothekarstätigkeit nicht mehr mit dem geltenden Recht vereinbar. Die Zugehörigkeit einer wenigstens nahestehenden Konfession kann ferner als widerlegbares Indiz für ein vertieftes Verständnis der Fachaufgaben gewertet werden. Mitentscheidend für die erforderlichen Fachkenntnisse sind die Art und der Umfang der kirchlichen Bibliothek, welche die Bibliothekarstätigkeiten prägten. Anders hingegen sind reine Hilfstätigkeiten ohne repräsentative Aufgaben wie reine Magazinarbeit zu werten. Hier ist eine konfessionelle Gebundenheit nicht zwingend erforderlich. Dies entbindet jedoch auch den Magazinarbeiter in Form seiner Loyalitätspflicht nicht völlig von den kirchlichen Glaubens- und Moralvorstellungen seines Arbeitgebers.

Wegen Art. 4 RL 2000/78/EG ist künftig auch bei der Frage der Sanktionierung von Verstößen gegen die Loyalitätspflichten bei einem bestehenden Arbeitsverhältnis von einer stärkeren arbeitsrechtlichen Kontrolle auszugehen. Ein weiteres zentrales Merkmal ist die Festlegung des Arbeitsentgeltes durch Gremien. Diese sind regelmäßig paritätisch mit Arbeitnehmer- und Arbeitgebervertretern besetzt. Die Vertretung der kirchlichen Beschäftigten erfolgt durch eine Mitarbeitervertretung. Ihre Befugnisse sind den Rechten des Personalrates bzw. Betriebsrates ähnlich, aber nicht deckungsgleich. Daher sind in kirchlichen Einrichtungen in Deutschland die Anwendung der Personalvertretungsgesetze und des Betriebsverfassungsgesetzes ausgeschlossen. Dagegen gilt das österreichische Betriebsverfassungsgesetz auch in kirchlichen Einrichtungen.

9.16 Mediation

Bei der Mediation handelt es sich um die außergerichtliche Kanalisierung eines Parteienkonflikts durch Unterstützung eines Dritten (Mediator). Aufgabe des Mediators ist es, dass eine Konfliktregelung gefunden wird, die den Interessen und Bedürfnissen der Vertragsparteien entspricht. Grundgedanke der Mediation ist es, dass die Parteien selbst den Konflikt lösen.[22] Dabei geht man davon aus, dass eine selbst gefundene Einigung auf eine größere Akzeptanz stößt als eine vorgegebene Lösung. Ziel ist es, eine rechtlich mögliche Lösung für einen Konflikt zu finden, der die kurz-, mittel-, und langfristigen Folgen berücksichtigt. Im besten Falle handelt es sich um das Win-Win-Prinzip in einem offenen Lösungsmodell.

Mediationsverfahren werden vor allem bei vielschichtigen Konflikten, lang andauernden Konflikten oder Konflikten mit einem hohen Affektionsgrad eingesetzt. Im Gegensatz dazu schlägt der neutrale Schlichter bei einem Schiedsverfahren eine Lösung vor und versucht, beide Parteien davon zu überzeugen. Die Parteien

22 Häuser in: Lehmann; Meents: ebd., Kap. 6 Rn 186.

können dem Vorschlag zustimmen oder ihn ablehnen. Keine Voraussetzung ist es, dass bei den Verfahren jeweils eine marktwertgleiche Mitte gefunden wird. Für die Lösungsfindung reicht es aus, wenn das Ergebnis von beiden Seiten gewollt wird und die Lösung nicht gegen geltendes Recht verstößt. Arbeitswerkzeug der Mediation ist eine Analyse. Ihre Aufgabe ist es, alle Problemfelder, die zwischen den Parteien bestehen, aufzudecken und damit den Optimierungsbedarf festzustellen. Bei der Lösungsfindung geht es vor allem um emotionale Aspekte. Daneben hat die Lösung wirtschaftlich und rechtlich vertretbar zu sein.

Wann Mediation zu empfehlen ist:
- Wenn sich der Problembereich auf bestimmte, wenige Personen bezieht.
- Wenn rechtlich oder faktisch keine erfolgreiche Handhabung besteht.
- Wenn es vor allem um Ansehens- und Prestigefragen geht.
- Wenn das Arbeitsklima erhalten werden soll. Insbesondere sollen Kleinkriege verhindert oder beendet werden. Gleiches gilt für Mobbingfälle.

Allgemein empfiehlt sich die Mediation, wenn Lösungen gesucht werden, die mit dem Recht zwar vereinbar, sonst aber ungewöhnlich erscheinen.

Beispiel: Persönliche Konflikte unter Kollegen am Arbeitsplatz eignen sich als Fälle für die Mediation.

Wann Mediation nicht zu empfehlen ist:
- Wenn zwingendes Recht entgegensteht.
- Wenn keinerlei Gesprächs- oder generelle Einigungsbereitschaft besteht.
- Wenn einfache und klar geregelte Sachverhalte ohne nennenswerte persönliche Betroffenheit vorliegen.

Beispiel: Keine Mediation ist dagegen bei klaren Mahnfällen zu empfehlen.

Die bei der Mediation von den beiden Parteien gefundene Lösung braucht nicht den üblichen Vorstellungen zu entsprechen. Zwingend notwendig ist aber, dass sie nicht gegen geltendes Recht verstößt. Insbesondere sind Genehmigungsvorbehalte zu beachten. Weitere Punkte, die zu berücksichtigen sind:
- Keine Vereinbarungen zu Lasten im Mediationsverfahren nicht beteiligter Dritter.
- Soweit eine Tarifbindung besteht, kann hierüber nicht verhandelt werden. Möglich sind hier nur Vereinbarungen, die individualarbeitsrechtlich zulässig sind.

9.17 Arbeitsrecht Schweiz

Ähnlich wie in Deutschland ist das Arbeitsrecht in der Schweiz gesetzestechnisch stark zersplittert. Im öffentlich-rechtlichen Bereich gibt es eine Vielzahl von kantonalen Gesetzen, die Bundesverfassung und das Bundespersonalgesetz. Im privatrechtlichen Bereich sind vor allem die Bundesverfassung, das im ZGB geregelte Obligationenrecht und das Arbeitsgesetz entscheidend. Das schweizerische Arbeitsrecht unterscheidet für beide Seiten zwingende Normen, relativ zwingende Normen zum Schutze des Arbeitnehmers und dispositive Vorschriften. Ferner gilt zu Gunsten des Arbeitnehmers das Günstigkeitsprinzip. D.h. eine niederrangige Norm geht entgegen der Hierarchie der höherrangigen Norm vor, wenn das Ergebnis für den Arbeitnehmer günstiger ist.

Die einzelvertraglichen Regelungen müssen mit den öffentlichen Vorschriften, z.B. Arbeitsschutzvorschriften, und dem Gesamtarbeitsvertrag (GAV) in Einklang zu bringen sein. Anders als in Deutschland zählt der Gesundheitsschutz am Arbeitsplatz nicht ausschließlich zum Arbeitsrecht, sondern ist teilweise Bestandteil des Unfallversicherungsrechts. Bei den Regelungen der Arbeitsbedingungen fällt insbesondere OR Art. 321c auf. Überzeit ist entweder in Freizeit oder mit Entgelt zu vergüten. Sofern nichts Anderes vereinbart ist, beträgt der Überstundenzuschlag mindestens ein Viertel des Grundlohns. Anders als in Deutschland genügt für die Haftung des Arbeitnehmers gem. OR Art. 321e Vorsatz und Fahrlässigkeit. Dabei ist die Haftung zusätzlich von den tatsächlichen und üblichen Fachkenntnissen, Fähigkeiten und Eigenschaften des Arbeitnehmers abhängig. Insoweit wird die Haftung auch bei Fahrlässigkeit graduell relativiert. Der Gesamtarbeitsvertrag entspricht dem deutschen Tarifvertrag. Seine Grundlagen sind in OR Art. 356–358 geregelt.

9.18 Arbeitsrecht Österreich

Entsprechend der Rechtslage in Deutschland und in der Schweiz besteht auch das Arbeitsrecht in Österreich nicht aus einer einheitlichen Kodifikation, sondern aus dem Zusammenspiel mehrerer Gesetze, Verordnungen und individueller und kollektivrechtlicher Vereinbarungen. Das Arbeitsrecht ist vor allem Sache des Bundes. Die Länder und Gemeinden haben jedoch für ihre Bereiche Regelungskompetenzen. Ähnlich wie Tarifverträge in Deutschland können die zwischen Arbeitnehmervertretern und Arbeitgebervertretern ausgehandelten Kollektivverträge für allgemein verbindlich erklärt werden. Anders als in Deutschland, wo der Begriff Arbeitnehmer sowohl Angestellte als auch Arbeiter umfasst, besteht diese Unterscheidung in Österreich fort. Auf Grund ihres Aufgabengebietes sind Bibliothekare Angestellte. Für sie gilt das Angestelltengesetz (AngG). Dagegen ist der Hausmeister oder Fahrer eines Bücherbusses typischerweise ein Arbeiter. Für sie gilt die Gewerbeordnung (GewO). Dagegen kann der Mitarbeiter im Magazin einer Bibliothek sowohl Arbeiter als auch

Angestellter sein. Eine gesetzliche Regelung, wer Arbeiter ist, besteht nicht. Unterschiede zwischen Angestellten und Arbeitern bestehen in der Beitragshöhe zur Sozialversicherung. Hier gehören Angestellte in die Beitragsgruppe D1 und Arbeiter in die Beitragsgruppe A1. Die Bedeutung der historisch bedingten Unterscheidung nimmt aber gleichfalls ab. So ist zum 1. Juli 2018 eine Gleichsetzung von Angestellten und Arbeitern hinsichtlich der Dauer der Entgeltfortzahlung im Krankheitsfall und der Dienstverhinderungsgründe des Arbeitnehmers erfolgt. Ab dem 1. Jänner 2021 werden die bisher nur für Angestellte geltenden Kündigungsfristen auch auf Arbeiter-Dienstverhältnisse angewendet. Für die Begründung der vorzeitigen Auflösung des Dienstverhältnisses, für Sonderzahlungen, im Betriebsverfassungsrecht und für die Anspruchsvoraussetzungen für Invaliditäts- bzw. Berufsunfähigkeitspensionen bestehen auch weiterhin unterschiedliche Regelungen. Eine arbeitsrechtliche Besonderheit in Österreich ist die Feststellung der Mehrarbeitszeit nach dem § 4 Abs. 5 AZG. Hier wird bereits vom Gesetzgeber ein Durchschnitt bei der Feststellung der Arbeitszeit in Form eines gesetzlich verankerten Zeitausgleichs vorgenommen. Dem Betriebsrat stehen Mitwirkungsrechte zu.

10 Haushaltsrecht

10.1 Allgemeines Haushaltsrecht

Informationseinrichtungen sind in vielen Fällen Bestandteil größerer Organisationen und damit an deren Haushaltsrecht und Haushaltspolitik gebunden. Gegenstand des Haushaltsrechts sind die Regelungen, die sich mit Planung, Feststellung, Vollzug und Kontrolle des Haushalts beschäftigen. Informationseinrichtungen werden allgemein zu den sog. Non-Profit-Centern gezählt. D.h. gesamte oder zumindest ein großer Teil der benötigten finanziellen Mittel werden vom Träger der Informationseinrichtung zugewiesen. Am deutlichsten treten die juristischen Unterschiede zwischen privatrechtlich und öffentlich-rechtlich organisierten Bibliotheken beim Haushaltsrecht zu Tage. Die privatrechtliche Rechnungslegung erfolgt nach Regelwerken wie HGB[1], US-GAAP[2] oder IFRS[3]. Dagegen richten sich öffentlich-rechtlich organisierte Bibliotheken nach dem Haushaltsplan. Wichtige gesetzliche Grundlagen für den Haushaltsplan sind das Gesetz, das dem Träger der Bibliothek finanzielle Selbstverwaltung zugesteht, und das Gesetz über die Grundsätze des Haushaltsrechts des Bundes und der Länder (HGrG). Das Budgetrecht ist das Recht, den Haushaltsplan verbindlich festzustellen. Es zählt zu den wichtigsten Einflussgrößen auf die Gestaltung der Bibliothek. Im Haushaltsplan werden Einnahmen und Ausgaben für einen festgelegten Zeitraum gegenübergestellt. Damit lässt sich der Finanzbedarf der Einrichtung und ihrer Untergliederungen feststellen. Um einen ordnungsgemäßen Haushalt zu gewährleisten, wurden Haushaltsgrundsätze aufgestellt. Eine Auswahl der wichtigsten ist:
- Grundsatz der Jährlichkeit, § 4 HGrG;
- Wirtschaftlichkeitsgrundsatz, § 6 HGrG;
- das Prinzip des ausgeglichenen Haushalts;
- Gesamtdeckungsprinzip;
- Grundsatz der Zweckbindung der Mittel;
- Führen einer Haushaltsüberwachungsliste;
- Möglichkeit der Verpflichtungsermächtigung;
- Grundsatz der staatlichen Doppik, § 7a HGrG.

Als übergeordnete Grundlage für das öffentliche Haushaltsrecht ist der in Art. 114 Abs. 2 GG von der Verfassung geforderte Grundsatz der Wirtschaftlichkeit anzusehen. Ergänzt wird der Grundsatz der Wirtschaftlichkeit vom Grundsatz der Sparsamkeit.[4] Die anderen Prinzipien dienen durch Förmlichkeit und Transparenz dazu, den Wirtschaftlichkeitsgrundsatz zu verwirklichen. Der Wirtschaftlichkeitsgrundsatz wird sei-

1 Handelsgesetzbuch.
2 United States Generally Accepted Accounting Principles.
3 International Financial Reporting Standards.
4 Vgl § 6 Abs. 1 HGrG und § 7 Abs. 1 der jeweiligen Haushaltsordnungen des Bundes und der Länder.

https://doi.org/10.1515/9783110640380-012

nerseits durch das verfassungsrechtliche Gebot der Bindung der Verwaltung an Recht und Gesetz gem. Art. 20 Abs. 3 GG beschränkt. Trotz aller Unterschiede zwischen öffentlich-rechtlicher und zivilrechtlicher Haushaltsführung gibt es nicht nur Parallelen, sondern auch Überschneidungen. So verweist § 7a HGrG auf die Vorschriften des Ersten und des Zweiten Abschnitts Erster und Zweiter Unterabschnitt des Dritten Buches des Handelsgesetzbuchs und die Grundsätze der ordnungsmäßigen Buchführung und Bilanzierung. Damit gelten auch im Haushaltsrecht teilweise gleiche Rechtsnormen.

Im Überschneidungsgebiet Haushaltsrecht, Erwerbung, Vergaberecht und Personalrecht liegen die Regeln zur Bekämpfung der Korruption in der Verwaltung. Diese umfassen grundlegend die strafrechtlichen Normen §§ 331 ff. StGB. Vielfach gibt es verwaltungsinterne Richtlinien, die beschreiben, wann und unter welchen Umständen ein Geschenk im Dienst angenommen werden darf, gemeldet werden muss oder abzulehnen ist, denn Motive des Spenders oder des Sponsors können sowohl altruistischer Natur als auch auf den Wunsch einer Einflussnahme gerichtet sein.

10.2 Vergaberecht

Öffentliche Aufträge zählen wegen ihres finanziellen Volumens zu den wichtigen Faktoren in einer Volkswirtschaft. Um einen Missbrauch von öffentlichen Geldern zu verhindern, gab es seit langer Zeit Rufe nach einer rechtlichen Regulierung der Vergabe öffentlicher Aufträge. Das Vergaberecht ist die Summe aller Regeln und Vorschriften, die ein Träger der öffentlichen Hand bei der Beschaffung von Waren und Dienstleistungen, die der Erfüllung seiner öffentlichen Aufgaben dienen, zu beachten hat. Dazu gehören neben den inhaltlichen Vorschriften auch die Verfahrensregelungen, einschließlich des Rechtsschutzes. Die Beschaffung selbst ist als fiskalisches Hilfsgeschäft privatrechtlicher Natur. Den Rahmen hingegen bildet das öffentlich-rechtliche Vergaberecht.

Das Vergaberecht enthält heute Vorschriften und Regeln, die

- staatliche Einrichtungen oder sonstige öffentlich-rechtliche Auftraggeber;
- bei Käufen oder dem Bezug von Dienstleistungen am Markt durch einen entgeltlichen Vertrag;
- in einer bestimmten Vorgehensweise vorschreiben.[5]

Dem Vergaberecht kommen heute zwei zentrale Funktionen zu. Zum einen sollen die öffentlichen Ressourcen geschont werden. Darüber hinaus kann die staatliche Nachfrage auf dem Markt wegen ihrer Größe von Bedeutung sein und dadurch den Wettbewerb verzerren. Das Vergaberecht soll auch diesen Aspekt regeln.

5 Koenig; Haratsch, NJW 2003, 2637.

Zu den zentralen Punkten im Vergaberecht gehört das Erreichen einer bestimmten Auftragssumme, der sogenannte Schwellenwert. Das Unter- bzw. Überschreiten der Schwellenwerte entscheidet darüber, welche Rechtsnormen angewendet werden müssen. Die Schwellenwerte sind im Gesetz gegen Wettbewerbsbeschränkungen nicht selbst festgeschrieben. Vielmehr beruhen die Schwellenwerte auf den Verpflichtungen der EU nach dem Government Procedure Agreement (GPA). Damit sind sie von Wechselkursschwankungen abhängig. Alle zwei Jahre erfolgt eine Überprüfung der Höhe der Schwellenwerte für die Anwendung des EU-Vergaberechts. Da es sich um EU-Verordnungen handelt, kommt der Vergabeverordnung (VgV) eine Schanierfunktion zu. Denn diese Verordung verweist lediglich auf die jeweiligen Vergabe- und Vertragsordnungen.

Dic Einhaltung des Wettbewerbsrechts gilt sowohl für öffentlich-rechtliche wie auch für privatrechtlich organisierte Bibliotheken. Soweit die jeweiligen Beträge überhalb der Schwellen liegen, ergeben sich die Grundlagen des Vergaberechts aus dem Gesetz gegen Wettbewerbsbeschränkungen (GWB). Für das Kartellrecht enthält § 130 Abs. 1 GWB eine eindeutige Regelung. Im Gegensatz zum Kartellrecht findet sich im Recht des unlauteren Wettbewerbs keine ausdrückliche Regelung, die öffentliche Einrichtungen in ihren Geltungsbereich miteinbeziehen. Die ständige Rechtsprechung wendet hier jedoch traditionell § 3 UWG[6] an, soweit die Frage nach dem „Wie" der Öffentlichen Hand im Wettbewerb betroffen ist. Die Vergabeverordnung hingegen konkretisiert die Bestimmungen.

Beispiel für einen Verstoß gegen das Wettbewerbsrecht: Um bei der Vergabe von Fördergeldern erfolgreich zu sein, fängt die Bibliotheksdirektorin an, die ermittelten Kennzahlen kreativ zu verändern.

Sobald die Schwellenwerte unterschritten werden, findet regelmäßig das Haushaltsrecht Anwendung. Dabei erfolgen Verweise in der Bundeshaushaltsordnung bzw. in den Landeshaushaltsverordnungen/ Landesvergabegesetzen auf die Unterschwellenvergabeordnung (UVgO) und bei Vergaben auf Landes- und Kommunalebene auf die Unterschwellenvergabeverordnung bzw. auf die Vergabe- und Vertragsverordnung für Leistungen (VOL/A). Für die Vergabe von Bauleistungen gelten unterhalb der Vergabeschwelle die Allgemeinen Bestimmungen für die Vergabe von Bauleistungen (VOB/A). § 97 GWB benennt für den Oberschwellenbereich die grundlegenden Rechtsprinzipien des Vergaberechts. Mit dem neuen Vergaberecht werden die Grundsätze der Wirtschaftlichkeit und der Verhältnismäßigkeit stärker betont als vor der Gesetzesreform. In § 97 Abs. 1 S. 2 GWB sind diese Grundsätze ausdrückliche Voraussetzung. Ähnliches gilt im Unterschwellenbereich. Hier sind es das Wettbewerbsprinzip, das Gleichbehandlungsgebot, das Transparenzgebot, das Verhandlungsverbot, das Gebot der Losvergabe und das Gebot der Wirtschaftlichkeit. Das Wettbewerbsprinzip verlangt ein formalisiertes Verfahren, welches allen interessierten Bewerbern und

6 Ziekow: ebd., § 9 Rn 55.

Bietern den Zugang zur Teilnahme an öffentlichen Vergabeverfahren ermöglicht. Für das Transparenzgebot gewährleitstet nur ein durchsichtiges und nachvollziehbarers Vergabeverfahren einen echten Wettbewerb. Nach dem Gleichbehandlungsgebot ist es geboten, alle Teilnehmer unabhängig von ihrer Herkunft gleich zu behandeln. Gemäß dem Gebot der Losvergabe sind Aufträge grundsätzlich in einzelne Fach- und Teillose aufzuteilen. Hierdurch sollen auch kleinere und mittlere Unternehmen die Chance haben, sich zu bewerben. Das Verhandlungsverbot verbietet den Auftraggebern grundsätzlich, mit den Bietern zu verhandeln. Zulässig sind hingegen Gespräche mit den Bietern, um nachvollziehbare Zweifel über Angebote und Bieter aufzuklären. Zum Verhandlungsverbot besteht in § 12 Abs. 4 UVgO eine Ausnahme. Dazu ist eine Verhandlung über das gesamte Angebot erfoderlich, exklusive der in der Leistungsbeschreibung festgelegten Mindesanforderungen und Zuschlagskritieren. Die festgelegten Mindestanforderungen und Zuschlagskriterien sind nicht verhandelbar. Schließlich gilt das Gebot der Wirtschaftlichkeit. Hier ist eine umfassende Würdigung vorzunehmen. Daher ist der genannte Preis ein wichtiges, nicht aber allein entscheidendes Kriterium. Werden öffentliche Aufträge nicht zu Marktpreisen vergeben, sind die Regeln der Verordnung 30/53 und den in § 2 Preisgesetz festgeschriebenen Grundsätzen einzuhalten. Alle Prinzipien sind eng miteinander verzahnt. Hervorzuheben ist, dass auch indirekte Besserstellungen, z.B. wegen der Ortsansässigkeit oder der Zugehörigkeit zu bestimmten Personengruppen, einen Verstoß gegen das Gleichheitsverbot darstellen.

Bei sogenannten In-House-Geschäften ist gem. § 108 GWB (Oberschwellenwerte) bzw. gem. § 108 GWB i.V.m. § 1 Abs. 2 UVgO (Unterschwellenwerte) der sachliche Anwendungsbereich des Vergaberechts nicht eröffnet. Gemeint sind hier die Erledigungen von Aufgaben durch eine unselbstständige Dienststelle des Auftraggebers.

Beispiel für ein In-House-Geschäft: Die Umbauarbeiten in der Stadtbibliothek werden durch den städtischen Bauhof durchgeführt.

In-House-Geschäfte dienen nicht der Umgehung der öffentlichen Ausschreibung und sind daher an eine Gleichstellung von Auftraggeber und Leistungserbringer gebunden. Vom Vergaberecht ausgenommen sind ferner Arbeitsverträge gem. § 1 Abs. 2 UVgO i.V.m. § 107 Abs. 1 Nr. 1 GWB.

Vorbereitungsphase	Klärung des Beschaffungsbedarfs
Vorbereitungsphase	Beschreibung der beabsichtigten Auftragsvergabe
	Begründung der Erforderlichkeit der Auftragsvergabe
	Finanzierung / Haushaltsmittel
	Begründung der Wirtschaftlichkeit der Auftragsvergabe
	Art der Vergabe
	Einschlägige Vergabevorschriften
	Begründung bei besonderen Verfahrensarten
	Erstellen einer transparenten Leistungsbeschreibung unter Berücksichtigung der vertragsgestalterischen Erfordernisse
Publizitätsphase	Bekanntgabe der Leistungsanforderungen
	Publikation gegenüber relevantem Interessentenkreis
Angebotsphase	Eingang der Angebote
Prüfungs- und Wertungsphase	Vorprüfung auf generelle Eignung, Preis und Mängel
	Wertung der Angebote und Ermittlung des wirtschaftlichsten Angebots
Erteilungsphase	Vorabinformation der unterlegengen Bieter
	Erteilung des Auftrags

Abb. 16: Vorbereitung und Ablauf eines Vergabeverfahrens[7].

Die Folgen von Fehlern im Vergabeverfahren reichen bis zur Nichtigkeit der Vergabe.[8] Wegen der hier nur skizzierten Komplexität des Vergabeverfahrens und der weitreichenden Folgen wird hier eine unbedingte Empfehlung zu einer ausreichenden Zeitplanung und Einbeziehung von Juristen mit guten Fachkenntnissen im Vergaberecht ausgesprochen.

10.3 Haushalts- und Vergaberecht Schweiz

In der Schweiz hat auf Bundesebene das Parlament die alleinige Finanzkompetenz. In den meisten Kantonen hat die Kantonalverwaltung einen höchstbetragsgebundenen Entscheidungsspielraum. Werden Mittel benötigt, die darüber hinausgehen, so besteht eine Pflicht zur Unterbreitung des Vorhabens zur Volksabstimmung. Auf Ebene der Kommunen entscheidet die Gemeindeversammlung über größere Ausgaben. Daher empfiehlt es sich, im Hinblick auf Vorhaben, die einer Volksabstimmung bedürfen, eine besonders intensive Öffentlichkeitsarbeit zu breiten Teilen der Bevölkerung zu pflegen. Bei Abbildung des Haushalts wird regelmäßig das sogenannte Harmonisierte Rechnungsmodell der Kantone und Gemeinden verwendet. Durch die

7 Vereinfachtes Schaubild in Anlehnung an Ziekow: ebd., § 9 Rn 73.

8 Beispiel: OLG Thüringen, Beschluss vom 26.06.2006, Az. 9 Verg 2/06 (Sprinkleranlage Anna Amalia Bibliothek).

hier mögliche zeitliche Abgrenzung unterschiedet es sich stark vom Kameralistischen Modell.

Das Vergaberecht als eigenständiges Rechtsgebiet ist in der Schweiz relativ jung. Anlass war der Beitritt der Schweiz zum GATT/WTO-Übereinkommen über das öffentliche Beschaffungswesen (GPA). Es trat für die Schweiz zum 1. Januar 1996 in Kraft. Die staatsvertraglichen Vorgaben werden vom Bund und den 26 Kantonen in eigener Verantwortung umgesetzt. Hierdurch gibt es eine erhebliche Rechtezersplitterung.[9] Gegenstand des schweizerischen Vergaberechts des Bundes sind Liefer-, Dienstleistungs- und Bauaufträge, Art. 1 und 5 BöB.[10] Beschaffungen der öffentlichen Hand sind bei Überschreiten von definierten Schwellenwerten heute in der Regel öffentlich auszuschreiben. Der Entscheid über die Vergabe basiert auf den Grundsätzen der Transparenz und der Diskriminierungskontrolle. Die Entscheidung kann durch die Gerichte nachträglich kontrolliert werden. In Übereinstimmung mit Art. XIII Abs. 4 lit. b GPA erhält nach dem schweizerischen Vergaberecht das wirtschaftlich günstigste bzw. bei standardisierten Leistungen das billigste Angebot den Zuschlag. Einzelheiten sind jedoch umstritten.[11] Im Gegensatz zum § 99 GWB kennt das geschriebene schweizerische Recht keine Legaldefinition für den Vergabebegriff. Dieser wird durch die Rechtssprechung bzw. die Verwaltungsbehörden geprägt.

10.4 Haushalts- und Vergaberecht Österreich

Die Aufteilung der Haushalte im öffentlichen Bereich gildert sich entsprechend den Rechtsträgern in Bund und Länder. Zusätzlich gibt es im Kultur- und Wissenschaftsbereich umfangreiche ausgegliederte Körperschaften wie Universitäten und Museen. Soweit diese Rechtsträger in einem engen Zusammenhang mit dem Bundeshaushalt stehen, werden deren Haushalte auch Nebenhaushalte genannt.

Ausgehend von der Reform des Haushaltsrechts auf Bundesebene, gelten die neuen Regeln für die Budget- und Finanzsteuerung. Während zuvor fast ausschließlich, und zum Teil jetzt noch, die kameralistische Haushaltsführung angewendet wurde, findet nun durch die Budgetierung eine Flexibilisierung des Budgets statt. Bei der Vergabe von Aufträgen ist danach zu unterscheiden, ob es sich um eine öffentlich-rechtliche oder eine privatrechtliche Ausschreibung handelt. Öffentlich-rechtliche Ausschreibungen haben sich an die Vorgaben des Bundesvergabegesetzes zu halten. Dieses schreibt öffentlich-rechtlichen Auftraggebern vor, ein Ausschreibungsverfahren zu verwenden, um das wirtschaftlich günstigste als auch das zuverlässigste Angebot zu erhalten. Seit dem 21.08.2018 erfolgt die Regelung für öffentliche Auf-

---

9 Stöckli, Hubert: Das Vergaberecht der Schweiz, NZBau Neue Zeitschrift für Baurecht und Vergaberecht 2002, Heft 1, S. 7ff.

10 http://www.admin.ch/ch/d/sr/c172_056_1.html, zuletzt aufgerufen am 01.09.2019.

11 Stöckli: Vergaberecht der Schweiz, 7ff.

tragsvergabe für alle öffentlichen Auftraggeber in Österreich durch das Bundesvergabegesetz 2018 (BVerfgG 2018)[12]. In den Kompetenzbereich der Bundesländer fällt seit 2002 nur noch die Regelung von Nachprüfungen von Entscheidungen öffentlicher Auftraggeber im Bereich der Länder und Gemeinden. Bei der Ausschreibung sind die Standardisierten Leistungsbeschreibungen (LB) zu verwenden. Sie dienen als Richtlinien, damit technische Notwendigkeiten beachtet werden. Ferner helfen die Standardisierten Leistungsbeschreibungen, die Verfahren übersichtlicher zu gestalten. Um den einheitlichen Austausch von Leistungsbeschreibungen, Ausschreibungs-, Angebots-, Auftrags- und Abrechnungsdaten in elektronischer Form zu ermöglichen, wurde die ÖNORM A 2063 geschaffen. Als Mitgliedsstaat der EU sind auch in Österreich die gemeinschaftsrechtlichen Schwellenwerte zu beachten. Privatrechtliche Ausschreibungen sind in ihrer Form unabhängig und unterliegen nicht dem Bundesvergabegesetz.

12 öBGBl. I Nr. 65/2018.

11 Baurecht

11.1 Grundlagen

Neben Personal, Finanzausstattung, Medienbestand und rechtlichen Grundlagen sind die baulichen Anlagen, in denen sich die Informationseinrichtung befindet oder künftig befinden soll, einer der fünf grundlegenden Pfeiler, durch die eine Informationseinrichtung gestaltet werden kann. Daher liegt eine Auseinandersetzung mit dem Baurecht nahe.

Stehen bauliche Anlagen in Widerspruch zu öffentlich-rechtlichen Vorschriften, so kann eine Nutzungsuntersagung oder eine Beseitigungsverfügung erfolgen. Dies gilt auch für Bauten in öffentlich-rechtlicher Trägerschaft. Die baurechtlichen Vorschriften haben teilweise die Aufgabe, die Nachbarn zu schützen. So steht den Nachbarn bei Verstoß gegen die nachbarschützenden Vorschriften ein Klagerecht zu. Ob die von Nachbarn eingelegten Rechtsmittel Erfolg haben, kommt auf den jeweiligen Fall an. Dabei können sich die Proteste nicht nur gegen die Bibliothek, einen an sich emissionsarmen Betrieb, sondern auch gegen die Baumaßnahmen an sich richten (Baulärm, Umleitung etc.). Mit Sicherheit sind diese Verfahren geeignet, die geplante Baumaßnahme erheblich zu verzögern, nicht selten auch zu verteuern. Daher wird hier empfohlen, frühzeitig die Nachbarschaft bei lärmintensiven Maßnahmen oder Bauvorhaben, die sich nicht nur auf die Innenräume beschränken, umfassend zu informieren.

Das Baurecht unterteilt sich in das Bauplanungsrecht und das Bauordnungsrecht. Das Bauplanungsrecht ist flächenbezogen und umfasst die Raumnutzung und Raumgestaltung. Bibliotheken sind bei der Standortwahl vom Bauplanungsrecht betroffen. Beim Bauordnungsrecht geht es um die Gefahrenabwehr im Rahmen der planungsrechtlich zulässigen Nutzung des Bodens.[1] Hinzu kommen solche Normen, die ursprünglich nicht im Hinblick auf das Baurecht konzipiert wurden, sich jedoch darauf auswirken, sowie Normen, die das Baurecht im engeren Sinne näher beschreiben. Hierzu gehören die Baunutzungsverordnung, die Denkmalschutzgesetze, Verwaltungsvorschriften etc. Die Bezeichnung und Gruppierung dieser Gesetze wird in der Literatur unterschiedlich vorgenommen. Übliche Bezeichnungen sind Baunebenrecht oder Komplementärnormen. Teilweise werden die entsprechenden Gesetze auch dem Bauplanungsrecht bzw. dem Bauordnungsrecht zugeordnet.

In Bezug auf bauplanungsrechtliche Gesichtspunkte wie die Standortwahl sollte ein Mitspracherecht der Bibliotheksleitung bestehen. Die Standortwahl betrifft nicht nur die Frage des Gebäudes an sich, sondern auch die Verortung innerhalb eines größeren Gebäudekomplexes. Die Frage der Standortwahl entscheidet in einem erheblichen Maße über die Annahme der Informationseinrichtung durch die Laufkund-

1 Muckel: Öffentliches Baurecht, § 1 Rn 28.

https://doi.org/10.1515/9783110640380-013

schaft. Es gelten hier die gleichen Kriterien wie für eine Sachwertermittlung eines bebauten Grundstückes. Auch hier ist die Lage eines der ganz wesentlichen Kriterien. Die Aufgabe der Bibliotheksleitung besteht darin, einen detaillierten Katalog mit den notwendigen Anforderungen zu erstellen und möglichst viel bei der Diskussion mit den Entscheidungsträgern, regelmäßig dem Träger der Einrichtung, durchzusetzen. Hierzu gehört eine Auflistung des Bedarfs, zum einen, um für interne Planungen eine Ermittlung des Mindestbedarfs durchzuführen, zum anderen, um die Verhandlung für den Raumbedarf zielgerichtet steuern zu können. Insbesondere sollte die Bibliotheksleitung auch wissen, wo gegebenenfalls Kompromisse geschlossen werden können. Voraussetzungen für eine zielgerichtete Einflussnahme auf die bauliche Maßnahme sind politisches Handlungsgeschick und die Kenntnisse, Baupläne und Bebauungspläne richtig lesen zu können. In beiden Fällen handelt es sich um graphische (schriftliche und bildliche) Dokumente mit rechtlichen Wirkungen.

Instrument des städtebaulichen Bauplanungsrechts ist der Bebauungsplan. Hier werden die bodenbezogenen Vorgaben und damit die Grundzüge der Planbarkeit für die einzelnen Gebäude rechtlich normiert. Im Bebauungsplan kann das Maß der baulichen Nutzung durch Festsetzungen geregelt werden.

- Grundflächenzahl: Die Grundflächenzahl gibt an, wie viele Quadratmeter Grundfläche je Quadratmeter Grundstücksfläche zulässig sind.
- Größe der Grundfläche: Als absolute Zahl kann auch die Größe der Grundfläche der baulichen Anlage festgesetzt werden.
- Geschossflächenzahl: Die Geschossflächenzahl besagt, wie viele Quadratmeter Geschossfläche je Quadratmeter Grundstücksfläche zulässig sind. Dabei ist die Geschossfläche die Summe der Flächen aller Vollgeschosse.
- Größe der Geschossfläche: Die Größe der maßgeblichen Flächen bestimmt die Größe der Geschossfläche unabhängig von der Grundstückgröße.
- Baumassenzahl: Teilweise wird bei Gewerbe- und Industriegebieten an Stelle der Geschossflächenzahl die Baumassenzahl festgesetzt. Danach bestimmt sich, wie viel Kubikmeter Baumasse je Quadratmeter Grundstücksfläche zulässig sind.
- Vollgeschosse: Vollgeschosse können mit bestimmten Mindesthöhen und Höchstgrenzen definiert werden.

Ein Bauvorhaben ist grundsätzlich genehmigungspflichtig.[2] Grund dafür ist der Charakter der Baugenehmigung als präventives Instrument der Gefahrenabwehr. Mit dem Genehmigungsvorbehalt soll die Baubehörde die Auswirkungen des Bauvorhabens auf Städtebau, menschliche Gesundheit und Umwelt steuern können. Ausnahmen von der Genehmigungspflicht bestehen. Diese sind für Bibliotheken aber regelmäßig nicht relevant. Von zentraler Bedeutung für bauliche Vorhaben ist § 29 Abs. 1 HS 1 BauGB. Bauliche Vorhaben sind solche, die bauliche Anlagen betreffen und die auf eine Errichtung, Änderung oder Nutzungsänderung der baulichen Anlage gerichtet

2 Trotz Änderungen beim Wohnungsbau gilt der Grundsatz für sonstige Gebäude weiterhin.

sind. Mit Änderung sind Umgestaltungen wie Umbau, Ausbau, Erweiterung oder Verkleinerung einer baulichen Anlage gemeint. Dabei kann sowohl die äußere Gestalt als auch das Innere der Anlage betroffen sein. Beispiele hierfür sind Trennwände oder der Austausch tragender Gebäudeteile. Dagegen fallen kleine Reparaturen oder ein kompletter Rückbau der Anlage nicht unter den Änderungsbegriff. Bei einer Nutzungsänderung bleibt die physische Gestalt der Anlage erhalten, jedoch ändert sich deren Zweckbestimmung. Dabei ist nicht jede Zweckänderung für § 29 Abs. 1 BauGB relevant. Vielmehr muss die Zweckänderung die Frage nach der Genehmigungsfähigkeit wegen bodenrechtlicher Belange erneut aufwerfen.[3]

Beispiel für keine Nutzungsänderung: In die Räume, in denen kurz zuvor das Magazin der Universitätsbibliothek untergebracht war, zieht nun das Universitätsarchiv ein. Die statischen Grenzwerte werden auch nach dem Umzug eingehalten.

Beispiel für eine Nutzungsänderung: Ein Gebäude, das zuvor für die Buchhaltung der Hochschule genutzt worden ist, soll jetzt ein Informationszentrum mit Schulungen der Hochschulbibliothek werden. Wegen des zu erwartenden erhöhten Besucheraufkommens werden nunmehr weitere Parkplätze, sanitäre Anlagen etc. benötigt. Damit besteht eine bodenrechtliche Relevanz.

Im Bauordnungsrecht geht es vor allem um die Abwehr von Gefahren, die von dem jeweiligen Gebäude ausgehen. Bauordnungsrecht ist Landesrecht. Zentrale Bestimmungen finden sich in der jeweiligen Landesbauordnung und den dazu erlassenen Ausführungsgesetzen, -verordnungen und -satzungen. Zumindest die Landesbauordnungen sind einander relativ ähnlich. Daher können zum Bauordnungsrecht ergangene Entscheidungen der Gerichte – nach einer vorherigen Prüfung der jeweiligen Gesetzeslage – regelmäßig auch in anderen Bundesländern verwendet werden. Die Landesbauordnungen orientieren sich zumindest in den meisten Fragen an der Musterbauordnung. Diese hat keinen verbindlichen, sondern einen empfehlenden Charakter und dient der bundesweiten Rechtseinheit bei Bestehen der Gesetzgebungskompetenz der Bundesländer. Rechtserheblich ist daher nur die jeweilige Landesbauordnung des betreffenden Bundeslandes.

In vielen Landesbauordnungen findet sich der Hinweis auf die allgemein anerkannten Regeln der Technik. Diese Erfahrungssätze sind vielfach in den Regelsammlungen der DIN-Normen, den VDE-Vorschriften und den Unfallverhütungsvorschriften der Berufsgenossenschaften aufgeführt. Dabei sind diese technischen Regeln selbst keine Rechtsnormen. Dennoch kann davon ausgegangen werden, dass ihre Beachtung den gesetzlichen Anforderungen genügt. Andererseits kann auch in einer von den genannten technischen Regelwerken abweichenden Vorgehensweise den gesetzlichen Forderungen entsprochen werden, wenn ein anderes, gleich wirksames Mittel

3 BVerwG, ZfBR 1988, 195, 196.

eingesetzt wird. Design und Servicekonzept der Bibliothek sind geeignet und möglichst frühzeitig mit dem Bauordnungsrecht in Einklang zu bringen.[4] Für die Bibliothek gibt es folgende zentrale Bereiche:

- Statik: Betroffen sind die Grundzüge der Raumaufteilung;
- Behindertengerechter Zugang: Zugangsmöglichkeiten, Wegeplanung;
- Brandschutz: Eventuell zusätzliche Baumaßnahmen/Kosten; die Art der Umsetzung beeinflusst die Versicherungsprämie;
- Baumaterialien, Oberflächengestaltung: Diese sind Stellgrößen für eine arbeitsplatzgerechte und bestandserhaltungsgerechte Klimatisierung.
- Stellplätze: Eine Nutzung durch mehr Personen infolge einer Baumaßnahme erfordert auch eine erhöhte Anzahl von verfügbaren Stellplätzen.

In allen Landesbauordnungen finden sich Regelungen zu Stellplätzen und Garagen.[5] Die ausreichende Anzahl und Größe der Stellflächen ist Voraussetzung für die Errichtung, bauliche Änderung oder Nutzungsänderung.[6] Ziel dieser Regelungen ist eine Entlastung des öffentlichen Straßenverkehrs durch parkende Fahrzeuge und die damit eingedämmte Verkehrsgefährdung durch die parkenden Fahrzeuge. Dabei richtet sich die Anzahl und Größe der geforderten Stellflächen nach der Art und Anzahl der vorhandenen und zu erwartenden Nutzer und Besucher der Anlage. Dabei werden Einzelheiten in Rechtsverordnungen oder in Verwaltungsvorschriften geregelt. Für gewerbliche und Verwaltungsräume werden i.d.R. die Nutzflächen zum Maßstab genommen. Da diese je nach Typus der Bibliothek, der von der Freihandbibliothek ohne Depot bis hin zur reinen Magazinbibliothek reicht, sehr unterschiedlich ist, besteht hier ein Argumentationsspielraum zu Gunsten der Bibliothek. Wie hoch der veränderte Bedarf bei einer baulichen Änderung oder Nutzungsänderung ist, ist von Bundesland zu Bundesland unterschiedlich und zudem umstritten.[7] Wichtig ist jedoch, dass der Aspekt der Stellplätze berücksichtigt und frühzeitig Kontakt zur Baubehörde gesucht wird. Sofern die Schaffung von Stellplätzen räumlich nicht möglich ist, kann die Baubehörde dem Bauherrn unter bestimmten Voraussetzungen die Stellplatzpflicht erlassen. Regelmäßig erfolgt der Ausgleich für den Erlass durch eine Geldzahlung an die Gemeinde. Je nach Örtlichkeit ist hier von einem Betrag zwischen 3.000 und 20.000 Euro auszugehen. Dem Bauherrn selbst steht jedoch kein Wahlrecht zwischen der Schaffung der Stellplätze und der Zahlung eines Ausgleichsbetrags zu. Für die hier ausgeführten Themen enthalten die Landesbauordnungen eine Vielzahl von weiteren Regelungsbereichen, z.B. den Schutz vor Verunstaltung. Es geht

---

4 Siehe 6.5 Urheberrecht und Bibliotheksbau.

5 § 37 BauO BW; Art. 47 BayBO; § 49 BauO Bln; (§ 52 BauO Bdg – alte Norm außer Kraft); § 49 LBauO Brem; § 52 HBauO; § 49 BauO MV; §§ 46–47a BauO Nds; § 50 BauO NRW; § 47 BauO RhPf; § 47 LBauO Saarl; § 49 SächsBauO; § 48 BauO LSA; § 50 BauO SH; § 49 ThürBO.

6 § 49 Musterbauordnung (MBO).

7 OVG Hamburg, BRS 48 Nr. 105 a.A. VGH Mannheim BRS 40 Nr. 141.

auch nicht darum, das Baugenehmigungsverfahren lückenlos zu erläutern. Vielmehr wird hier davon ausgegangen, dass durch den Unterhaltsträger die entsprechende Kompetenz zur Verfügung gestellt wird, da die Interessenlagen der Bibliothek, des Unterhaltsträgers und des Architekten unterschiedlich sein können. Hier sollten der Bibliotheksleitung die neuralgischen Punkte bekannt sein, um ihre Interessen durch gut begründete Stellungnahmen und Vorschläge wirkungsvoll wahrzunehmen. Wird eine Bibliothek mit einem umfangreichen Buchbestand neu in der bisher anderweitig verwendeten Räumlichkeit eingerichtet, so ist die Statik durch einen Sachverständigen neu zu bestimmen.

Fall: In einem bisher als Bürogebäude genutzten Haus wird eine Bibliothek eingerichtet. Hierzu gehört auch ein umfangreiches Archiv gedruckter Zeitschriften. Bei einer Kontrolle durch die untere Baubehörde wird durch eine Berechnung festgestellt, dass die zulässige Traglast der Decke um 15 Prozent überschritten ist. Sichtbare Folgen der Mehrbelastung gibt es jedoch nicht. Dennoch erlässt die Baubehörde eine Nutzungsuntersagung und schließt die Bibliothek. Zu Recht?
Lösungsskizze: Die Nutzung eines Gebäudes zu einem bestimmten Zweck ist an bestimmte bauliche Voraussetzungen geknüpft. Ohne diese droht eine Nutzungsuntersagung gem. § 80 Musterbauordnung. Dabei müssen die Voraussetzungen nicht nur generell, sondern auf die konkrete räumliche Umsetzung bezogen sein. Beispielsweise kann wegen der entsprechenden Masse ein Zeitschriftenarchiv auf festem Grund zulässig, in einem der oberen Stockwerke aber unzulässig sein.

Der Brandschutz ist mit seinen bauordnungsrechtlichen Regelungen ein Klassiker für Bibliotheken und Archive. Verwirklicht wird der Brandschutz in einem Brandschutzkonzept. Ein solches umfasst den Brandschutz in baulicher, anlagentechnischer (Möblierung, Buchbestände) und organisatorischer Hinsicht. Zu den zentralen Merkmalen, die für einen baurechtlichen Schutz gewährleistet werden müssen, gehören die Berücksichtigung von:
- Brandverhalten der verwendeten Baustoffe sowie der Brandlast der eingebrachten Materialien. In der Bauphysik wird unter der Brandlast die Art und Menge der brennbaren Materialien verstanden.
- Aufteilung des Gebäudes in Brandabschnitte. Diese erfolgt durch Brandwände und Brandschutztüren.
- Feuerwiderstand der Bauteile;
- Aktive Brandvermeidung durch Sauerstoffreduktion;
- Reaktive Brandbekämpfung durch Löschvorrichtungen und Entrauchungsanlagen
- Planung von Fluchtwegen, Sammelplätzen und Evakuierungsmöglichkeiten.

Regelwerke zu den Anforderungen an die baulichen Maßnahmen in Deutschland finden sich in den DIN 4102, DIN 18230 und in der ENV 1992-1-2 :2004 + AC 2008. In Österreich sind hierzu die Technischen Richtlinien Vorbeugender Brandschutz (TRVB) erlassen worden. Entsprechende Regelungen in der Schweiz sind kantonal verschieden erfasst. Zu den wichtigsten Folgen des organisatorischen Brandschutzes gehört die hierdurch gesetzte Beschränkung der Raumgestaltung und der aktuellen Benutzung der Bibliothek durch Zulassung oder Abweisung bzw. Warteliste. Wichtig ist, dass der bauliche und der organisatorische Brandschutz ineinander übergreifen. Es gibt einen gewissen Spielraum, in dem ein Minus im baulichen oder organisatorischen Brandschutz durch ein Plus im Pendant ausgeglichen werden kann, ohne dass eine (Teil-)Nutzungsuntersagung erfolgt. Auf einzelne organisatorische Fragestellungen, wie z.B. Brandschutzabschnitte, eine gute Belüftung und ein raumoffenes Konzept miteinander vereinbart werden können, kann hier nicht eingegangen, sondern nur verwiesen werden. Ziel ist es, auf die rechtliche Problematik und deren Konsequenzen frühzeitig aufmerksam zu machen, damit unnötige Arbeit, Kosten und Konfliktstoff eingespart werden können. Ein weiterer Zielkonflikt besteht in der Notwendigkeit, Fluchtwege und damit zusätzliche Türen bereitzuhalten und dem Interesse an der diebstahlsicheren und gleichzeitig kostengünstigen Bestandserhaltung gerecht zu werden.

Die rechtliche Grundlage für den Zugang von behinderten Kundinnen und Kunden zu Informationen findet sich in den Regelungen der Landesbauordnungen. Ein Beispiel hierfür ist § 39 LBO Baden-Württemberg. Die einzelnen Landesbauordnung verwenden für die Anforderungen unbestimmte Rechtsbegriffe wie „zweckentsprechend"[8]. Regelmäßig wird für die konkrete Umsetzung die nichtstaatliche Norm DIN 18040-1 Barrierefreies Bauen – Planungsgrundlagen – Teil 1: Öffentlich zugängliche Gebäude Ausgabe: 2010-10 herangezogen. Erörtert werden hier Themen wie Raumbedarf, Wege und Zugang, Sanitärräume und Veranstaltungsstätten. Hilfreich ist die Erläuterung der Begrifflichkeiten in DIN 18040-1. Bibliotheken gehören zu den öffentlich zugänglichen Gebäuden im Sinne des § 50 Abs. 2 Musterbauordnung. Über die Verwendung von unbestimmten Rechtsbegriffen hinaus übernehmen einige Bauordnungen konkrete Gestaltungsvorgaben, z.B. für den Eingang wie in § 51 Abs. 3 LBO Rheinland-Pfalz. Weitere konkrete bauliche Vorgaben bzw. Anschaffungen von Einrichtungsgegenständen wie Arbeitsplätze für Blinde und Sehbehinderte, können durch hausinterne Regelungen, wie Betriebsvereinbarungen zu Stande kommen.

Die gesetzlichen Maßnahmen zum Energiesparen betreffen auch Informationszentren.[9] Liegt die Nutzfläche des Gebäudes über 500 qm bzw. bei starkem Publikumsverkehr über 250 qm, so ist ein vorhandener Energieausweis auszuhängen.[9] Dabei wird auf die gesamte Nutzfläche des öffentlichen Gebäudes und nicht nur auf die Bibliothek abgestellt.

Zu den bauordnungsrechtlichen Vorschriften, die für Bibliotheken von Bedeutung sein können, gehören ferner denkmalschutzrechtliche Vorschriften. Zahlreiche Bibliotheken sind in repräsentativen, altehrwürdigen Gebäuden untergebracht. Nicht immer vertragen sich die Belange des Denkmalschutzes mit der Planung einer moder-

8 Beispiel aus § 51 Abs. 1 LBO Rheinland-Pfalz.

9 Stand Energiesparverordnung ab 2016, basierend auf Energiesparverordnung 2009, RiL 2010/31/EU und EnEV 2014.

nen Bibliothek. Ein Beispiel hierfür ist der Widerspruch zwischen lichtdurchfluteten Räumen mit Leseplätzen und einer historisch intakten Fassade. Bei einem Bodendenkmal wird ein Grundstücksteil unter Schutz gestellt. So wird bewirkt, dass die Fläche nicht verändert werden darf. Bei einem Baudenkmal wird ein ganzes Gebäude unter Schutz gestellt. Bauliche Veränderungen sind daher von der Denkmalschutzbehörde zu genehmigen. Neben den bauplanungsrechtlichen und bauordnungsrechtlichen Vorschriften sind weitere Rechtsgebiete mit zu berücksichtigen. Bei der Erstellung eines neuen Bibliotheksgebäudes oder einem optisch erheblichen Umbau des Gebäudes ist zu beachten, dass dem Architekten ein Urheberrecht an seinem Werk zusteht.

Fall: 20 Jahre nach dem Bau der Bibliothek durch den Architekten A stehen umfangreiche Sanierungsarbeiten an. Bibliotheksdirektor B lässt in diesem Zusammenhang als lärmdämpfende Maßnahme einen Teppichboden verlegen und die bisher in Sichtbeton gehaltenen Wände in einem matten Grün streichen. Sowohl über die Akustik als auch über die „Bunkeroptik“ hatte es in der Vergangenheit zahlreiche Beschwerden gegeben. Architekt A ist empört und sieht die Krönung seines künstlerischen Lebenswerkes verschandelt. Er verlangt die sofortige Entfernung des Teppichs und der Farbe. Besondere Abreden für den Fall einer Bausanierung hatte es im damaligen Architektenvertrag nicht gegeben. Besteht der Änderungsanspruch des Architekten zu Recht?
Lösungsskizze: Ja, dem Architekten steht ein Beseitigungsanspruch auf Entfernung der Farbe und des Teppichbodens gem. § 97 Abs. 1 UrhG zu.
Hinweis: Die Lösung widerspricht klar dem Serviceinteresse der Bibliothek, ist aber die einhellige Rechtsauffassung. Daher empfiehlt es sich, bei Abschluss des Architektenvertrags rechtzeitig eine Klausel für eventuelle Umbau- und Sanierungsmaßnahmen mitaufzunehmen. Diese Klausel sollte sich nicht auf einzelne Bereiche beschränken, sondern einen generellen Charakter haben. Aufgeführte Beispiele können hilfreich sein, sofern sie klar als Beispiele und nicht als Beschränkung des Abänderungsrechtes erkennbar sind. Aus Gründen der Rechtsklarheit sollten Vereinbarungen über Abänderungen zur Einhaltung von Brandschutzvorschriften und barrierefreiem Zugang enthalten sein. Die Vereinbarung einer solchen Abänderungsklausel im Nachhinein ist häufig schwierig und gegebenenfalls mit erheblichen zusätzlichen Zahlungen an den Architekten verbunden.

11.2 Baurecht Schweiz

Grundlage der Raumplanung in der Schweiz ist das in die Bundesverfassung aufgenommene Gesetz zur Raumplanung. Dieses gibt dem Bund die Kompetenz zu grundsätzlichen Regelungen. In den Kompetenzbereich der Kantone fällt die Umsetzung der Pläne. Davon delegieren die Kantone einen Teil der Aufgaben weiter an die Gemeinden. Grundlage für den jeweiligen Bibliotheksbau sind daher vor allem die kantonalen Bauordnungen und Baugesetze. Diese enthalten das öffentliche Baurecht, insbesondere das Bauordnungsrecht. Für Einzelheiten bestehen neben den kantonalen Bauordnungen und Baugesetzen weitere Verfahrensvorschriften. Zu diesen gehören beispielsweise die Richtlinien für Schweizer Gemeindebibliotheken (SAB-Richtlinien).

11.3 Baurecht Österreich

In Österreich sind die Kompetenzen zu den Baurechtsangelegenheiten in der Bundesverfassung nicht eindeutig geregelt. In der Lehre wird hier von einer Querschnittsmaterie gesprochen. Grundsätzlich sind gem. Art. 15 Abs. 1 B-VG Gesetzgebung und Vollzug Angelegenheiten der Bundesländer. Der Vollzug der Landesgesetze erfolgt gem. Art. 118 Abs. 3 Z 9 B-VG durch die Gemeinden. Zum Vollzug durch die Gemeinden gehört auch die örtliche Baupolizei, die sich um die Regelung des Erhalts von Gebäuden und die Abwehr von Gefahren durch Bauten kümmert. Wegen der Nähe der Formulierung zum deutschen Baugesetzbuch ist zu beachten, dass das österreichische Baurechtsgesetz privatrechtliches Sachenrecht ist und nicht das öffentlich-rechtliche Verfahren für eine Bauerlaubnis betrifft.[10] [11]

10 Paschke: Medienrecht, § 2 Rn 115.
11 http://www.suchmaschinen-und-recht.de/urteile-1.html, zuletzt aufgerufen am 01.09.2019.

12 Projektmanagement unter rechtlichen Aspekten

Projekte bedeuten die Bereitschaft, Veränderungen, häufig Neuerungen, umzusetzen. Dabei gilt es Hindernisse aufzulösen oder vorausschauend zu umgehen. Diese Hindernisse können finanzieller, organisatorischer oder juristischer Art sein. In der Literatur wird davon gesprochen, dass Fehlplanungen ein Kennzeichen von Projekten sind.[1] Damit hier die notwendige Flexibilität zur Verfügung steht, ist eine juristische Begleitung von Projekten erforderlich. Flexibilität ist die Grundlage für eine effektive Umsetzung des Projekts und die Einhaltung der drei Zieldimensionen „Kosten", „Zeit" und „Leistung".

Ein wichtiger Teil eines Projekts ist das Vertragsmanagement. Verträge und Regelwerke bestehen aus der inhaltlichen bzw. rechtlichen Komponente, der Sprache und formalen Aspekten. Da die Verträge in einer frühen Phase des Projekts verhandelt werden, kommt es regelmäßig zu einem Nachforderungs- und Konfigurationsmanagement. Grundlage dafür ist die laufende Überwachung der Vertragserfüllung. Sie ist in DIN 69904 normiert. Beim Nachforderungsmanagement (engl. claim management) werden zwei Bereiche unterschieden. Zum einen gibt es die Eigen-Claims, die auf die Durchsetzung von eigenen Ansprüchen gegenüber Dritten ausgerichtet sind, zum anderen die Fremd-Claims. Hier geht es um die Negation von Ansprüchen Dritter gegen die eigene Einheit.[2] Um zu einem späteren Zeitpunkt Fragen gemäß dem wirklichen Parteiwillen beantworten zu können, ist es wichtig, die Gesichtspunkte zur Vertragsauslegung ausreichend genau zu dokumentieren. Der Gesetzgeber geht mit den Protokollen zu den Bundestags- bzw. Landtagssitzungen und den Bundestagsdrucksachen genau diesen Weg.

Primäre Gesichtspunkte sind:
- Grundanliegen der Gestalter (nur für die jeweilige Partei bestimmt);
- Anlass der Vertragsverhandlung (Warum?);
- Besondere Einflussnahmen von weiteren Personen;
- Besondere Punkte bei der Durchführung der Verträge.
- Sekundäre Gesichtspunkte sind:
- Einfluss von äußeren Ergebnissen auf den Vertrag und seine Durchführung;
- Mögliche Folgen und deren Umgang mit den Ereignissen.

Da nicht alle Anliegen für alle Augen bestimmt sind, ist dies bei der Dokumentation entsprechend zu berücksichtigen. Bei der Verfassung juristischer Werke z.B. Verträgen sollten rechtliche Probleme möglichst vermieden werden. Ansonsten kann bereits eine kleine Änderung der Rechtsprechung zu grundlegenden Schwierigkeiten mit dem Werk führen. Ebenso wird empfohlen, die rechtliche Grundlage für das Projektmanagement möglichst einem Rechtssystem z.B. dem deutschen Recht zu entnehmen.

1 Bea; Scheurer; Hesselmann: Projektmanagement, S. 2
2 Bea; Scheurer; Hesselmann: ebd., S. 274.

https://doi.org/10.1515/9783110640380-014

Ein Mix aus Regelungen aus verschiedenen Rechtssystemen lässt schnell die notwendige Übersicht und Klarheit abhanden kommen. Wichtige Hilfsmittel in der Phase der Zielpräzisierung und später als Leitlinie sind das Lastenheft und das Pflichtenheft.[3] Das Pflichtenheft ist die Grundlage für die spätere Beurteilung, ob ein Mangel im Sinne eines negativen Abweichens der Ist- von der Soll-Beschaffenheit gegeben ist.

Lastenheft und Pflichtenheft sind verschiedene Dokumentationen:

Lastenheft: Gem. DIN 69905 ist das Lastenheft die vom Auftraggeber festgelegte Gesamtheit der Forderungen an die Lieferungen und Leistungen des Auftragnehmers.[4] Das Lastenheft ist die vom Auftraggeber erstellte Beschreibung der Anforderungen an die Leistung.

Pflichtenheft: Das Pflichtenheft wird in DIN 66901 geregelt. Es ist eine ausführliche Beschreibung der Leistungen, die erforderlich sind oder gefordert werden, damit die Ziele des Projekts erreicht werden. Gem. DIN 69905 beinhaltet das Pflichtenheft die Umsetzung des Lastenheftes.[5] Erfolgt die Vergabe des Auftrags durch eine Ausschreibung, so empfiehlt es sich, das Pflichtenheft der Ausschreibung als Anlage bereits beizufügen.[6]

Im Pflichtenheft stehen:
- Hauptpflichten,
- Nebenpflichten,
- Nebenabreden,
- Definitionen: Insbesondere dann wichtig, wenn mehr als eine Rechtsordnung und/oder Sprache betroffen ist.
- Präambel/Absichtserklärungen: wichtig für den Gesamtzusammenhang und die Auslegung.
- Rechtliche Gewohnheiten, z.B. im Deutschen das Abstraktionsprinzip – wichtig
- z.B. bei Leasinggeschäften,
- Qualitätsvereinbarungen,
- Integrations- und Verwendungsfähigkeit, z.B. Einzellizenz, Recht einer Mitverwal tung, Anschlussmöglichkeiten, Kombinationsmöglichkeiten.

Regelmäßig umfasst das Projektmanagement in Bibliotheken IT-bezogene Komponenten. Hierbei gibt es einige Besonderheiten. Die vertraglich vereinbarte Installation von Hardware ist als Werkvertrag zu qualifizieren. Dabei werden unter Installation regelmäßig das Herstellen der Anschlüsse und das Versetzen in einen betriebsbereiten Zustand als das zu erbringende Werk verstanden. Hinsichtlich der bauseitigen Voraus-

3 Bea; Scheurer; Hesselmann: ebd., S. 123 ff.
4 Häuser in: Lehmann; Meents: ebd., Kap. 6 Rn 38.
5 Häuser in: Lehmann; Meents: ebd., Kap. 6 Rn 39.
6 Häuser in: Lehmann; Meents: ebd., Kap. 6 Rn 41.

setzungen wie der Verkabelung besteht eine Mitwirkungspflicht des Kunden.[7] Dagegen wird die Installation von Software häufig als Dienstvertrag eingeordnet.[8]

IT-Verträge lassen sich unter arbeitstechnischen Gesichtspunkten in zwei große Gruppen unterteilen. Zum einen gibt es die projektbezogenen Verträge. Dabei bildet der jeweilige Vertrag nur einen von mehreren Bestandteilen. In diese Gruppe gehören Verträge zur Bibliotheksverwaltungssoftware. Zum anderen gibt es zahlreiche weniger komplexe Verträge. Sie lassen sich nach den Schwerpunkten den typischen Vertragstypen Kauf-, Werk-, Dienst- und Leasingvertrag zuordnen.

Bei umfassenden Projektverträgen nimmt die Dokumentation als Instrument der Organisation einen hervorgehobenen Stellenwert ein. Dennoch sollte bekannt sein, dass nach allgemeiner Ansicht, wenn nichts Gesondertes vereinbart ist, von allen Dokumentationsarten nur die Bedienungsanleitung i.V.m. der Installationsanleitung ohne eine besondere Vergütung geschuldet ist.[9] Nach Abschluss der technischen Festlegungen werden diese in die juristische Form überführt. Hier sind verschiedene Wege möglich. Einmal ist eine Planung als Phasenkonzept möglich. Hier wird das Projekt in bestimmte Phasen unterteilt und beschrieben, z.B. Planungsphase – Projektdurchführung bis zum ersten Musterexemplar – Testphase – Korrektur- und Überarbeitungsphase – Echtbetrieb. Ein anderes Modell ist die Ergebnisfestlegung. Bei der Ergebnisfestlegung können sich die Arbeitsschritte überlappen. Entscheidend ist vielmehr das Erreichen der Teilergebnisse. Zum Beispiel: Pflichtenheft – Übergabe von Quellcode – Übergabe Dokumentation - Installation – Schulung – Anwendungsberatung z.B. über Hotline.

7 Schneider in: Lehmann; Meents: ebd., Kap. 4 Rn 237.
8 Schneider in: Lehmann; Meents: ebd., Kap. 4 Rn 242.
9 Schneider in: Lehmann; Meents: ebd., Kap. 4 Rn 245.

13 Rechtliches Gestalten

In Deutschland und in den von Deutschland beeinflussten Rechtsordnungen liegt eine Tendenz zu einer starken Systematisierung zu Grunde. Die Beschränkung auf das Wesentliche führt zu einer starken Abstraktion. Solche Regelungskonstruktionen sind auf Juristen zugeschnitten und für Laien regelmäßig ungeeignet. Entweder werden sie nicht oder meist schlimmer sogar falsch verstanden. Handelt es sich um beiderseitige Vereinbarungen, so besteht in Streitfällen das Problem, dass Willensrichtungen wegen der großen Abstraktion nicht beweisbar sind, da sie nicht ausreichend dokumentiert wurden. Hinweise auf die Willensrichtungen bei Vertragsschluss finden sich noch in Präambeln und Absichtserklärungen. Das Risiko bei der Verwendung eines stark abstrakt-systematischen Stils sind die nur wenigen konkreten Ansätze bei der Auslegung. Ansatzpunkt eines jeden Regelungswerkes sind §§ 133, 157 BGB. Denn unabhängig von Umfang und Form ist ein Vertragswerk eine Willenserklärung. Gemäß § 133 BGB bedeutet die Auslegung einer Willenserklärung die Ermittlung des wahren Willens des Erklärenden. Die Auslegung erfolgt nach dem objektiven Empfängerhorizont. D.h. die Willenserklärung ist so auszulegen, wie sie ein verständiger Betrachter in der Person des Empfängers redlicherweise verstehen durfte. Begründet wird dies mit dem Zugangserfordernis. Somit ist eine rein subjektive Betrachtung der Willenserklärung ausgeschlossen. Es gibt jedoch auch einige markante Sonderfälle: Ist eine Willenserklärung nicht empfangsbedürftig, so gilt ausschließlich der tatsächliche Wille des Erklärenden. Liegt eine formbedürftige Willenserklärung vor, erfolgt die Ermittlung des Erklärungsinhalts nach den allgemeinen Regeln. In einem zweiten Schritt wird überprüft, ob dieser Wille in der erfolgten Erklärung irgendeinen Ausdruck gefunden hat und wie dieser Ausdruck redlicher Weise verstanden werden konnte. Auch wenn die Vertragsauslegung damit grundsätzlich auf den objektiven Empfängerhorizont reduziert ist, entwickelt die Vertragsauslegung regelmäßig eine eigene Dynamik. Mangels konkreter Anhaltspunkte kommen viele, häufig weit gestreute Auslegungsrichtungen in Betracht. Es entsteht Rechtsunsicherheit, insbesondere Unsicherheit darüber, wie ein Gericht darüber entscheiden wird. Dagegen sind Vertragswerke in den USA vor allem nach praktischen Gesichtspunkten und weniger systematisch aufgebaut. Enthalten sind ein umfangreicher Teil von Begriffsdefinitionen und eine Auseinandersetzung mit den zentralen Themenkreisen. Hier werden sowohl die Rechte und Pflichten als auch die dahinterstehenden Ziele und Absichten erläutert. Dabei werden die Punkte weniger inhaltlich systematisch, sondern nach der vermuteten Bedeutung geordnet. Die einzelnen auftretenden Probleme sind vielfach zwar nicht strikt geregelt, jedoch werden die relevanten Gesichtspunkte zur Lösung des jeweiligen Problems aufgezeigt. Auf diese Art und Weise erhält ein außenstehender Dritter, z.B. das Gericht, wesentlich mehr Aufschluss über den tatsächlichen Parteiwillen. Damit ist eine sachgerechtere Auslegung und in deren Folge mehr Rechtssicherheit möglich. Nicht die Überschrift eines vorgefertigten Formulars ist entscheidend, sondern der Inhalt. Formularbücher können hilfreich sein, wenn es um die Beantwortung spezieller Fragen oder eine

https://doi.org/10.1515/9783110640380-015

abschließende Vollständigkeitskontrolle des zuvor verfassten Textes geht. Es wird folgende Arbeitsreihenfolge empfohlen:

1. Klärung der inhaltlichen Anforderungen;
2. Auswahl der in Betracht kommenden Formulierungshilfen;
   a. Aktualität;
   b. Verständlichkeit für den Benutzer;
   c. In der Anwendung bereits bewährt (Empfehlungen).

Formularbücher sind Hilfsmittel, die bei richtigem Einsatz Zeit bei der Ausarbeitung und bei der Inhaltskontrolle sparen können. Sie können nicht die notwendigen Zieldefinitionen und die notwendigen gedanklichen Schritte ersetzen.

Nach der Feststellung der Tatsachengrundlage erfolgt die Rechtsanwendung:

1. Entscheidung, welche Rechtsnorm angewendet werden soll.
2. Sammlung aller maßgeblichen Tatbestandsvoraussetzungen für die Norm.
3. Dabei können folgende Fragen auftreten:
   a. Ist das Recht unklar, weil lückenhaft?
   b Bestehen Rechtsbarrieren?
      i. Ja – Handelt es sich um dispositives Recht?
         1. Ja – neue oder ergänzende Regelung.
         2. Nein – Änderungen möglich?
            a. Änderung der Tatsachen z.B. Individualvertrag statt AGB,
            b. Änderung des Rechts z.B. Lobbyarbeit,
            c. Änderung des Vertragsziels z.B. Substitution des Ziels, Konkretisierung, Alternativen.

Eine gute Vertrags- bzw. Normengestaltung zeichnet sich dadurch aus, dass strittige Rechtsfragen möglichst vermieden werden. Bestandteil einer juristischen Handlungsempfehlung ist auch das Eingehen auf die möglichen Folgen und die Unsicherheit, wie am Ende ein Gericht entscheiden wird.

Tabelle 9: Vertrags- und Normengestaltung.

Rechtsunsicherheit	Regelungsdichte
Gering	Die Lage ist in den Gesetzen ausführlich geregelt und es gibt eine ständige Rechtsprechung.
Hoch	Es besteht eine Regelungslücke und die höchstrichterliche Rechtsprechung ist nicht einheitlich.

Die Verwendung von Allgemeinen Geschäftsbedingungen hat auch verhandlungspsychologische Gründe. So können harte Bedingungen darin aufgenommen werden, ohne dass hier ein persönliches Misstrauen gesät wird. Grund dafür ist die Entpersonalisierung der Vereinbarung.

Ein in vielen Verträgen verwendeter Punkt ist die Frage nach der Garantie. Der Begriff der Garantie wird im Alltag verschiedentlich verwendet. Verkürzt gesagt geht es um die Frage, ob über die gesetzlichen Gewährleistungsrechte, auf die der Vertragspartner ohnehin einen Anspruch hat, ein zusätzliches Einstehenwollen der anderen Partei beabsichtigt ist. Eine Erweiterung kann die zeitliche Dauer verlängern oder weitere, sonst nicht gedeckte Schadensarten miteinschließen. Der Verkäufer hat dem Käufer die Sache frei von Mängeln und von Rechten Dritter zu übereignen. Geschieht dies nicht, haftet der Verkäufer für die Fehlerhaftigkeit. Daneben können dem Käufer weitere Rechte zustehen. Diese Rechte sind wegen des Willens des Gesetzgebers grundsätzlich im Vertrag automatisch enthalten. Sind zu Gunsten des Käufers weitergehende Rechte vereinbart, z.B. eine Verlängerung der Zeit, in der Wartungen und Reparaturen kostenfrei zu Gunsten des Käufers durchgeführt werden, so wird hierüber ein Garantievertrag geschlossen. Beide Rechte stehen dem Käufer nebeneinander zu. Durch den Garantievertrag werden weder die Ansprüche aus Gewährleistung ausgeschlossen noch die Gewährleistungsfristen verkürzt. Inwieweit die im Gewährleistungsvertrag festgelegten Rechte das zusätzliche Entgelt wert sind, ist im Einzelfall zu beurteilen.

14 Rechtlicher Beistand

14.1 Einholen von Rechtsrat

Das Bibliotheksrecht regelt das Leben in der Bibliothek und ist nicht eine Abhandlung für Spezialisten. Wer Regeln setzt oder/und diese anwendet, von dem darf erwartet werden, sich des Inhalts seines Handelns in den Grundzügen bewusst zu sein. Dies gilt auch für Informationseinrichtungen, die selbst Nutzungsordnungen erlassen. Zudem sind Informationseinrichtungen des öffentlichen Rechts in einem besonderen Maße an Recht und Gesetz gebunden. Dennoch gibt es eine ganze Reihe von Thematiken, deren Umfang eine ausführliche und umfassende Auseinandersetzung mit der Rechtslage erfordern. Hier wird das Einholen der Stellungnahme einer Person mit den einschlägigen juristischen Kenntnissen ausdrücklich nahegelegt. Je nach Personalstruktur kommen juristisch geschulte Personen innerhalb der Informationseinrichtung, innerhalb der übergeordneten Einrichtung, dem Berufsverband oder ein einrichtungsexterner Anwalt in Betracht. Ein qualitativ guter Rechtsrat zeichnet sich nicht durch die kritiklose Bestätigung der Auffassung des Auftraggebers aus. Ziel ist vielmehr die umfassende Wahrung der Interessen. Diese können zu einzelnen Wünschen des Auftraggebers im Widerspruch stehen. Aufgabe ist die Prüfung des konkreten Wunsches mit der rechtlichen Vereinbarkeit und eine Abschätzung des rechtlichen Risikos. Interessenkonflikte und Alternativen werden neben der Empfehlung genannt. Beim Agieren auf juristischem Terrain ist auch die generelle Ausrichtung der Bibliothek als Serviceeinrichtung zu beachten.

Die Antwort eines Juristen erscheint gelegentlich unverständlich. Dies liegt an der Funktion des Rechts. Recht legt fest, wie etwas sein soll. Daher lassen sich normative Aussagen nicht als wahr oder falsch einstufen. Sie enthalten vielmehr eine verbindliche Wertung, die so getroffen wurde. Unter anderen Umständen hätte die Wertung aber auch anders ausfallen können. Im Gegensatz dazu handelt es sich bei Naturgesetzen und statistischen Erfassungen um deskriptive Aussagen. Diese können zutreffen oder falsch sein. In den Naturwissenschaften gehört die Wahrheit im Sinne des Zutreffens zum Wesen der Wissenschaftlichkeit. Um bei der Rechtsanwendung mehr Klarheit bei gleichzeitiger Erfolgswahrscheinlichkeit zu schaffen, wird hier nach den Grundregeln der anwaltlichen Sorgfalt generell die Linie der Rechtsprechung als Wertungsmaßstab genommen. Dennoch ist auch dieser Weg nicht immer einfach. Viele Aussagen zum Rechtsstand nach Gesetz und Rechtsprechung treffen nur zeitlich befristet zu. Zudem besteht in einer ganzen Reihe von Fällen eine unterschiedliche Auffassung. In diesem Sinne sind juristische Aussagen immer relativ. Regelmäßig erfolgreich ist eine Prognose auf Grund der Rechtslage und der bestehenden Rechtsprechung. Auch hier gibt es keine hundertprozentige Sicherheit, jedoch eine hohe Wahrscheinlichkeit. Ebenso wenig bedeutet das Bestehen mehrerer juristischer Meinungen, dass in der Rechtspraxis – letztendlich vor Gericht – alle denkmöglichen Ansichten die gleiche Aussicht auf

https://doi.org/10.1515/9783110640380-016

Erfolg haben. Vielmehr beinhaltet ein politisch motivierter Grundsatzprozess, z.B. um eine Änderung der Rechtsprechung herbeizuführen, ein relativ hohes Kostenrisiko. Dies spricht nicht grundsätzlich gegen das Beschreiten neuer juristischer Wege. An dieser Stelle wird ausdrücklich eine aktive Rechtspolitik begrüßt. Es können aber eine gewisse Erprobung und Diskussion der jeweiligen Vorstellungen auch außerhalb des unmittelbaren Berufsumfeldes erwartet werden. Ein denkbares Beispiel hierfür ist die Präsentation der Idee in einer allgemeinen juristischen Fachzeitschrift, um die Reaktionen zu testen und sich auf Gegenargumentationen einzustellen. Ausgangspunkt ist der gesamte Ist-Zustand. Hierzu gehört auch die aktuelle Rechtslage. Bei entgegenstehender Rechtsprechung oder unklarer Rechtslage ist das besondere Risikopotential ausdrücklich gegenüber der vorgesetzten Stelle vor der Aktion zu benennen und die Reaktion abzuwarten. Ein Ignorieren der Rechtsprechung gilt unter Juristen als grob fahrlässig. Mutwillig provozierte Klagen sind bei öffentlich-rechtlich organisierten Bibliotheken ein Fall für den Rechnungshof. Juristische Diskussionen außerhalb und innerhalb gerichtlicher Schranken lassen sich nicht immer vermeiden. Ebenso wenig besteht ein zwingender Grund, diesen immer auszuweichen. Jedoch besteht ein Gebot der Rücksichtnahme auf die Interessen im eigenen Haus, z.B. wenn die Bibliothek eine zentrale Einrichtung ist. So ist bei rechtsstreitträchtigen Aktionen zuvor mit der Rechtsabteilung bzw. dem Kanzler oder Justiziar Rücksprache zu halten. Als Alternative zu den klassischen juristischen Auseinandersetzungen können Mediationsverfahren dienen. So können die Folgen einer Mediation völlig andere sein als in einem juristischen Verfahren. Wichtig ist nur, dass diese noch von der Rechtsordnung gedeckt werden. Mediationsverfahren eignen sich besonders für Gesamtlösungen, wo es ansonsten zu Dauerstreitigkeiten kommen würde.

14.2 Verwendungsfähigkeit von Rechtsrat aus dem Ausland

Auf Konferenzen und in Foren werden häufig juristisch relevante Neuerungen für Bibliotheken vorgestellt. Auch wenn der Hinweis erfolgt, dass dies rechtlich als einwandfrei eingestuft werden kann, so gilt dies zunächst nur für das betreffende Land. Bei landesrechtlichen Regelungen nur für das betreffende Bundesland oder den Kanton. Erforderlich ist eine eigenständige Prüfung nach der landeseigenen Rechtslage. Dies bedeutet andererseits nicht, dass nur die Serviceidee an sich, nicht aber die juristische Argumentation verwendet werden kann. Relativ pauschal und damit schnell kann rechtsvergleichend damit argumentiert werden, dass die eigenen Bibliotheken wegen des bestehenden Bildungswettbewerbs mindestens genauso gut dastehen sollten wie die im Nachbarland. Ebenfalls übernommen werden können in vielen Fällen die einzelnen Argumente, wie in den Auslegungsfragen entschieden werden kann. Nicht identisch übernommen werden können jedoch die Inhalte von Verträgen, Satzungen und sonstigen Vereinbarungen. Dem steht die jeweils landesspezifische Rechtslage entgegen. Hier ist eine gesonderte Prüfung nach der landesspezifischen Rechtslage erforderlich.

Anhang

Quellenverzeichnis

Literatur

Abraham, Hans Jürgen; Dolzer, Rudolf; Dennewitz, Bodo: Bonner Kommentar zum Grundgesetz, Heidelberg: Müller, Losebl.-Ausg. 2010.

BDB e.V. (Hrsg.): Entscheidungssammlung zum Bibliotheksrecht, 2. Aufl, Wiesbaden 2003.

Bea, Franz Xaver; Scheurer, Steffen; Hesselmann, Sabine: Projektmanagement, 2. Aufl. Stuttgart: Lucius & Lucius 2011.

Beger, Gabriele: Urheberrecht für Bibliothekare Eine Handreichung von A-Z, 3. Aufl., Passau: MUR-Verlag 2019.

Bergmann, Julia; Danowski, Patrick (Hrsg.): Handbuch Bibliothek 2.0, Berlin: De Gruyter 2010.

Birk, Dieter; Desens, Marc; Tappe, Henning: Steuerrecht, 21. Aufl., Heidelberg/München: Müller 2018.

Brox, Hans; Walker, Wolf-Dietrich: Besonderes Schuldrecht, 42. Aufl., München: Beck 2018.

Creifelds, Carl; Weber, Klaus: Rechtswörterbuch, 22. Aufl., München: Beck 2016.

Dörr, Dieter; Schwartmann, Rolf: Medienrecht, 5. Aufl., Heidelberg/München [u.a.]: Müller 2014.

Fricke, Ernst: Recht für Journalisten, Konstanz: UVK-Verl.-Ges. 2010.

Heckmann, Dirk: Juris-PraxisKommentar Internetrecht, 4.Aufl., Saarbrücken: Juris 2014.

Hill, Hermann: Einführung in die Gesetzgebungslehre, Heidelberg: Müller 1982.

Kirchner, Hildebert: Abkürzungsverzeichnis der Rechtssprache, Berlin: De Gruyter 2015.

Kirchner, Hildebert: Grundriß des Bibliotheks- und Dokumentationsrechts, Frankfurt a. M. 1991.

Kucsko, Guido: Geistiges Eigentum: Markenrecht - Musterrecht - Patentrecht - Urheberrecht. Eine Expedition durch den unsichtbaren Dschungel des Immaterialgüterrechts, 1. Aufl., Wien: Manz'Sche Verlags- u. Universitätsbuchhandlung 2003.

Kühling, Jürgen; Seidel, Christian; Sivridis, Anastasios: Datenschutzrecht, Frankfurt a. M.: UTB 2008

Lehmann, Michael; Meents, Jan Geert: Handbuch des Fachanwalts Informationstechnologierecht, Köln: Heymanns 2011.

Löffler, Martin: Presserecht Kommentar, 6. Aufl., München: Beck 2015.

Maurer, Hartmut: Allgemeines Verwaltungsrecht, 18. Aufl., München: Beck 2011.

Medicus, Dieter; Petersen, Jens: Grundwissen zum Bürgerlichen Recht, 11. Auflage, München: Vahlen 2019.

Muckel, Stefan; Ogorek, Markus: Öffentliches Baurecht, 3. Aufl., München: Beck 2018.

Nordemann, Wilhelm; Fromm, Friedrich Karl: Urheberrecht Kommentar zum Urheberrechtsgesetz, Verlagsgesetz, Urheberrechtswahrnehmungsgesetz, 11. Aufl., Stuttgart: Kohlhammer 2014.

Paschke, Marian: Medienrecht, 3. Aufl., Heidelberg [u.a.]: Springer 2009.

Petersen, Jens: Medienrecht, München: Beck 2010.

Rehbinder, Manfred; Viganò, Adriano Pietro: URG - Urheberrecht und verwandte Schutzrechte mit ausführenden Verordnungen, Nebengesetzen, zwischenstaatlichen Verträgen, Zürich: Orell Füssli 2008.

Reiners, Ludwig: Stilkunst - ein Lehrbuch deutscher Prosa, München: Beck 2004. Rüthers, Bernd; Stadler, Astrid: Allgemeiner Teil des BGB, 19. Aufl., München: Beck 2017.

Schellenbach, Helmut: Beamtenrecht in der Praxis, 9. Aufl., München: Beck 2016.

Schiwy, Peter; Schütz, Walter; Dörr, Dieter: Medienrecht Lexikon für Praxis und Wissenschaft, 4. Aufl., Köln: Carl Heymanns Verlag 2006.

Speichert, Horst: Praxis des IT-Rechts: praktische Rechtsfragen der IT-Sicherheit und Internetnutzung, 2. Aufl., Wiesbaden: Vieweg 2007.

https://doi.org/10.1515/9783110640380-017

Tinnefeld, Marie-Theres: Einführung in das Datenschutzrecht, 6. Aufl., München [u.a.]: Oldenbourg 2017.

Vatter, Adrian: Das politische System der Schweiz, 3. Aufl., Baden-Baden: Nomos 2018.

Wagner, Fritjof; Leppek, Sabine: Beamtenrecht, Heidelberg: Müller 2009.

Wandtke, Artur-Axel; Bullinger, Winfried: Praxiskommentar zum Urheberrecht, 4. Aufl., München: Beck 2014.

Wandtke, A.: Urheberrecht, 6. Auflage, Berlin: De Gruyter 2017.

Zeitschriftenaufsätze

Beger: Der Sponsoring-Vertrag, Bibliotheksdienst, 1998, 1091–1096.

Beger: Charta zum Verständnis von § 52a UrhG, Bibliotheksdienst, 2003, 1610–1612.

Berger: Der Schutz elektronischer Datenbanken nach der EG-Richtlinie vom 11-03-1996, GRUR 1997, 169–179.

Breuer, Zunehmende Vielgestaltigkeit, NVwZ 1997, S. 833 (837).

Breuer, AÖR 2002 S. 523 (526).

Gersdorf: Kameras in Gerichtsverhandlungen – Karlsruhe auf verschlungenem verfassungsdogmatischen Pfade, AfP 2001, 29–31.

Honsell, Heinrich: Der Strafgedanke im Zivilrecht – ein juristischer Atavismus in: Aderhold, Lutz: Festschrift für Harm Peter Westermann, S. 1–22, Köln: Schmidt 2008. http://www.honsell.at/Publikationen/FSWestermann.pdf, zuletzt aufgerufen am 01.09.2019.

Leenen: Abschluss, Zustandekommen und Wirksamkeit des Vertrages, AcP 188(1988) 381–418.

Lerche: Aktuelle Grundfragen der Informationsfreiheit, Jura 1995, 561–566.

Meinke: Das neue Urheberrecht, ZAP Fach 16, 255–262 (2003).

Koenig; Haratsch, NJW 2003, 2637.

Krempl: Neuer Streit um Raubkopiererklausel im Urheberrecht, heise-online vom 17.10.2005, http://www.heise.de/newsticker/meldung/Neuer-Streit-um-Raubkopierer-Klausel-im-Urheberrecht-138509.html, zuletzt aufgerufen am 01.09.2019.

Rippert; Weimar: Rechtsbeziehungen in der virtuellen Welt, ZUM 2007, 272, 274ff.

Schmitt: Öffentliche Bibliotheken und Bibliothekstantieme in Deutschland, Bibliotheksforum Bayern 02 (2008), 153–157, http://www.bsb-muenchen.de/fileadmin/imageswww/pdf-dateien/bibliotheksforum/2008-3/BFB_0308_05%20Schmitt%20V04.pdf, zuletzt aufgerufen am 01.09.2019.

Schwartz: Subsidariatät und EG Kompetenzen – der neue Titel „Kultur" – Medienvielfalt und Binnenmarkt, AfP 1993, 409–421

Seibold-Freund: Gemeinnützigkeitsrecht 2007: Neuregelung bei der Besteuerung von Non-Profit-Organisationen, StB 2007, 211–222.

Internetquellen

ABOB, https://ub.fau.de/wp-content/uploads/2016/05/abob1.pdf zuletzt aufgerufen am 01.09.2019.

Bayerische Staatsbibliothek, http://www.bsb-muenchen.de/Bayern-Konsortium.632.0.html, zuletzt aufgerufen am 01.09.2019.

Berliner Erklärung: https://openaccess.mpg.de/Berliner-Erklaerung, zuletzt aufgerufen am 01.09.2019.

Berner Übereinkunft: http://www.wipo.int/treaties/en/ip/berne/trtdocs_wo001.html, zuletzt aufgerufen am 01.09.2019.

Bibliotheksrecht, http://www.bibliotheksrecht.de/, zuletzt aufgerufen am 01.09.2019.

Bundesanzeiger: https://www.bundesanzeiger.de, zuletzt aufgerufen am 01.09.2019.

Bundeskanzleramt Rechtsinformationssystem, http://www.ris.bka.gv.at, zuletzt aufgerufen am 01.09.2019.

Bundesministerium Finanzen Österreich: https://www.bmf.gv.at/steuern/selbststaendige-unternehmer/umsatzsteuer/umsatzsteuer.html, zuletzt aufgerufen am 01.09.2019.

Bundesministerium für Verkehr, Bau und Stadtentwicklung: Leitfaden für Energiebedarfs-ausweise im Nichtwohnungsbau, http://www1.fh-koeln.de/imperia/md/content/www_ums/leitfaden-fuer-energiebedarfsaus-weise-im-nichtwohnungsbau-barrierefreies-pdf-dokument.pdf, zuletzt aufgerufen am 01.09.2019.

Bundesministerium für Umwelt, Naturschutz, Bau und Reaktorsicherheit: https://www.nachhaltigesbauen.de/fileadmin/pdf/Leitfaden_2015/LFNB_D final-barrierefrei.pdf, zuletzt aufgerufen am 01.09.2019.

Bundesprüfstelle für jugendgefährdende Medien: https://www.bundespruefstelle.de/bpjm/service/statistiken, zuletzt aufgerufen am 01.09.2019.

Creative Commons: http://de.creativecommons.org/, zuletzt aufgerufen am 01.09.2019.

DPMAregister: https://www.dpma.de/marken/markenrecherche/index.html, zuletzt aufgerufen am 01.09.2019.

Die Bundesversammlung – das Schweizer Parlament: https://www.parlament.ch/de/ratsbetrieb/suche-curia-vista, zuletzt aufgerufen am 01.09.2019.

Die Bundesbehörden der Schweizerischen Eidgenossenschaft, http://www.admin.ch/ch/d/sr/c172_056_1.html, zuletzt aufgerufen am 01.09.2019.

Empfehlungen der DBV-AG „Handschriften und alte Drucke" zur Erwerbung von Nachlässen: http://www.bibliotheksverband.de/fileadmin/user_upload/Arbeitsgruppen, zuletzt aufgerufen am 01.09.2019.

Ezt-online, http://auskunft.ezt-online.de, zuletzt aufgerufen am 01.09.2019.

Hinte, Oliver: https://oliverhinte.wordpress.com/, zuletzt aufgerufen am 01.09.2019.

Hochschule für Angewandte Wissenschaften, http://www.bibliotheksurteile.de, zuletzt aufgerufen am 01.09.2019.

Kanzlei Dr. Bahr, http://www.suchmaschinen-und-recht.de/urteile-1.html, zuletzt aufgerufen am 01.09.2019.

Leihverkehrsordnung, http://www.bibliotheksverband.de/fileadmin/user_upload/DBV/vereinbarungen/Leihverkehrsordnung.pdf, zuletzt aufgerufen am 01.09.2019.

Lostart, http://www.lostart.de, zuletzt aufgerufen am 01.09.2019.

Öffentliche Bibliotheken in Bayern: https://www.oebib.de/fachinformation/lese-und-literaturfoerderung/bibliothek-und-schule/guetesiegel-fuer-bibliotheken/, zuletzt aufgerufen am 01.09.2019.

Schweizer Gesetzestexte, http://www.gesetze.ch/, zuletzt aufgerufen am 01.09.2019.

Service-bw, http://www.service-bw.de, zuletzt aufgerufen am 01.09.2019.

Sondergutachten der Monopolkommission gem. § 44 Abs. 1 S. 4 GWB veröffentlicht am 29.05.2018 https://www.monopolkommission.de/de/pressemitteilungen/206-buchpreisbindung.html, zuletzt aufgerufen am 01.09.2019.

Wissenschaftsrat: Leitfaden der institutionellen Akkreditierung, Drs. 9886-10, http://www.wissenschaftsrat.de/download/archiv/9886-10.pdf, zuletzt aufgerufen am 01.09.2019.

Wissenschaftsrat: Empfehlungen zur Akkreditierung privater Hochschulen vom 21.01.2000, Drs. 4419/00, https://www.wissenschaftsrat.de/download/archiv/4419-00.pdf, zuletzt aufgerufen am 01.09.2019.

Zoll, EZTonline-Einfuhr: http://auskunft.ezt-online.de/ezto/MnHinwAnzeige.do?doForward=DetailMnFussnoten&mnIndex=1#ziel, zuletzt aufgerufen am 01.09.2019.

Verzeichnis Gerichtsentscheidungen

Bundesverfassungsgericht

BVerfGE 8, 260, (269)
BVerfGE 27, S. 71, 80 (Leipziger Volkszeitung)
BVerfGE 39, 176, 178
BVerfGE 47, 330, 335
BVerfGE 61, 176, 178
BVerfGE 103, 44 ff.
BVerfG, NJW 1984, 419
BVerfG, NJW 1987, 2805, 2807
BVerfG, NJW 1988, 962, 963

Bundesgerichtshof

BGH CR 1989, 102
BGH, CR, 1992, 543
BGH, CR 1995, 265
BGH, NJW 1974, 1333
BGH, NJW 1978, 1629
BGH, NJW 1985, 1076
BGH, NJW 1987, 1259
BGH, NJW 1990, 1785
BGH, NJW 1994, 2289
BGH, NJW 2002, 363 (ricardo.de)
BGH, NJW 2002, 2645 (2648)
BGH, NJW 2003, 752 (754)
BGH, NJW 2004, 1041
BGH, NJW-RR 1990, S. 1061 (Bibelreproduktion)
BGHZ 5, 116, (119) (Parkstraße)
BGHZ 82, 375 (397)
BGHZ 110, 130
BGH, DB 2000, 567
BGH, GRUR 1999, 923, (925) (Tele-Info-CD);
BGH, GRUR 2011, 79, (81)
BGH, GRUR 2002, 963 (Elektronische Pressespiegel)
BGH, MDR 1987, 114
BGH, MDR 2019, 755f. (Museumsfotos)
BGH, MMR 2004, 52f.
BGH, MMR 2004, 532
BGH, ZUM 2003, 773–776 (Preisbindung für Schulbücher)

Bundesverwaltungsgericht

BVerwGE 29, S. 214, 218
BVerwGE 94, 307, 309
BVerwGE 100, 221, 225
BVerwG, DÖV 1979, S. 102
BVerwG, NJW 1986, 526

Bundesfinanzhof

BFH, BStBl. 1983 II, 280, 282
BFH, BStBl. 1970 II, 264 ff.
BFH, BStBl. 1984 II, 825
BFH, BStBl. 1986 II, 77

Europäischer Gerichtshof

EuGH, GRUR Int. 2005, 239 (Fixtures Marketing Ltd./OPAP) EuGH, NJW 1995, 3109
EuGH, Slg. 1999, I-8121 Rn 50 (Teckal)
EuGH, Slg. 2000, S. 8207 (Echirolles)
EuGH, NVwZ 2006, 70 Rn 34 (Stadt Mödling)
EuGH, NVwZ 2006, 800 Rn 33 (Carbotermo)
EuGH, NZBau 2009, 527 Rn 36 (Stadtreinigung Hamburg)
EuGH, 26.01.2012 C-586/10

Arbeitsgerichte

BAG, Urteil vom 10.05.2005 Az.: 2 AZR 935/06
BAG, Urteil vom 18.07.2012 Az.: 7 AZR 443/09
BAG, Urteil vom 25.10. 2018, Az. 8 AZR 501/14

Verschiedene Oberlandesgerichte

OLG Köln, NJW 1988, 2477
OLG Köln, CR 1998, 528 ff.
OLG Köln, MMR 2002, S. 254
OLG Hamburg, MMR 2006, 744, 745
OLG Düsseldorf, MMR 2006, 618 ff.
OLG Hamm, NZV 95, 484
OLG Thüringen, Beschluss vom 26.06.2006, Az. 9 Verg 2/06 (Sprinkleranlage Anna Amalia Bibliothek).

Verschiedene Oberverwaltungsgerichte

OVG Hamburg, BRS 48 Nr. 105
VGH Mannheim BRS 40 Nr. 141
Bay. VGH München, NVwZ-RR 2004, 185-186

Weitere Gerichtsentscheidungen

VG Stuttgart, Urteil vom 09.05.1990, Az. 16 K 3873/89.

Sachregister

https://doi.org/10.1515/9783110640380-018

www.ingramcontent.com/pod-product-compliance
Lightning Source LLC
LaVergne TN
LVHW081334011026
849161LV00013BB/2917